国家社科基金教育学专项（BHA180147）研究成果

U0721619

中小学生欺凌 理论、辨识及防治

施长君 刘凤权◎著

黑龙江教育出版社

图书在版编目（CIP）数据

中小学生欺凌理论、辨识及防治 / 施长君，刘凤权
著. -- 哈尔滨 ： 黑龙江教育出版社，2021.4
（2024.4重印）
ISBN 978-7-5709-2184-3

Ⅰ. ①中… Ⅱ. ①施… ②刘… Ⅲ. ①校园－暴力行
为－预防－中小学 Ⅳ. ①G634.203

中国版本图书馆CIP数据核字（2021）第068826号

中小学生欺凌 理论、辨识及防治
ZHONGXIAOXUESHENG QILING LILUN、BIANSHI JI FANGZHI

施长君　刘凤权　著

责任编辑　仲　恒　吴朋有娣
封面设计　刁钰宸
责任校对　张晓文
出版发行　黑龙江教育出版社
　　　　　（哈尔滨市道里区群力第六大道 1313 号）
印　　刷　三河市金兆印刷装订有限公司
开　　本　787 毫米×1092 毫米　1/16
印　　张　20.25
字　　数　380 千
版　　次　2021 年 4 月第 1 版
印　　次　2024 年 4 月第 2 次印刷

书　　号　ISBN 978-7-5709-2184-3　　定　　价　50.00 元

黑龙江教育出版社网址：www.hljep.com.cn
如需订购图书，请与我社发行中心联系。联系电话：0451-82533087　82533097
如有印装质量问题，影响阅读，请与我公司联系调换。联系电话：18533602666
如发现盗版图书，请向我社举报。举报电话：0451-82533087

序

　　新世纪以来的二十年时间里,新一轮基础教育课程改革将中国基础教育带入了一场关于本土教育问题的持续改进与反思之中。二十年后的今天,随着我国基础教育逐渐进入改革的深水区,一些本土的典型教育问题开始涌现出来。中小学生欺凌问题就是一个极具代表性的教育研究议题。欺凌行为(Bullying Action)作为一种带有负能量特征的行为,正对中小学生成长产生持续且深远的影响。实际上,很多教师、家长甚至学生本人,最初都存在着将欺凌行为等同于欺负游戏的观念误区。但欺凌行为并非欺负游戏。因为游戏本身带有一定的趣味性,能够激发参与者按照游戏规则形成较好的人际互动,欺负游戏有时仅仅是一种"假意欺凌"的关系表现,并不属于真正意义上的欺凌行为。这样说来,欺凌行为更多指向一种恃强凌弱、以多欺寡并具有持续性伤害他人的人际行为。在青少年成长的关键时期,欺凌行为一般表现为嘲笑、辱骂、威胁、刁难、造谣等口头行为,以及故意夺走或毁坏他人财物、打架等身体行为。无论是什么样的行为,其实质都会对被欺凌者产生极为严重的身心伤害,对欺凌者本人以及旁观者也会造成持续而深远的影响。

　　随着校园欺凌现象逐渐显明化地进入教育研究的视野,相关研究对校园欺凌的深度关注正不断增加。2017年11月,教育部等十一部门联合印发了《加强中小学生欺凌综合治理方案》,对校园欺凌的界定、惩治、防范等进行了较为科学的说明,尤其指出了中小学生欺凌行为的表现形态,即"中小学生欺凌是发生在校园(包括中小学校和中等职业学校)内外、学生之间,一方(个体或群体)单次或多次蓄意或恶意通过肢体、语言及网络等手段实施欺负、侮辱,造成另一方(个体或群体)身体伤害、财产损失或精神损害等的事件"。相关研究结果已经充分表明,那些发生在中小学校园内持续性、多样式的欺凌行为以其危害大、影响广等特点极易对青少年成长造成严重且深远的伤害。对于遭遇欺凌的学生而言,很多学生在心理上因担心欺凌者的恐吓以及后续的打击报复,往往不愿与他人交流情感、表达自己的真实观点,而是更多地采取自我压抑的方式,独自默默承受着痛苦的煎熬,这就容易造成被欺凌者产生愤怒、压抑、孤独、悲伤等多种不良情绪性问题。这样的学生在校园生活中,其挫败感、疏离感进一步增强,进而容易导致人格认知障碍。如果不能及时发现这些学生的真实成长样态,那么这些情绪性问题很容易进一步加剧,进而导致被欺凌者在学校生活中的人际关系陷入困局。更为严重的是,长期的抑郁、焦虑等不良情绪如果没有得到有效疏解,有可能会出现自杀等恶性案件。在生理上,欺凌行为还会迫使被欺凌者产生失眠、头痛等身体性问题,而恶性的校园暴力事件更容易恶化被欺凌者的身体健康。对于所有学生而言,欺凌行为会直接干扰学习进程,产生注意力下降、学习效率低下等直接影响。如果没有及时、有效地干预,学生学习成绩会出现下降趋势,逃学逃课现象进一步增加,而持续性的欺凌事件也同时会增加被欺凌者的攻击性、极端性行为,并极易增加其滥用酒精及药物的概率。

2015 年,中国青少年研究中心就曾基于 10 省市 5 864 名中小学生进行了较为详细的调查,结果显示,6.1% 的受访者表示"经常被高年级同学欺负",而高达 32.5% 的受访者则表示"偶尔被欺负"。遗憾的是,这些欺凌事件在很大程度上并没有引发中小学教育工作者的及时处置、教育理论研究者的高度重视,欺凌事件的起因、发酵、酝酿及实施等环节并没有得到系统甄别、诊断。特别是那些发生在中小学校园内,涉及跨年段、跨班级的欺凌行为,因涉及面广、影响力大、参与人数众多等多重原因具有较高的风险性、持续的危害性。虽然很多欺凌行为的处置过程难度极大,但如果没有得到高度重视、认真剖析,那么这些欺凌行为的再复发率仍会持续走高。为此,在国家教育政策的带动下,在有关部门的持续关注下,近些年来,中小学生欺凌行为已经出现了持续走低趋势。很多中小学都建立了较为全面的校园欺凌研判机制、处置机制、惩戒机制、预警机制等,对校园欺凌事件的起因、经过及结果,对涉事的相关学生身份、角色、伤害或受伤害程度等进行有效处理,积累了较为丰富的实践经验。值得关注的是,对于很多中小学生欺凌事件而言,欺凌者之所以能够顺利实施欺凌行为,被欺凌者之所以无法得到来自他者的有力援助,一个关键因素就在于——那些或在场、或知情的旁观者始终都没有伸出正义的援手,果断地站在被欺凌者一方,或为被欺凌者吁求公平,或与被欺凌者一道抗争欺凌行为。"沉默的大多数"实际上正折射出当前很多学生面对欺凌时的无助甚或冷漠。沉默,却成为这个群体的典型特征。沉默并非默不作声,因为在沉默者的内心世界夹杂着情绪、冲突与研判。面对欺凌行为,学生沉默与否,实际上正折射出当下中小学教育的一些深层次问题。缘此,深度关注中小学生欺凌行为,从教育学、心理学、法学、社会学、管理学等多学科、多视角对此开展系统研究,已成为基础教育研究的重要议题。

哈尔滨师范大学施长君教授长期从事教育学理论与实践研究,在中小学生欺凌行为方面已经取得了一定的先行研究成果。本书即为施长君教授主持的国家社会科学基金"十三五"规划 2018 年度教育学一般课题"大数据驱动下中小学生欺凌的预测甄别与精准干预研究"的研究成果。面对这厚重的 40 万字,我们能够体悟到施长君教授自课题获批以来,在中小学生欺凌这一重要议题方面所从事的艰辛劳动和丰硕成果。这本书详细介绍了世界各国治理中小学生欺凌的主要举措,总结了我国综合防治中小学生欺凌的历史经验,对中小学生欺凌的理论进行了系统而全面的研究,特别是对中小学生欺凌的核心概念、基本类型、主要特征、主体构成、形成与运行机制、成因与影响因素等进行了学理阐释。值得一提的是,这本书以中小学生欺凌为切入点,引入了大数据技术,从跨学科的视角,准确把握了基础教育研究的热点和急需解决的问题,使用了文献分析、问卷调查、心理测量、个案分析、心理干预、实践验证法等针对性强且必要合理的研究方法。这为众多家长、教师以及学校提供了较为科学、系统、可操作的甄别理论、方法、技术和程序。应该说,本书所建构的理论模型与实操策略,会进一步推动我国中小学生欺凌防治的政策研究、学理建构与实践探索。

是为序。

于 伟

2021 年 5 月于东北师范大学

前　言

　　"学生欺凌"是一个古老又现代的问题,它始终伴随着学校教育而广泛存在,它既是一个地域性问题也是一个全球性问题。

　　联合国儿童基金会(UNICEF)2014 年的研究报告《显象背后:对儿童暴力的统计分析》(Hidden in plain sight:A statistical analysis of violence against children)显示,在被调查的 106 个国家中,7%~74%的 13~15 岁青少年有暴力行为。联合国教科文组织(UNESCO)在英国伦敦举办的"2019 教育世界论坛"上发布了《数字背后:结束校园暴力和欺凌》报告,报告提供了 144 个国家和地区(GSHS 96 个、HBSC 48 个)学校发生的暴力和欺凌行为研究数据。报告指出,校园暴力和欺凌在世界范围内普遍存在,全球约 1/3 的儿童遭受过校园暴力与欺凌。有研究显示,欧美等 42 个国家学龄儿童中,传统欺凌他人的报告率为 7%~9%。也有学者通过对全球 40 个国家的 20 000 名青少年学生的研究结果显示,有 26%的学生曾遭受过欺凌。据推测全球大约每年有 2.46 亿儿童遭受不同类型的校园暴力和欺凌(包括网络欺凌)。

　　在中国无论是私塾一统天下的传统教育时代,还是旧私塾、新学堂并立相争的近代教育时代,学生之间的欺凌现象一直都存在。有基于地位的以富欺贫,以官欺民;有基于力量的倚强凌弱,以大欺小,以众欺寡;有基于地域的以内欺外,以城欺乡,以近欺远;也有基于身份关系的以亲欺疏等。

　　学生欺凌不仅存在于古代学校教育中,也存在于当代的学校教育中。我国自 20 世纪 90 年代确立了"科教兴国"战略,为配合素质教育,提升教育教学质量,保障学生的受教育权利,创建平安校园、治理学生欺凌开始受到政府、社会、学校和研究者的关注,21 世纪学生欺凌问题得到了全社会的重视。早在 2002 张文新教授通过调查发现,有近 1/5 的儿童卷入了欺凌问题。中国台湾地区儿童福利联盟 2014 年,对台湾地区学生欺凌状况调查结果发现,26.4%的青少年表示有被欺凌的经历,其中长期被欺凌者的占 3.5%,在过去一两年内偶尔被欺凌者的比例为 15.2%。为摸清我国内地中小学学生欺凌的真实情况,政府、科研机构和专家纷纷对学生欺凌进行调查,中国青少年研究中心于 2017 年对 10 个省市 5 864 名中小学生进行的调查显示,32.5%的人偶尔被欺凌,6.1%的人经常被高年级同学欺凌。中国教育追踪调查(CEPS)组于

2018—2019 年对我国中小学生欺凌现状的调查显示,在整个中小学阶段,遭受过轻度欺凌的学生占 42.7%,遭受过中度欺凌的学生占 26.5%,而遭遇过重度欺凌的学生占 4.1%。可见,学生欺凌普遍存在于我国中小学学生之间。

国际上,关于校园欺凌的研究始于 20 世纪 70 年代,挪威学者丹·奥维斯(Dan Olweus),他将校园欺凌界定为:一个学生的身体或精神经常地、长时间地处于他人主导的侵犯行为之下。一个或多个学生有意地、反复地、持续地对受害者施以负面行为,造成身心的不适或伤害。他同时给出了校园欺凌的三个特征:故意、持续多次和力量不均衡。此后,研究者所采用的校园欺凌的内涵、外延、理论框架、测评工具、研究主题等大都是在奥维斯对校园欺凌研究的基础之上不断拓展而来的。

我国自 20 世纪 90 年代末开始研究欺凌现象,国内的欺凌研究也大都是在西方的"bullying"概念和理论框架下展开的。

对于学生欺凌,我国学术界使用的术语包括"欺侮""欺负""欺凌"和"霸凌"等。1995 年,李永连介绍了日本青少年的欺侮行为,使得"欺侮"一词常出现于学术研究中。"欺负"一词出现得也较早,但"校园欺负"一词最早出现于 2002 年,此后,这一术语在国内研究中的使用频率一直比较高。"霸凌"一词出现较晚,我国台湾学者倾向于将"bullying"译作"霸凌",从 2011 年开始,该词出现于大陆的学术文献中,之后使用频率逐渐增加,近几年被大量运用在政治、经济领域。"欺凌"是 2007 年以后在国内的学术研究中开始少量出现,由于与国际接轨的需要和行政部门倡导的双重作用,使其在 2015 年的使用频率飞速上升,后来居上。目前,"欺侮""欺负""欺凌"和"霸凌"并行出现于国内有关校园欺凌的研究中,实际上是对于同一问题的不同表述。

2016 年 5 月国务院教育督导委员会办公室印发的《关于开展校园欺凌专项治理的通知》中使用了"校园欺凌",并将其定义为"各中小学校针对发生在学生之间,蓄意或恶意通过肢体、语言及网络等手段,实施欺负、侮辱造成伤害"。2016 年 11 月教育部等九部门联合出台了《关于防治中小学生欺凌和暴力的指导意见》,该文件首次使用了"学生欺凌"概念,并对其进行了界定:"中小学生欺凌是发生在校园(包括中小学校和中等职业学校)内外、学生之间,一方(个体或群体)单次或多次蓄意或恶意通过肢体、语言及网络等手段实施欺负、侮辱,造成另一方(个体或群体)身体伤害、财产损失或精神损害等的事件"。2021 年 1 月 20 日教育部办公厅关于印发《防范中小学生欺凌专项治理行动工作方案》的通知中,延续了学生欺凌概念的使用。自此,学生欺凌概念在国家和地方文件中被普遍使用,在学术界学生欺凌与校园欺凌并存。

学生欺凌是以学生为欺凌事件主体的概念,学生欺凌与校园欺凌的辨析更多被看作是校园欺凌概念的广义与狭义之间的对比。我们区分校园欺凌和学生欺凌需要考虑行为主体、发生地域、行为后果和行为特点等要素。校园欺凌的行为主体在外延上更加广泛，学生欺凌是将欺凌行为的施、受主体局限于学生的校园欺凌。校园欺凌的主体、场域、特征和后果都大于学生欺凌。学生欺凌从属于狭义的校园欺凌，是校园欺凌概念的下位概念。据此，不能将学生欺凌泛化为校园欺凌。

根据 2016 年 11 月，教育部等九部门发布的《关于防治中小学生欺凌和暴力的指导意见》和 2017 年 11 月，教育部等十一部门联合印发的《加强中小学生欺凌综合治理方案》的相关表述，为便于研究和确定欺凌行为主体，本书在统一使用了"学生欺凌"的概念，如果欺凌主体是中小学生，则使用"中小学生欺凌"，如果欺凌主体是大学生，则使用"大学生欺凌"。

我们把学生欺凌的概念界定为：发生在校园内外、学生之间，强势一方蓄意或恶意通过直接或间接（包括网络）的方式对弱势一方的身体、财物或心理进行攻击或侵害，给弱势一方造成长期心理伤害的事件。

学生欺凌具有主观恶意、力量失衡、造成伤害三个辨识特征和被迫性、重复性和隐蔽性三个伴生特征。典型的欺凌有身体欺凌、语言欺凌、关系欺凌、财物欺凌、网络欺凌等。

《中小学生欺凌 理论、辨识及防治》是国家社科基金教育学专项"大数据驱动下中小学生欺凌的预测甄别与精准干预研究"（BHA180147）的研究成果之一。

全书共八章。详细介绍了国内外中小学校学生欺凌的现状和特点；重新界定了学生欺凌的定义、特征和种类；明确了学生欺凌的主体构成、心理机制和理论解释；描述了学生欺凌主体的特征、形成机制和产生的危害；挖掘了引发学生欺凌的个体因素、家庭因素、学校因素和社会因素；阐明了学生欺凌甄别的依据，给出了家庭甄别、教师甄别的方法和技术；介绍了防治学生欺凌的国际经验和发展趋势；总结了我国防治学生欺凌的经验，提出了我国防治学生欺凌的思路和构想，提供了防治学生欺凌的策略和技术。在此基础上形成了综合防治中小学生欺凌的本土方案。

希望该书的出版能为我国中小学生欺凌防治工作作出贡献，为中小学校防治学生欺凌提供防治理论、防治方案、防治流程、防治策略、防治方法上的理论指导和技术支撑。

辛丑年二月初七

于君兰阁

目　　录

第一章　中小学校园中的欺凌

学生欺凌是一个古老又现代的问题,它始终伴随着学校教育而广泛存在,它既是一个地域性问题,也是一个全球性问题。

第一节　国外的学生欺凌

学生欺凌不是某一个国家或地区的偶发事件,而是一个全球普遍存在的问题。从北欧到南欧,从亚洲到美洲,几乎所有文化背景的学校都存在学生欺凌现象。无论是国内还是国外,世界各地发生的学生欺凌事件不胜枚举,已引起联合国教科文组织和世界各国的广泛关注。

一、学生欺凌普遍存在于世界各国

联合国儿童基金会(UNICEF)2014 年的研究报告《显象背后:对儿童暴力的统计分析》(Hidden in plain sight:A statistical analysis of violence against children)显示,在被调查的 106 个国家中,7%~74%的 13~15 岁青少年有暴力行为。[①] 联合国教科文组织(UNESCO)在英国伦敦举办的"2019 教育世界论坛"(2019 Education World Forum)上发布了《数字背后:结束校园暴力和欺凌》,报告的数据主要来源于全球学校学生健康调查(Global School-based Student Health Survey, GSHS)和学龄儿童健康行为研究(Health Behaviour in School-aged Children(study),HBSC)。报告提供了 144 个国家和地区(GSHS 96 个、HBSC 48 个)学校发生的暴力和欺凌行为研究的数据。其中,HBSC的调查涵盖欧洲国家和北美国家;GSHS 的调查涵盖欧洲和北美以外的其他国家。两项调查都关注校园内发生的暴力和欺凌,不包括在校园外或上下学途中发生的暴力和欺凌。报告指出,校园暴力和欺凌在世界范围内普遍存在,全球约 1/3 的儿童遭受校园暴力与欺凌,不同区域之间存在差异。GSHS 和 HBSC 的调查数据显示,在调查日期前一个月内,有 32%的学生受到了欺凌。GSHS 调查的国家和地区,校园欺凌比率从

---

　① UNICEF. Hidden in plain sight:A statistical analysis of violence against children[EB/OL]. [2018-05-23]. http://files. unicef. org/publications/files/Hidden_in_plain_sight_statistical_analysis_EN_3_Sept_2014. pdf.

7.1%到74.0%不等。HBSC 调查的国家和地区,校园欺凌比率从8.7%到55.5%不等。来自96个国家和地区的 GSHS 数据显示,总体而言,一个月内,19.4%的学生在学校被欺凌1~2 天,5.6%的学生被欺凌3~5 天,7.3%的学生被欺凌6 天甚至更多天。来自50个国家和地区的 PIRLS 数据显示,在调查日期前一学年,每个月有29%的9~10 岁儿童受到欺凌,14%的学生每周都受到欺凌。(Behind the numbers:Ending school violence and bullying)。①

有研究显示,欧美等42个国家学龄儿童中,传统欺凌他人的报告率为7%~9%。② 也有学者对全球40个国家的20 000 名青少年学生进行研究,结果显示,有26%的学生遭受过欺凌。一项针对欧盟28个成员国年龄从11~15 岁学生的研究显示,瑞典学生欺凌发生率最低(约6%),立陶宛学生欺凌发生率最高(约40%)。美国对初中生进行大规模调查发现,有21%的学生曾被同龄人取乐,有18%的学生遭受过谣言诽谤,有11%的学生遭受过推搡、绊倒或吐口水,有6%的学生遭受威胁侵害。在小学阶段,约有25%的学生遭受过欺凌。韩国对1 756 名中学生的调查发现,高达40%的学生有过欺凌经历。在日本1985 年发生155 066 起学生欺凌,到1993 年发生21 598 起(小学12 817、初中6 390、高中2 391)学生欺凌。③

据推测全球大约每年有2.46 亿儿童遭受不同类型的校园暴力和欺凌(包括网络欺凌)。④ 国内外多项调查显示20%~33%的儿童青少年直接卷入了欺凌关系,成为欺凌者、被欺凌者或两者兼而有之(Nansel et al,2001;唐寒梅等,2018)。

可见,学生欺凌是全球普遍现象,是一个国际性问题。

(一)欧洲部分国家的学生欺凌

英国:WHITNE 等人(1993)的调查发现,英国有27%的初中生遭受过欺凌,12%的初中生欺凌过其他人,而在高中受害者和欺凌者均下降较多,分别为10%和6%。⑤ 英国学者 Smith1999 年的研究显示,英国有27%的小学生和10%的中学生有时或更频繁地受到欺凌,12%的人有时或更频繁地欺凌他人(4%)。英国教育标准局(Office for

① UNESCO. Behind the numbers:Ending school violence and bullying[R/OL]. (2019 - 01 - 22)[2019 - 06 - 04]. https://unesdoc. unesco. org/ark:/48223/pf0000366483.
② INCHLEY,J.,CURRIE,D.,YOUNG,T.,et al. Crowing up unequal gender and socioeconomic differences in young people's health and well-being: Health Behaviour in School-aged Children(HBSC)Study:international report from the 2013 /2014 survey[J]. Health Pol Child Adoles,2016(7):197-210.
③ UNICEF. Hidden in plain sight:A statistical analysis of violence against children[EB/OL]. [2018-05-23]. http://files. unicef. org/publications/files/Hidden_in_plain_sight_statistical_analysis_EN_3_Sept_2014. pdf.
④ 罗怡,刘长海.联合国教科文组织关于校园暴力和欺凌干预的建议及启示[J].教育科学研究,2018(4):16-19.
⑤ WHITNEY I,SMITH P K. A survey of the nature and extention of bullying in junior/middle and secondary schools[J]. Education Research,1993,35(1):3-25.

Standards in Education, Children's Services and Skills)2012 年 6 月公布了一份"不再欺凌"(No place for bullying)的学术调查报告。报告显示,在 1 060 名学生(558 名小学生和 502 名中学生)的样本中,有 50%的小学生遭受过欺凌,有 38%的中学生遭受过欺凌。[1] 英国受虐儿童防治协会(National Society for the Prevention of Cruelty to Children)公布了 2015—2016 年对儿童与青少年欺凌的调查报告。该报告显示,在该年度接获 25 700 起通报关于欺凌的儿童专线(childline),网络欺凌事件的比例较过去 5 年增加 88%。

挪威:挪威学者奥维斯(Olweus)1993 年对 13 万挪威中小学生的调查发现,挪威有 15%的学生参与了欺凌,大约 9%的学生是恃强凌弱者,7%的学生是受害者。

意大利:史密斯(Smith)和惠特尼(Whitney)教授,1993 年分别对意大利佛罗伦萨(Florence)的 9 所学校里的 784 名和科森扎(Cosenza)的 8 所学校里 595 名 8~14 岁的中小学生进行了调查,结果显示,意大利学生欺凌发生率大致是英国的 2 倍,挪威的 3 倍。[2] Rigby(2004)的调查显示,意大利中小学生中被欺凌者的比例约占 29%,欺凌者占 8%,既是欺凌者又是被欺凌者的占 13%。

法国:法国进行的"校园氛围与受害情况调查"结果表明,法国初中学生欺凌事件发生率为 6.1%,2013 年增长至 6.9%,呈现明显上升趋势。[3] SIVIS 调查结果也显示,在 2011 至 2012 年间,20%的中学存在与欺凌相关的严重事件,这些学校中有 18%上报了只以欺凌为目的的严重事件,有 7%上报了只因欺凌引起的严重事件,5%上报了既以欺凌为目的也因欺凌引起的严重事件。此外,在所有因欺凌引起的事件中,58%为肢体暴力类型,而此比例在以欺凌为目的事件中只有 44%。[4]

德国:经济合作与发展组织(OECD)在 2015 年分析指出,德国 15 岁年龄档的中学生中,大约每六人中就有一人经常性遭受欺凌。[5] 2019 年,德国贝塔斯曼基金会对德国青少年身心状况调查结果显示,德国普通中小学十年级以下的学生中,三分之一

①　Ofsted. No Place for Bullying[EB/OL]. [2019-03-06]. http://www. gov. ok/government/uploads/system/uploads /attachment_date /file /413234/No_place_for_bullying. pdf.

②　Genta, M. L., Menesini, E., Fonzi, A., Costabile, A., Smith, P. K. Bullies and Victims in Schools in Central and Southern Italy [J]. European Journal of Psychology of Education. 1996,11:97–110.

③　Ministère de l'éducation nationale et de la jeunesse. 94% des collégiens déclarentse sentir bien dans leur collège [EB/OL]. (2017–12) [2019–07–02]. https://www. education. gouv. fr/cid136268/94-des-collegiens-declarent-se-sentir-bien-dans-leur-college. html&xtmc=Enquetedevicti-mation&xtnp=1&xtcr=1.

④　Adolescent Health Research Group. Youth'12 Overview: The health and wellbeing of New Zealand secondary school students in 2012[M]. Auckland: The University of Auckland, 2013:26.

⑤　OECD. PISA2015 Results(Volume III):Students' Well-Being[R]. Paris:OECD Publishing,2017.

的学生都有恐惧心理,担心自己成为校园暴力和欺凌的对象。[①] 2016 年德国反网络欺凌联盟(Buendnis gegen Cybermobbing)对德国中小学生的调查显示,17% 的 14 岁青少年都说自己在网络中受到过不同程度的攻击。该组织自 2013 年起持续对德国社会中的网络欺凌现象进行调查并在德国社会进行启蒙工作,他们的调查表明,德国网络欺凌无论是在成人当中还是在青少年当中都呈上升趋势。[②]

西班牙:2007 年,西班牙监察部与联合国儿童基金会西班牙委员会委托马德里自治大学科研小组进行了调查,完成了调查报告《校园暴力:初等义务教育阶段的欺凌 1999—2006》。[③] 调查结果显示,在西班牙所有的学校中都存在学生欺凌和校园暴力现象。出现频率最高的侵犯种类是语言侵犯(如辱骂、起绰号、说坏话)以及社会排斥。[④] 2010 年,西班牙和睦共处观测站(Observatorios de Convivencia)对 23 100 名初中生进行了抽样调查,调查结果显示,有 3.8% 的被欺凌者和 2.4% 的欺凌者。有 80% 的学生表示会干预欺凌行为或者应该对此进行干预。14% 的学生表示自己不会干预欺凌行为或者不应该干预欺凌行为。6% 的学生表示会参与欺凌行为。只有约 14% 的学生表示没有参与过任何形式的侵犯行为。[⑤]

新西兰:奥克兰大学青少年健康研究小组 2011 年的调查发现,新西兰有 33% 的学生曾遭受他人威胁和身体伤害,14% 的学生身体受到严重伤害,12% 的学生在手机终端收到威胁言论,9% 的学生在网络上收到威胁、恐吓的信息。[⑥] 约翰(John)等的调查显示,2012 年,33.2% 的受访者遭受到"网络欺凌"。[⑦] 新西兰 2018 年进行的一项研究发现,在 18~19 岁的人群中,60% 的人遭遇过网络欺凌,且该年龄阶段的女性发生网络欺凌的概率最高约 46%。[⑧]

---

① Bertelsmann Stiftung. Children's Worlds +: Eine Studiezu Bedarfenvon Kindernund Jugendlichenin Deutschland [EB/OL]. (2019-02) [2020-03-04]. https://www. bertelsmann-stiftung. de/fileadmin/files/BSt/Pub-likationen/Graue Publikationen/Studie_WB_Children_s_Worlds_2019. pdf.

② Bündnis gegen Cybermobbinge. V: CyberlifeII. Span-nungsfeldzwischen Faszinationund Gefahr. Cybermob-bing-bei Schülerinnenund Schülern. [EB/OL]. (2016-05-02) [2020-03-04]. https://www. buendnis-gegen-cyber-mob-bing. De/fileadmin/pdf/studien/2016_05_02_Cyber- mobbing_2017 end. pdf.

③ Violencia escolar: el maltrato entre iguales en la Educación Secundaria Obligatoria, 1999-2006.

④ Soledad Andrés Gómez, Ángela Barrios. De la violencia a la convivencia en la escuela: El caminoque muestran los estudios más recientes[J]. Revista Complutense de Educación, 2009, (20): 205-227.

⑤ María José Díaz-Aguado Jalón, Rosario Martínez Arias, Javier Martín Babarro. El acoso entre ad-olescentes en España. Prevalencia, papeles adoptados por todo el grupo y características a las que atribuy-en la victimización[J]. Revista de educación, 2013, (362): 348-379.

⑥ Adolescent Health Research Group. Youth'12 Overview: The health and wellbeing of New Zealand secondary school students in 2012[M]. Auckland: The University of Auckland, 2013: 26.

⑦ Fenaughty J, Harré, Niki. Factors associated with distressing electronic harassment and cyberbullying[J]. Computers in Human Behavior, 2013, 29(3): 803-811.

⑧ No Bullying. Cyber-bullying in New Zealand[EB/OL]. [2018-02-22]. https://nobullying. com/cyberbullying-in-new-zealand/.

芬兰:芬兰国家卫生和福利研究所于 1998 年对芬兰(包括职业学校和高中) 16 410 名(女生 8 196 名,男生 8 214 名)中学生进行的调查结果显示,完全没有参与欺凌的女生为 4 418 人,占被试女生总人数的 54%;完全没有参与欺凌的男生为 2 395 人,仅占被试男生总人数的 29%。不难发现,完全没有参与到欺凌当中的男女生总数为 41.5%,而参与或被迫参与到欺凌当中的学生占被试总人数的比例高达 58.5%。也就是说,被学生欺凌问题影响的学生几乎占全部被试人数的六成。

俄罗斯:俄罗斯彼尔姆州恰斯金斯克中学的奥莉卡·妮卡诺娃 2006 年在她的学生中对校园欺凌专门作了一次问卷调查,结果显示,年龄为 8～10 岁的学生中,在学校遭受过身体暴力的达到 38%,11～13 岁为 56%,14～16 岁为 44%,17～18 岁为 14%。[①] 俄罗斯科学院教授布托夫斯卡娅(М. Л. Бутовская)及其助手鲁萨科娃(Г. С. Русакова),在 2012～2014 年期间,对莫斯科周边中学、西伯利亚农村地区中学进行了为期三年的纵向调查研究,调查结果显示,农村中学学生欺凌的主要形式为口头和间接欺凌(凌辱 38%,嘲笑失败 32%,起绰号 30%,散播流言 28%),身体攻击则很少见(推撞绊倒 26%,拳打脚踢 19%,打击 18%,打架 14%);城市中学的学生欺凌形式是混合的(凌辱 60%,让人难堪的外号 53%,起绰号 52%,推撞绊倒 48%,嘲笑失败 45%,拳打脚踢 44%,打击 42%,散播流言 42%)。莫斯科中学校园现实交往中散播流言占 42%,社交网站上的凌辱占 37%。[②]据《今日俄罗斯》网站 2019 年 9 月 2 日消息,莫斯科州儿童权利全权代表克谢尼娅·米绍诺娃援引一份调查报告指出,在莫斯科市和莫斯科州的受访高年级(10～11 年级)中学生中,70% 的受访者曾见到过欺凌的发生,60% 的学生承认自己认识欺凌事件的受害者,12% 的学生曾遭受过来自同学或教师的欺凌。[③]

(二)美、澳大利亚的学生欺凌

美国:Morita 教授在 1999 年进行的一项研究结果显示,美国有 25.5% 的小学生、20.3% 的初中生和 6.1% 的高中生受到过欺凌。也有研究显示,美国有 29.9% 的学生经历过欺凌,其中 13% 欺凌过他人,10.6% 遭受过他人欺凌,6.3% 既是欺凌者也是受害者。[④] Nansel et al. 在 2001 进行的一项研究(N = 15,686)结果显示,美国有 19.4% 的学生报告欺凌他人,16.9% 的人表示曾受到适度或频繁的欺凌。[⑤] 美国国家教育部

①② 余自洁.俄罗斯:反校园欺凌,德育和法律兼顾[J].上海教育,2017(11):40-43.

③ 邵海昆译.俄罗斯呼吁预防中小学校园欺凌[J].世界教育信息,2019(18):473-474.

④ NANSEL,T. R.,OVERPECK,M.,PILLA,R. S.,et al. Bullying behaviors among US youth:prevalence and association with psychosocial adjustment[J].JAMA,2001,285(16):2094-2100.

⑤ WHITNEY I,SMITH P K. A survey of the nature and extent of bullying in junior/middle and secondary schools [J]. Education Research,1993,35(1):3-25.

(U. S. Department of Education)在2015年发布的报告数据表明,全美12~18岁的学生中有近21%的学生被欺凌过。[①] 美国研究院(American Institutes for Research,AIR)2015年的研究数据显示,美国四年级学生中,每个月遭受一次欺凌的学生比例是15%。[②]

澳大利亚:澳大利亚的亚肯·瑞格比(Ken Rigby)教授,在1995年对澳大利亚塔斯马尼亚州中小学生的调查研究中发现,大约有将近32%的男生和37%的女生遭受过欺凌。[③] 澳大利亚儿童健康促进研究中心(Child Health Promotion Research Centre)2009年对20 832名4~8岁学生的调查发现,有16%的学生每隔几周或者会更加频繁地遭受到隐蔽的欺凌,27%的学生在先前的学期中经常受到欺凌。[④] 澳大利亚南威尔士州1999年的调查显示,有23.7%的学生是欺凌者,12.7%遭受过欺凌。[⑤] 澳大利亚隐性欺凌盛行情况研究所(Australian Covert Bullying Prevalence Study)2017年的报告显示,澳大利亚的中小学被欺凌学生达27%,其中受欺凌比率最高的是五年级学生占32%,而参与欺凌的中小学生高达87%,绝大多数学生在面对欺凌事件时仅仅扮演旁观者的角色,并没有采取任何措施帮助受欺凌者。[⑥] 澳大利亚中小学生中,有17%和11%的学生都曾受到严重的欺凌。[⑦]

(三)亚洲部分国家的学生欺凌

联合国教科文组织于2015年发布的《亚太地区学校欺凌、暴力与歧视报告》指出,日本、韩国、澳大利亚、菲律宾等国家的学生欺凌现象较为普遍。[⑧]

日本:2013年,日本共发生学生欺凌事件185 803件,平均每1 000人发生13.4

① Deborah Lessne,Christina Yanez. Student Reports of Bullying: Result From the 2015 School Crime Supplement to the National Crime Victimization Survey[EB/OL]. [2017-11-03]. http://nces. ed. gov/pubs2017/2017015. pdf.

② AMERICAN INSTITUTES FOR RESEARCH. Indicators of School Crime and Safety 2016 Compares Bullying Internationally[EB/OL]. [2017-11-03]. http://www. air. org/resource/indicators-school-crime-and-safety-2016-compares-bullying-internationally.

③ Ken Rigby. The Motivation of Australian Adolescent Schoolchildren to Engage in Group Discussions about Bullying[J]. Journal of Social Psychology,(1995). 135(6), 773-774.

④ 陈琪,李延平. 澳大利亚中小学校园欺凌治理研究[J]. 外国教育研究. 2018,45(8).

⑤ FORERO,R.,MCLELLAN,L.,RISSEL,C.,et al. Bullying behavior and psychosocial health among school students in New South Wales,Australia: cross sectional survey[J]. BMJ,1999,319(7206): 344-348.

⑥ Child Health Promotion Research Centre Edith Cowan University. Australian Covert Bullying Prevalence Study [EB/OL]. Australian Government Department of Education and Training,[2017-12-17]. https: //docs. Education. gov. au/system/files/doc/other/australian _covert_bullying_prevalence_study_executive_summary. pdf.

⑦ Rigby,K. Addressing bullying in schools:Theoretical perspectives and their implications[J]. School Psychology International,2004,25(03):287-300.

⑧ United Nations Educational Scientific and Cultural Organization. From Insult to Inclusion:Asia-pacific report on school bullying, violence and discrimination on the basis of sexual orientation and gender identity [EB/OL]. [2017-12-17]. http://unesdoc. unesco. org/images/0023/002354/235414e.

件。2014 年共发生 188 057 件,平均每 1 000 人发生 13.7 件。① 三津村正和等人 2015 年的研究显示,有 71.9% 的初中生、62% 的小学生、50.5% 的高中生存在欺凌现象。一般来说,男生之间的欺凌是身体上的,比如扔东西、泼水、放倒等;而女生之间的欺凌则更多是心理上的,比如无视、疏远、冷嘲热讽等。② 日本《儿童青年白皮书》统计,2015—2016 年度日本有 60% 的小学生曾经受到过欺凌,全国中小学校(含高中)共发生确认欺凌事件 224 540 起。日本文部科学省在 2017 年公布的小学、初中、高中以及特别支援学校(包含国立、公立、私立)的学生欺凌相关数据表明,日本的学生欺凌事件基数庞大。特别在 2012 年,初高中及特别支援学校的欺凌事件均较上一年成倍增长,2015 年全日本涉事学校占了全部学校数量的 62%。根据日本文部科学省数据统计,截至 2018 年,日本小学到高中共有 41 万起校园暴力事件,较以往增加 9 万多件。2016 年 3 月 1 日,日本文部科学省公布的最新数据显示,日本 2015 年共有 21 643 所中小学校(包括国立、公立和私立)发生 188 072 起学生欺凌事件。③

韩国:据韩国教育部、法务部、警察厅等 11 个部门 2013 年 7 月联合发布的调查报告显示,有过校园暴力被害经历的中小学生数达 9.4 万人次,同时 68.6% 的学生对自己的校园生活深感不安,校园暴力恶性事件更是多达 6.4 万起。④ 韩国保健社会研究院 2015 年 3 月的调查结果显示,韩国 9~17 岁的青少年中有 32.2% 曾遭受校园暴力,21.5% 曾参与施暴。男生曾遭受校园暴力的比率为 33.4%,高于女生 30.9% 的比率,大城市青少年遭受校园暴力 35.4% 的比率也要高于农村的 25.1%。⑤ 韩国每年对学生欺凌现象进行两次调查。从调查结果看,韩国近年来学生欺凌事件的发生率连年呈下降趋势,其中,小学生欺凌事件发生率最高,而高中最低。对欺凌表现形式的调查显示,语言暴力比例最高,占 35.3%,集体孤立占 16.9%,身体暴力占 11.8%,跟踪骚扰占 11%,网络骚扰占 9.7%,强索财物占 7.1%,猥亵占 4.3%,强行使唤占 4%。⑥ 韩国教育研修院组织的 2017 年第二次学校暴力调查中发现(参与调查的对象为小学 4 年级到高中 2 年级共 360 万名学生),小学生的被害率及加害率为初中生和高中生的 3 倍以上。⑦ 韩国教育部 2018 年 8 月 28 日发表的《2018 年第 1 次校园暴力实态调查结

① 向广宇,闻志强.日本校园欺凌现状、防治经验与启示——以《校园欺凌防止对策推进法》为主视角[J].大连理工大学学报:社会科学版,2017,38(1):1-10.
② 三津村正和等.日本的校园欺凌问题——基于欺凌隐蔽化因素的考察[J].青年学,2018(2).
③ Tomoyuk,K.,Peter,K.S. Pupil Insights into Bullying, and Coping with Bullying[J]. Journal of School Violence,2002,1(3):5-29.
④ 현장 중심 학교폭력 대책 2014 년도 추진계획 [EB/OL].[2017-12-15]. http://www. stopbullying. or. kr/? module=flie&act=proc File Download&flie_srl=2383516&sid=f22fb7acd809e9ac164b60104e244b6a,2014.3:2.
⑤ 陶建国.韩国校园暴力立法及对策研究[J].比较教育研究,2015(3):56.
⑥ 驻韩国大使馆教育处.韩国:法律先行,全员重视[J].人民教育,2016(11):28-30.
⑦ 全婵兰.韩国《2018 年校园暴力预防教育推进方案》述评[J].中小学心理健康教育,2018(20):27-30.

果》显示,韩国中小学校园暴力受害回答率为1.3%,比2017年第1次校园暴力调查增长了0.4%,其中,小学生的受害回答率增加最多,为0.7%。2017年3月至2018年2月,在被调查的学校中,初中共审议了15 576件校园暴力事件,高中共审议了9 256件,小学共审议了6 159件。从校园暴力类型上看,发生率从高到低依次为言语暴力、集团排挤、跟踪、网络欺凌、身体暴力。向周围的人告知或举报校园暴力的比率为80.9%,目击校园暴力的学生能够对受害学生进行帮助的比率为68.2%,仍然有30.5%的学生虽然旁观了暴力行为但装作不知道。①

印度尼西亚:印度尼西亚国家儿童保护委员会2012年发布的调查报告显示,1 026名受访者中,有87.6%的人表示他们在学校曾遭到身体或言语上的欺凌。施暴者的行为包括言语侮辱、咒骂和身体殴打。该委员会发布的《校园欺凌行为报告》显示,42.1%的受访者认为同学是欺凌行为的主要施暴者,有29.9%的受访者表示,他们遭到过教师和学校管理人员的欺凌,有28%的受访者表示,他们遭受过学校行政、后勤或保安人员的欺凌。根据印度尼西亚社会事务部发布的信息,截至2015年11月,当年的青少年儿童自杀事件中,40%是由于遭受到学生欺凌。

以色列:1998年以色列教育部对公立学校系统中的4~11年级的学生进行的问卷调查结果显示,以色列有56.9%的犹太学生和39.5%的阿拉伯学生表示在学校遭到嘲笑和侮辱,另有14.5%的阿拉伯学生表示有学生曾经用刀子威胁过他们。② 拉皮多特(Lapidot)和科恩(Cohen)等人(2001),就学生欺凌问题对3 221名来自18所中小学的3~9年级学生进行的调查结果显示,有79%、65%和36%的学生分别是口头、身体和间接欺凌的受害者。③ 2014年海法大学(University of Haifa)的一项关于青少年遭受欺凌的调查结果表明,在以色列中小学中,22%的学生是通过互联网或手机受到诅咒或嘲笑的,18%的学生在脸书(Facebook)等社交网络中遭到攻击。

二、世界各国学生欺凌的特点

联合国教科文组织(UNESCO)2019年1月22日发布的《数字背后:结束校园暴力和欺凌》报告指出,全球的学生欺凌普遍存在,且有区域和方式的差异。

① 陶建国,唐泽东.韩国中小学校园暴力事件的校内调解及启示[J].少年儿童研究,2020(11):12.
② Zeira,A.,Astor,A,R. Rami Benbenishty. School Violence in Israel:Findings of a National Survey[EB/OL].[2018-04-30]. https://www. researchgate. net/profile/RonAstor/publication/9006853_School_Violence_in_Israel_Findings_of_a_National_Survey/links/0deec523e75103b903000000/School-Violence-in-Israel-Findings-of-a-National-Survey. pdf. 2003.
③ Rolider,A.,Ochayon,M. Bystander Behaviours Among Israeli Children Witnessing Bullying Behaviour in School Settings[J]. Pastoral Care in Education,2005(2):36-39.

（一）校园暴力及欺凌的广泛性和多发性

《数字背后：结束校园暴力和欺凌》报告指出，广泛性与多发性是校园暴力及欺凌的基本现状。从收集的数据来看，虽然全球范围内各地区有所差别，但是32%的学生报告受到过同学的欺凌，36%的学生汇报至少与一名学生发生过身体冲突，32.4%的同学在一年内至少受到过一次身体攻击。

在所有的校园暴力及欺凌的形态中，身体和性欺凌是最常见的两种方式。在全球范围内，被欺凌的儿童中有超过16%的人表示他们有过被踢、打、推或者被锁在教室的经历。性欺凌是第二种常见的校园暴力及欺凌的类型。全球范围内，11.2%受欺凌的学生报告他们遭受过通过性玩笑、评论或者手势的取笑。新形式的性暴力，包括在线发送性信息和图片也开始出现，在2017—2018年度，有12%到22%的学生收到过带有性内容的信息。

报告指出，全球的学生欺凌有下降的趋势，但是校园暴力行为尚未出现减缓的趋势。全球范围内接近半数国家的欺凌行为有所减少。在有欺凌流行趋势的71个国家和地区中，有35个国家和地区的欺凌流行率有所下降，有23个国家和地区没有显著变化，有13个国家和地区的流行率有所上升。全球范围内，被欺凌的学生比例随着年龄的增长而下降，从13岁的33%下降到14岁的32.3%，到15岁的30.4%。

从性别上来看，女生和男生遭受欺凌的概率是相同的。报告指出，在全球和绝大多数地区，男女学生的被欺凌的比例极为相似。从全球范围内来看，男生和女生被性玩笑、评论或手势取笑的程度没有重大差异。关于教师对男学生和女学生实施身体暴力和体罚等方面差异的证据是混杂的。有一些数据表明，教师更有可能对女生实施身体暴力，而其他数据表明，男生在学校比女生更可能受到体罚。[①]

从调研的数据来看，有1/3的女生汇报曾经历过校长、教师或其他学生实施的性暴力，而男生的比例不到1/5。同龄人，包括同学和朋友是第一次发生男生性暴力事件的主要肇事者，而对女生来说，主要肇事者是亲密的伴侣、邻居或陌生人。虽然从性别上来看，男女生都有成为校园暴力和欺凌受害者的可能性，但是其所受的暴力和欺凌的类型有所不同。

（二）不同地域之间存在差异

《数字背后：结束校园暴力和欺凌》报告指出，世界各地区之间的校园欺凌比率存在显著差异。遭受校园欺凌比率较高的地区是撒哈拉以南非洲（48.2%）、北非（42.7%）和中东（41.1%），比率较低的地区是中美洲（22.8%）、加勒比地区（25.0%）

---

① 张静. UNESCO《数字背后：终结校园暴力与欺凌》报告述评[J]. 世界教育信息，2020(1)：18-23.

和欧洲(25.0%)。在调查日期前一个月受到6天或更多天数欺凌比率最高的地区是撒哈拉以南非洲(11.3%),最低的地区是中美洲(4.1%)。

身体欺凌是许多国家和地区最常见的欺凌。来自96个国家和地区的GSHS数据显示,16.1%受欺凌的儿童表示,他们有被打、被踢、被推或被锁在室内的经历。除了中美洲和南美洲,身体欺凌是所有GSHS调查国家和地区最常见的欺凌。身体欺凌比率最高的地区是太平洋地区和撒哈拉以南非洲。在HBSC调查国家和地区中,被攻击、踢或推搡的比率较低。PISA数据显示,4%的学生表示他们在调查日期前一年中每个月至少遭受过几次攻击或被推搡。全球数据表明,年幼的学生比年龄较大的学生更容易遭受身体欺凌。根据来自96个国家和地区的GSHS数据,11.2%被欺凌儿童表示,他们曾被性笑话、评论或手势取笑。性欺凌是中美洲、中东和北非最常见的两种欺凌行为之一,但据HBSC数据,北美和欧洲的性欺凌频率低于心理欺凌频率。

北美洲和欧洲的心理欺凌比率高于其他地区。HBSC数据显示,北美洲有28.4%的学生、欧洲有15.1%的学生反映他们曾被排斥参加活动或被故意忽视。在其他地区,心理欺凌的频率较低,不如身体欺凌和性欺凌比率高。根据GSHS数据,5.5%的学生表示他们曾被故意忽视或忽略,比率最高的地区是中美洲(7.5%)和南美洲(7.2%)。①

(三)网络欺凌比率呈上升趋势

随着互联网的发展和对学生日常生活的渗透,网络欺凌成为一个日益严重的问题。尽管从数据来看,网络欺凌的流行率比较低,但是作为一种新型的相对隐蔽的欺凌方式值得引起人们的警惕。数据表明,使用互联网的11~16岁儿童的比例从2010年的7%上升到2014年的12%,在某些地区,大约1/10的儿童经历过网络欺凌。在加拿大和欧洲,10.1%的被调查者曾通过网络消息受到欺凌,8.2%的被调查者通过图片受到欺凌。其他数据显示,13%的9~16岁澳大利亚儿童和6%的9~16岁欧盟儿童称受到过网络欺凌。全球儿童在线研究调查9~17岁青少年遭受网络欺凌的比率发现,塞尔维亚为35%、菲律宾为29%、南非为20%、阿根廷为77%(13~17岁)。2015年,巴西儿童在线调查发现,在9~17岁的互联网用户中,20%的人表示曾遭受过网络欺凌,12%的人在网络上有过攻击行为。全球儿童在线有关阿根廷、巴西、菲律宾、塞尔维亚和南非的调查数据也表明,在调查日期前一年里,有12%~22%的儿童通过网络接收到有关性欺凌的信息。②

---

① 柯文涛. UNESCO继续推进校园暴力与欺凌问题研究——基于《数字背后:终结校园暴力与欺凌》报告的译介和解读[J]. 世界教育信息,2019(21):13-18.
② 张静. UNESCO《数字背后:终结校园暴力与欺凌》报告述评[J]. 世界教育信息,2020(1):18-23.

（四）教师实施的身体暴力比例较高

目前,世界上有 132 个国家明令禁止学校体罚学生,但 68 个国家仍然允许体罚。一项针对 63 个国家(包括 29 个禁止体罚的学校)的调查发现,9 个国家 90% 的学校体罚学生,1 个国家 70%~89% 的学校体罚学生,43 个国家 13%~69% 的学校体罚学生。柬埔寨、海地、马拉维、尼日利亚、坦桑尼亚的数据显示,教师(特别是男教师)是儿童遭受的大部分身体暴力的实施者。乌干达的良好学校研究(Good Schools Study)显示,超过 75% 的 9~16 岁儿童反映在调查日期前一年里受到过教师实施的身体暴力,身体暴力是该研究中儿童最常遭受的暴力形式。针对女生的 DHS 数据显示,教师实施的身体暴力比率较低。总体而言,15 岁以上经历过身体暴力的女生中,遭受过教师实施的身体暴力的比率如下:西非和中非为 6.2%,东非和南非为 5.1%,亚洲为 0.6%,东欧为 0.2%。非洲内部具有很大的差异性,在西非和中非,比率最低为 0.1%,最高达 17.9%;而在东非和南非学校,比率最低为 1.1%,最高达 19.3%。教师实施的性暴力比率普遍较低,但并非所有国家都如此。针对三个非洲次区域(中非、东非、西非)和仅针对女生的 DHS 数据显示,受到教师实施的强迫性行为的女生比率一般在 0.5%~0.8% 之间,但是中非部分地区的这一比率高达 7.1%。[①]

第二节　中国的学生欺凌

学生欺凌是一个全球性问题,不仅广泛存在于世界其他国家,同样也存在于中国校园。和世界其他国家一样学生欺凌始终伴随着中国学校教育,存在于学生之间,它既是一个历史的存在,也是一个现实的存在。

一、中国学生欺凌的历史存在

学生欺凌始终伴随着教育存在,也就是说,有学生群体存在,就会有学生欺凌发生。无论是私塾一统天下的传统教育时代,还是旧私塾、新学堂并立相争的近代教育时代,学生之间的欺凌现象一直都存在。

（一）中国学生欺凌的历史表象

中国古代教育私塾是主要的教育机构,自清末以来出现了学堂,私塾与学堂并存。[②]

① 张静. UNESCO《数字背后:终结校园暴力与欺凌》报告述评[J]. 世界教育信息,2020(1):18-23.
② 张礼永. 教育欺凌的历史镜像学考察[J]. 教育发展研究,2019(22):77-84.

1.基于地位的欺凌:以富欺贫,以官欺民

在封建社会时期,中国社会存在着明确的等级差别,在私塾和学堂中存在着因社会地位差距而产生的欺凌。

(1)富欺贫

唐代文人张读(833—889),在其小说《宣室志》中的《闾丘子》一则中记载:有荥阳郑又玄,名家子也。居长安中,自小与邻舍闾丘氏子偕读书于师氏。又玄性骄,率以门望清贵,而闾丘氏寒贱者,往往戏而骂之曰:"闾丘氏非吾类也!而我偕学于师氏,我虽不语,汝宁不愧于心乎?"闾丘子默然有惭色。后数岁,闾丘子病死。① 郑又玄与闾丘子虽是同学,但家庭出身不同,郑又玄看不起闾丘子,认为其非同类,进而出言相讥,闾丘子本身可能就有点自卑,性格又懦弱,受不了这语言的暴力,结果郁郁而终。这则故事讲的就是典型"以富欺贫"的欺凌现象。

近代戏剧家天津籍的焦菊隐(1905—1975)幼年曾寄读于王家家馆,学习成绩很好,但是王家子弟却常常欺侮他,遇到的塾师也是势利眼,看不起家穷的小菊隐,故而纵容王家子弟的恶行,当小菊隐向他寻求公道和正义时,不仅得不到,反而遭到狠狠的责骂,弄得灰心丧气,无论如何都不肯再去王家家馆了。②

河南方城籍的鲁开泰回忆其早年在金家家塾附读的经历时写道,"只读了大半年,因总受金家兄弟欺侮,便辍学了。"③

这些都是传统教育下学生间以富欺贫的表现。

(2)官欺民

文坛巨匠梁实秋在《我在小学》中回忆自己 1909 年在大鹁鸽市的陶氏学堂的读书经历时写道,其在北京市立第三小学读书之前,曾就读于被誉为"贵族学堂"的陶氏学堂。陶氏学堂由清廷重臣、正白旗人端方(1861—1911)创办。陶端方因家中人口众多、子弟需要受教育,鉴于时代风潮,主张接受新式教育,故设立此校,属私立性质。梁实秋的父亲梁咸熙虽是秀才出身,但曾在同文馆里求过学,受过一定的新式教育,也想让孩子接受新式教育,于是"不惜学费负担",送梁实秋和他大哥入陶氏学堂。梁实秋在那儿读了一年,觉得所获有限,且见识到了学校内一些丑恶腐败的现象。其中,"陶氏子弟自成特殊阶级",一个个"恣肆骄纵,横冲直撞","在课堂内外,成群地呼啸出入,动辄动手打人。"④对此,同学、老师都只能为之侧目。

① [唐]张读,裴铏.历代笔记小说大观·宣室志裴铏传奇[M].上海:上海古籍出版社,2012:62.
② 焦菊隐.粉墨写春秋[M].天津:百花文艺出版社,2008:4.
③ 鲁开泰.忆"私塾"[C]//方城文史资料:第 9 辑[Z].1992:21.
④ 梁实秋.清华八年[M].南京:江苏文艺出版社,2011:3-6.

2. 基于力量的欺凌：以强凌弱，以大欺小，以众欺寡

（1）强凌弱

著名农学家沈宗翰（1895—1980）从 8 岁至 11 岁附读于邵家家塾。邵家家塾学生不多，只邵家二子与宗翰，邵家长子大他 8 岁，且秉性忠厚，待他很好，次子大他 2 岁，刁顽强悍，宗翰常受他的欺凌。某年中秋，次子强令宗翰吞下一味外壳状似桂圆的药丸，不久即腹痛而泻；又一次清晨，四下无人，次子拿出小裁纸刀，想切断宗翰的手指，对此宗翰自然极力反抗，然年幼二岁，力不能胜，左手小指第一节被刺伤，刀上有墨，故伤处既有刀痕，又有墨迹，年老之时其迹尚存。邵家家长是讲理之人，对于次子的恶行也从不纵容，"一经查悉，必予痛打"，但痛打之后，次子的报复也重，所以在邵家附读四年，宗翰"精神上深受威胁"，他弟弟后来也去附读，比次子要更小一些，结果"受欺侮更甚"。[①]

（2）大欺小

私塾是个别化的教学形态，没有采用年级编制，学生程度不同、年龄也不一，非常容易造成学生间以大欺小。

苏州籍的近代小说家包天笑（1875—1973），他读的第一个私塾只有两个学生，一个是他，当时虚 5 岁，实则 4 岁整，另一个是他家对面的赖家大少爷，大约 13 岁。先生很爱护小天笑，爬不上椅子时先生便抱他上去，想要小便时便带他去庭院壁角，但先生是个近视眼，有时照顾不到。而他的学长及世兄赖大少爷常避了先生之眼，作弄小天笑，如把水盂里的水洒在他身上，又如把湿纸团装在笔套管里，做了纸弹射他。天笑生性懦弱，怯不敢响，就任由他欺凌。直到一天晚上临睡时，母亲给天笑脱衣服发现他脖子后面有好多小纸团，就问从何而来，这才如实相告。母亲不禁有所埋怨道："湿纸团塞在头颈里不难过吗？回来又不告诉人。"后来此事被天笑的祖母知晓了，祖母很生气，便和赖大少爷的母亲说了，对方把她的儿子骂了一顿，又责令他来赔罪方才结案。[②]

家塾之中，小学生尚不免受到欺凌，那众人合设的朋馆与塾师自设的散馆之中发生的概率就更大了。特别是散馆之中，塾师为了增加收入，会尽可能多收学生。学生多是非也会多。安徽合肥东乡籍的郑正在私塾读书时就曾"亲眼看见、并亲身遭受过

---

①　沈宗翰. 克难苦学记[M] 合肥：黄山书社，2011：35－36.
②　包天笑. 钏影楼回忆录[M]. 上海：上海三联书店，2014：9.

大学长欺压同学的事实"。①

（3）众欺寡

扬州才子李涵秋（1873—1923）笔下的杭州城外某丙等小学，有一带头大哥，名为尤权，身边聚集了一批党羽，在校中极有势力，"凡有新来的学生，必须向他行礼，表示敬畏的意思，然后还要贡献些菱芡瓜藕，当作赘敬。"②

梁实秋（1903—1987）于民国初年进入北京市立第三小学读书，此校位于东城根新鲜胡同，是当时办得比较好的学校。当时有一个同学长相不讨人喜欢，满脸疙瘩噜苏，得了个"小炸丸子"的绰号，不消说他是几位好闹事的同学们欺凌的对象，实秋曾亲见他被抬到讲台桌上，手脚被人按住，有人负责扯下他的裤子，然后大家轮流在他的裤裆里吐一口痰，这样的经历在记忆中就有好几起。在这样的环境下，尽管梁实秋小心翼翼地应付，然"有时还不能免于受人欺凌"。③

3. 基于地域的欺凌：以外欺内，以城欺乡，以近欺远

（1）外欺内

著名作家萧军在没有随父亲入长春之前，在家乡镇上一所学校读书，只是家离学校有二里路的行程，镇上有一个叫"阴天乐"半疯癫的野孩子，常常在半路上拦住萧军并殴打他。这个野孩子比萧军要大一倍，身材近乎一个成年人，长得也令人生畏。萧军从小虽好勇斗狠，但两者明显不是一个重量级的，萧军不是他的对手，有一次甚至被对方从河崖上推了下去，幸喜崖下是松软的黄土，没有跌得很重，只是擦破了一些皮肉，昏了一阵醒过来了。这个孩子使萧军"憎嫌又恐怖！常常像逃避一只疯狗似的躲避着他"。④ 四川新繁县清流乡的艾芜（1904—1992）在学校读书时，上学、放学有时也要同路上的野孩子作战，不过他们不像萧军那样是孤身一人，而是一群孩子，每人手拿"一根比身子长三倍的竹棍子，作为万能的武器"，并且仿照哥老会的形式，组成"棒棒会"，⑤虽出于对成人世界的模仿，但是有实际的效用，故而深受儿童的欢迎，这是为了避免校外欺凌校内而组织起来的。

（2）城欺乡

山东诸城的陶钝（本名徐宝梯，1901—1996），少年时曾在诸城县立高等小学求

① 郑正.从一个书房看旧社会的私塾教育［G］//文史资料选辑：第 142 辑［M］.北京：中国文史出版社，2000：186.
② 李涵秋.好青年［M］.北京：中国文史出版社，2016：40.
③ 梁实秋.清华八年［M］.南京：江苏文艺出版社，2011：20-21.
④ 萧军.人与人间——萧军回忆录［M］.北京：中国文联出版社，2006：124.
⑤ 艾芜.艾芜文集：2［M］.成都：四川人民出版社，1984：54-55.

学,报到时被安排与一位徐姓同学同住,两人虽为同姓,但对方丝毫没有"五百年前是一家"的认识,只因他见陶钝穿着带大襟的夹袄、双脸鞋,明白了这是才从农村出来的"雏",于是存心加以欺凌。陶钝开始并不知道他的底细,按照礼节请他吃鸡蛋和点心,他也毫不客气,吃了还要吃,比陶钝吃得还多。第二天陶钝上课去了,他便乘机把陶钝的小皮箱打开,招呼了一批顽皮学生将点心吃了个精光,同时送了陶钝一个雅号,号曰"土地爷爷"。同寝的这段经历让陶钝很不愉快,非常渴望假期的到来,一放假犹如"出笼的鸟",可是一返校"又像入了囚牢"。有一次陶钝没有请假,直接旷了一天的课,当校长问询时,他说:"和同室的徐某处不来,不愿回来。"为此受了挂牌记过的处分,陶钝也不争辩,甚至盼着凑满三次大过,开除了正好回家。好在后来有热心同学替他说明"在宿舍受欺侮的情况",校长也开明,同意撤销记过,并同意了更换宿舍的请求。当陶钝搬离时,常欺凌他的徐某"一声不哼",就这样看着他搬走。[①]

4.基于身份关系的欺凌:以亲欺疏,以汉欺少

(1)亲欺疏

"山药蛋派"的代表赵树理(1906—1970)笔下曾描绘,王继圣家与塾师家有拐了几道弯的亲戚关系(先生的曾祖奶奶是继圣祖奶奶的姑姑),加上继圣衣裳穿得好、手脸洗得白、小嘴又会说,先生对他是言听计从,只要他一告状,其他学生就得挨打,如他告诉先生:满土踢了我一脚,那满土就得挨十板;喜宝骂了您一句,喜宝就得挨十五板,甚至达到了"说叫谁早上挨,谁就等不到晌午"的地步。先生是本村人,在家伺候老婆的时候多,到学校的时候反而少。先生不在,继圣为王,谁敢不顺他,小巴掌就会打到谁的脸上去。挨打当然是痛的,可是继圣的小巴掌与先生的木头板相比,力道还是轻得多,同窗们可不想挨木头板,只好忍气吞声挨他的小巴掌。算下来,挨先生打的还没有挨继圣的多。继圣从前在家打顺了手,后来在学校又打顺了手,以为到处都可以一样打,一次打到一个放牛孩子小囤头上,结果还没打到,就被对方扭住胳膊按倒了,吃了次苦头。[②]

(2)汉欺少

与地域比较相关的还有民族问题,本来各族各居一地,然千余年来的迁徙与融合让各族杂处,这是历史的大趋势,当然过程不是一帆风顺的。在近代,由于中央政府的孱弱,加上民族政策的问题,容易造成对立。在如此的大环境之下,教育也无法独善其身,特别是民汉兼招的学校。

① 陶钝.一个知识分子的自述[M].济南:山东人民出版社,1987:61-62.
② 赵树理.赵树理文集:2[M].北京:人民文学出版社,2005:244.

透过以上案例可以发现,新式学堂内除了继承了自私塾时代形成的一些恶习外,还出现了新的欺凌现象,如以官欺民、以群欺单、以城欺乡等。①

(二)中国历史上的学生欺凌治理

宋明以来,蒙学教育进一步发达,然而欺凌的文字记录却难以目睹。也就是说10世纪至17世纪,教育上欺凌的直接记录阙如,不过也有一些反证,如明代理学家、教育家吕坤(1536—1618)在《社学要略》中提出学中该有"五禁",其第五禁即为"禁有恃凌人",若有犯者,"比读书加倍重责";②明末清初的教育家颜元(1635—1704)在博野县杨村处馆时,制定了"习斋教条"(1675),其中特列"尚和睦"一条,指出"同学之人,长幼相敬,情义相关,最戒以大凌小,以幼欺长",违反者将"重责";③其后石成金在《传家宝》"学堂规条"中也言"不许以大欺小,不许排挤殴打",④相信正是因为私塾中存有这种现象,所以教育家才会有不许的禁令。从不许"以大凌小"的规定,可以窥见欺凌的具体事实仍是存在的,这推论也是毋庸置疑的。

著名作家艾芜组织的"棒棒会"除了用于应付校外的欺凌,有时也用于对付校内的欺凌,"一和别个孩子冲突,或受到别个孩子的侮辱时,就有自己一伙的哥兄老弟,站出来挥动拳头。"由于他们的老师"尽力减少同学之间的冲突,使对立的事情不易发生"。⑤

二、中国学生欺凌的现实样态

学生欺凌不仅存在于古代学校教育中,也存在于当代的学校教育中。我国自20世纪90年代确立了"科教兴国"的战略,为配合素质教育,提升教育教学质量,保障学生的受教育权利,学生欺凌问题开始受到关注,21世纪学生欺凌问题得到了全社会的重视。为摸清我国中小学学生欺凌的真实情况,政府、科研机构和专家对学生欺凌进行了调查,2018—2019年,中国教育追踪调查(CEPS)对我国学生欺凌的调查显示,在整个中小学阶段,遭受过轻度欺凌的学生占42.7%,遭受过中度欺凌的学生占26.5%,而遭遇过重度欺凌的学生占4.1%。⑥可见,学生欺凌普遍存在于中小学学生之间。2015年的PISA分析数据显示,欧美国家受欺凌者比例较高,东北亚国家受欺

① 张礼永.教育欺凌的历史镜像学考察[J].教育发展研究.2019(22).
② 徐梓,王雪梅.蒙学要义[M].太原:山西教育出版社,1991:54.
③ [清]李塨纂,王源订.颜元集[M].北京:中华书局,1987:742-744.
④ [清]石成金.传家宝全集:1[M].北京:线装书局,2008:33.
⑤ 艾芜.艾芜文集 2:[M].成都:四川人民出版社,1984:54-55.
⑥ 唐丽娜,王卫东.青青校园,为何欺凌一再上演[N].光明日报,2019-11-19(14).

凌者比例较低,中国四省市受欺凌者比例处于中等水平。[①]

(一)中国大陆的相关调查

张文新(2002)通过调查发现,有近 1/5 的儿童卷入了欺凌问题。[②] 中国青少年研究中心,在 2015 年针对 10 个省市的 5 864 名中小学生做的一项调查显示,有 32.5% 的学生偶尔被欺凌,6.1% 经常被高年级同学欺凌。[③]

郑茹、王宏伟(2012)等人对北方某城市 7 所学校的小学四年级至高中三年级的 4 008 名学生进行的调查结果显示,该市中小学生欺凌行为的报告率为 12.9%,其中男生为 17.6%,女生为 9.1%,欺凌他人的报告率为 6.5%,被他人欺凌的报告率为 10.4%。欺凌行为的报告率随着年级的增高而增高,在初中阶段达到峰值,随后出现下降。单亲或重组家庭学生发生欺凌他人和被他人欺凌的报告率均较高。住宿生中被殴打、关黑屋,被破坏物品,威胁、强迫和遭受网络欺凌的比例均高于非住宿生。1.0% 的学生同时有 4 种及以上欺凌他人的行为,1.5% 的学生同时遭受 4 种及以上的欺凌。

姚建龙(2016)对中国内地 29 个县 104 825 名中小学生的抽样调查发现,中小学生欺凌的发生率为 33.36%,其中经常被欺凌的比例为 4.7%,偶尔被欺凌的比例为 28.7%。[④]

杨继宇、谢宇、瞿华礼等(2016)采用 Meta 分析法在 2000 年至 2015 年期间,对 22 831 名中国学生欺凌相关行为状况进行分析的结果表明,学生欺凌卷入行为报告率为 26.7%,欺凌报告率为 7.3%,被欺凌报告率为 0.9%,和女生相比,男生欺凌相关行为报告率要高出许多,大学生高于中小学生,中西部地区学生高于东部地区。[⑤]

2017 年,中国青少年研究中心针对 10 个省市 5 864 名中小学生进行的调查显示,32.5% 的人偶尔被欺凌,6.1% 的人经常被高年级同学欺凌。《中国教育发展报告(2017)》发布的一项调研结果显示,北京的初中小学是欺凌的高发地,学生几乎每天都遭受身体欺凌、语言欺凌、关系欺凌(被同学联合起来孤立)的概率相比高中更高,

①　黄亮. 我国 15 岁在校学生遭受校园欺凌的情况及影响因素——基于 PISA2015 我国四省市数据的分析 [J]. 教育科学研究,2017(11):36-42.
②　张文新. 中小学生欺凌/受欺凌的普遍性与基本特点[J]. 心理学报,2002,34(4):387-394.
③　颜湘颖、姚建龙. "宽容而不纵容"的校园欺凌治理机制研究:中小学校园欺凌现象的法学思考[J]. 中国教育学刊,2017(1):10-14.
④　姚建龙. 应对校园欺凌,不宜只靠刑罚[N]. 人民日报,2016-06-14(05).
⑤　杨继宇,谢宇,瞿华礼等. 中国学生欺凌相关行为报告率的 Meta 分析[J]. 中国健康心理学杂志,2016,(11):1658-1662.

分别为 7.5%、13.3%、3.5%。①

2017 年,南京大学社会风险与危机管理研究中心和中南大学社会风险研究中心联合发布的《中国校园欺凌调查报告》指出,语言欺凌是校园欺凌的主要形式,中部地区学生的校园欺凌行为发生率最高,占 46.23%,且校园欺凌行为呈现出以中部地区>西部地区>东部地区>东北地区的地理空间分布形态。②

郑茹、符筠等(2017),对北京市 16 个区 12 417 名中小学生进行的欺凌现况问卷调查结果显示,最近 6 个月内,中小学生传统欺凌他人、遭受欺凌的报告率分别为 2.6%和 10.6%,网络欺凌他人、遭受欺凌的报告率分别为 1.0%和 2.8%。中小学生遭受本校人员传统欺凌的比例(71.0%)高于网络欺凌,遭受外校人员和陌生人网络欺凌的可能性(23.3%,17.4%)均高于传统欺凌(18.2%,10.8%)。与传统欺凌相比,网络欺凌更容易发生。③

廖夏俊、黄玉华(2018)的调查显示,初中生经常被欺凌的比例为 8.6%,每周至少被欺凌一次的比例为 4.9%。其中,被欺凌持续一年或一年以上的占 3.7%,持续半个学期和一个学期的均为 1.2%。调查还显示了欺凌他人的发生频率,初中生中经常欺凌他人的比例为 4.1%,每周至少欺凌他人一次的比例为 2%。调查还显示了既是欺凌者也是被欺凌者的比例为 1.2%。来自被欺凌学生班上的比例为 82.8%,和被欺凌学生同年级不同班,以及来自高年级的比例均为 6.9%,和被欺凌学生不同年级的比例 3.4%。④

庞红卫、王燕春(2018)对浙江省的 29 268 名中小学生进行的调查结果显示,有 6 796 人属于受欺凌者,占全部参研学生的 23.2%;3 803 人属于欺凌者,占全部参研学生的 12.9%。调查还显示了整体受欺凌与欺凌他人的发生频率,小学生受欺凌的比例为 14.6%,欺凌他人的比例为 31.5%;初中生分别为 12.4%和 21.0%;普高学生分别为 9.9%和 10.7%;职高学生分别为 13.7%和 15.0%。⑤

马雅菊、王有智(2019),对西安市某小学 688 名学生进行的调查结果显示,小学儿童欺凌行为普遍存在,男女生均有欺凌他人的行为,且男生比女生更易受到欺凌;男

---

① 《北京中关村二小校园欺凌事件一周年》[EB/OL].[2017-05-21].http://special.caixin.com/event_1208/.
② 中国校园欺凌调查报告:语言欺凌是主要形式[EB/OL].[2017-05-21].http://society.people.com.cn/n1/2017/0521/c1008-29289025.html.
③ 郑茹,符筠,段佳丽,郭欣,星一.北京市中小学生欺凌现况[J].中国学校卫生,2019(2):224-227.
④ 廖夏俊,黄玉华.初中生校园欺凌行为调查研究[J].江苏教育,2018(11).
⑤ 庞红卫,王燕春.小学校园欺凌现状调研及对策研究——以浙江为样本[J].中小学生心理健康教育.2018(16).

生身体欺凌的发生率高于女生;而女生语言欺凌的发生率高于男生;但并无年级差异;欺凌他人行为的发生率随结伴人数的增加明显上升;被欺凌发生场所从高到低依次是教室(52.8%)、学校其它地方(47.7%)、操场(44.8%)、走廊或大厅(20.7%)。①

朱钰睿、武春雷、王博(2019),对华中某市 8 所学校初中一年级至高中的 2 996 名中学生进行的调查结果显示,有 390 名(13.0%)存在欺凌他人行为,1 127 (37.6%)名曾受他人欺凌。②

(二)中国台湾地区的调查

校园欺凌在我国台湾地区又被称为"校园霸凌",近年来,台湾地区校园频繁发生霸凌事件。台湾地区有关调查显示,每年仅初中生受欺凌的人数就达到了一到两万人。③ 据台湾地区教育部门的统计,2006 年台湾地区发生的校园暴力事件与偏差行为有 1 008 件,2007 年有 1 840 件,2008 年有 1 977 件,2011 年达 6 277 件,增长速度惊人。2009 年委托台湾中山大学的调查显示,初中校园存在 13.3%的霸凌者,13.6%的人曾被霸凌,40.2%的人曾看过校园霸凌。台湾地区初中生约 95 万人,相当于 12 余万的初中生是霸凌者。另据台湾地区"儿童福利联"的调查报告,台湾地区初高中、职校男生遭霸凌的比率达 10.3%,超过六成的学生表示在学校曾被同学欺侮(台湾地区校园霸凌调查:13%初中生是霸凌者)。④

2010 年 12 月 20 日至 2011 年 1 月 24 日短短一个月间,教育部门汇集的确认和疑似校园霸凌案件共 219 件,"国中"107 件,"国小"46 件,高职 32 件;2010 年 12 月 19 日以前疑似霸凌个案中肢体霸凌 138 件,言语霸凌 46 件,关系霸凌 17 件,其他霸凌 18 件。⑤ 根据"台湾儿童联盟"长期对校园霸凌议题的观察,发现有 60%的霸凌者至少有一次犯罪记录,有 40%的人有高达 3 次或 3 次以上的犯罪记录,而没有霸凌行为的孩子只有 10%有犯罪记录。⑥ 2010 年,时任台湾地区教育行政部门负责人的吴清基坦言:"校园霸凌比想象中严重。"⑦2012 年 12 月台湾成功大学师资培育中心,对台湾地区小学五年级及初中一年级到三年级学生进行的"网络恶势力:青少年网络霸凌之多面向研究"的结果显示,受到一次欺凌的比例最高的高达 44%,受到多次欺凌的比例,

① 马雅菊,王有智.小学儿童校园欺凌行为调查[J].中国健康心理学杂志,2019,27(2).
② 朱钰睿,武春雷,王博等.华中某市中学生欺凌与家庭因素的相关性[J].中国学校卫生,2019(10):1491-1494.
③ 许育典.观念平台:校园霸凌被吃案的应更多[N].中国时报,2010-12-21.
④ 台湾校园霸凌调查:13%初中生是霸凌者[N].联合晚报,2016-03-11.
⑤ 周羚敏.台湾地区校园霸凌的处理机制与经验[J].吉林公安高等专科学校学报,2011(5):60-64.
⑥ 许育典.校园霸凌的法律分析[J].月旦法学杂志,2011(192).
⑦ 台当局教育主管:校园霸凌比想象中严重[DB].香港中通社网,2016-03-11.

即高达三次以上的,最高的高达 23.6%。遭遇不同内容的欺凌比例差别很大,在 44%~15.7%之间。学生最常遭受的是语言欺凌,尤其是遭到"被侮辱性字眼辱骂"这一欺凌情况的比例非常高,常常遭受侮辱性辱骂,也就是遭到 10 次以上的被访者高达了 10.4%。肢体欺凌也是较常遭遇到的欺凌方式,曾遭到"被推挤或冲撞"的个案占 31.3%,多次遭到"被推挤或冲撞"的比例,即曾遭到三次以上的有 13.5%。遭遇次数较少的为关系欺凌、性欺凌,遭到财物欺凌的比例最低。12.7%~27%的被调查者表示他们在过去六个月内曾遇到不同内容的网络欺凌。遭遇到一次欺凌的比例最高的是"语言欺凌",高达 27%。曾遭到多次欺凌的(即六个月内遭遇三次以上的),语言欺凌和关系欺凌这两种欺凌内容的比较高。性欺凌和财物欺凌的比例稍低,分别占 12.7%和 16.6%。[①]

中国台湾地区儿童福利联盟 2014 年,对台湾地区学生欺凌状况调查结果发现,26.4% 的青少年表示有被欺凌的经历,其中长期被欺凌者的占 3.5%,在过去一两年内偶尔被欺凌者的比例为 15.2%。[②]

三、中国学生欺凌的研究动态

欺凌现象存在校园已久,20 世纪 60 年代末至 70 年代初期,挪威籍瑞典心理学家奥维斯(Olweus)教授成为对该问题进行详细探讨的先驱。最初,他的研究并没有引起社会及心理学家的过多关注,直至 80 年代当地频繁出现恶性校园欺凌事件,三名学生因无法忍受校园恶霸的欺凌而在几周内接踵自杀,欺凌问题才得以引起社会各界的关注,从此成为心理学的一个重要研究范畴。[③] 截至 2000 年,已有英国、荷兰、德国、美国、澳大利亚、意大利、日本等近 20 个国家的心理学家对本国青少年欺凌问题开展研究。[④]

我国自 20 世纪 90 年代末开始研究欺凌现象,研究大都在西方的"bullying"概念和理论框架下开展的,大体上经历了三个阶段。从整个的发展趋势来看,目前正从描述研究、经验研究转向深入研究。每隔几年,其研究内容、视角、方法等都会有所创新。

---

① Anlan zhang, Ke wang, Jizhizhang. Indicators of school crime and safety: 2016[DB]. [2017-06-12]. http://nces. ed. Gov or https://bjs. Gov.

② 儿福联盟. 2014 年台湾校园霸凌状况调查报告[EB/OL]. [2018-04-30]. https://www. children. org. tw/news/advocacy_detail/1174,2014.

③ Smith,P. K.,Shu,S. What good schools can do about bullying:Findings from a survey in English schools after a decade of researchaction[J]. Childhood,2000,7(2):193-212.

④ Zhang, W. X. Bullying in schools : Some basic facts that we know(in Chinese)[J]. Journal of Shandong Teachers' University,2001;46(3):3-8.

（一）起步阶段：国外译介与本土实践

长久以来，学生欺凌问题就普遍存在于世界各国的校园中，因其后果的严重性引起了教育和研究工作者的重视。我国自20世纪90年代确立了"科教兴国"的战略后，便从政策上加强了对素质教育的引导。之后，为配合素质教育，提升教育教学质量，保障学生的安全受教育权利，学生欺凌问题开始受到关注。进入21世纪后，随着国外研究的大量涌入，以张文新（2001）、乐国安（2002）为代表的一批心理学者开始关注学生欺凌、欺凌及干预问题，并以专题的形式在《教育科学研究》《心理学动态》《心理科学》等高水平期刊上发表文章，其中，不少研究均获得了英国伍斯特大学教育学院的指导和经费资助。① 这为系统、规范研究学生欺凌奠定了扎实的理论基础。

此阶段属于研究的初期，在研究内容、研究视角上均较为单一，整个研究大致可归纳为以下两个方面：一方面，是对国外研究成果的镜鉴。20世纪90年代后，包括挪威、英国、美国、澳大利亚、日本在内的近20个国家已经对学生欺凌展开了广泛研究，因此为更好地借鉴，有学者开始尝试介绍国外的研究成果。如李茂（2017）通过介绍挪威、日本、以色列、苏格兰、澳大利亚等国的反校园欺凌对策，来为我国制定相应措施提供参考。② 万赟则从分析美国校园欺侮的现状入手，提出校园欺侮是由个体、社会、家庭教育、学校氛围等多方面原因造成的，并介绍了美国政府、教育部门出台的包括"零容忍""反欺侮""个性教育计划""打破沉默法则"等一系列的政策、法规，以期为我国中小学校园安全建设提供借鉴。③ 虽然这些研究不够精深，大多还停留在简单的介绍和评价层面，没有将国外的成熟经验与国内的实际情况相结合，但必须肯定的是，它们为之后国内的研究，特别是对策方面的研究提供了多种路径选择。另一方面，在吸取了国外研究经验后，展开了校园欺凌的本土化研究。包括现状的描述，特点的分析及形成机制和对策的简单探讨。由于研究人员的心理学背景，大部分研究都是从心理学角度基于学生的人格发展、社会化程度进行的相关研究。此外，为使研究能在我国的文化背景下顺利进行，研究者修订了奥维斯（Olweus）编制的儿童欺凌问卷，形成了适用于我国中小学生的中文版欺凌问卷，并运用问卷收集到了大量研究数据，既提升了研究的应用价值，又为之后的研究准备了可靠的测验工具，搭建起了研究平台。④

① 张文新.学校中的欺凌问题——我们所知道的一些基本事实[J].山东师范大学学报：人文社会科学版，2001（3）.
② 李茂.遏制校园欺凌：各国自有招[EB/OL].（2017-03-13）[2017-11-30]. http://www.jyb.cn/world/gjjc/200703/t20070313_69900.html.
③ 万赟.美国校园欺侮对策及其实用性借鉴[J].外国中小学教育，2006（9）.
④ 陈世平，乐国安.中小学生校园欺负行为的调查研究[J].心理科学，2002（3）.

总体上讲,这一时期的研究多是对校园欺凌现象的简单描述,主要集中于概念、特点、属性等几个基本问题的探讨,尚处在积累事实资料阶段,未上升到系统的理论层面。但站在客观的立场看,起步阶段的研究是值得肯定的,因为正是这些基本事实的获得为进一步的解释性研究提供了新起点。一方面,这些研究填补了国内在校园欺凌领域的空白状态,所取得的研究成果为后续研究提供了测量工具和基本参照;另一方面,注重介绍国外的研究,有利于校园欺凌的普及和对欺凌行为一般规律的认识。

(二)探索阶段:内容与视角的多元

2008—2014年是研究的探索阶段,纵观这一阶段的文献数量和文献内容,发现虽然每年的发文量不多,但对检索到的论文逐一筛选、分类后,发现在研究内容和研究视角上均有所突破和创新,主要体现在以下两个方面。

第一,新兴研究热点的出现。这一时期,随着互联网的普及,传统的校园欺凌开始升级,一种以网络为媒介,不需要任何欺凌成本的欺凌方式迅速在青少年中传播开来,其危害之大,已经引起了学者们的重视。自2008年出现了第一篇以“网络欺凌”为研究对象的文章后,学者们纷纷开始关注这一与校园欺凌密不可分的新兴欺凌形式——网络欺凌。根据主题为“欺凌”的共现矩阵图分析,发现在有关欺凌的文章中,关键词同时为“青少年”和“网络欺凌”的频率最高。代表性的研究者有李静(2009)、李醒东(2010)等人,他们的研究多是从以下四个方面展开的,即网络欺凌的界定、表现形式、生成机制、干预措施。他们认为,由于网络欺凌的超时空性、匿名性、隐蔽性,致使欺凌行为的影响范围更广、持续时间更长、监控约束更难,因此研究者们普遍认为,只有联合各方力量,才能形成共同抵御网络欺凌的合力。通过对发达国家的研究,李静提出了治理网络欺凌的建议,即政府部门需制定相关法律法规及政策,从宏观上规制这些行为。① 这一建议,开辟了欺凌问题法制化治理的新思路。②

第二,多元研究视角的结合。随着研究的深入,学者们意识到校园欺凌对被害者心理造成的伤害非常严重,常常会引发焦虑、抑郁、社交障碍、自卑、绝望甚至自杀。基于此,一些具有卫生学、法学、社会学背景的学者开始尝试从各自学科领域对校园欺凌展开理论研究。张兴慧、李放等人(2014),基于学校卫生学视角,运用潜在类别分析法分析发现,儿童青少年焦虑得分最高的是言语—身体—关系受欺凌组,最低的是未

① 李静.青少年网络欺凌问题与防范对策[J].中国青年研究,2009(8).
② 李醒东,李换.网络欺凌——悄然兴起的校园暴力[J].教育科学研究,2010(7).

卷入组,由此说明经历多种受欺凌形式的个体,其发展更值得我们关注。[①] 杨立新、陶盈(2013)则从法学的角度提出了校园欺凌的性质及其侵权责任构成,认为校园欺凌行为侵权责任承担比较复杂,包括了成年行为人的侵权责任、未成年行为人的监护人责任及学校未尽管理职责的补充责任。[②] 这一研究再次证明,校园欺凌绝不是单纯的负面同伴行为,从法律层面来看,它有可能是一种侵权行为甚至犯罪行为,因此只有谨慎处理校园欺凌,才能保证各方权益。另外,张品、史慧静(2014)从社会生态学角度将影响校园欺凌的因素分为个体水平的、人际水平的、组织水平的、社区水平的及社会水平的,他们认为,作为一个普遍的社会性问题,解决这一问题不仅要从个体角度入手,最主要的是要改善或改变其发生的背景。因此,今后的研究可以考虑从个人、家庭、学校、社区、社会等多个层面和角度建立适用于不同人群的社会生态学模型,以探索切实可行的反校园欺凌干预策略和开展综合性干预措施。[③]

(三)发展阶段:系统化与元思考

2015 年之后,整个研究呈蓬勃发展之势。特别是 2016 年"两会"期间,时任教育部部长谈到了学生的"安全"问题,他说:"安全是一件头等要紧的大事,安全没有,教育无从谈起,成长成才也无从谈起。"[④]其讲话直指当前越发恶劣的校园欺凌事件,令越来越多的学者开始思考如何防治欺凌、净化校风、优化环境,建设安全校园。中国政府网也曾刊载文章指出,校园暴力频发,不仅伤害未成年人身心健康,也冲击社会道德底线。教育部要会同相关方面多措并举,特别是要完善法律法规,加强对学生的法治教育,坚决遏制漠视人的尊严与生命的行为。据此,国务院办公厅于 2017 年 4 月发布了《关于加强中小学幼儿园安全风险防控体系建设的意见》,其中就包括了校园欺凌的预防、管控及处理。可以说,这一剂"强心针",为校园欺凌的研究注入了新的活力,使研究取得了突破性进展。

这一阶段,许多高质量的学术期刊,如《教育科学研究》《人民教育》《比较教育研究》《中国教育学刊》《中国学校卫生》开始尝试以专题的形式对校园欺凌展开系统的探讨。这说明,校园欺凌作为一个有学术价值的研究话题已经被教育学、心理学界广泛接受,并开始了全面、深入的研究。众所周知,校园欺凌是个相对开放的

---

① 张兴慧,李放,项紫霓等.儿童青少年校园受欺凌潜在类别及与焦虑的关系[J].中国临床心理学杂志,2014(4).

② 杨立新,陶盈.校园欺凌行为的侵权责任研究[J].福建论坛:人文社会科学版,2013(8).

③ 张喆,史慧静.基于社会生态学观的校园欺负行为研究进展[J].中国学校卫生,2014(5).

④ 徐伯黎.袁贵仁:坚决依法惩治造成重大伤害的校园欺凌者[EB/OL].(2016-03-11)[2017-11-30].http://cpc.people.com.cn/nl/2016/0311/c64102-28191697.html.

话题,其研究与许多学科领域都有着千丝万缕的联系,但重点、热点问题是大家所共同关注的。通过关键词分析法,发现 2015—2017 年间校园欺凌论文的关键词基本集中在"校园欺凌""校园暴力""反校园欺凌政策""立法"上,这说明,当前的研究重点仍然围绕着校园欺凌的一些最基本问题,即"是什么? 为什么? 怎么办?"展开。一是回归问题核心,厘清概念内涵。那么校园欺凌作为一种普遍存在的全球现象,它的存在是否具有一定的理性? 当下的校园欺凌真的更频发、更严重了吗? "零欺凌"的校园又是否能够做到? 学者们开始回归本源,尝试重新审视校园欺凌。黄向阳、顾彬彬通过对"学龄儿童健康行为国际调查报告"的分析发现:欺凌固然是一种有碍学龄儿童健康的风险行为,但在全球范围内也属一种较为普遍的现象,且21 世纪以来校园欺凌的比率呈下降趋势。因此,我们不必将校园欺凌看作异常现象,而应保持对校园欺凌的理性认识,学会对已有防治措施的有效性进行合理的质疑与反思,相信青少年有对不良行为的"自愈"能力。除此之外,什么是欺凌? 什么是校园欺凌? 校园欺凌由哪些要素构成? 其表现形式有哪些? 如何认定校园欺凌? 学者们纷纷表示,唯有正确认识核心概念,才能展开进一步的研究。基于以上认识,有学者系统比较了"欺凌""校园欺凌""暴力""校园暴力"等极易混淆的概念,叶徐生(2016)认为,欺凌并非暴力的子概念。从目的上看,"欺凌"的目的是对被欺凌者实施欺凌和凌辱,通常表现为恃强凌弱、以多欺少及持续施以欺凌行为;而"暴力"是以伤人和毁物为目的的。从定义上看,二者有相交合的部分,如当"校园暴力"的施暴者和施暴对象碰巧都是学生,并且施暴者在力量上又恰巧强过对方,那么就会被误认为是欺凌。但这些都不是"暴力"和"欺凌"的全部特征,因此我们不能用单一的标准去做判断。只能说,时间的推移和外部环境的改变必然导致二者重叠部分的相互转变。① 另外,学者任海涛(2017)也认为"校园欺凌""校园暴力"其实是一对相似但又不同的概念。他指出,二者之间最明显的区别除了加害者与受害者是否仅有学生之外,欺凌行为的持久性、间接性与暴力行为的偶发性、直接性也是区分二者的关键;二是剖析影响因素,归纳生成原因。学界对于校园欺凌发生机理的探讨一直没有停息,这是研究的重点,为对策的提出提供依据。② 综观学者观点,他们主要从内、外因角度进行分析。在内因方面,既有生理原因,又有心理原因。章恩友、陈胜认为:心智尚不成熟的中小学生往往会讥笑、歧视那些身材不协调或身体具有缺陷的同伴。可以说,由于生理原因,他们被其他同学认同和接纳的程度很低。罗怡、刘长海

① 叶徐生.欺凌并非暴力的子概念[J].教育科学研究,2016(10).
② 任海涛."校园欺凌"的概念界定及其法律责任[J].华东师范大学学报:教育科学版,2017,35(2).

（2016），则从人本主义心理学的角度，认为学生产生欺凌行为的内在动因来源于基本需要的长期匮乏。[1] 另外，有研究提出，欺凌主体往往存在某些稳定的人格倾向，诸如：过高的自我评价、较低的自尊感、情绪不稳定等。[2] 外因方面，学界多从结构功能论与情境互动论的角度来进行归因。[3] 家庭、学校、社会甚至同伴群体的一些负面行为都会成为欺凌产生的原因。如储朝晖（2017）认为，成人社会的暴力崇尚和暴力体验（家庭、校园、社会中的暴力体验和感知）是产生校园欺凌的直接主因。[4] 而张文娟、马晓春（2016）则从群体过程观视角，看到了欺凌行为中的不同参与者角色，认为欺凌事件的持续，很大程度上是受到了来自煽风点火者、协同欺凌者和置身事外者的影响。[5] 叶徐生（2016）也持相同观点，认为欺凌与被欺凌双方的"快感"和"痛苦"，均因"围观者"的存在而被放大，"痛苦"被更严重地放大。[6] 这提醒我们，今后的研究除了要关注欺凌者、被欺凌者之外，也不能忽视对其他欺凌参与者的研究。三是开展国际比较，推进依法治理。2017 年 3 月，《关于最高人民法院工作的报告》中指出：仅 2016 年，审结涉及校园欺凌犯罪的案件就多达 213 件。[7] 由于校园欺凌已经踩到了未成年人的违法犯罪底线，学者们开始汲取国外经验，尝试从法律层面讨论这一问题。相较于欧洲国家，美国对校园欺凌的研究起步较晚，但在立法防治上做得相对出色。马焕灵、杨婕（2016），对美国的校园欺凌立法进行了研究，他们从立法的理念、路径与内容三方面阐述了各州政府、主管部门的具体做法，结果显示 2014 年美国校园欺凌事件数量首次显著下降。[8] 另一个在立法防治校园欺凌中取得突出成效的国家当属日本，日本作为亚洲教育发达、法治化程度较高的国家，已于 2013 年制定了以《校园欺凌防止对策推进法》为核心的一整套法律体系，其中包括了《少年法》《儿童福利法》《教育基本法》《学校教育法》，这表明了日本政府治理校园欺凌的法治理念、法治思维和法治路径。[9] 通过借鉴日本的法制化治理经验，我国学者认为，今后应该注重和加强校园欺凌的数据统计工作，制定和完善防治校园欺凌的基本法律及综合立法防治体系。[10]

---

① 罗怡，刘长海. 校园欺凌行为动因的匮乏视角及其启示[J]. 教育科学研究，2016(2).

② 章恩友，陈胜. 中小学校园欺凌现象的心理学思考[J]. 中国教育学刊，2016(11).

③ 宋雁慧. 国家治理视角下的校园暴力防治研究[J]. 中国青年社会科学，2017,36(1).

④ 储朝晖. 校园欺凌的中国问题与求解[J]. 中国教育学刊，2017(12).

⑤ 张文娟，马晓春. 青少年早期欺负参与角色的基本特点及其与同伴网络的关系[J]. 教育科学研究，2016(2).

⑥ 叶徐生. 围观的角色与欺凌的化解[J]. 教育科学研究，2016(2).

⑦ 阎梦婕，杨成. 周强:2016 年审结涉及校园欺凌犯罪案件 213 件[EB/OL]. (2017-03-12) [2017-11-30]. http://legal. people. com. cn/n1/2017/0312/c42510-29139406. html.

⑧ 马焕灵，杨婕. 美国校园欺凌立法:理念、路径与内容[J]. 比较教育研究，2016(11).

⑨ 任海涛，闻志强. 日本中小学校园欺凌治理经验镜鉴[J]. 复旦教育论坛，2016(6).

⑩ 向广宇，闻志强. 日本校园欺凌现状、防治经验与启示——以《校园欺凌防止对策推进法》为主视角[J]. 大连理工大学学报:社会科学版，2017,38(1).

据此,学者们认识到了单纯靠学校、靠教师进行道德教育、思想政治教育、人生观教育,是无法制止和杜绝校园欺凌的,必须诉诸法律,用法律去规范欺凌事件中各主体的责任,赋予学校教育惩戒的权力,形成以法律为核心的校园欺凌防治网络,才能使今后的治理有章可循、有法可依。①

① 安琪.校园欺凌问题的困境解构与法律破解——以美国反欺凌立法为借鉴范式[J].中国青年研究,2017(5).

第二章 学生欺凌的界定和描述

新华字典中"欺"是指诈骗、蒙混、压迫、侮辱,"凌"有侵犯、欺压之意,"欺凌"指强力的压迫和侮辱。对于学生欺凌,我国学术界使用的术语包括"欺侮""欺负""欺凌"和"霸凌"等。1995 年,李永连介绍了日本青少年的欺侮行为,使得"欺侮"一词出现于学术研究中。"欺负"一词出现得也较早,但"校园欺负"一词 2002 年出现以后,使用频率一直比较高。"欺凌"是 2007 年以后在国内的学术研究中开始少量出现,由于与国际接轨的需要和行政部门倡导的双重作用,使其在 2015 年的使用频率飞速上升,后来居上,随着 2016 年国务院教育督导委员会办公室《关于开展校园欺凌专项治理的通知》发布会,欺凌被社会各界普遍接受和使用。"霸凌"一词更晚出现。我国台湾学者倾向于将"bullying"译作"霸凌",从 2011 年开始,该词出现于大陆的学术文献中,之后使用频率逐渐增加,近几年被大量运用在政治、经济领域。目前,"欺侮""欺负""欺凌"和"霸凌"并行出现于国内有关校园欺凌的研究中,实际上是对于同一问题的不同表述。

第一节 学生欺凌概念的界定

一、学生欺凌概念的源起

"欺凌"的英文原词为"Bullying",日文通用词为"いじめ"。国外对"欺凌"一词的翻译是"mobbing""mobben"等,目前"bullying and humiliate"是汉英词典中"欺凌"的译文,而"bullying"一词是国际认可通用的"欺凌"的译文。英语单词"bullying"是动词"bully"的名词形式,在《韦氏词典》中该词指代的是"威胁、伤害或恐吓处于弱势的人;使用强制力威胁或侮辱某人让其做某事的行为"。英语的"bullying",来自斯堪的纳维亚语(Skandinavian),表达的是一种聚众滋扰的偏差行为形态,以此描述一群人有组织且长期反复滋扰(Mobbing)、折磨和施暴同一个受害者。[①]

不同文化和语言对"bullying"内涵的解读并不完全一致,如日语中对应译词

[①] Boulton,M. J. , Smith,P. K. , Cowie,H. Short-Term Longitudinal Relationships Between Children's Peer Victimization/Bullying Experiences and Self-Perceptions:Evidence for Reciprocity[J]. School Psychology International,2010,31(3):296 −311.

"ijime"和"いじめ"是指通过社会操纵手段对弱者实施的一种间接伤害行为（Morita，Soeda，Soeda，&Taki，1999），意大利语中对应译词"prepotenza"或"violenza"是指通过身体或暴力方式伤害他人（Fonzi，Genta，Menesini，Bacchini，Bonino，& Costabile，1999）。俄语对应译词"Обижать"则是 bullying 的音译。

我国学者把"bullying"译为"欺凌"或"欺负"。在汉语语境中"欺凌"和"欺负"为同义词，指用蛮横无理的手段侵犯、压迫或侮辱。[①] "欺负"强调"欺"，"欺凌"强调"辱"。我国台湾地区使用的"霸凌"是对"Bullying"的"音译"。

汉语中，"欺凌"一词是由"欺"和"凌"组合而成的，"欺"多用于动词，许慎在《说文解字》中将其注为"欺，诈欺也"，如《战国策·秦策》中"苏秦欺寡人"和《荀子·性恶》中的"欺诬诈伪也"均作此意。"凌"最早是我国周代初年卫国的一个姓，后可做动词用，意为"凌驾、欺侮、侵犯、迫近"等，如屈原《国殇》中"终刚强兮不可凌"等，也可做形容词，意为"寒、杂乱"等。可见，在汉语中，"欺凌"一词包含着对他人进行伤害的行为。

汉语中"欺凌"的近义词有：侮辱、欺压、虐待、凌辱、凌暴、蹂躏、凌虐、伤害、污辱、欺侮、欺辱等。《辞海》中"欺"字突出"压迫"的意味，而"霸"字则强调"倚仗权势占领"。基于此，"欺凌"意指以某种强制力压迫对方使其受到侮辱、伤害的行为。"校园欺凌"的概念是由"欺凌"一词与欺凌行为发生的场域"校园"结合而成的，"学生欺凌"是就欺凌主体而言，特指发生在学生之间的欺凌事件。

国际上，关于校园欺凌的研究最早始于 20 世纪 70 年代。最早对校园欺凌进行系统研究的是挪威学者奥维斯（Olweus）。他将校园欺凌界定为：一个学生的身体或精神经常的、长时间的处于他人主导的侵犯行为之下。他还认为欺凌行为是多发事件，而且欺压及被欺压的对象也没有男女之别。[②] 他认为，当一名学生在一段时间内重复遭受来自另外一个或多个儿童消极行为的侵扰时，这个学生就是遭受了欺凌。欺凌行为在本质上是一种特殊类型的攻击行为。[③] 此后，研究者所采用的校园欺凌的内涵、外延、理论框架、测评工具、研究主题等大都源自西方对"bullying"的研究，多是在奥维斯对校园欺凌定义的基础之上不断拓展而来的。林贝尔（Limber，2016）指出，"欺凌行为是侵略行为的一种特定形式，其特征是意图伤害，该行为的反复发生是由于欺凌者与被欺凌者之间的权力不平衡"。[④]

我国自 20 世纪 90 年代末开始研究欺凌现象，国内的欺凌研究也大都是在西方的"bullying"概念和理论框架下展开的。

---

① 中国社会科学院语言研究所词典编辑室.现代汉语词典[M].北京:商务印书馆,2016.
② OLWEUS,D. Aggression in the schools:Bullies and whipping boys[M]. Washington DC:Hemisphere Pub. Corp,1978:35.
③ OLWEUS,D. Bullying at school:What we know and what we can do[M]. Oxford:Blackwell,1993. p.9.
④ Limber,Susan P. Bullying and Children with Disabilities[M]. Contemporary Perspectives on Research on Bullying and Victimization in Early Childhood Education,2016:129-155.

"学生欺凌"实际上是一个历史的概念,一个动态的概念,它有其自己形成和发展的过程。

我国在不同的研究时期,对发生在校园的欺凌事件在表述上也不同,大体分为三个阶段。

第一阶段,校园暴力和校园欺负主导时期。20世纪80~90年代的研究初期,学者们倾向于用校园暴力、校园欺负或校园欺侮来表述校园欺凌,此时更倾向于使用"校园暴力"。"校园暴力""学生欺负"等研究早在1983年就已经出现在对国外校园暴力的介绍和研究中。① 随后,王洪刚(1997)、晓伟(1990)等人陆续介绍了韩国的校园暴力事件。② 20世纪90年代末,树伟(1998)、雷少波(1998)等,开始对校园暴力问题进行了本土化研究。③④ 此阶段对欺凌的核心概念未达成共识。

第二阶段,校园欺凌出现并主导时期。2002年以后,随着研究的逐渐增多,"欺凌"一词开始出现,并逐渐成为学术界的新称谓。许多权威文献对欺凌的解释基本相似:欺凌即欺负、凌辱或欺压、凌辱。⑤⑥ 从词义可以看出,欺凌包括了欺负,隐含着肢体攻击和言语攻击的双重含义,其内涵相对丰富。近几年,我国学界普遍用"欺凌"来表述。另外,在不同的研究视角下,此概念侧重的含义也不同:张文新(2001)认为,从心理学角度看,欺负就是一个人或一组人对另外一个人实施身体的或心理上的攻击或侵害。只是欺负具有两个区别于其他攻击性行为的根本特征:力量的非均衡性和重复发生性。⑦ 这一定义明确将其归纳为一种攻击行为。张喆、史慧静(2014)从社会学角度看,校园欺负是指任何发生在校园、上下学路上或者以校园为媒介的社交群体内的欺负行为,⑧强调欺凌发生的背景、环境。魏叶美、范国睿(2016)从法学角度看,欺凌行为情节严重、造成严重后果的,属于犯罪行为;而情节不严重的,则属于侵权行为。⑨强调了校园欺凌的结果。

2016年5月国务院教育督导委员会办公室印发了《关于开展校园欺凌专项治理的通知》(以下简称《通知》),《通知》中将"校园欺凌"定义为"各中小学校针对发生在

---

① 康树华. 日本中学校内学生暴力事件种种[J]. 中国政法大学学报,1983(4).
② 王洪刚. 肆虐的校园暴力在韩国[J]. 国际展望,1997(19).
③ 树伟. 校园暴力:英雄情结与角色偏差[J]. 职业技术教育,1998(24).
④ 雷少波,姚贵平. 校园暴力的现象分析及教育对策初探[J]. 教学与管理:中学版,1998(11).
⑤ 任超奇. 新华汉语词典[M]. 武汉:崇文书局,2006:696.
⑥ 罗竹风. 汉语大词典[M]. 上海:汉语大词典出版社,1990:1450.
⑦ 张文新. 学校中的欺负问题——我们所知道的一些基本事实[J]. 山东师范大学学报:人文社会科学版,2001(3).
⑧ 张喆,史慧静. 基于社会生态学观的校园欺负行为研究进展[J]. 中国学校卫生,2014(5).
⑨ 魏叶美,范国睿. 社会学理论视域下的校园欺凌现象分析[J]. 教育科学研究,2016(2).

学生之间,蓄意或恶意通过肢体、语言及网络等手段,实施欺负、侮辱造成伤害"。① 根据《通知》对"校园欺凌"的描述,可以清晰地确定校园欺凌的主体为学生,欺凌的方式包括传统欺凌(身体、言语)和网络欺凌。但这一定义并不是"校园欺凌"概念的正式表述,而是对"校园欺凌"的简单描述。可见"校园欺凌"定义模糊,没有统一规范,国内在相关用词的选择上也有着较大的分歧。

第三阶段,学生欺凌兴起,与校园欺凌并存时期。2016 年 11 月教育部等九部门联合出台《关于防治中小学生欺凌和暴力的指导意见》,在此文件中使用的概念是"学生欺凌"。文件从欺凌主体:学生之间;发生场域:校园内外;欺凌形式:肢体、语言及网络;欺凌动机:蓄意或恶意;欺凌结果:身体伤害、财产损失或精神损害上,对学生欺凌进行了界定:"中小学生欺凌是发生在校园(包括中小学校和中等职业学校)内外、学生之间,一方(个体或群体)单次或多次蓄意或恶意通过肢体、语言及网络等手段实施欺负、侮辱,造成另一方(个体或群体)身体伤害、财产损失或精神损害等的事件。"2021 年 1 月 20 日教育部办公厅关于印发《防范中小学生欺凌专项治理行动工作方案》的通知中,延续了学生欺凌的使用。自此学生欺凌开始使用并与校园欺凌并存。

校园暴力、校园欺负、校园欺凌以及学生欺凌联系紧密,又各有侧重,但目前国内对于相关概念的区别与界定尚未明晰。为更合理地界定校园欺凌和学生欺凌概念,需要对相关概念进行辨析。

二、学生欺凌相关概念辨析

辨析关系与重新界定校园欺凌和学生欺凌概念,不是仅仅简单地下一个定义,而是需要理清与其相关概念之间的关系,在明确广义与狭义界定的基础之上,对校园欺凌和学生欺凌的内涵和外延做出合理的界定。

校园欺负、校园欺凌和校园霸凌都出自英文"bullying",是对其的不同翻译表述,本质上是一致的,我们就不再进行辨析。

目前我国从官方到学术界在校园欺凌、校园暴力以及学生欺凌这三个概念的使用和表述上存在着表述不清、界定混乱的问题,需要进行辨析和重新界定。

(一)"校园欺凌"与"校园暴力"的概念辨析

我国对校园暴力的研究要早于校园欺凌。1983 年开始国内陆续有学者对校园暴力进行研究,校园欺凌的相关研究则始自 2002 年,在 2010—2015 年有关校园暴力的

---

① 忠建丰.国务院教育督导委员会办公室组织开展全国中小学校校园欺凌专项治理[EB/OL].[2017-12-17].http://www.moe.cn/jyloxwfh/gzdt-gzdt/x5987/201605/t20160509242514.html.2017-11-03.

研究数量约是校园欺凌相关研究的 17 倍,在 2016 年,研究校园暴力的文章数比上年度增加 46%而研究校园欺凌的文章数比上年度增加约 6 倍。从数据可以看出,2002年以前我国并没有涉及校园欺凌的文章,但这并不代表 2002 年前国内未曾有过校园欺凌事件,而是在较长的一段时间里校园欺凌被校园暴力代替,校园欺凌与校园暴力被简单画上了等号。

校园欺凌与校园暴力的概念直至今日无论在官方还是在学界都较为混乱,对其加以辨析显得尤为重要。

1. 国内外关于校园欺凌与校园暴力的争论

任海涛(2017)认为,国内学者对于校园欺凌与校园暴力两个概念存在混淆不清的问题,主要有以下三种情况:(1)不加区分,完全同质。将校园欺凌与校园暴力看作是完全一致的概念,两者在文章中多次出现彼此替代的现象。(2)独立论述,不作对比。校园欺凌专题下的众多文章都对校园欺凌进行定义,但是也仅限于校园欺凌一词,几乎没有涉及校园暴力的内容。(3)确认区别,缺乏讨论。有一部分学者在文章中表明校园欺凌与校园暴力两个概念存在明确的不同内涵,但是对于两者之间区别的论述一笔带过,对于校园欺凌的概念的阐释也并不深入。①

(1)官方在表述和使用上的不一致

2016 年 4 月,国务院教育督导委员会办公室印发了《关于开展校园欺凌专项治理的通知》,要求对"各地各中小学校针对发生在学生之间,蓄意或恶意通过肢体、语言及网络等手段,实施欺负、侮辱造成伤害的校园欺凌进行专项治理"。这也是官方第一次对校园欺凌给出定义,并政策性地要求各地中小学校对校园欺凌现象加以治理。

2016 年 6 月 2 日,最高人民法院发布了最高法刑一庭妇女儿童权益刑事司法保护课题组《对典型校园暴力刑事案件专项调研的报告》,针对涉校园暴力的刑事案件进行了专项调研,以审结生效的 100 件校园暴力刑事案件为研究对象,分析了校园暴力现象的特点与突出问题,认为我国目前理念存在偏差,对校园暴力的危害性认识还不够,未意识到对于那些社会危害性大的失足青少年,惩戒实际也是教育、挽救的一种重要方式,对同为未成年人的被害人的平等保护还不够。② 最高法此项调研针对的对象是涉刑事的校园暴力案件,其暴力程度与危害程度均重于此前国务院关于校园欺凌的范畴,因此可以看出,在对待校园暴力与校园欺凌的问题上,不同部门理解下的定义

① 任海涛.“校园欺凌”的概念界定及其法律责任[J].华东师范大学学报:教育科学版,2017,35(2):43-50,118.

② 人民法院报:《关于校园暴力案件的调研报告》[EB/OL].[2018-04-30].http://www.court.gov.cn/zixun-xiangqing-21681.html.

与研究范围并不一致,针对这一类校园问题的规制对象与方向均存在出入。

2016年6月,中国政府网发表文章指出,校园暴力频发,不仅伤害未成年人身心健康,也冲击社会道德底线。教育部要会同相关方面多措并举,特别是要完善法律法规、加强对学生的法制教育,坚决遏制漠视人的尊严与生命的行为。在国务院总理批示、国家机关部门重视、全社会关注的情况下,2016年11月1日教育部等九部门发布实施了《关于防治中小学生欺凌和暴力的指导意见》(以下简称《意见》),将规制对象设定为欺凌和暴力。这种变化表明官方实际上已经注意到校园暴力与校园欺凌的不同,以及二者均需要进行特别规制的必要。只是《意见》中仅采用并列的方法强调如何对二者进行防治,并未对二者重新进行定义。

2017年11月22日,教育部等十一部门印发《加强中小学生欺凌综合治理方案》(以下称《方案》)规定,"中小学生欺凌是发生在校园(包括中小学校和中等职业学校)内外、学生之间,一方(个体或群体)单次或多次蓄意或恶意通过肢体、语言及网络等手段实施欺负、侮辱,造成另一方(个体或群体)身体伤害、财产损失或精神损害等的事件。"规制对象又被限定到校园欺凌的范围内,而且强调了区分学生欺凌与打闹嬉戏的界定,却没有提及欺凌与暴力之间的关系。

国务院、教育部等部门文件首先反映出的研究对象实际上也一直处于模棱两可的状态,时而区分欺凌与暴力,时而将二者一以视之。

在《中华人民共和国未成年人保护法》《中华人民共和国预防未成年人犯罪法》等法律法规中,使用的都是不良行为和严重不良行为等术语,避开了对暴力的描述。避讳使用校园暴力,以校园欺凌替代校园暴力,也是一直以来延续的政策态度。

2018年3月12日举行的十三届全国人大一次会议中,在回应记者关于"校园欺凌和校园暴力事件的计划与进展"问题时提到,"校园暴力或者校园欺凌各地都有发生,有的行为非常恶劣,对这个问题全国人大常委会和国务院及其有关部门高度重视,社会上也广泛关注,一件事大家都重视了,离解决这个问题就不太远"。[①] 在中央重视、全民关注、案例频出的情况下,对校园暴力概念已无可回避,厘清校园暴力与校园欺凌之间的关系,划清各自所规制的范畴,既是治理这类现象的基础,也是完善《中华人民共和国未成年人保护法》和《中华人民共和国预防未成年人犯罪法》的前提。

根据时间与变动可以看出,2016年国务院教育督导委员会办公室发布的《通知》以及后续的《意见》等政策性文件,对学术研究产生了影响,官方的立场使得法学界、教育界等研究这一问题的大部分学者转而使用校园欺凌的概念。准确界定校园欺凌与校园暴力的概

---

① 人大常委会谈校园暴力:建议修改未成年人保护法[DB].中国日报网,2018-03-12.

念,确定法律与政策的规制对象,是有效治理校园暴力和欺凌现象的重要前提。

(2)学术界的概念混淆

在我国,学术界最初的研究对象集中在校园暴力这一概念上,后期才开始逐渐出现校园欺负和校园欺凌概念,尤其是在 2016 年的《意见》和《通知》等将治理校园欺凌作为一项政策推广后,部分学者转而使用校园欺凌和学生欺凌作为研究对象,但仍有一部分学者依然使用校园暴力概念。

我们在中国知网按照主题分别搜索校园暴力、校园欺凌与校园欺负文献数据时发现,关于校园暴力的研究从 2015 年到 2016 年属于增长状态,2015 年使用校园暴力为主题词的文章数量是以校园欺凌为主题词的 5 倍,但从 2016 年开始,使用校园欺凌为主题词的文章数激增,从 2016 年至 2021 年已超过以校园暴力为主题词的发文数约83%(见图 2-1)(数据收集截止到 2021 年 2 月 15 日)。

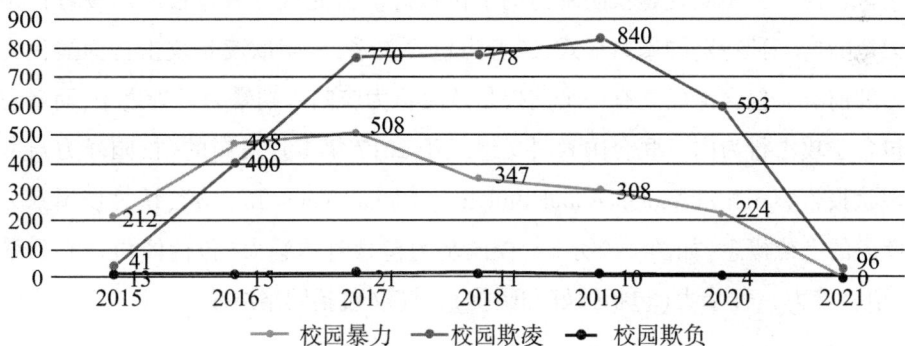

图 2-1 研究对象用语转换

经文献梳理后发现,我国学术界在阐述两者的关系上主要有以下三种观点。

①一致论。校园欺凌与校园暴力两者内涵一致,被视作无差别的原因主要有两点:其一,校园欺凌事件发酵的早期,校园欺凌的概念尚不明晰,学校与社会将视线集中于学生在校园暴力中所受到的生理伤害,忽视学生心理层面的健康。正是由于这种对学生心理健康的忽视,2002 年之前我国将校园暴力作为校园欺凌的同义语,校园欺凌概念没有被单独论述。

美国初期也将欺凌仅仅认作是使身体受到伤害的暴力事件,韩国现在仍在用校园暴力取代校园欺凌。法国在 2011 年确定校园欺凌概念之前,法国国内将校园内发生的对人身造成伤害的行为(如语言暴力、身体暴力、侵犯私生活、性暴力、敲诈、扇耳光并录像和对新生的戏弄等),损害公共和他人财产的行为(如偷盗、损坏公物等),以及威胁校园安全的行为(如吸毒、贩毒、携带武器或易燃易爆物品等)都统定义为校园暴力。① 法国教育部将其定义为"在语言、肢体或心理层面的重复暴力行为"。② 主要包括精神骚扰、人身骚扰、性骚扰、网络骚扰等类型。其核心内涵则为校园暴力,不只包括身体伤害,更涵盖言语(口头或书面)、身体层面的伤害行为以及侵犯财产、毁坏公物等违纪行为。③

这种观点在我国一直延续至今。汪卫东(2016)认为二者同义,即校园暴力等同于校园欺凌,"校园暴力也被称为校园欺凌,主要指学生在校园里所遭受到的主要来自同学的身体、语言、安全、心理上的威胁与伤害。一般而言,校园暴力主要包括身体欺凌、言语欺凌、社交欺凌,而随着互联网等新的社会交往形式的发展,近些年来出现了网络欺凌这种新的校园暴力形式"。④ 伴随着校园欺凌问题的演化,局限于造成生理伤害的暴力事件已经远远不能应对校园中频繁出现的欺凌现象,笼统画等号的行为势必会忽视那些具有隐蔽性的欺凌现象,所以将校园欺凌看作是校园暴力的同义词是不可取的。

②包含论。校园欺凌是校园暴力的下位概念。持此观点者将校园欺凌看作是校园暴力范畴内一种特别的暴力形式,二者为包含关系,校园欺凌是攻击行为演化为校园暴力的前奏。包含论成立有一个前提是欺凌行为应归入到暴力行为之中,而暴力行为又包含于攻击行为内。联合国教科文组织于2017年1月发布的《校园暴力与欺凌全球现状报告》(School Violence and Bullying: Global Status Report),认为校园暴力是校园欺凌的上位概念(如图2-2示)。校园暴力包含身体暴力(包括体罚)、心理暴力(包括语言暴力)、性暴力(包括强奸和骚扰)、欺凌(包括网络欺凌)。

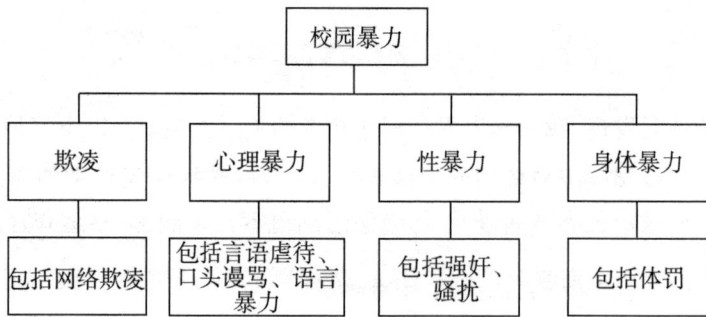

图 2-2 校园暴力分类

① 纪俊男.法国:勇敢向校园欺凌说"不"[J].上海教育,2017(11):29-32.
② 人大常委会谈校园暴力:建议修改未成年人保护法[DB].中国日报网,2018-03-12.
③ Debarbieux,E.,Fotinos,G. Violence et climat scolaire dans les établissements du second degré en France: une enquête quantitative de victimation auprès des personnels de directions des lycées et collèges[M]. Nice: Observatoire International de la Violence à l'Ecole,2010:12.
④ 王卫东.有多少校园欺凌不该发生[N].光明日报,2016-12-15.

韩国 2012 年颁布的《校园暴力预防及对策法》，通过法律的形式对校园暴力进行了明确界定，使对暴力行为的认定、预防以及救济有了法律边际，为政府有效地履行职责、组织引导社会、学校和家庭共同应对校园暴力问题提供了有力法律依据。[①] 该法将欺凌作为暴力的一种形式予以列举，"校园暴力是在校园内外，以学生为对象实施的伤害、暴行、监禁、胁迫、绑架或诱损、损毁名誉、亵渎、恐吓、抢夺、强制做事、性侵害、欺凌、网络欺凌、利用信息通信发布猥亵言论或暴力言论等，致使学生身体、精神或财产受到损害的行为。"并且强调欺凌行为的主体、被害对象、行为方式、行为后果的特殊性。

我国学者任海涛（2017）认为校园暴力的范围要大于校园欺凌，因为二者有区别，所以在防治时应该采取不同的措施。暴力行为可以分为（传统）直接暴力行为与间接暴力行为两大类，间接暴力行为包括传统间接暴力行为与网络暴力。

在此种分类界定之下，暴力行为的外延被泛化，与一致关系论存在一个共同的问题，校园暴力被界定为发生在校园内所有具有负面影响的行为，成为一个近乎无所不包的概念。忽视校园欺凌现象的隐蔽性与重复性的特征，依靠校园暴力的界定标准，校园欺凌事件极容易被界定为"玩笑"，因此认为校园暴力概念包含校园欺凌是不周延的。

③交叉并列论。校园欺凌与校园暴力两者为有交叉部分是并列关系。这类规定既强调两者的联系，又突出两者的差异性。叶徐生（2016）系统比较了欺凌、校园欺凌、暴力、校园暴力等极易混淆的概念，认为，欺凌并非暴力的子概念。从目的上看，欺凌的目的是对被欺凌者实施欺负和凌辱，通常表现为恃强凌弱、以多欺少及持续施以欺凌行为；而暴力是以伤人和毁物为目的；从定义上看，二者有相交叉的部分，如当校园暴力的施暴者和施暴对象碰巧都是学生，并且施暴者在力量上又恰巧强过对方，那么就会被误认为是欺凌。但这些都不是暴力和欺凌的全部特征，因此我们不能用单一的标准去做判断。只能说，时间的推移和外部环境的改变必然导致二者重叠部分的相互转变。[②] 任海涛（2017）也认为校园欺凌和校园暴力其实是一对相似但又不同的概念。他指出，二者之间最明显的区别除了加害者与受害者是否仅有学生之外，欺凌行为的持久性、间接性与暴力行为的偶发性、直接性也是区分二者的关键。[③] 校园暴力与校园欺凌都可以通过某种攻击行为表现出来，但是两者的表现形式和特征有着鲜明

① 段兴立,于惠.中韩校园暴力特征、成因及对策比较[J].青少年犯罪问题,2016(3).
② 叶徐生.欺凌并非暴力的子概念[J].教育科学研究,2016(10).
③ 任海涛."校园欺凌"的概念界定及其法律责任[J].华东师范大学学报:教育科学版,2017,35(2).

的区别,故此,将校园暴力与校园欺凌看作是有交叉部分的并列关系。(见图2-3)

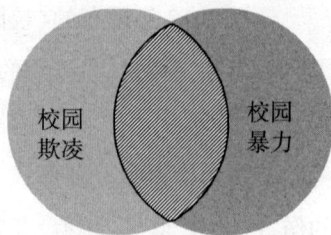

佟丽华(2017)认为,暴力和欺凌是两个不同的概念,暴力往往采取武力或威胁等比较恶劣的行为方式;而欺凌可以通过暴力方式实施,也可能通过起绰号、嘲笑等比较轻微的行为方式实施。

2-3 校园暴力与校园欺凌概念辨析

换句话说,暴力更强调的是行为的烈度,而欺凌更侧重强调行为的状态。① 王大伟(2017)认为,应区分校园暴力与校园欺凌的概念,因为校园欺凌大多属于青少年不良行为,而校园暴力中的一部分已涉嫌构成青少年犯罪。②

英国把校园暴力与校园欺凌区别开来,认为暴力属于显性的触犯法律的行为,而欺凌则具有隐蔽性;暴力伤及躯体,而欺凌却伤害情感与内心。这种将校园欺凌与校园暴力分开,再把校园欺凌进行细分多个层次做法有利于教师与学生对欺凌行为的识别,更有利于政策的有效执行、监管与评估。③

美国在《反校园欺凌法案》中,将校园欺凌定义为"发生于学校场所或与学校相关场所,学生之间长期的或可能长期发生的非必要的、力量失衡的攻击性行为。"④在研究欺凌与暴力时也注意到二者的重合,在治理校园欺凌的同时,也关注其他暴力行为例如涉枪暴力,⑤美国的这类理论研究,在认可欺凌与暴力有重合的前提下,也明确区分二者不是同一个概念,认为暴力的范围广于欺凌。

日本国会于2013年通过了《校园欺凌预防对策推进法》(いじめ防止对策推追法)使用的是"欺凌"这一用语,但学术理论研究仍以校园暴力为基点。日本的校园暴力又称"校内暴力",指的是"发生地点在校内的暴力行为,包括殴打、欺辱、自杀、杀人、抢夺、暴力勒索、强奸、打砸烧毁学校设施等。其中包括一小部分在学校内发生的,学生间的、教师与学生间的、学生与他校学生间的矛盾行为持续延伸到校外,虽结果发生在校外,但过程在校内且对学校教育影响较大的严重暴力行为"。⑥

---

① 佟丽华.反校园欺凌手册[M].北京:北京少年儿童出版社,2017:1.

② 王大伟.校园欺凌:问题与对策[M].北京:中国国际广播出版社,2017:2.

③ Malvern. Anti-bullying Policy [EB/OL]. [2016-03-10]. https://www.thedownsmalvern. org. uk/Mainfolder/about-us/School-Policies/AntiBullying2015. pdf.

④ "What Is Bullying" [EB/OL]. [2017-12-7]. http://www. wtopbullying. gov/bullying/what-is-bullying. html.

⑤ Catherine Bradshaw, Ingrid Donato: "bullying, violence, and gangs" [EB/OL]. [2017-12-7]. https://www. stopbullying. gov/blog/2013/05/14/bullying-violence-and-gangs. html.

⑥ [日]小林剛(1985)『いじめを克服する一教師 へ の 期待一』有斐阁;转引自高晓霞.日本校园欺凌的社会问题化:成因、治理及其启示[J].南京师大学报:社会科学版,2017(4).

2.校园欺凌与校园暴力的概念辨析

（1）暴力和校园暴力辨析

"暴力"的英文是"violence"，维基百科将"暴力"定义为"基于侵犯他人的心理，而使用激烈且富有强制性力量之行为"。[1] 国际劳工组织(ILO)将"暴力"定义为"包括身体和非身体或心理暴力"，其表现形式从言语侮辱直至身体伤害。世界卫生组织(WHO)将暴力定义为："蓄意地运用躯体的力量或权力，对自身、他人、群体或社会进行威胁或伤害，造成或极有可能造成损伤、死亡、精神伤害、发育障碍或权益的剥夺"。[2]

我国学者宋雁慧(2013)指出，暴力是一种意图对他人身体或心理造成损伤的攻击行为，暴力行为常表现出极度的力量，通常以身体的动作表现，也常失去原来的理性本质而导致攻击性的结果。[3] 其通常具有下列特征：以身体动作表现出来；表现强度或极度之力量；行为者常失去理性；导致他人受到伤害之结果。[4]

我国对校园暴力的界定相对比较成熟，但同时也相对比较宽泛，认为学生欺凌是一种"较低水平"的校园暴力，或者校园暴力是一种致使对方受到明显伤残的"严重欺凌"。姚建龙(2008)将校园暴力定义为，发生在中小学、幼儿园及其合理辐射地域，学生、教师或校外侵入人员故意攻击师生人身以及学校和师生财产，破坏学校教学管理秩序的行为。[5] 徐久生(2004,2018)认为，校园暴力是行为人针对在校师生实施的身体上的和心理上的暴力行为，对学校财物或师生财物实施的暴力行为，以及师生对社会人士实施的暴力行为。[6] 校园暴力是发生在校园内外（包括中小学与中等职业学校内、校园合理辐射范围以及有同等关联程度的网络空间），学生与其他学生、教职工、社会人员之间，一方（个体或群体）蓄意或恶意通过肢体、语言及网络等手段实施暴力伤害、威胁、侵犯、欺负、侮辱，造成另一方身体伤害、财产损失或精神损害等的事件，以及学生对物实施的暴力与扰乱公共秩序的事件。[7]

笼统来看，校园暴力造成的后果和影响要大于校园欺凌，但人们在泛化校园暴力的同时，也时常窄化校园暴力行为的范围。从法律层面看，校园暴力主要包括：对师生人身造成伤害的事件；对师生及学校的财产造成损毁的事件；对师生生命安全构成威

① 维基百科. "violence"，词条[EB/OL]. [2018-01-18]. https://en. wikipedia. org/wiki/violencef?
② [瑞士]克鲁格.世界暴力与卫生报告[M].唐晓星,译.北京:人民卫生出版社,2002:4.
③ 宋雁慧.中学校园暴力及其防治研究[M].北京:北京师范大学出版社,2013:3-4.
④ 许春金,蔡田木,郑凯宝.青少年早期偏差价值观与偏差友伴接触对犯罪变化影响研究[J].青少年犯罪防治研究期刊,2012(2):109-138.
⑤ 姚建龙.校园暴力:一个概念的界定[J].中国青年政治学院学报,2008(4):38-43.
⑥ 徐久生.校园暴力研究[M].北京:中国方正出版社,2004:5.
⑦ 徐久生,徐隽颖."校园暴力"与"校园欺凌"概念重塑[J].青少年犯罪问题,2018(6):44-52.

胁的事件。校园暴力强调的是对人身安全的威胁伤害和公私财物的损毁。

（2）欺凌与暴力辨析

"欺凌"一词在《现代汉语词典》中被解释为"以强力压迫和侮辱"，这意味着，欺凌贯穿着"力量原则"。欺凌的产生主要基于双方的力量不均衡，往往是力量相对强大的一方对力量相对弱小的一方进行攻击。① 此外，在大多数定义中，欺凌比一般的虐待、推搡、嘲笑更加严重。一次性的欺负行为并不被认为是欺凌，但被同一个人欺凌过数次、数天、数周甚至数月就可能构成欺凌。②

暴力更倾向于行为本身的危险与伤害，是以行为属性为核心的概念，反映了行为人自身犯罪或违法倾向的状态或特性及产生相应的危害和后果；而欺凌侧重于行为人与被害人之间有施与受以及后期反馈的互动关系，欺凌的多频次特征也反映出行为人对被害人持续施加力所产生的负面影响，这种力度或许低于暴力的力，但因其时间性而产生了一定的危害后果。

从概念属性和种属关系上看，欺凌行为和暴力行为都是攻击行为的下位概念。攻击行为是指意图造成他人生理或心理的伤害，包括轻微到严重的伤害行为。暴力行为按照世界卫生组织的定义，是指使用身体的力量或权力，对个体或团体进行侵犯，其结果导致受伤、死亡，心理上的伤害、剥夺或不利发展。欺凌行为与暴力行为都属于攻击行为，攻击行为的范围最大，但是并非所有的攻击行为与暴力行为都是欺凌行为，三者的关系如图 2-4 所示。

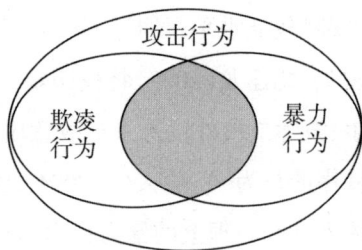

图 2-4 攻击行为、欺凌行为、
暴力行为关系图

图中欺凌行为和暴力行为有重叠部分，即都有身体及力量的使用，都有伤害对方的意图。欺凌行为与暴力行为的差异，在于暴力行为攻击强度大，有特定的具体行为，且造成伤害的后果，如学生之间突然爆发的打架事件等。暴力行为往往与犯罪行为有关，是一种极端的攻击行为，如抢劫、谋杀等，这类触犯法律的攻击行为就不属于欺凌行为。欺凌行为的发生并不限于身体上的攻击与暴力行为，它还包括恶意谩骂、谣言中伤、关系孤立等形式。相较于暴力行为，欺凌行为更强调侵害频率和重复性，成对角色之间的不对称权力关系，以及欺凌行为的社交性本质（即关系欺凌，如人际孤立与

① 郭燕霞.青少年网络欺凌与传统欺凌的对比研究[J].未来与发展,2018(3).
② [美]贾斯汀·W.帕钦,萨米尔·K.辛杜佳.校园欺凌行为案例研究[M].王怡然,译.哈尔滨:黑龙江教育出版社,2017:4.

排斥)。欺凌行为属于低程度的攻击行为,这些攻击行为有故意排斥、流言蜚语等,或对团体新加入者进行仪式性的羞辱考验、戏谑嘲讽、迫害诅咒。低程度的欺凌行为是进入强度更大的暴力行为的前奏。

(3)校园欺凌与校园暴力辨析

校园欺凌事件中的双方是属于同一团体的成员,校园暴力事件中的双方既可能是同一团体中的成员,也可能不是同一团体中的成员,比如其中一方可能是外校学生、家长、教职员或者社会人员等。简要地说,学生欺凌主要指发生在学生之间的凌辱事件,其后果通常会给学生造成身心伤害,严重的甚至会导致被欺凌者自杀。校园暴力主要指以伤人和毁物为目的的"打砸抢"类事件,其后果通常会给师生生命安全造成严重威胁,会破坏学校的正常教学秩序,严重的会导致人员死伤、财产损毁。

①校园欺凌与校园暴力的比较

在校园欺凌事件中,通常被欺凌的对象是基本固定的,欺凌者经常没有任何理由地欺凌对方。但校园暴力事件中的施暴对象既可能是固定的,也可能是偶然"碰上"的突发事件。个别校园暴力事件会多次发生,如一次斗殴没有解决问题或达到目的,则可能还会发生第二次甚至更多次。但多数情况下,校园暴力事件是一次性的。

校园欺凌事件中欺凌者的核心目的是通过欺凌获得对被欺凌者"说一不二""居高临下"的完全掌控。校园暴力事件中这类情况很少,多是要让对方受到直接的、明显的身体伤害,或直接抢夺其重要财产或毁坏其重要物品。

在校园欺凌事件中,欺凌者一定是绝对强势的一方,或力量大,或人数多,而被欺凌方一定是弱势的一方,通常只有一个人,并因势单力薄而不可能反抗对方。校园暴力事件中的双方力量难以用强弱来辨别,有时可能是弱势的一方因使用了极端手段而严重伤害了表面强势的一方。

从校园欺凌与校园暴力的后果看,二者都会给学生造成身体伤害,都可能造成最为严重的致人死亡的后果。但校园暴力的目的是对身体直接造成伤害,校园欺凌的目的则主要是对被欺凌者心理造成伤害。从校园欺凌和校园暴力的人员来源看,校园暴力的施暴者和受害者外延广泛,最为严重的校园暴力事件往往包括校外人员,校园欺凌事件中的欺凌者和被欺凌者仅限于在校学生(包括已转学的学生)。从对校园欺凌和校园暴力的发现及识别判断看,校园欺凌事件较为隐蔽,常常难以被发现,且容易被混同于"打打闹闹",校园暴力事件则公开不避讳,比较容易识别判断。(见表2-1)

表 2-1　校园欺凌与校园暴力的比较

比较维度	校园欺凌	校园暴力
双方关系	稳定的同学	稳定或不稳定
伤害对象	基本固定(同学)	不确定
伤害原因	主观恶意,不需要原因	临时起意或事出有因
伤害次数	多数为多次重复	多数为单次
伤害方式	较隐蔽的肢体、言语、性、网络	易发现的肢体伤害、性暴力
伤害形式	直接或间接,多以心理伤害为主	直接,多以财物或身体侵害为主
伤害目标	身体、财物、心理	身体、财物
影响程度	滞后性、隐蔽性、持续性的心理伤害	短暂的财物侵害或身体伤害
力量对比	力量不对等	不确定
反抗程度	无力反抗	不确定
事件性质	大多属于道德、违规的教育范畴	大多属于违规、违法的法律范畴

②校园欺凌与校园暴力之间的转化

校园欺凌虽不同于校园暴力,但二者可以相互转化。严重的欺凌事件可以转化为暴力事件,此时的施暴方可能是原欺凌者,也可能是原被欺凌者;偶然的暴力事件如果没有得到重视和及时处理,可能会转化为长期的、重复发生的欺凌。校园欺凌事件之所以需要引起学校的高度重视,是因为当被欺凌者长期遭受欺凌而精神受到巨大打击时,可能选择自残,甚至自杀,或者选择复仇而伤人。选择复仇的结果,就使得学生欺凌事件转化成校园暴力事件,给师生生命安全带来严重威胁,给学校和师生个人财产造成严重损失。

对校园暴力事件处置不当或处理不彻底,也有可能使之在以后转化为校园欺凌事件。如校园暴力事件受害者可能因不服气而加入某些学生团伙,进而鼓动团伙对曾经伤害过自己的同学实施欺凌。

从防治校园欺凌和暴力的角度看,校园欺凌事件多数情况下属于教育范畴,需应用教育方法和根据学校规章进行处置。校园暴力事件多数情况下属于违反法律的范畴,需运用法律手段予以惩罚。但无论是对待校园欺凌事件还是处理校园暴力事件,都要加强善后工作,做好后续的辅导和指导,防止事件的续发或性质的转化。

(二)校园欺凌与学生欺凌的概念辨析

学生欺凌是以学生为欺凌事件主体的概念,相对于校园暴力,学生欺凌概念出现的频率较低,而学生欺凌与校园欺凌的辨析更多被看作是校园欺凌概念的广义与狭义

之间的对比。我们区分校园欺凌和学生欺凌需要考虑行为主体、发生地域、行为后果和行为特点等要素。（见表2-2）

表2-2　校园欺凌和学生欺凌的比较

比较维度	校园欺凌	学生欺凌
行为发起者	欺凌者为校内外人员，主要是校内学生，被欺凌者是校内学生	欺凌者和被欺凌者都是校内学生
行为承受者	校内教职工和学生，主要是学生	校内学生
发生地域	学校内和学校周边辐射区，上放学途中（网络欺凌除外）	学校内和学校周边200米（网络欺凌除外）
行为后果	对被欺凌者的身心和财物造成伤害和损毁	对被欺凌者的心理造成长期的严重的伤害
行为特点	长期性、隐蔽性、力量失衡	隐蔽性、力量失衡

1.行为主体之辨

在欺凌主体方面，要从欺凌行为中的施害者与受害者两种不同角色去分别讨论不同的主体。从行为发起者角度看，校园欺凌的欺凌者可以是校外人员，校内教职工；学生欺凌的欺凌者仅指在校学生。从行为的承受者角度看，校园欺凌的对象可以是学校的任何人，行政人员、工勤人员、教师、学生，但绝大多数是学生；学生欺凌的对象就是在校的学生，主要是欺凌者的同班同学。从欺凌者角度看，学生欺凌将欺凌者限定于学生这一主体之上。从被欺凌者角度出发，学生欺凌的受害者只有学生。日本、瑞典、法国和美国大多数反校园欺凌法案中都明确指出欺凌的施害者与受害者仅为学生，也就是说他们将教师从施害者以及受害者的潜在双重身份中剔除。马雷军（2016）认为，从涉事主体来看，校园欺凌又可以分为学生与学生之间的欺凌、教师与学生之间的欺凌以及校外社会人员与学生之间的欺凌。[①]

可见，校园欺凌的行为主体在外延上更加广泛。经济合作与发展组织（Organization for Economic Cooperation and Development，简称OECD）认为，校园欺凌的实施主体大多是由同龄人，但在某些情况下，教师和其他学校工作人员也会成为实施主体。[②]校园欺凌概念中将教育教学活动的另一主体教师也列入施害者与受害者的考虑范围。李燕秋（2016）认为，简单着眼于学生群体而忽视教师同样受到欺凌的现实是不可取

---

① 马雷军.让每个学生都安全：校园欺凌相关问题及对策研究[J].中小学管理,2016(08):4-8.
② 彭瑶.论教师在应对校园欺凌中的角色与定位[J].教师教育论坛,2017(4):41-43.

的,着眼于狭义的"校园欺凌"极有可能使如今发生在学生身上的恶劣欺凌事件在教师身上重演。以德国为例,约有23%的教师曾经经历过威胁恐吓、侮辱谩骂等欺凌,施害者不仅有在校学生还有学生家长。[①] 从另一个角度来讲,以教师作为施害者的校园欺凌事件并不少见,然而由于社会长期忽视学生心理健康问题,教师为主导的校园欺凌被极大程度忽视了,这也造成了教师的"教导"异质化为多种形式的欺凌。

可见,从实施欺凌的主体看,学生欺凌是将欺凌行为的施、受主体局限于学生的校园欺凌。

2. 行为场域之别

在欺凌行为地域覆盖范围方面,校园欺凌将欺凌场域确定为校园,并从校园拓展到合理的辐射区,包括学生上学、放学途中区域。一般而言,学校校园中的各种景物及建筑,凡是教学活动、课余运动、学生与学校相关人员的日常生活用地,均可称作校园,校园又可分为幼儿园、小学校园、中等学校校园(包括中等职业学校)、高等院校校园等。学生欺凌的发生地域限定在校园内和校园周边(按照国家的相关规定为校园周边200米)。可见校园欺凌的地域除教育教学活动场域还辐射到学生往返学校途中区域。

瑞典籍德裔教育心理学家海恩斯·雷曼(Heinz Leymann,2013)认为,学生欺凌不仅可能发生在校园内,也可能发生在校车上或上下学途中;不仅可能发生在上学期间,如体育课、午休、课间休息等,还可能发生在放学后。[②] 高德胜认为(2017)校园欺凌是一个有边界的概念,以校园内外为区分点,"校园欺凌是发生在校园中的学生之间的以强凌弱现象。发生在学校之外的同龄人之间的以强凌弱,是欺凌,但不属于校园欺凌。如果欺凌行为发生在校外,根源却在校内,也可以算是校园欺凌"。[③] 学生欺凌的判断不在于空间位置的远近,而在于欺凌行为是否对在校学生以及正常教学秩序造成不良影响,因为单纯的以空间位置界定校园欺凌行为必然会将网络欺凌这种时下讨论最为热烈的欺凌形式排除在外。学生放学后使用家中或者其他非学校场所的电脑在网络空间中发布有关某个同学或老师的虚假信息,并肆意煽动他人对其进行言语侮辱的行为就无法认定为"校园欺凌"的行为。事实上,网络欺凌特指欺凌的手段和途径,其不指向对被欺凌者心理造成的持续伤害的本质。(这部分内容我们在第三节会阐述)

3. 行为特征之异

目前,世界各国对校园欺凌特征的描述大都基于1978年,奥维斯(Olweus)的定义:一个或多个学生有意地、反复地、持续地对受害者施以负面行为,造成身心的不适

---

① 李燕秋.校园欺凌研究综述[J].教育科学论坛,2016(14):68-71.
② 王苏雅.德国:驱散校园霸凌的梦魇[J].上海教育,2015(35).
③ 高德胜.校园欺凌:一个有边界的概念——校园欺凌系列谈(二)[J].现代教学,2017(6).

或伤害。① 及其给出的三个特征:故意、持续多次和力量不均衡。如,法国教育部明确,校园欺凌呈现三个基本特征:实施者存有伤害他人的意图;伤害行为是长期存在的;施害者和受害者之间存在不对称的"支配—被支配"关系。② 英国政府将欺凌界定为个体或群体对其他个人或群体的故意伤害,或者因为双方力量比不协调导致的被欺凌者无法抵抗的长时间的、故意的行为。③ 2008 年,瑞典预防犯罪委员会(The Swedish National Council for Crime Prevention)在其颁布的《减少校园欺凌报告方案的有效性》报告中指出,校园欺凌的危害包括以下几个关键性因素:对被欺凌者造成身体的伤害以及心理的恐惧;权力的不平衡(心理或身体上的);较强大的孩子压迫较弱的孩子;欺凌发生的频率较高。④ 2014 年,美国疾控中心和教育部首次发布了欺凌的统一概念,指出欺凌包含三要素,分别是:有害的攻击行为(unwanted aggressive behavior)、可观察或感知到的力量不平衡(observed or perceived power imbalance)、行为重复或具有重复的高度可能性(repetition of behavior or high like hood of repetition)。⑤

我国的关于校园欺凌的特征描述大都也采用了这三个特征。在这三个特征中,有人对"长期反复"性特征提出了质疑,美国学者兰德尔(Randall,2014)认为,欺凌不必是重复的,一次性的欺凌事件就可能会对受害者造成身体或心理上的重大伤害。英国政府教育与技能部在定义欺凌时也明确指出"偶发的事件在某些情况下也可被看作欺凌"。⑥ 现实中,一次性偶发的、性质恶劣的校园欺凌事件可以给受欺凌者造成阶段性的心理创伤,甚至一辈子的心理阴影,影响其日常的生活和学习,理应被纳入校园欺凌范畴。为此,我国在 2017 年教育部等十一部门在联合印发的《加强中小学欺凌综合治理方案》中,将单次蓄意或恶意通过肢体、语言及网络等手段实施欺负、侮辱,造成另一方(个体或群体)身体伤害、财产损失或精神损害等的事件,认定为欺凌。这也是学生欺凌和校园欺凌在欺凌持续时间和频次上的区别。

4. 行为后果之歧

从欺凌侵害的目标对象和产生的后果看,无论是校园欺凌还是学生欺凌,欺凌行为侵害的直接对象是被欺凌者的身体、财物和心理。校园欺凌重点关注的是侵害,学

---

① Dan Olweus. Bullying at School:What We Know and Where We Can Do[M]. Oxford:Wiley-Blackwell,1993.
② Rigby,K. Bullying in Schools[M]. London: Jessica Kingsley Publishers Ltd. ,1996, 20.
③ Department for Education and Skills. Bullying: Third report of session 2006-07[R]. London: House of Commons Education and Skills Committee,2007:7.
④ Ttofi,M. M. , Farrington, D. P. Effectiveness of reporting programs to reduce bullying[R]. Stock holm:The Swedish National Council for Crime Prevention. 2008.
⑤ Matthew,G. , Vivolo-Kantor,A. , Hamburger,M. , et al. Bullying Surveillance Among Youths:Uniform Definitions for Public Health and Recommended Data Elements[R]. National Center for Injury Prevention and Control,Centers for Disease Control and Prevention and U.S. Department of Education,2014:7.
⑥ 高德胜.校园欺凌:一个有边界的概念——校园欺凌系列谈(二)[J].现代教学,2017(6).

生欺凌重点关注的是伤害,是被欺凌者体验到的心理伤害。侵害次数和程度不作为判断欺凌的直接标准,而将攻击行为是否造成受害者长期的严重伤害做认定标准。这也是我国把单次伤害纳入欺凌的原因。

综上而言,校园欺凌的主体、场域、特征和后果都大于学生欺凌。学生欺凌从属于狭义的校园欺凌,是校园欺凌概念的下位概念。据此,不能将学生欺凌泛化为校园欺凌。

在 2016 年以前我国学术界没有对"校园欺凌"和"学生欺凌"进行区分,甚至很少使用"学生欺凌"这一概念,都用"校园欺凌"统一表述。直到 2016 年 11 月,教育部等九部门发布的《关于防治中小学生欺凌和暴力的指导意见》和 2017 年 11 月,教育部等十一部门联合印发的《加强中小学生欺凌综合治理方案》后,"学生欺凌"才被重视和使用。为便于研究和确定欺凌行为主体,本书在此后的内容中统一使用"学生欺凌"的概念,如果欺凌主体是中小学生,则使用"中小学生欺凌",如果欺凌主体是大学生,则使用"大学生欺凌"。

三、学生欺凌概念的重新界定

欺凌是英文"bullying"的汉译。"bullying"在韦式词典中的意思是取笑、伤害或威胁一个较小或较弱的人。不同的国家对学生欺凌有不同的定义。

(一)国外对学生欺凌的界定

美国学者哈默(Hymel,1983)认为,虽然欺凌早已渗透到我们的日常文化之中,但相对而言,对欺凌进行研究时间不长,最早起源于 1970 年的斯堪的纳维亚。瑞典医生海内曼(Heinemann,1970)最早对因种族问题引起的学童欺凌现象做过调查研究。挪威学者奥维斯(Olweus)在 1978 年最先阐述"欺凌"(bullying)概念,奥维斯和罗兰(Olweus & Roland,1983)把欺凌定义为"一个或几个人反复多次地遭遇来自另外一个或几个人的消极行为"。[①] 1993 年奥维斯(Olweus)又丰富了欺凌的内涵,欺凌是一种攻击性的、故意的消极行为,由一个群体或个人反复地、长时间地施加给一个不能轻易为自己辩护的受害者。消极行为可以是口头的(戏弄和/或辱骂),身体的(打、踢、推)和间接的形式,如下流的手势和故意的社会排斥。除了消极行为外,欺凌者伤害受害者的意图和受害者与施暴者之间的权力不平衡(如身体力量和社会能力)也被认为是欺

---

① Olweus,D. E. Roland,Mobbing-bakgrunnogtiltak,Oslo:Kirke-undervisningsog forsknings departmentet[M]. 1983,2.

凌的因素。例如,两个实力相当的学生之间的打架不是欺凌。① 这一定义又被史密斯(Smith,1999)界定为"在一定层面上遭遇侵犯时的无助行为"。② 史密斯(2002)认为,欺凌行为是指有意造成他人伤害的行为,这种伤害可能是身体的或心理的。他指出,欺凌是攻击行为一个子集,它具有三个基本要素:一是故意性,即欺凌者为达到某种目的,对被欺凌者有意采取的行为,包括身体伤害、语言伤害以及类似故意孤立的非直接性伤害;二是重复发生性,欺凌者和被欺凌者在一定时间内形成的比较稳定的欺凌与被欺凌的关系;三是行为双方的力量不均衡性,即力量相对较强的一方对处于劣势的一方采取的攻击性行为。③ 与史密斯相似,瑞格比(Rugby)1996 年提出,欺凌是一个人或是一群人,对于较弱势者进行心理或身体上的反复压迫。④

美国学者斯蒂芬·弗兰佐(Stephen L. Franzoi,2010)认为,校园欺凌是一种具有特定目标的理性行为,欺凌者倾向于使用沉着冷静的先发制人的暴力方式来达到他们的目的。⑤

除了上述学术性定义之外,在实践层面,也有诸多关于欺凌的法律和政策性解释。

挪威作为较早开始关注校园欺凌的国家,其将校园欺凌定义为一名或数名学生经常或反复地对其他学生实施的使其感到精神痛苦或不愉快的行为,这些行为既包括直接的暴力行为,也包括言语、歧视、排挤等非直接的暴力行为。⑥

美国疾病预防与控制中心(CDC)正式将欺凌解释为,任何由除兄弟姐妹或法定伴侣外的年轻人或者团体发起的攻击性行为,这一行为存在着可观察与可感知的力量不平衡,并且在多个时间重复发生或具有很高的重复发生的可能性。⑦ 美国联邦教育部和其他部门共同创办的"阻止欺凌"官方网站(stopbullying. gov)中将"欺凌"正式定义为:"学龄儿童在实际或可预测的力量不平衡的情况下的意料之外的攻击性行为,这种行为是重复性的,或随着时间的推移有重复的可能性。欺凌者与被欺凌者都可能产生持续的严重问题"。⑧

---

① Terrill,F. , Saxon, Ph. D. Cyberbullying: What are the Psychological Profiles of Bullies, Victims, and Bully Victims? (2011).

② Smith,P. K. , Morita,Y. , Junger-Tas,J. , et al. The Nature of School Bullying:A Cross-national Perspective [M]. New York: Routledge,1999, 1-6.

③ Smith,P. K. , Cowie, H. , et al. "Definitions of bullying: A comparison of terms used, and age and gender differences,in a fourteen country international comparison"[J]. Child Development,2002,73(4):1119-1133.

④ Rigby, K. Bullying in Schools[M]. London: Jessica Kingsley Publishers Ltd. ,1996, 20.

⑤ [美]斯蒂芬·弗兰佐. 社会心理学[M]. 陈侠,译. 上海:上海人民出版社,2010:156.

⑥ 陶建国,王冰. 挪威中小学校园欺凌预防项目研究[J]. 比较教育研究,2016(11).

⑦ Gladden,R. M. , Vivolo-Kantor, A. M. , et al. Bullying Surveillance among Youths:Uniform Definitions for Public Health and Recommended Data Elements,Version 1. 0. [M]. Atlanta,GA: National Center for Injury Prevention and Control,Centers for Disease Control and Prevention,2014.

⑧ 谢银迪. 美国:"霸凌零容忍"[J]. 上海教育,2015(35).

英国政府对于学生欺凌问题也极为重视,英国心理学学会对校园欺凌作出了官方的界定,即反复的、有意的或持续的意在导致伤害的行为,但偶发的事件在某些情况下也可被看作欺凌,个人或群体施加的有目的的有害行为,力量的失衡使得被欺凌的个体感觉失去抵抗等行为都被视作欺凌。[①] 英国教育与技能部将以下三种情况定义为欺凌:反复的、有意的或持续的意在导致伤害的行为,但偶发的事件在某些情况下也可被看作欺凌;个人或群体施加的有目的的有害行为;力量的失衡使得被欺凌的个体失去抵抗。[②] 英国教育部将欺凌界定为:个人或群体长期重复地故意伤害其他个人或群体之生理或心理行为。[③]

法国通常用"校园骚扰(harcèlement scolaire)"来表述校园欺凌,指在日常校园生活中,由一个或多个学生做出的,在生理层面、心理层面的重复顽劣行为。[④] 法国教育部将其定义为"在语言、肢体或心理层面的重复暴力行为"。

新西兰在国家反欺凌专项政策《欺凌预防与治理:学校指南》(Bullying Prevention and Response:a guide for schools)中把欺凌界定为:"欺凌是攻击性行为的一种特殊形式,具有一定的隐蔽性。"其具有四个特点:欺凌是故意性行为;欺凌涉及不平衡因素,如被欺凌者与欺凌实施者之间存在年龄、身体状态、宗教信仰、经济地位等因素的不平衡性;欺凌具有重复性,可能涉及欺凌实施者对同一个受害者进行多次欺凌,或同一个欺凌实施者对不同的受害者进行欺凌;欺凌是有害的。需注意的是,欺凌会受到同龄群体、学校、家庭、社区和社会的行为与价值观的影响。[⑤]

爱尔兰教育技能部将"校园欺凌"定义为:"个人或团体对另一个人(或几个人)所进行的不受欢迎的负面行为(包括言语、心理或身体上的),这种行为会随着时间的推移而重复。"该定义将校园欺凌明确划分为关系欺凌、网络欺凌和基于身份的欺凌。[⑥]

加拿大给出的校园欺凌官方定义为:"欺凌是一种有害身心健康、动态的互动过程,是重复使用强势力量进行身体的、言语的或者社会侵犯的一种形式。"[⑦]

澳大利亚学校普遍使用一种新的并且得到全国一致认可的"校园欺凌"的定义:欺凌行为是指通过反复的言语攻击、身体攻击或社会情感攻击行为,意图造成身体或

① 许明.英国中小学校园欺凌现象及其解决对策[J].青年研究,2008(1).
② House of Commons Education and Skills Committee,"Bullying",Third Report of Session 2006-2007,2007,p. 17.
③ 冯建军.论生命化教育的要义[J].教育研究与实验,2006(5).
④ Catheline,N. Harcèlements en milieu scolaire[J]. Enfances & Psy,2009,45(4):82-90.
⑤ Bullying Prevention Advisory Group. Bullying prevention and response:A GUIDE FOR SCHOOLS[EB/OL]. (2015-01-02)[2018-03-15]. http://www. education. govt. nz/assets/Documents/School/Bullying-prevention/MOE Bullying Guide2015Web. pdf.
⑥ Minister for Education and Skills. Being LGBT In School[EB/OL]. [2018-03-15]. https://www. education. ie/en/Publications/Education- Reports/Being-LGBT-in-School. pdf.
⑦ 杨廷轮,接园,高文涛.加拿大安大略省校园预防欺凌计划研究[J].比较教育研究,2016(4).

心理伤害,以及社会情感伤害的行为。[①]

日本社会对校园欺凌问题的关注始于20世纪80年代,文部科学省对在儿童、青少年群体中出现的欺凌问题的定义随时间而不断变化,对校园欺凌的定义也做了多次修改。1996年,日本文部省将校园欺凌界定为青少年对相对于自己的弱势群体或个人实施的持续使对方痛苦的行为。2007年以前主要强调具有下列特点的行为是欺凌行为:单方面对比自己弱势的人,在身体上、心理上施加持续性的攻击,让对方感受到极大的痛苦。2007年重新定义后,欺凌不再拘泥于需要具备持续的攻击和痛苦的感受,而是强调学生遭受与自身保持一定社会关系的人的心理性、物理性攻击,感受到精神上的痛苦,其发生地点不再区分校内或校外。日本经过多年的研究与修改,认为校园欺凌其也可称作校园暴力、校园霸凌、校园欺负、学校欺凌等。主要是指发生在儿童、学生之间的,通过直接或者间接的方式对某一个或者某些学生(群体)进行肉体、精神等方面的伤害。其中还包括一些隐性暴力,比如通过网络或者一些其他手段对他人造成身体、心灵、精神上等多种形式的伤害。2013年,日本文部科学省指出校园欺凌是指"在校生(儿童)的一方受到来自学校里与其有一定人际关系的另一方学生(儿童)的心理或是物理性的行为(包含网络行为),从而造成身心的痛苦,地点不限于学校"。[②] 日本对"校园欺凌"的定义有以下特点:一是明确了校园欺凌事件发生的时空性,地点不限于学校;二是关注受害者心理,以受害者的心理感受作为欺凌评判的重要标准;三是对欺凌判断标准的描述较为具体,并将网络欺凌写入定义中。当事学生对与其存在一定人际关系的另一个学生造成心理或生理影响,并让对方感到身心痛苦的行为(包括通过网络进行的行为),行为发生地不在学校把握范围之内。

韩国把学生欺凌纳入校园暴力来表述和管理,在2012年修订的《校园暴力预防及对策法》中明确了该法适用学校并界定了校园暴力概念。校园暴力指在校园内外以学生为对象实施的伤害、暴行、监禁、胁迫、绑架或诱拐、损毁名誉、亵渎、恐吓、抢夺、强制做事(跑腿)、性侵害、欺凌、网络欺凌、利用信息通讯发布猥亵言论或暴力言论等致使学生身体、精神或财产受到损害的行为。其中欺凌是指在校园内外,2名以上学生或其他人对特定学生或特定集团中的学生实施持续、反复的身体或心理攻击,令其感到痛苦的行为。[③] 韩国驻中国大使馆教育处2018年在《韩国:法律先行,全员重视》中指出,韩国对校园暴力的定义是"学生之间在校内外发生的以暴行、胁迫、诱拐、猥亵、名誉损毁、侮辱、

①　Australian department of education. Definition of bullying [EB/OL]. [2019-09-29]. https://bullyingnoway.gov.au/What Is Bullying/Definition Of Bullying.
②　孙晋露. 日本:校园霸凌从"问题"上升为"政策课题"[J]. 上海教育,2015(35).
③　陶建国. 韩国校园暴力立法及对策研究[J]. 比较教育研究. 2015(3):55-59.

恐吓、损坏财物及集体孤立等违背被害人意愿的行为或驱使行使上述行为的行为"。韩国对于校园暴力的定义与其他国家对校园欺凌的理解是基本一致的。

（二）国内对学生欺凌的界定

我国对学生欺凌的研究起步较晚，2002年以后才逐渐兴起。实际上，学生欺凌是一个历史的、动态的、发展的概念，它有其自己形成和发展的过程，在不同的研究时期、不同地区，其称谓和表述也不同。

我国台湾地区将欺凌称为霸凌，源自英文"Bullying"的音译。台湾学者彭彦凌（2009）认为，霸凌是力量不均衡互动的结果。[①] 2012年7月26日，台湾教育主管部门依据修正公布的"教育基本法"第8条，制订并发布了《校园霸凌防制准则》，将学校霸凌界定为，相同或不同学校学生与学生间，于校园内、外所发生之个人或集体持续以言语、文字、图画、符号、肢体动作或其他方式，直接或间接对他人贬抑、排挤、欺负、骚扰或戏弄等行为，使他人处于具有敌意或不友善之校园学习环境，或难以抗拒，产生精神上、生理上或财产上之损害，或影响正常学习活动之进行。[②]

我国香港地区学者黄成荣（2010）通过多年的实践以及对比国内外相关研究后认为，欺凌是一种蓄意及持续性的欺压行为，是有意识的行动，透过言语或肢体暴力侵犯他人，并置他人于压力之下。[③] 香港特区教育统筹局也对欺凌行为进行了规定，基本认为同时具备以下三种元素的行为被定义为欺凌：一是重复发生，即欺凌行为在一段时间内重复发生，而不是单一的偶发事件；二是具有恶意，即欺凌者蓄意地欺压及伤害他人；三是权力不平衡的状态，即欺凌者明显地比受害者强大，欺凌是在受害者未能保护自己的情况下发生。[④]

研究初期（2002年以前），学者们倾向于用校园暴力、校园欺负或校园欺侮来称谓和表述学生欺凌行为。2002年以后"欺凌"一词开始出现，并逐渐向校园欺凌统一。这一时期尚存在校园暴力、校园欺负、校园欺凌概念界限不清、使用混乱、互相代替的现象。此时学者们从不同的角度界定校园欺凌。陈世平（2003）将欺凌定义为，儿童之间的一种恃强凌弱的故意行为，它的主要特征是行为双方力量不对等性，存在故意性、伤害性。[⑤] 姚建龙（2008）认为，校园欺凌应为"发生在校园（包括中小学校和中等职业学校）内外、学生之间，一方（个体或群体）单次或多次蓄意或恶意通过肢体、语言

---

① 彭彦凌.反校园霸凌之生活技能教学介入成效探讨[D].台北：台湾师范大学，2009（6）：48.13.
② 王飞飞.台湾地区青少年校园欺凌防治政策研究[J].当代青年研究，2018（6）.
③ 黄成荣.穗港澳三地青少年欺凌行为比较与社群福祉观辅导应对[J].青年探索，2010（6）：23.
④ 香港特别行政区教育统筹局."和谐校园齐创建资源套"[EB/OL].［2018-05-30］.http:// peace campus.edb. Hke. dcity. net/ 1_3. html.
⑤ 陈世平.小学儿童欺负行为与个性特点和心理问题倾向的关系[J].心理学探新，2003（1）：55-58.

及网络等手段实施欺负、侮辱,造成另一方(个体或群体)身体伤害、财产损失或精神损害等的事件"。① 刘天娥,龚伦军(2009)指出,欺凌行为是一种攻击、暴力的行为,通常表现为打、推、勒索、孤立、辱骂和嘲笑等方式(身体或心理的)。② 张文新(2001)认为,欺负就是一个人或一组人对另外一个人实施身体的或心理上的攻击或侵害。只是欺负具有两个区别于其他攻击性行为的根本特征:力量的非均衡性和重复发生性。③ 张喆、史慧静(2014)认为,校园欺负是指任何发生在校园、上下学路上或者以校园为媒介的社交群体内的欺负行为。④ 魏叶美、范国睿(2016)认为,欺凌行为情节严重、造成严重后果的,属于犯罪行为;而情节不严重的,则属于侵权行为。⑤ 刘建(2017)认为,校园欺凌就是指发生在学生间的以大欺小、以多欺少或恃强凌弱的持续反复的故意性侵犯行为。⑥ 刘於清(2018)认为,校园欺凌是同学间欺负弱小、言语羞辱及敲诈勒索甚至殴打的行为等。⑦ 韦婷婷(2018)认为,欺凌是发生在学生之间由有权力的一方主导,对他人造成身体或心灵上的具体伤害行动,违反社会公义或侮辱了他人的人格或尊严,并具有一定重复性与持续性的行为。⑧ 俞凌云、马早明(2018)将校园欺凌界定为,在校人员借助某种权力长期压迫其他在校人员,造成他人生理、心理上的伤害或干扰正常的教学秩序的行为。校园欺凌行为通常是以某种攻击行为表现出来的,并且这种攻击行为一般较难被人发现,具有隐蔽性和持续性。施害者与受害者存在着明显的力量差异,施害者以对受害者施加伤害为直接目的,意图明确,性质恶劣;受害者长期处于一种无力抵抗而被迫接受施害者一切攻击行为的状态,其所受到的身心伤害极难消除。⑨ 刘晓、吴梦雪(2018)从欺凌的途径和行为指向入手界定校园欺凌:"发生在校内外,较强势的学生个体或群体利用肢体、言语或网络等方式,对其他学生故意实施的反复、多次的攻击行为,会对欺凌主体造成身体和心理的伤害。"⑩施长君(2018)从构成校园欺凌的要素欺凌主体(欺凌者、被欺凌者、旁观者)、场所(学校及周边)、欺凌行为(意图、手段、结果)入手,将校园欺凌定义为,在校园及周边强势学生持续对弱势学生的身体和心理进行的持续性故意侵害。

① 姚建龙.校园暴力:一个概念的界定[J].中国青年政治学院学报,2008(4).
② 刘天娥,龚伦军.当前校园欺凌行为的特征、成因与对策[J]山东省青年管理干部学院学报,2009(4).
③ 张文新.学校中的欺负问题——我们所知道的一些基本事实[J].山东师大学报:人文社会科学版,2001(3).
④ 张喆,史慧静.基于社会生态学观的校园欺负行为研究进展[J].中国学校卫生,2014(5).
⑤ 魏叶美,范国睿.社会学理论视域下的校园欺凌现象分析[J].教育科学研究,2016(2).
⑥ 刘建.我国中小学校学生欺凌行为及其治理[J].南京师大学报:社会科学版,2017(1):75-84.
⑦ 刘於清.国内校园欺凌研究:十年回溯与展望[J].教育探索,2018(2).
⑧ 韦婷婷.回顾与反思:国内外校园欺凌研究综述[J].现代教育科学,2018(7).
⑨ 俞凌云,马早明."校园欺凌":内涵辨识、应用限度与重新界定[J].教育发展研究,2018(12):26-33.
⑩ 刘晓,吴梦雪.我国校园欺凌问题研究:内涵逻辑、问题转化与研究展望[J].苏州大学学报:教育科学版,2018(2):81-88.

自 2016 年 4 月 28 日国务院教育督导委员会办公室发布《关于开展校园欺凌专项治理的通知》以来,我国学术界和教育界逐渐使用"校园欺凌"概念来表述欺凌现象。2016 年 11 月教育部等九部委发布的《关于防治中小学生欺凌和暴力的指导意见》又将"校园欺凌"改为"学生欺凌",自此,我国政府、教育界、学术界逐渐一致使用"学生欺凌"概念来表述发生在学生之间的欺凌行为。2017 年 11 月,教育部等十一部门联合印发的《加强中小学生欺凌综合治理方案》和 2021 年教育部办公厅关于印发《防范中小学生欺凌专项治理行动工作方案》的通知沿用"学生欺凌"这一特定概念。

(三)学生欺凌的概念界定

概观我国关于学生欺凌的政策与研究,无论是官方解释,还是学者的界定,基本上与国际上关于欺凌的内涵保持一致,但在欺凌的构成要件中,将单次侵害造成严重心理伤害的事件也纳入了欺凌范畴。

1. 重新界定学生欺凌概念的必要性

国内对校园欺凌的含义界定,学者们虽然关注到校园欺凌与校园暴力等概念之间的区别,但对校园欺凌概念的边界、行为主体、行为场域、行为后果等事关校园欺凌内涵和外延的界定仍然不够,尤其缺乏对学生欺凌的界定。学者们对校园欺凌的界定都是从某种理论要求或实际研究中的需要出发而提出的概念,有的强调欺凌行为的重复发生性和欺凌事件的持续性而忽略偶然发生的欺凌行为也应归属于校园欺凌的范畴;有的则强调欺凌行为发生的地域,认为发生在校园之外的欺凌行为不属于校园欺凌,然而这过于强调校园欺凌的发生地点,内涵过小,不够全面;有的又强调使用肢体暴力造成的身体、生理及心理的伤害。国内学者大都把校园欺凌划归行为,列为攻击行为的下位概念。截至目前,我国对欺凌概念尚无准确定义和认定标准。

教育部在 2016 年 4 月的文件中第一次直接使用校园欺凌概念并在文件中明确使用校园欺凌而非校园暴力的概念,并对二者的概念进行了具体的划分和界定。尽管2017 年 11 月,教育部等十一部门联合印发的《加强中小学生欺凌综合治理方案》对欺凌做了迄今为止最为明确的定义:"中小学生欺凌是发生在校园(包括中小学校和中等职业学校)内外、学生之间,一方(个体或群体)单次或多次蓄意或恶意通过肢体、语言及网络等手段实施欺负、侮辱,造成另一方(个体或群体)身体伤害、财产损失或精神损害等的事件。"《方案》把校园欺凌列为事件,还特别强调了欺凌事件的几个构成要素:欺凌场域:校园内外;欺凌主体:学生之间;欺凌形式:单次或多次蓄意或恶意通过肢体、语言及网络等手段实施欺负、侮辱;欺凌起因:欺凌者的主观恶意;欺凌后果:身体伤害、财产损失或精神损害等。这是至今为止对校园欺凌最为规范的描述,但还只是对欺凌事件进行的地点、起因、形式和后果的描述,还没有准确界定学生欺凌的内涵和外延。

由于研究视角、研究方法、研究开展的时代不同,学者们对校园欺凌的界定也略有不同,但作为开展一切研究及实践工作的源头,形成一个基于本土文化、有共识性的校园欺凌概念十分必要。

2.重新界定学生欺凌

界定概念就是用定义的方法明确概念的内涵和外延。提出缜密的概念有四项基本要求:"第一,阐述内涵;第二,在概念的内涵和命名概念的术语之间建立能够提供富有成效的信息的联系;第三,定位其在相关概念和术语构成的族群中的位置;第四,廓清概念之间的层级关系,包括类别层级关系。"①我们在这里采用类差定义法从内涵与外延来界定学生欺凌。概念的内涵是指概念所反映对象的特性和本质属性,外延是指概念所反映对象的具体范围和涵盖对象。

(1)学生欺凌的内涵

我们用"属加种差定义法"来界定学生欺凌的内涵,借助张惠民在《语言逻辑辞典》中采用的"属加种差定义法"来阐释"种差"与"临近属"关系的方法(被定义项=种差+临近属)。② 用"属加种差定义法"界定学生欺凌的内涵,必须先明确两个前提条件:其一要明确学生欺凌的上位概念;其二要明确学生欺凌所属总类的其他同次类之间的区别。通过讨论,我们把学生欺凌归于校园欺凌之下,校园欺凌又归于学生之间攻击事件之下,也就是说学生欺凌的上位概念是校园欺凌,校园欺凌的上位概念是攻击事件。

学生欺凌是发生在学生之间的强势一方对弱势一方的攻击事件。美国教育部(United States Department of Education)在其创办的"阻止欺凌"网站(stop bullying.gov)中将学生欺凌定义为"欺凌是施加给学龄儿童的一种不受欢迎的攻击性行为"。英国学者彼得·史密斯(Peter Smith,2000)强调"欺凌可以被归属为攻击行为的一个子集"。③ 加拿大学者芭芭拉·柯洛罗梭(Barbara Coloroso,2006)则认为"凡是有目的对其他人进行攻击和伤害,让其承受巨大心理伤害的行为,都是欺凌行为"。④ 综合上述观点,欺凌是攻击的下位概念,欺凌本身能够以某种攻击方式表现出来。在这一理念的指导下,美国教育部(United States Department of Education)和疾病预防控制中心(Centers for Disease Control and Prevention)以及"阻止欺凌"网站(stop bullying.gov)都

---

① 高奇琦,景跃进.比较政治中的概念问题[M].北京:中央编译出版社,2014:161.

② 张惠民.语言逻辑辞典[M].北京:中国人民大学出版社,1995:349-350.

③ Smith P. K., Brain P. Bullying in schools: Lessons from two decades of research[J]. Aggressive Behavior, 2000,(26):1-9.

④ 万赟.美国校园欺侮对策及其实用性借鉴[J].外国中小学教育,2006(9):23-25.

将欺凌行为定义为某种攻击行为。这种攻击行为是攻击者通过直接或间接的方式对目标对象的身体、财物或精神进行伤害。

与校园欺凌概念下学生欺凌与其他同次类概念的本质差异则主要通过以下五个方面来具体体现：

①构成要件。学生欺凌的主体是学生,发生在学生之间,由欺凌者、被欺凌者和围观者构成。发生场域在学校内外,涉及所有与学校的教学秩序和学生教育相关的范围,即包括校园内、校园合理辐射范围以及有同等关联程度的网络空间中。

②基本性质。学生欺凌是一种主观恶意的以强凌弱行为。"以强凌弱"中的"强"指的是地位、体力、心理等多个主客观方面更为强势的力量,施害者借助这种力量上的不平等对受害者施予使其身心受到伤害的行为,这种伤害是被欺凌者被迫接受,难以摆脱又无力反抗的。

③作用对象。学生欺凌发生在学生之间以受害者的身体、财物、关系、声誉进行侵害,实现对被欺凌者心理的持续和严重伤害。

④主要特征。学生欺凌本身所具有的一些特征是区分欺凌与违纪的辨识标准,同时对于催化欺凌现象不断发酵起着重要作用。

a.主观恶意。主观恶意是指欺凌者有意地去伤害他人,特指欺凌者在欺凌实施过程中所具有的故意伤害他人的意图。

b.力量失衡。学生欺凌的实施,实质上是欺凌者借助某种权势去压迫欺凌对象,被害者无力反抗,本质上是一种以强凌弱的行为。

c.被迫接受。被迫接受是指被欺凌者难以反抗,是非自愿地被迫接受某种行为。被欺凌一方难以在欺凌者实施伤害时进行及时有效的对抗或还击。

d.心理伤害。欺凌往往是被欺凌者感受到来自欺凌者通过欺凌带来的身体、财物等侵害而造成心理的伤害。

⑤一般分类。学生欺凌事件按照其对他人的影响程度可分为轻度欺凌、中度欺凌以及严重欺凌。轻度欺凌是指通过言语及部分行为对受害者造成轻度伤害的欺凌,一些偶发性的影响较轻的欺凌也可归类于轻度欺凌。现实中轻度欺凌与一般玩闹不好区分,林进财(2017)认为,两者的区分主要看双方角色是否可以随时互换,当事人是否自愿参与其中,如果这两个基本标准不能同时满足,那可以初步判断为欺凌行为;①中度欺凌是指反复欺凌他人并致使他人身心受到短期内难以恢复的伤害的欺凌;严重欺凌通常伴随着施害者对受害者极强的恶意,通过绝对的力量优势对受害者造成恶劣

---

① 林进财.校园欺凌行为的类型与形成及因应策略之探析[J].湖南师范大学教育科学学报,2017(1):1-6.

影响,这种影响可能会伴随被欺凌者的一生。虽然对学生欺凌事件做出了程度上的划分,但三者之间的界限并不完全清晰。

(2)学生欺凌的外延

明确了"学生欺凌"的内涵,外延也就相对明晰了。根据国内外学者对学生欺凌的描述和界定及2017年11月教育部等十一部门联合印发的《加强中小学生欺凌综合治理方案》对学生欺凌的界定,我们可将学生欺凌概念的外延总结为欺凌者通过肢体、语言及网络等手段对被欺凌者身体、财产、精神实施损害。

侵害的对象:①心理层面的学生欺凌。包括孤立、侮辱、排挤、歧视、谐戏、嫌弃、诽谤、言语攻击、破坏持有物品、威胁等具体行为。②生理层面的学生欺凌。包括击打、碰撞、踢踹、推搡、监禁等具体行为。③财产、财物的索要、损毁。

侵害的途径:①肢体侵害。通过踢、打、拧、拽、摔、撞、绊、揪、扇等方式使被欺凌者遭受生理痛苦。②语言伤害。通过谩骂、侮辱、排斥、讥讽、嘲笑、排斥、孤立、敌视、恐吓、勒索、散布谣言等伤害被欺凌的自尊、名誉和人际关系。③网络欺凌。包括文本通讯欺凌,通过发送威胁性的或导致不快的不受欢迎的文本;图片音像欺凌,通过移动电话传播的图像和录像、视频片段,使人觉得受到威胁或尴尬;手机通话欺凌,如通话后沉默不语或将号码藏匿;邮件欺凌;聊天室欺凌;经由网络即时通信进行的欺凌;通过网址的欺凌,如博客、个人网页等途径。

通过上述分析,我们认为界定学生欺凌要从以下六个维度入手。

(1)从行为的主体来看,学生欺凌的主体仅指向学生,且仅发生在学生之间。

(2)从行为发生地来看,学生欺凌发生在校园内外,涉及所有与学校的教学秩序和学生教育相关的范围,即包括校园内、校园合理辐射范围以及有同等关联程度的网络空间中。

(3)从行为的动机来看,欺凌是欺凌者主观恶意发起的侵害他人事件。

(4)从双方力量比来看,欺凌者与被欺者之间力量是不平衡的,常常是以大欺小、恃强凌弱、以众欺寡,被欺凌者是被迫接受且无力反抗。

(5)从行为的手段来看,学生欺凌的形式繁多,包括直接的肢体欺凌、言语欺凌,财物侵害和间接的关系欺凌、网络欺凌等。

(6)从行为的结果来看,学生欺凌会对被欺凌者的身心造成严重损伤,尤其是对其心理造成的长期伤害。

基于上述分析,我们把学生欺凌的内涵表述为,学生之间,强势一方对弱势一方的身体、财物或心理进行攻击和侵害,并造成其长期心理伤害的事件;外延表述为,发生在校园内外、学生之间强势一方蓄意或恶意通过直接或间接(包括网络)的方式对弱势一方实施的长期心理伤害事件。综合学生欺凌的内涵和外延我们把学生欺凌的概念界定为:发生在校园内外、学生之间,强势一方蓄意或恶意通过直接或间接(包括网络)的方式对弱势一方的身体、财物或心理进行攻击或侵害,给弱势一方造成长期心理伤害的事件。

第二节　学生欺凌的特征

特征是指人或事物所具有的独特特质和征象(现代汉语词典,商务印书馆 1979)。关于学生欺凌特征的研究和描述,国内外学者大都是在挪威学者奥维斯(Olweus)关于校园欺凌的研究基础上展开的。

一、国内外的研究现状

1978 年,奥维斯(Olweus)教授给出了欺凌(Bullying)的定义:一个或多个学生有意地、反复地、持续地对受害者施以负面行为,造成身心的不适或伤害。[1] 之后,英国伦敦大学 Smith 教授(1991)将欺凌界定为,欺凌是攻击行为的一个亚型,指力量相对强者在未受激惹的情况下对弱者反复进行的攻击。与常见的攻击性行为不同,欺凌行为有如下三个鲜明特性:(1)双方身心力量上的不均衡性。一般来说,欺凌是力量强者对力量弱者或处于劣势的一方进行的侵犯,可表现为大欺小、众欺寡、强凌弱等;(2)重复发生性。欺凌者和被欺凌者常常会在一段时间内形成不变的欺凌与被欺凌的关系。欺凌者会一而再,再而三地把被欺凌作为打击的目标。(3)行为的故意性。[2]此后,研究者广泛采纳了此意见,即学生欺凌具有:双方身心力量上的不均衡性;长期,重复发生性;行为的故意或恶意性三个特征。国内外关于学生欺凌特征的描述都是在此基础上进行的。

(一)国外对学生欺凌特征的描述

英国教育与技能部(DFES)对校园欺凌特征进行的官方描述是:持续的、有意的或者反复的,故意制造伤害的行为。美国明尼苏达州教育部指出,欺凌行为包含了故意的伤害、重复性以及欺凌者与被欺凌者双方权利的不平等。[3] 法国把校园欺凌认定为校园暴力诸多面孔中"隐藏的一面",并呈现三个基本特征:(1)实施者存有伤害他人

① Dan Olweus. Bullying at School : What We Know and Where We Can Do[M]. Oxford, Wiley-Blackwell,1993.
② Smith, P. K. The silent nightmare : Bullying and victimsation in school peer groups[J]. The Psychologist,1991 (4):243-248.
③ [美]贾斯汀·W.帕钦,萨米尔·K.辛社佳.校园欺凌行为案例研究[M].王怡然,译.哈尔滨:黑龙江教育出版社,2017.8.

的意图;(2)伤害行为是长期存在的;(3)施害者和受害者之间存在不对称的"支配—被支配"关系。[1]

美国学者芭芭拉·科卢梭(Barbara Coloroso,2017)认为,校园欺凌具有力量的不对等、旨在伤害、进一步侵害的威胁和制造恐惧四个特征。[2] 林贝尔(Limber,2016)也指出,"欺凌行为是侵略行为的一种特定形式,其特征是意图伤害,该行为的反复发生是由于欺凌者与被欺凌者之间的权力不平衡"。[3]

爱尔兰的基思·沙利文(Keith Sullivan,2014)认为,学生欺凌具有:虐待性和懦弱性;伤害是蓄意的;行为是重复性的,可以在短期或长期内重复发生;实施欺凌的人通常比被欺凌的人力量强大;欺凌通常不被掌权者知晓;实施欺凌者既不希望被抓住,也不希望承担任何后果;实施欺凌者通常会为他们自己的欺凌行为担忧;欺凌能逐步削弱并破坏被欺凌者的身心健康;欺凌既可以是有预谋的、有组织的、有步骤的,也可以是随机性的。但是,一旦欺凌开始,通常都会持续;尽管欺凌可能指向某一特定的受害者,但对于那些没有参与欺凌,仅为旁观者的人而言,欺凌同样可以传递一种威胁的信息;欺凌的受害者可能遭遇外在的身体伤害或者是内在的感情或心理伤害;所有的欺凌都会带来心理上的伤害。[4]

日本早期也曾用欧美各国的定义研究、调查、处理学生欺凌问题,后来则根据日本国情,将学生欺凌的概念限定为三个核心要素和一个附注要素。核心要素:攻击比自己弱小的一方;实施持续的身体的、心理的攻击;使对方感受到深刻的痛苦。附注要素:发生场所不仅限于学校。[5]

(二)我国对学生欺凌特征的描述

耿申(2018)认为,欧美各国在奥维斯(Olweus)研究的基础上陆续扩展对学生欺凌特征的描述,确立了学生欺凌的五个基本要素:学生欺凌是发生在学生之间的行为;是一种力量不均衡的冲突行为,即欺凌者的力量或势力大于被欺凌者;是反复或长期发生的行为;是使被欺凌者遭受身心伤害或痛苦的行为;学生欺凌事件中存在着众多围观者。[6]

我国关于学生欺凌的特征描述是在欧美的基础上,结合本土实际进行的。我国台湾地区关于学生欺凌的特征描述基本以欧美为主。我国台湾地区教育主管部门

① 申素平,贾楠.法治视角下的校园欺凌概念探析[J].中国人民大学教育学刊,2017(4):7.
② 芭芭拉·科卢梭.如何应对校园欺凌[M].肖飒,译.上海:华东师范大学出版社,2017(8):30-31.
③ Limber,Susan P. Bullying and Children with Disabilities[J]. Contemporary Perspectives on Research on Bullying and Victimization in Early Childhood Education,2016:129-155.
④ 基思·沙利文.反欺凌手册[M].徐维,译.北京:中国致公出版社,2014(1):13-14.
⑤ 教育部基础教育司.防治中小学生欺凌和暴力指导手册[M].北京:教育科学出版社,2018(5):3-4.
⑥ 耿申,龚杰克.学生欺凌行为的生成阶段与早期发现[J].教育研究,2018,39(06):48-53.

(2012)在相关的文件中明确:校园霸凌具有欺侮行为;具有故意伤害意图;造成生理或心理的伤害;双方势力(地位)不对等四个特征。

张文新(2002)认为,我国学术界的主流观点认为欺凌是攻击的一个子集,具有"力量不均衡"和"重复发生性"的特点;[①]王大伟(2017)认为,学生欺凌行为存在长期性(多次性)、危害性(造成一般性或比较重的身心伤害)和单方指向性。[②] 学生欺凌具有行为的反复性、行为人主观的蓄意性、地位的不对等性和行为结果的有害性。[③]

也有部分学者不同意将重复发生性作为欺凌行为的特征,他们认为,即使是偶然一次,如果让被欺凌者的身心受到负面的影响,也应该纳入欺凌的范围。如,陈光辉(2014)通过调查证明,有75.9%的受访者认为某些伤害行为不需要重复多次就已经构成了欺凌,由此可见,"重复发生性"仅伴生在某些欺凌事件中,并非欺凌的突出特征。学生欺凌具有其故意伤害性、受伤害性和关系双方间的力量不均衡性三个界定性特征和重复发生性、难以反抗性和道德评判性三个伴生性特征。[④]

2016年4月28日,国务院教育督导委员会办公室在《关于开展校园欺凌专项治理的通知》中,将欺凌定义为:"发生在学生之间蓄意或恶意通过肢体、语言及网络等手段,实施欺凌、侮辱造成伤害"的事件。该定义强调了学生欺凌的五个要素。学生之间;恶意动机;多种手段;实施侮辱和造成伤害。以上用五个要素对学生欺凌进行的界定,与国际上通行的定义大体一致。

2016年11月,教育部等九部门发布的《关于防治中小学生欺凌和暴力的指导意见》将学生欺凌和暴力并提,未对学生欺凌做专门界定,但其中对学生欺凌的描述可视为对学生欺凌的基本界定。《意见》强调了学生欺凌的两个要素:学生之间和损害身心健康,省略了欺凌的意图、手段和方式三个要素。

2017年11月,教育部等十一部门联合印发的《加强中小学生欺凌综合治理方案》对欺凌做了迄今为止最为明确的定义:"中小学生欺凌是发生在校园(包括中小学校和中等职业学校)内外、学生之间,一方(个体或群体)单次或多次蓄意或恶意通过肢体、语言及网络等手段实施欺负、侮辱,造成另一方(个体或群体)身体伤害、财产损失或精神损害等的事件。"《方案》特别强调的是以下三个要素:主体:学生之间;形式:单次或多次蓄意或恶意通过肢体、语言及网络等手段实施欺负、侮辱;后果:身体伤害、财产损失或精神损害等。

① 张文新.中小学生欺负/受欺负的普遍性与基本特点[J].心理学报,2002(4):387-394.
② 王大伟.校园欺凌问题与对策[M].北京:中国国际广播出版社,2017(5):9-10.
③ 申素平,贾楠.法治视角下的校园欺凌概念探析[J].中国人民大学教育学刊,2017(4):7.
④ 陈光辉.中小学生欺负现象本质内涵的感知[J].心理与行为研究,2014,12(5):639-644.

可见,2016 年以来,政府的官方文件已经不把"重复发生性"作为学生欺凌的辨识性界定特征。

在教育部基础教育司 2018 组织编写的《防治中小学生欺凌和暴力指导手册》中,将学生欺凌界定为:在校学生之间发生的强势一方对弱势一方进行侮辱性身心攻击,并通过重复实施或传播,使被欺凌的学生遭受身心痛苦的事件。该定义包含以下五个要素:"在校学生",指在本校或他校有学籍的学生,由此隐含了学生欺凌事件的发生地不限于校内的因素;"强势一方",指欺凌者的力量或势力大于被欺凌者;"侮辱性身心攻击",指殴打对方身体或通过各种手段使对方在心理上受到侮辱;"重复实施或传播",指对特定对象实施多次攻击或通过拍摄照片、视频并上传使欺凌过程反复重现并使更多人看到,由此包含了学生欺凌事件多存在围观者的因素;造成伤害,使被欺凌的学生遭受身心痛苦。该定义又把"重复发生性"纳入学生欺凌的界定特征。[①]

二、学生欺凌特征分析

要对事物的特性进行分析,就要从分析该事物的构成要素,要素之间的关系,要素之间发生联系的环境和规律入手。学生欺凌特征分析就要从学生欺凌的主体,主体之间的关系,主体间的行为方式、行为指向和行为后果的分析中找出学生欺凌的辨识性特征(界定特征)和伴生特征。

2017 年 11 月,教育部等十一部门联合印发的《加强中小学生欺凌综合治理方案》给出中小学生欺凌定义:"中小学生欺凌是发生在校园(包括中小学校和中等职业学校)内外、学生之间,一方(个体或群体)单次或多次蓄意或恶意通过肢体、语言及网络等手段实施欺负、侮辱,造成另一方(个体或群体)身体伤害、财产损失或精神损害等的事件。"对这一定义进行分析,我们可以得出以下结论:学生欺凌的主体是学生,欺凌行为发生在校内外学生之间;是强势一方(欺凌者)在有他人(同伴、围观者)在场时对弱势一方(被欺凌者)的攻击行为;行为指向是弱势方(被欺凌者)的身体、财产或心理;行为方式是强势一方(欺凌者)单次或多次蓄意或恶意通过肢体、语言及网络等手段对弱势一方(被欺凌者)进行欺负、侮辱;行为的后果是强势一方(欺凌者)造成弱势一方(被欺凌者)的身体伤害、财产损失或精神损害。

我们对学生欺凌的界定:发生在校园内外、学生之间,强势一方蓄意或恶意通过直接或间接(包括网络)的方式对弱势一方的身体、财物或心理进行攻击或侵害,给弱势一方造成长期心理伤害的事件。此定义强调了学生欺凌的三个基本特征:主观恶意;

---

① 教育部基础教育司.防治中小学生欺凌和暴力指导手册[M].北京:教育科学出版社,2018(5):3-4.

力量失衡;造成长期心理伤害。

通过以上分析,我们可以得出学生欺凌是发生在校园内外,学生之间的伤害事件,主观故意、力量失衡、造成伤害是构成学生欺凌的要件和辨识性特征。

(一)学生欺凌的辨识特征

1. 主观恶意

在学生欺凌事件中,欺凌者的主观恶意对于事件性质的判定起着关键性作用。学生欺凌事件中欺凌者主观意图的确认,在许多国家的学生欺凌定义中都明确进行了规范。法国对学生欺凌界定是"一名或多名学生针对另一名无力抵抗的学生重复进行的言语上、身体上或精神上的暴力行为",[①]俄罗斯关于学生欺凌定义中同样强调了"各类故意的言语或身体暴力"。[②] 无论"针对"或是"故意",都在突出欺凌者自身在欺凌事件中的行为是带有目的性的,并且其行为的倾向性具有明显的主观恶意。

主观恶意是指欺凌者有意地去伤害他人,特指欺凌者在欺凌实施过程中所具有的故意伤害他人的意图。主观恶意是判定欺凌的核心辨识特征,是区分欺凌与开玩笑或恶作剧的关键点。欺凌行为中的主观故意伤害性分为两类:一类是临时起意型,实施者不认为自己在故意伤害别人,如欺凌者心血来潮地拽女同学的辫子或者用粉笔扔别的同学;一类是事先预谋型,实施者清楚自己在故意伤害他人,如欺凌者威胁别的同学给他钱或者群殴某个同学。临时起意型的欺凌给被欺凌者带来的伤害相对较轻,而事先预谋型的会给被欺凌者带来较为严重或长期的伤害。现实中,欺凌者会极力否认欺凌行为的故意意图,而经常通过"污名化"被欺凌者,狡辩欺凌是被欺凌者的原因,如不顺眼、不老实或窝囊废。然而,欺凌事件的围观者在判断欺凌者是否具有故意伤害意图时,常常需要借助其他一些信息,如被欺凌者的受伤害程度或次数等。由此可见,欺凌者的主观恶意伤害虽是判定欺凌的关键性特征,但是实践中通常难以直接进行判定。

2. 力量失衡

奥维斯(Olweus)对学生欺凌的定义中用"无力抵抗"一词来描述欺凌对象,表明在学生欺凌事件中欺凌者与欺凌对象之间存在着明显的力量不均衡。美国教育部(United States Department of Education)在其创办的"阻止欺凌"网站(stopbullying.gov)中将学生欺凌定义为"欺凌是施加给学龄儿童的一种不受欢迎的攻击性行为,它涉及到一种真实的或可感知到的权利失衡。随着时间推移,这种行为会反复出现或者有反复

---

① 纪俊男.法国:勇敢向校园欺凌说"不"[J].上海教育,2017(11):29-32.
② 李春雨.俄罗斯中学校园欺凌的城乡对比研究[J].上海教育科研,2017(7):41-45.

出现的潜力"。① "权力失衡"与俄罗斯在表述学生欺凌概念时所采用的"欺凌者的力量(社会的或身体的)强大于被欺凌者"都点明,学生欺凌的本质是一种以强凌弱的行为。

力量失衡是指欺凌者为优势一方,被欺凌者为劣势一方。研究发现欺凌者的力量优势有三个方面的来源:一是身体力量上的力量优势,如生理年长、男生、个子高、带武器、劲头大等。二是心理上的力量优势,包括胆子大、相对成熟等。三是人际关系或社会支持上的力量优势,包括有年长朋友或亲戚撑腰、多个人的团伙等。② 在我国中小学还有"好学生"和班级干部等优势。

现实中力量失衡体现为体力、地位、年龄、人数上的失衡。具体表现为:以大欺小、倚强凌弱、以众欺寡、仗势欺人等,如年级高的欺凌年级低的、大孩欺凌小孩、能打架的欺凌不能打架的、男生欺凌女生、个子高的欺凌个子矮的、胆子大的欺凌胆子小的、多个人欺凌少数几个人或一个人、班干部欺凌普通同学、劲儿大的欺凌劲儿小的、有钱有势的欺凌没钱没势的等。

力量失衡是学生欺凌区别于一般攻击行为和校园暴力的核心性辨识特征。对于力量均衡的同伴冲突行为(打架、对骂、冲突)不构成欺凌。首先,关系双方间的力量失衡能够引发伤害模式的变化,欺凌者可以无所顾忌地故意伤害被欺凌者,被欺凌者限于自身力量弱小从而难以反抗或有效还击;其次,强者伤害弱者的低成本高收益特点会使得双方间的关系容易趋于稳定,从而倾向于重复发生(Volk,Camilleri,Dane,&Marini,2012);再次,强者可以连续任意伤害弱者的行为会给弱者带来更严重和长期的身心伤害(Shetgiri,Lin,&Flores,2013;Smith,2004);也正是伤害行为中的这种强弱对比关系,引发了他人的道德评判。可见,力量失衡是可以激活其他特征的根源性特征。

3.造成伤害

造成伤害是被欺凌者感受到来自欺凌者对其身体、财务或精神上的侵害,而引发的心理伤害,也就是说这种伤害是被欺凌者感受到的。储朝晖(2017)认为,在对学生欺凌进行判定时,不能仅从表面、形式上判断,应依据"被欺凌者"的感受,即当被欺凌者感到痛苦时,该学生就是受到了欺凌。③ 是否造成心理伤害是判断欺凌是否发生的评价标准和目标要素。世界各国在界定本国的学生欺凌的概念时都不约而同地强调

① The U. S. Department of Health and Human Services. What Is Bullying[EB/OL]. [2017-11-03]. https://www. stopbullying. gov/what-is-bullying/index. html.
② 陈光辉.中小学生对欺负现象本质内涵的感知[J].心理与行为研究,2014,12(5):639-644.
③ 储朝晖.校园欺凌的中国问题与求解[J].中国教育学刊,2017(12):42-48.

对有关行为所造成的影响的描述。如英国教育标准局所提供的"欺凌即一个个体或群体对另一个体或群体,在身体或情感(精神)方面,进行经常性和多次重复的有意伤害行为"。[①] 美国《新泽西反欺凌法》(The New Jersey Anti-Bullying Bill of Rights Act)中强调的"一个单一或者一系列在本质上扰乱或干扰了正常教学秩序或者其他学生权利的事件",[②] 以概括性的"教学秩序"以及"其他学生权利"规定影响的范围。学生欺凌事件所造成的影响不再仅仅聚焦于是否造成直接的生理伤害,而是更多关注受害者心理层面的创伤以及对其人生发展所造成的负面影响。《加强中小学生欺凌综合治理方案》中明确指出,学生欺凌给被欺凌者造成的伤害包括"身体伤害、财产损失或精神损害"。

欺凌事件中被欺凌者受到的伤害主要表现为四个方面:一是身体上的伤害,如通过踢、打、拧、拽、摔、撞、绊、揪、扇等方式使被欺凌者遭受生理痛苦;二是心理上的伤害,如通过骂、侮辱、排斥、讥讽、散布谣言等伤害被欺凌的自尊和名誉;三是人际关系上的伤害,如通过侮辱、排斥、讥讽、散布谣言等破坏被欺凌者的人际关系,使其朋友减少或难以结交朋友;四是财物上的损害,如个人物品被损坏、被勒索钱物等。判断造成伤害的关键要素是看这些伤害是否给受害者带来长期的心理困扰或伤害。受伤害持续的时间与受伤害程度成正比,持续时间越长,受到的伤害越严重。此外,受伤害行为的传播范围与伤害程度成正比,传播范围越大,受到的伤害越严重。例如,在公众场合遭到排斥或羞辱,知情者越多,受害者感知的伤害越严重。

梳理欺凌事件的内涵特征发现,从欺凌和被欺凌双方的关系角度能够更清晰地界定欺凌事件。欺凌事件本质上具有两种关系特征:一是因果性伤害关系特征,即欺凌者故意伤害与被欺凌者的受害感受结果之间存在因果关系;二是强弱对比关系特征,即人际冲突双方间存在力量上的强弱对比关系,强者与弱者的力量对比失衡。第一种关系特征确定了该类行为属于攻击的范畴,第二种关系特征则确定了欺凌是不同于一般攻击的独特攻击行为。这种从双方关系角度界定欺凌内涵的方式能够为欺凌现象的测量、发生发展机制的探究以及干预方案的制定提供有益启示。

总之,欺凌造成的伤害必须是被受害者体验的,有时也被欺凌者认知并获得愉悦,没有被受害者体验的伤害不构成欺凌,我们在这里将之称为"体验到的伤害"。

(二)学生欺凌的伴生性特征

随着学生欺凌问题的不断演化以及人们对于校园安全关注的不断强化,奥维斯(Olweus)所确立的三大条件并不能适用于所有的学生欺凌事件,各国根据本国学生

---

① 张宝书.英国中小学反校园欺凌政策探析[J].比较教育研究,2016,38(11):1-8.
② 刘礼兰,肖登辉,孟凡磊.美国校园欺凌的法律规制[J].教育科学研究,2017(7):77-82.

欺凌现象的特性有针对性地丰富了"学生欺凌"的含义。学生欺凌行为除了具有主观故意、力量失衡和伤害性三个辨识性特征外,还具有被迫性、重复发生和隐蔽性三个伴生特征。

1. 被迫性

被迫性是指被欺凌者是非自愿地被迫接受某种行为,且难以反抗。奥维斯(Olweus)认为,欺凌者的故意施害倾向是判断欺凌事件的关键条件之一,然而调查发现,许多欺凌者在进行欺凌时并未意识到自身的行为属于"欺凌"的行列,或者声称自身的行为并非故意伤害他人,这种情况在网络欺凌事件中屡见不鲜,学校和有关部门便无法依据施害者的主观意图去进行判定。相对而言,受害者的意愿则显得更为直观可靠。2006 年日本文部科学省进行了概念修订,核心是将欺凌的认定修订为学生自陈,即如果孩子自己认定被欺凌,就将他划定在欺凌范围内。① 美国教育部和疾病预防控制中心在定义学生欺凌时使用"强制性"一词,以此凸显在相关事件中受害者处于非自愿、无力抵抗而被迫接受的态度。

被迫性的直接表现是难以反抗,被欺凌一方难以在欺凌者实施伤害行为时进行及时有效的对抗或还击。分析访谈文本发现,共有三种难以反抗的表现形式,分别是:受到控制,没有能力或条件反抗;对方十分强大,没有勇气反抗,只能进行消极应对(如哭泣或默默忍受);反抗无效,如反抗引发了更严重的伤害。如果伤害方故意伤害受害方之后,受动方当场或事后能够还击回来,那就不是欺凌,即使发生很多次也不是欺凌。

被迫且难以反抗性特征是因果性伤害关系和强弱对比关系的外显性表现,更容易被中小学生直观地观察或感知到。难以反抗就是想反抗但是很困难,"想反抗"能够暗示出反抗者正在或者已经遭受过伤害,"有困难"能够暗示出反抗者相比于攻击者而言力量弱小(包括身体力量、个人能力以及社会关系资源等)。Veenstra 等人(2010)的研究发现,欺凌者会有意去选择那些遭到同伴排斥的群体成员作为实施欺凌的对象(Veenstra,Lindenberg,Munniksma,&Dijkstra,2010),这从侧面证明了被迫且难以反抗性伴随在欺凌事件中,并且这一特征的存在与欺凌者的主观选择性有关。被迫且难以反抗性能间接且直观地体现故意性、伤害性、力量失衡性等本质性辨识特征,是学生欺凌的伴生特征。

2. 重复性

重复发生性是指有些欺凌事件中欺凌者多次、持续地对同一被欺凌者实施伤害。在学生欺凌中,施害者与受害者往往会形成一种复杂的互动状态,当施害者实施欺凌

① 耿申."自陈欺凌"与他人认定同样重要[N].南方周末,2016-12-15.

行为时受害者的退让与恐惧会反过来强化施害者的欺凌动机,致使欺凌行为循环往复,成为一种具有持续性、重复性的行为。欺凌行为的这种持续性与重复性发展的一个更为根本的原因是欺凌行为自身具有的一种隐蔽性,相对而言欺凌行为较难被觉察,同时也难以界定其行为的性质。澳大利亚学生欺凌的官方定义中表明:"欺凌是在一段关系中通过反复地进行语言、身体和社会行为不断地滥用权利,以致使受害者产生身体或是心理的伤害。"这一定义被沿用到了澳大利亚的《国家安全学校框架》(National Safe Schools Framework)中。[①] 瑞典把学生欺凌界定为:"学校的学生经常对其他同学实施排挤、暴力、侮辱、歧视、谐戏、嫌弃、破坏持有物品、诽谤、监禁等致使其身体或精神受到损害的行为。"[②]加拿大、俄罗斯、法国、美国等多个国家中的多个机构在对学生欺凌进行界定时都不约而同地突出了欺凌行为的持续性和重复性的特征。

重复发生性也是部分欺凌现象的一个外显性直观表现,甚至被西方研究者错误地认定为"bullying"的界定性特征。重复发生性之所以受到西方研究者的重视,甚至采用重复发生性频次来判定欺凌的严重程度有一定的道理(Olweus,1993;Smith,2004;Huang,Hong,&Espelage,2013)。原因有三:一是攻击者能够多次伤害一个目标对象,能够暗示出攻击者的力量一定强于受害者,否则不可能持续多次;二是受害者多次遭受伤害却难以制止这种来自他人的伤害行为,暗示出受害者忍受着相对更大的痛苦;三是多次遭受他人的伤害且难以反抗的重复性经历更容易被同伴觉察和感知到。因此,在采用重复发生性进行欺凌界定和流行病学调查的时候,就显得较为有效(Berger,2007)。

重复发生是不是学生欺凌发生的充要条件,一直是国内学术界争论的问题,直到2017年11月,教育部等十一部门联合印发了《加强中小学生欺凌综合治理方案》才告一段落。《方案》首次以官方身份明确了单次攻击也可构成欺凌,重复发生不作为学生欺凌的本质性特征,而是伴生特征。

重复发生是学生欺凌的充分不必要条件。也就是说,欺凌事件不必是欺凌者多次、重复地被欺凌者实施伤害,有时单次攻击也会构成欺凌,但多次、重复对同一目标进行攻击就一定构成欺凌。陈光辉(2014)的调查表明,63.0%的受访者提到,某些伤害行为需要重复发生才构成欺凌,同时有75.9%的受访者提到,某些伤害行为不需要重复多次就已经构成了欺凌。[③] 由此可见,重复发生性特征仅伴生在某些欺凌事件中。在询问伤害较为轻微的欺凌形式时,被试认为实施一次并不构成欺凌,当进一步追问,如何才是欺凌时,被试的回答不是重复发生就算欺凌,而是加重伤害的结果。例

---

① The Safe and Supportive School Communities Working Group. National Definition of Bullying for Australian Schools [EB/OL].[2017-11-03]. https://bullyingnoway. gov. au/What Is Bullying/Documents/definition-of-bullying. pdf.

② 陶建国. 瑞典校园欺凌立法及其启示[J]. 江苏教育研究,2015(34):3-6.

③ 陈光辉. 中学生对欺负现象本质内涵的感知[J]. 心理与行为研究,2014,12(05):639-644.

如,吐唾沫到别人身上如果仅实施一次并不是欺凌,但是如果吐到别人脸上,那么即使一次也算是欺凌。有些被试提到如果欺凌者是故意的,那么即使实施一次也是欺凌。例如,用拳打或脚踹同学,被试认为如果实施者是故意的,那么实施一次就是欺凌。不重复发生的伤害行为也可能是欺凌,甚至仅发生一次且十分严重,例如,在厕所被扒光同学衣服并把视频传到网络上。应该说,重复发生性的确有利于间接推论遭受欺凌的严重程度,但是真正反映欺凌严重程度的应该是受害者的受害程度(包括身体伤害、心理伤害、社会关系伤害和财物损害)。

3.隐蔽性

学生欺凌多以语言、网络、孤立等手段展开,即使是身体伤害也选择偏僻难以发现之地进行,因形式和发生地隐蔽而难以被学校、社会察觉。欺凌者往往会挑选隐蔽的不被老师发现的场所或选择隐蔽的形式实施欺凌。受欺凌者往往因害怕不敢告诉师长,欺凌场所也往往发生在隐秘地点,例如厕所、杂物间……因此,很多欺凌行为都是在产生了严重后果之后,才开始采取干预行为。往往很多在公开场合发生的冲突不被认定为欺凌,如在班级发生的学生间的冲突等。隐蔽性是学生欺凌的一个伴生特征。

第三节　学生欺凌的类型

一、欺凌的类型

关于学生欺凌的分类,世界各国政府和学者根据不同的视角,依据不同的标准,划分了不同的种类和类型。联合国教科文组织(UNESCO)在英国伦敦举办的"2019 教育世界论坛"(2019 Education World Forum)上发布的《数字背后:结束校园暴力和欺凌》报告中把学生欺凌分为:身体欺凌、心理欺凌和性欺凌(Behind the Numbers:Ending School Violence and Bullying)。[①]

(一)国内外的相关研究

1.国外对欺凌类型的研究

奥维斯(Olweus,1993)除了提出了一种操作性的欺凌定义外,还根据欺凌的表现形式明确了两种欺凌:直接欺凌和间接欺凌。直接欺凌包括身体暴力(如踢、打、推)和言语攻击(如戏弄和辱骂);间接欺凌,又称关系欺凌,是通过破坏受害者的社会关系来骚

---

① UNESCO. Behind the numbers:Ending school violence and bullying[R/OL].(2019-01-22)[2019-06-04]. https://unesdoc. unesco. org/ark:/48223/ pf0000366483.

扰他人。[①] 瑞格比(Rugby,1996)提出,欺凌是一个人或是一群人,对于较弱势者进行心理或身体上的反复压迫。他将欺凌行为区分为肢体、非肢体、口语与非口语欺凌,每一类又可分为直接与间接形式。随着时间的推移,欺凌形式出现许多新的变化,例如网络欺凌已经成为当前学生欺凌的重要形式。[②] SMITH 等人(1999)将欺凌行为划分为公然欺凌(包括身体欺凌、语言欺凌)和关系欺凌两大类。[③] 基思·沙利文(Sullivan,Keith,2014)则将欺凌分为生理欺凌、非生理欺凌、语言欺凌和非语言欺凌四类。[④]

世界卫生组织(World Health Organization,简称 WHO)也给出了欺凌的定义,即欺凌是一种多方面的虐待形式,多见于学校和工作场所。其特征是一个人不断遭受身体和/或情感上的攻击,包括戏弄、辱骂、嘲笑、威胁、骚扰、数落、欺辱、社会排斥或谣言等。[⑤]

三年一次的亚太经合组织的国际学生评估项目——PISA,2015 首次将学生欺凌作为其衡量学生在校学习及生活质量的重要指标。PISA 将学生欺凌分为三种类型:肢体型(推搡、击打等的身体暴力行为)、言语型(辱骂、讽刺等的语言暴力行为)和关系型(排斥、忽视等的冷暴力行为)。PISA(2015)从受欺凌者视角设计了三类对应的六种欺凌行为(图 2-1)。[⑥]

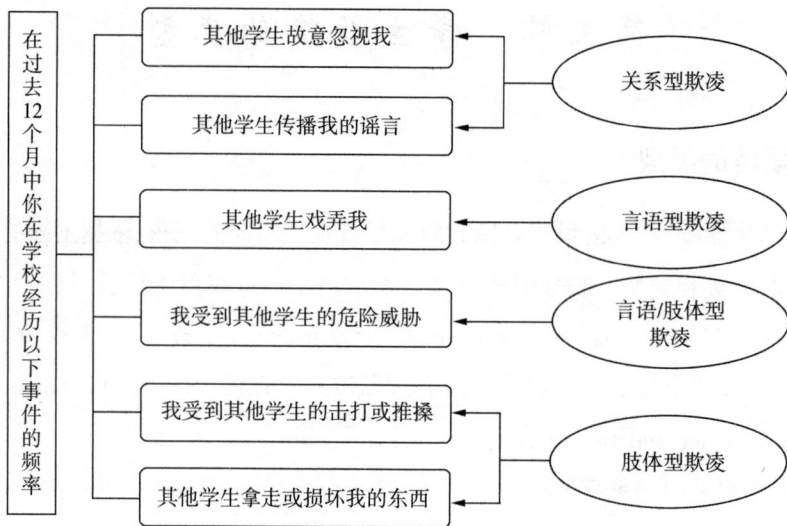

图 2-1 PISA2015 中校园欺凌问题设计

① Aoyama,lkuko. Cyberbullying: What are the Psychological Profiles of Bullies,Victims,and Bully-Victims?[J]. Humanities and Social Sciences,2011.

② Rigby,K. Bullying in Schools[M]. London:Jessica Kingsley Publishers Ltd. ,1996. 20.

③ SMITH,P. K. ,MORITA YJUNGER,L. ,et al. The Nature of School Bullying:A Cross-national Perspective[M]. London:Routledge,1999;279-281.

④ 基思·沙利文.反欺凌手册[M].徐维,译. 北京:中国致公出版社,2014:15-16.

⑤ 凯瑟琳·陈爱花.阻止欺凌,你可以做到[M]. 长沙:湖南少年儿童出版社,2018.

⑥ 刘潇雨.家校联合下的受欺凌者识别研究——基于 PISA2015 的思考[J].广西教育学院学报,2020(3).

法国教育部将学生欺凌定义为："在语言、肢体或心理层面的重复暴力行为。"主要包括精神骚扰、人身骚扰、性骚扰、网络骚扰等类型。其核心内涵则为校园暴力，不只包括身体伤害，更涵盖言语（口头或书面）、身体层面的伤害行为以及侵犯财产、毁坏公物等违纪行为。[①]

爱尔兰教育技能部将学生欺凌定义为"个人或团体对另一个人（或几个人）所进行的不受欢迎的负面行为（包括言语、心理或身体上的），这种行为会随着时间的推移而重复"。该定义将学生欺凌明确划分为关系欺凌、网络欺凌和基于身份的欺凌。[②]

澳大利亚把学生欺凌一般划分为：语言欺凌、身体欺凌以及社会欺凌三大类，而学校层面学生欺凌的类型在此三大类的基础上被进一步细化。2015年初南澳大学（The University of South Australia）发布的《澳大利亚学校反欺凌方法实行率与有效性报告》（The Prevalence and Effectiveness of Anti-bullying Approaches in Australian Schools Study）显示，学校中存在的主要欺凌形式包括以下11种：（1）忽视、孤立他人；（2）碰撞、踢、推他人；（3）通过说谎或编造故事使他人不被喜欢；（4）使他人产生恐惧受伤的心理；（5）以低劣的、伤人的方式取笑、戏弄他人；（6）向他人发送骚扰短信或邮件；（7）在网上或社交网络中言语恶劣；（8）性骚扰他人；（9）因种族原因骚扰他人；（10）以众欺寡；（11）一人欺凌他人。其中第一种和第三种是校园中最常见的两种欺凌。[③]

新加坡学者凯瑟琳·陈爱花（2018）把学生欺凌分为：身体欺凌、财物欺凌、言语欺凌、人际关系欺凌和网络欺凌。[④]

日本文部科学省2017年对学生欺凌的官方统计调查分析报告中，将学生欺凌分为9种不同类型：（1）嘲笑、说坏话、恐吓；（2）群体孤立；（3）轻度肢体欺凌；（4）重度肢体欺凌；（5）敲诈勒索贵重物品；（6）偷窃、隐藏、损坏贵重物品；（7）逼迫做讨厌、危险的事；（8）通过电脑、手机等网络中伤；(9)除前八项的其他类型。[⑤]

①　Debarbieux,E.,Fotinos,G.. Violence et climat scolaire dans les établissements du second degréen France：une enquête quantitative de victimation auprès des personnels de directions des lycées etcollèges[M]. Nice：Observatoire International de la Violence à l'Ecole,2010：12.
②　Minister for Education and Skills. Being LGBT In School. [EB/OL].[2017-12-17]. https://www. education. ie/en/Publications/Education- Reports/Being-LGBT-in-School. pdf.
③　RIGBY,K.,JOHNSON,K. The Prevalence and Effectiveness of Anti-Bullying Strategies Employed in Australian Schools,Adelaide,University of South Australia [EB/OL]. University of South Australia,[2017-12-17]. http：//www. unisa. edu. au/Global/EASS/EDS/184856%20Anti-bullying%20Report-FINAL-3large. pdf.
④　凯瑟琳·陈爱花. 阻止欺凌，你可以做到[M]. 长沙：湖南少年儿童出版社,2018.
⑤　孙晋露. 日本：校园霸凌从"问题"上升为"政策课题"[J]. 上海教育,2015(35).

张安兰(Anlan Zhang,2016)在对美国欺凌的种类调查中发现,取笑、起外号、辱骂之类的最多,第二是散布谣言,第三是推拉、绊倒、吐唾沫等,第四是故意将受害者排斥在某项活动之外,第五是进行伤害性威胁,第六是强迫受害者做不愿意做的事情,最后是故意毁坏受害者的财物。①

2.国内对欺凌类型的研究

国内外学者也大都是在奥维斯(Olweus)的基础上从不同的视角对学生欺凌进行了分类和研究。

从被欺凌者受伤害程度上,俞凌云、马早明(2018)把学生欺凌分为:轻度欺凌、中度欺凌以及严重欺凌。轻度欺凌是指通过言语及部分行为对受害者造成轻度伤害的欺凌行为,一些偶发性的影响较轻的欺凌行为也可归类于轻度欺凌;中度欺凌是指反复欺凌他人并致使他人身心受到短期内难以恢复的伤害的欺凌行为;严重欺凌通常伴随着施害者对受害者极强的恶意,通过绝对的力量优势对受害者造成恶劣影响。② 邱霈恩(2017)将学生欺凌划分为四种类型:轻度欺凌;较重欺凌;严重欺凌和犯罪欺凌。③

从欺凌的形式上,张文新(2002)把学生欺凌分为:直接欺凌和间接欺凌。直接欺凌包括直接身体欺凌(如踢、抓、咬、推搡被欺凌者及勒索、抢夺、破坏其物品等身体动作行为)和直接言语欺凌(如辱骂、讥讽、嘲弄、挖苦被欺凌者等言语行为);间接欺凌包括背后说坏话、散布谣言等,以及关系欺负,如运用人际关系或关系网络来孤立、冷落受欺负者。④ 刘艳丽(2017)把学生欺凌分为三种类型:直接身体欺凌(主要包括打、咬、踢、抢夺、勒索等身体动作行为)、直接言语欺凌(主要包括辱骂、嘲笑、讥讽和取外号等言语行为)和间接欺凌(主要包括欺凌者借助第三方实施的欺凌行为)。⑤ 张喆、史慧静(2014)把学生欺凌分为:传统欺凌(包括直接欺凌和间接欺凌)和网络欺凌。⑥ 田家龙(2017)把学生欺凌分为:显性和隐蔽性欺凌行为。隐蔽性欺凌行为包括集体疏远、形成歧视氛围等,显性欺凌行为包括谩骂、殴打、暴力侵害和刑事犯罪侵害等。⑦

从欺凌的动机和目的上,李春慧(2017)把学生欺凌分为:呈现力量型、捍卫尊严

① Anlan Zhang, Lauren Musu-Gillette, Barbara A. Oudekerk. Indicators of School Crime and Safety:2015[EB/OL][2016-07-09]. https://nces. ed. gov /pubs2016 /2016079. Pdf.
② 俞凌云,马早明.“校园欺凌”:内涵辨识、应用限度与重新界定[J].教育发展研究,2018(12).
③ 邱霈恩.校园欺凌治理存在的问题及机制探讨[J].行政管理改革,2017(8).
④ 张文新.中小学生欺负/受欺负的普遍性与基本特点[J].心理学报,2002(4):387-394.
⑤ 刘艳丽,陆桂枝.校园欺凌行为中受欺负者的心理适应与问题行为及干预策略[J].教育科学研究,2017(5):60.
⑥ 张喆,史慧静.基于社会生态学观的校园欺负行为研究进展[J].中国学校卫生,2014(5).
⑦ 田家龙.社会学视角下校园欺凌行动的动因与应对[J].教学与管理(中学版),2017(22).

型、维系友谊型、争风吃醋型。① 苏爱慧(2019)把学生欺凌分为:发泄式欺凌、炫耀式欺凌、敲诈式欺凌、报复式欺凌和性欺凌。②

从欺凌的外延上,俞凌云、马早明(2018)把学生欺凌分为:心理层面的学生欺凌,包括孤立、侮辱、排挤、歧视、谐戏、嫌弃、诽谤、言语攻击、破坏持有物品、威胁等具体行为;生理层面的学生欺凌,包括击打、碰撞、踢踹、推搡、监禁等具体行为;网络空间的学生欺凌,包括文本通讯欺凌,发送威胁性的或导致不快的不受欢迎的文本;通过移动电话传播使人觉得受到威胁或尴尬的图像和录像片段;手机通话欺凌,如通话后沉默不语或将号码藏匿;邮件欺凌;聊天室欺凌;经由网络即时通信进行的欺凌;通过网址的欺凌,如博客、个人网页等途径。③

从欺凌者的身份上,苏爱慧(2019)把学生欺凌分为:个体性欺凌和团伙性欺凌。个体性欺凌是指一对一的欺凌行为,多见于偶发性欺凌,学校生活中因发生矛盾和争执而导致攻击性行为。团体欺凌是多对一或多对多的恶意欺凌。任海涛(2017)把学生欺凌分为:外侵型、师源性、伤师型及学生欺凌。④

从欺凌的手段和指向上,更多学者不是按一个分类标准对学生欺凌进行分类。王大伟(2017)把欺凌分为:暴力型(撞击、掐拧、推搡及殴打、打耳光、脚踢、扒光衣服等);语言型(起恶意绰号、言语攻击、散播谣言、编造谎言、向老师告状、威胁和胁迫等);麻烦型(制造事端让被害者惹上麻烦,破坏被害者的朋友关系,设法孤立他们);财物型(故意拿走物品、损坏个人物品、偷窃、抢夺财物等);媒体型(发送侮辱性短信、微信,拨打匿名或侮辱电话,在网络社交平台上发布恶意评论或散播谣言等)。⑤ 王思宇(2018)把欺凌分为:身体欺凌、关系欺凌和言语欺凌。⑥ 李积鹏、周长缨(2018)把欺凌分为:身体欺凌、言语欺凌、关系欺凌或社会欺凌。⑦ 庞红卫、王燕春(2018)把欺凌分为:言语欺负;肢体欺负;关系欺负;网络欺负。⑧ 武亦文(2017)把校园欺凌分为:身体欺凌(如攻击、敲打),关系欺凌(传播谣言、孤立他人),言语欺凌(侮辱他人、取外号),网络欺凌(网上谩骂他人、上传他人不雅视频)。⑨ 林进材(2017)把校园欺凌分

① 李春慧.我国校园欺凌行为研究综述[J].教育参考,2017(04).
② 苏爱慧.中小学校园欺凌行为类型及社会心理因素分析[J].新疆教育学院学报,2019(1):29-34.
③ 俞凌云,马早明."校园欺凌":内涵辨识、应用限度与重新界定[J].教育发展研究,2018(12).
④ 任海涛."校园欺凌"的概念界定及其法律责任[J].华东师范大学学报:教育科学版,2017(2).
⑤ 王大伟.校园欺凌问题与对策[M].北京:中国国际广播出版社,2017(5):4-5.
⑥ 王思宇.校园欺凌和校园暴力的区别与联系[J].内蒙古教育,2018(3).
⑦ 李积鹏,周长缨.归因理论研究视域下校园欺凌行为探析[J].石家庄学院学报,2018(3).
⑧ 庞红卫,王燕春.中小学校园欺凌现状调研及对策研究——以浙江为样本[J].中小学心理健康教育,2018(16).
⑨ 武亦文,缪绍疆.校园欺凌的群体过程及预防干预[J].中国学校卫生,2017,4(4):629.

为:关系欺凌、言语欺凌、肢体欺凌、性欺凌、反击型欺凌和网络欺凌。①

上述分类都是根据欺凌的表现进行的,不是依据同一标准或维度进行的分类,这种分类会造成类型间的交叉和混乱,不利于学生欺凌的识别、区分和治理。如,性欺凌既可以是言语欺凌,也可以是肢体欺凌或网络欺凌。

(二)欺凌的分类

分类就是按照种类、等级或性质进行分别归类。按分类原则,对学生欺凌的分类要从不同视角,按相同属性进行。综合以往研究并结合学生欺凌案例,我们从发生频次、欺凌目的、表现形式、欺凌手段、目的手段关系及成员数量等维度,对学生欺凌行为进行系统分类。

1. 按欺凌频次,学生欺凌可分为单次性欺凌和经常性欺凌

单次性欺凌是指欺凌行为偶然发生,欺凌者大多是临时起意,没有特定的对象,但对被欺凌者造成了严重的伤害,或者是精心筹划的一次严重欺凌;经常性欺凌是指欺凌是有预谋的主观恶意的固定对象的重复多次欺凌。

2. 按欺凌目的,学生欺凌可分为发泄式欺凌、炫耀式欺凌、勒索式欺凌、反击式欺凌和性欺凌

发泄式欺凌是指欺凌者受到委屈或挫败时(往往来自成人或高年级学生等),将自己的不满发泄到弱者身上,这是一种消极的自我防御机制,被欺凌者因此成为替罪羊。

炫耀式欺凌是指欺凌者通过欺凌他人来显示自身的力量或在群体中的地位,通过受害者的畏惧、受辱来满足自己的虚荣心。

勒索式欺凌是指向弱小者索要钱、物,达不到目的便采用言语辱骂、暴力殴打或侮辱虐待等方式进行的欺凌。

反击式欺凌是指欺凌者为反击欺凌而采取的欺凌行为,这种行为往往发生在自身被欺凌或被威胁之后,针对的对象是给自己带来伤害或威胁的个体或群体,也可以是"替罪羊"。反击式欺凌一般有两种情况,一种是面对欺凌时,被欺凌者会自然地奋起反抗,反击欺凌者;一种是被欺凌者将伤害转嫁到第三者("替罪羊")身上,欺凌比他更弱小的学生。

3. 按欺凌手段,学生欺凌可分为言语欺凌、肢体欺凌和网络欺凌

言语欺凌是指通过谩骂、造谣、散播小道消息等方式对他人进行侮辱和伤害的行为。

肢体欺凌是指通过推搡、捶打、脚踢、罚跪、损毁物品、行为控制等方式对他人进行

---

① 林进材.校园欺凌行为的类型与形成及因应策略之探析[J].湖南师范大学:教育科学学报,2017(1):4.

侮辱和伤害的行为。

网络欺凌是指运用网络传播途径,如 QQ、微信、微博、短信息等散布负面信息(包括语言、图片、视频等),威胁、侮辱、伤害他人的行为。

4. 按欺凌方式,学生欺凌可分为直接欺凌、间接欺凌、隐蔽性欺凌、公开性欺凌

直接欺凌是指欺凌者和被欺凌者之间是线性关系,无第三方介入,采用面对面或电话、信息等方式直接进行的欺凌。

间接欺凌是指欺凌者通过第三方的作用,如向他人或在 QQ、微博空间散播谣言、揭露隐私、侮辱谩骂或故意疏离等方式,达到打击、伤害、孤立被欺凌者的目的。

隐蔽性欺凌是指欺凌者的行为不想让外人得知,因而选择相对封闭、偏僻的场所如宿舍、厕所或林间小道等位置实施欺凌。

公开性欺凌是指在公开场所进行或故意散播让更多人知道的欺凌行为,炫耀式欺凌大多属于公开性欺凌。

5. 按伤害程度,学生欺凌可分为轻度欺凌、中度欺凌以及严重欺凌

轻度欺凌是指通过言语及部分肢体行为对受害者造成轻度伤害的欺凌行为,一些偶发性的影响较轻的欺凌也可归类于轻度欺凌。

中度欺凌是指反复欺凌他人并致使他人身心受到短期内难以恢复的伤害的欺凌。

严重欺凌通常伴随着施害者对受害者极强的恶意,通过绝对的力量优势对受害者身心造成长期严重的伤害。严重欺凌在一定程度上可划定为校园暴力。

6. 按欺凌指向,学生欺凌可分为身体欺凌、心理欺凌和财物欺凌

身体欺凌是欺凌者以被欺凌者的身体为攻击对象,推搡、抓挠、咬、拳打、脚踢、掐捏等方式给被欺凌者身体造成伤害。

心理欺凌是欺凌者以被欺凌者的声誉、人际关系等为攻击对象,通过语言、网络、性、肢体的攻击给被欺凌者造成心理伤害。

财物欺凌是欺凌者对被欺凌者拥有的钱和物的占用或损毁,通过勒索、抢劫、抢夺、毁坏或者恶意占用财物等手段进行的欺凌。

7. 按主体数量,学生欺凌可分为个体性欺凌和团伙性欺凌

个体性欺凌是指一对一的欺凌。

团伙性欺凌多发于经常性欺凌中,是典型的以众欺寡,许多学生在被欺凌后会选择投靠小团伙,寻求保护。

二、典型学生欺凌的表现

(一)身体欺凌

1. 身体欺凌的内涵

身体欺凌是欺凌者通过对被欺凌者身体的直接伤害而造成的身心损伤。美国联邦政府的反欺凌中心发现,身体欺凌是对被欺凌者的身体或财产的侵害,主要通过踢、打、踹等方式,对被欺凌者吐痰或对被欺凌者摆出粗鲁、下贱的手势等行为。[①] 台湾儿童福利联盟文教基金会将身体欺凌视为被欺凌者遭受踢、打、被抢夺东西,而欺凌者以肢体伤害他人的行为。[②] 美国学者芭芭拉·科卢梭(Barbara Coloroso,2017)认为,身体欺凌的表现形式主要是欺凌者以咬、扯、打、踢、掐、推、挠、抓等方式,对被欺凌者身体进行的攻击。[③]

经综合分析我们可以得出结论:身体欺凌是指直接攻击学生的身体,比如通过推、扯、搡、抓、挠、揪、咬、掐、捏、踢、绊等方式给被欺凌者的身体造成伤害。身体欺凌一般表现为一个或多个学生对其他学生进行殴打、人身攻击,有明显的恃强凌弱的特点。

2. 身体欺凌的具体表现

(1)用肢体的直接攻击。常见的行为有:打、抢、扔、推、撞、踩等典型行为,还有撞击、脚踢、拳击、推打、推搡、抓挠、嘴咬、掐捏、掌掴、绊倒、吐口水、拽头发,做下流粗鲁的手势等。

(2)借助工具或他人进行攻击。借助棍棒、皮带、笤帚、拖把杆等外物抽打,借助拖鞋等外物扇耳光、用烟头烫身体部位,用脚踝、用屁股坐肚子,用绳子等捆绑,用笔尖、圆规等尖锐物体刺扎,把袜子塞进嘴里。轮番扇耳光,指使他人攻击。

(3)强迫自我惩罚或做有损自身人格尊严的事情。被逼打自己、自扇耳光,被逼吃恶心的东西、舔舐秽物,弯曲90°道歉、下跪磕头、从胯下爬过,叼黑板擦,强迫实施"抽烟""头顶异物""模仿动漫",强迫脱裤子、做淫秽动作,模仿网络游戏暴力动作等。强迫受害者为其提供劳务,如为其代写作业、代为值日或者为其跑腿等。

身体欺凌是最常见的欺凌,一般表现为一个或多个学生对其他学生进行殴打、人身攻击,有明显的恃强凌弱的特点。

身体欺凌也是所有学生欺凌类型中最容易辨识的一种,因其通常会在被欺凌者身

---

① What is bullying[EB/OL].[2018-04-30]. https://www.stopbullying.gov /what-is-bullying /definition/index.html.
② 儿童福利联盟文教基金会.台湾校园霸凌现象调查报告[R/OL].[2018-04-30]. http://www.children.org.tw/databese_report.php id=349&typeid=4&offset=0.
③ 芭芭拉·科卢梭.如何应对校园欺凌[M].肖飒,译.上海:华东师范大学出版社,2017:49,52.

体上留下明显的印记,但并不一定会给身体造成明显伤害,也是最容易向暴力转化的一种欺凌。换句话说,并不能以是否造成身体流血受伤甚至达到法律意义上的轻微伤、轻伤标准来衡量是否构成身体欺凌。

(二)语言欺凌

1.语言欺凌的内涵

语言欺凌是以语言为媒介进行的欺凌。英国教育标准局在《中等学校有效因应欺凌的行动》中指出:"语言欺凌就是以语言嘲弄他人、威胁他人或者散布伤害他人的谣言,对被欺凌者造成极大的痛苦的行为。"[1]美国联邦政府反欺凌中心认为,语言欺凌主要通过说或者写一些刻薄的语言,以嘲讽、威胁、戏弄的方式进行。[2] 中国台湾地区儿童福利联盟文教基金会认为,语言欺凌就是通过口语刺伤或嘲笑他人,使他人心理受伤的行为。[3] 美国学者芭芭拉·科卢梭(Barbara Coloroso,2017)认为,语言欺凌是借助暗示性或侮辱性语言,对被欺凌者的谩骂、嘲讽、侮辱。[4]

经综合分析我们可以得出结论:语言欺凌就是欺凌者以语言为媒介对被欺凌者实施的欺凌。

2.语言欺凌的具体表现

(1)使用口头语进行的直接的侮辱、嘲笑和威胁。如,用口语诋毁、蔑视、嘲笑,辱骂,奚落、讽刺、挖苦、揭短,羞辱、嘲弄、威胁、胁迫、叫嚣、恐吓、挑逗、恶意中伤、起侮辱性绰号等。

(2)使用书面语、符号或网络语言进行的间接的侮辱、嘲笑和威胁。如诬告、谩骂、诋毁、蔑视、嘲笑,辱骂,性取笑、讥讽、胁迫、讽刺、挖苦、揭短、羞辱、嘲弄、威胁、恐吓、挑逗、当众出丑、恶意中伤、起侮辱性绰号,散播谣言、编造谎言等。

语言欺凌是一种容易被忽视的学生欺凌方式,难与一般的玩笑或违纪行为区分。老师通常认为学生之间的谩骂只不过是同学之间的小矛盾,并不会造成什么严重的后果,只要适当地说他们几句就行,甚至有的老师直接听之任之,对这样的行为不会给予关注,更不会与欺凌挂钩。如起侮辱性绰号,如果两个关系特别好的同学之间给对方取绰号,这并不属于语言欺凌。因为他们本身相处融洽、关系友好,他们之间的绰号只不过算是彼此之间的一个专属名称罢了,或许可以称为昵称。他们并没有因为这个绰

① Office for Standards in Education. Bullying:Effective action in secondary schools[R]. Bullying:Effective action in secondary schools. London,UK:Ofsted,2003.

② What is bullying[EB/OL]. [2018-01-28]. http//www. stopbullying. gov /what-is-bullying /definition /index. html.

③ 儿童福利联盟文教基金会. 台湾校园霸凌现象调查报告[R/OL]. [2018-01-28]. http://www. children. org. tw/datebase report. php? id=349&typeid=4&offset=0.

④ 芭芭拉·科卢梭. 如何应对校园欺凌[M]. 肖飒,译. 上海:华东师范大学出版社,2017:49,52.

号而对他们造成任何的伤害。在遇到语言欺凌的时候我们需要多方位的考察,通过前文欺凌的定义和辨识特征来验证什么样的语言行为属于语言欺凌。

(三)社交欺凌

1. 社交欺凌的内涵

社交欺凌的欺凌目标是破坏被欺凌者的社交关系,因此也叫关系欺凌。美国联邦政府反欺凌中心认为,社交欺凌是借助语言、网络等手段对被欺凌者的声誉或社会关系造成损害的一种行为。社交欺凌的目的是将被欺凌者孤立,或者捏造被欺凌者的谣言,使被欺凌者处于尴尬的境地。中国台湾儿童福利联盟文教基金会认为,社交欺凌包含于语言欺凌当中,因为这种欺凌经常通过语言的形式,如散播谣言、威胁或宣示等,刻意切断被欺凌者的社会联结,以达到排挤、孤立被欺凌者的目的。[①] 美国学者芭芭拉·科卢梭(Barbara Coloroso,2017)认为,社交欺凌是通过忽略、孤立、排除或回避,系统地降低被欺凌者的自我意识。[②]

综合分析我们可以得出结论:社交欺凌是指欺凌者故意通过孤立、团体排挤或者集体隔绝来破坏被欺凌者的人际关系和社交需要。社交欺凌常见形式有三种:孤立、排挤、散播谣言离间。这种欺凌是通过操控群体来达到欺凌的目的,对受害人并不进行直接面对面的攻击,而是通过联合其他同学,有组织地排斥或孤立受害人来实施欺凌。这种欺凌方式较为复杂,常常是通过群体行动的方式来达到欺凌的目的。这种欺凌方式使被欺凌的学生感到身边没有朋友、孤立无援。

社交欺凌常发生在关系密切的学生之间,如,同一小组、同一社团、同一宿舍的学生之间,是最不容易发现也是最残酷的欺凌。

2. 社交欺凌的具体表现

(1)刻意排挤、孤立。遭到其他在校学生的排挤、被刻意孤立,欺凌者联合一群同学对被欺凌者进行骚扰、歧视、孤立、恶作剧,进而达到排挤和孤立的目的。

(2)拒绝加入群体。在人际交往中,以羞辱他人或取乐为目的,故意排斥、孤立受害者,不让其加入某一群体或组织,或者阻止他人与受害者交往,或者在分组活动时拒绝与受害者同组。

(3)故意加害。故意制造事端让被害者惹上麻烦,破坏被害者的朋友关系,设法孤立他们。

社交欺凌往往具有隐蔽性,多伴随着言语欺凌(如散布谣言、说坏话等)共同实

---

① 儿童福利联盟文教基金会.台湾校园霸凌现象调查报告[R/OL].[2019-09-23]. http://www.children. org. tw/datebase_report. phpid=349&typeid=4&offset=0.

② 芭芭拉·科卢梭.如何应对校园欺凌[M].肖飒,译.上海:华东师范大学出版社,2017:49,52.

施,是较常见,也是最容易被忽视的欺凌。

(四)财物欺凌

1.财物欺凌的内涵

财物欺凌通常包括对学生进行敲诈勒索、抢劫、抢夺财物、收保护费、毁坏或者恶意占用财物等。财物欺凌一是指欺凌者通过损毁被欺凌者的文具、衣服等物品达到凌胜对方的目的,二是指欺凌者通过向被欺凌者索要钱财达到获得优越感的目的。无论是损毁对方物品,还是强迫对方向自己交钱,都会给被欺凌者造成很深的精神痛苦。

2.财物欺凌的具体表现

(1)索钱、要物。敲诈、勒索、抢劫、抢夺或恶意占有他人财物。如,以某事威胁索要封口费,变相索要赔偿金,强行索要"车费""辛苦费""孝敬费"等各种名义费用。

(2)霸财、损物。抢夺、占有、故意拿走他人物品、偷窃、抢夺他人财物,损坏、破坏、损毁他人物品。主要是破坏、索要学生的财物,比如通过破坏、抢夺,迫使被欺凌者交出或购买学习用品、手机、电脑、香烟等,或通过强行索要钱财使被欺凌者的财产受到损失。

判断学生是否遭到了财物欺凌,不能仅仅依据财物损失、损毁的货币价值判断,更要依据这些损毁对被害者造成的心理伤害来判断。

(五)性欺凌

1.性欺凌的内涵

性欺凌,是通过使用与性相关的语言、动作或者其他方式而使被欺凌者感到害怕、羞耻的欺凌方式。性欺凌不同于性犯罪,是指以性或身体特殊部位为取笑、嘲弄对象,拍摄、散播、描写令被欺凌者不舒服的与性相关的图片、影像及文字等,或强迫摩擦、攻击被欺凌者身体的特殊部位等行为。此种行为给被欺凌者造成的精神痛苦非常严重。性欺凌可分为取笑、诬陷、歧视、侵犯等几类。

2.性欺凌的具体表现

(1)语言性欺凌

用语言、表情或符号等进行的挑逗、猥亵。用语言、表情或符号调戏、挑逗,散播某人性生活谣言,讲色情段子或者做不雅手势。制作受害者的色情图片、视频等资料并进行传播。以色情方式公开某人的裸体照片或视频。语言性欺凌按使用工具可分为言语性欺凌和符号性欺凌两种。

①言语性欺凌

言语性欺凌指用言语随意评价欺凌对象的身体,进行挑逗、调戏或性歧视,讲黄色笑话、散布性谣言等。言语性欺凌可以独立实施,也可以作为身体性欺凌或关系性欺凌的前奏出现。这种欺凌的本质对于男孩和女孩来说有所不同。人们倾向于用贬损性的语言来羞辱男孩,说他"不像男孩"或者用厌恶同性恋的词语去形容他们。用在女孩身上的词语则大多数偏重于物化她们的身体、歧视她们的性别或把她们幼儿化。

②符号性欺凌

符号性欺凌指用书面语、表情、图画、视频等符号进行的挑逗、猥亵。如,在卫生间的墙上或更衣室里写性谣言和性绰号,由于某个孩子的性取向或性特征而回避与他(或她)接触、打量身体、盯着看乳房、抛媚眼或做出猥亵的手势。以羞辱和贬低为目的展示或传播色情素材,穿戴印有与性侵犯相关的语言、图片的衣着或饰物,或在墙壁上色情涂鸦。

(2)行为性侵害

行为性侵害是指通过攻击性行为对受害者实施的性欺凌。具体表现为:带有性色彩的推、拉、摸、撞、抓、捏,拉扯文胸,或是掀起裙子,做下流动作,扒上衣、内衣,故意带有性色彩的蹭,强行把脱衣服的过程拍成视频或照片,用打火机烧头发和敏感部位,逼迫吃与性有关的物品等。

(3)被迫参与

强迫他人观看色情信息或视频,参与色情活动。以威胁、权力、暴力、金钱或甜言蜜语,引诱胁迫被欺凌者与之发生性关系。

性欺凌往往比较隐蔽,难以发现。欺凌者往往都会说他的本意并不是为了造成伤害,只是为了调侃,性歧视或使用性暗示的欺凌者会辩解说,他的行为只是在开玩笑或是调情。这一切都很容易实施,却难以被他人觉察到,而且其造成的伤害直指被欺凌者的内心深处。

性欺凌不仅造成了中小学生身体上的重大伤害,而且心理也遭受了沉重打击,甚至一些学生会以自杀来宣泄情感。性欺凌最容易发展为性暴力和性犯罪,很多犯罪活动的构成成分都有性欺凌,要引起各方面的高度重视。

(六)网络欺凌

1. 网络欺凌的内涵

网络欺凌是欺凌者通过互联网对被欺凌者实施的欺凌。英国教育标准局在《中等学校有效应对欺凌的行动》中指出:"网络欺凌是以互联网为媒介,通过邮箱、聊天室等通信技术产品,散布关于他人的谣言,伤害他人的行为。"[1]史密斯(Smith)认为,

---

① Office for Standards in Education. Bullying: Effective action in secondary schools[R]. London, UK: Ofsted, 2003: 60.

网络欺凌主要是借助现代通讯技术以短信、图像、语音、视频、邮件或社交网站为载体，发布他人的负面消息的行为。[①]

网络欺凌指欺凌者借助互联网发表具有攻击性、煽动性、侮辱性的言论或图像，对被欺凌者进行恶意伤害。欺凌者通过 QQ、微信、抖音、脸书、油管等社交平台或聊天App、电子邮件等网络平台公开发布具有诬陷、诽谤、谩骂、恐吓、孤立等的语音、图片、视频，对被欺凌者造成精神痛苦和心理伤害。

2. 网络欺凌的具体表现

（1）网络骚扰

使用互联网故意对他人持续性威胁、骚扰、折磨并带来伤害和恐惧或故意用侮辱性和下流的语言攻击骚扰他人，以吸引并激起围观者的参与。

（2）网络诋毁

借助互联网故意用有害、不真实或残酷的信息，诋毁、破坏他人的名誉、朋友间的友谊。

（3）网络孤立

蓄意在网络群体中破坏他人声誉，拉拢同伙孤立他人，将其排除在某一个聊天室或虚拟社区之外。

（4）网络散布

不征得他人同意，故意在网上公开发布他人的敏感、私密、令人难堪的信息。

（5）网络冒充

冒充他人或隐藏真实身份故意在网上发送对他人具有侮辱、诋毁等意图的信息。

随着互联网的普及和发展，网络欺凌已成为学生欺凌的主要形式。据联合国教科文组织（UNESCO）发布的《数字背后：结束校园暴力和欺凌》报告显示，全球大约有1/10 的儿童经历过网络欺凌。在加拿大和欧洲，10.1% 的被调查者曾通过网络消息受到欺凌，8.2% 的被调查者通过图片受到欺凌。13% 的 9～16 岁澳大利亚儿童和 6% 的9～16 岁欧盟儿童称受到过网络欺凌。全球儿童在线研究调查 9～17 岁青少年遭受网络欺凌的比率发现，塞尔维亚为 35%、菲律宾为 29%、南非为 20%、阿根廷为77%（13～17 岁）。2015 年，巴西儿童在线调查发现，在 9～17 岁的互联网用户中，20%的人表示曾遭受过网络欺凌，12% 的人在网络上有过攻击行为。[②]

① Smith P. K., Paul B. Bullying in schools: Lessons from two decades of research[J]. Aggressive Behavior, 2000, 26(01).

② UNESCO. Behind the numbers: Ending school violence and bullying[R/OL]. (2019-01-22)[2019-06-04]. https://unesdoc.unesco.org/ark:/48223/ pf0000366483.

网络上持续集中的攻击、谩骂、威胁会对学生造成严重伤害,有的甚至会导致受害学生患上精神疾病或者抑郁症,更破坏了被欺凌者的生活和学习,甚至造成被欺凌者自残、自虐、自杀等严重的后果。网络欺凌超越了时空的局限,发生频率高,情况复杂,难以发现,危害严重。

从已经发生的案例来看,上面列举的这些典型欺凌形式通常不是单一出现的,往往是几种方式组合实施。一般来说,男生倾向于通过身体攻击方式来欺凌其他同学,即推、踢、打等,这种欺凌方式很容易留下伤痕,易被发现。而女生的欺凌,除了身体欺凌外,更多的会使用言语或者网络等间接的方式来实施。女生往往会聚集在一起行动,欺凌的方式可能是说班上某个同学的坏话、传播谣言、一致孤立班上的某个同学等。另外,群体里的女生为了保证自己不被排挤出群体,会参与传播谣言或者与受害者保持距离,以确保班上大群体能认同她,这是女生欺凌里较为常见的现象。

尽管学生欺凌比较隐蔽,难以发现,但如果教师仔细观察被欺凌学生的精神以及情绪变化,及时和家长沟通,对学生欺凌还是能够及时发现和预防的。

三、学生欺凌的差异

学生欺凌集中暴发于少年期,在11~13岁被欺凌的比率达到峰值,此后随年龄增长而急剧下降,总体而言多数少年学生从15岁起会逐渐摆脱同伴欺凌的困扰。学生欺凌还存在性别差异,男生被欺凌的比率总的来说高于女生,但是这种性别差异随着年龄增长不断缩小,甚至发生逆转。

陈纯槿、郅庭瑾(2017)的研究表明,学生性别、年级、留级经历、转学次数对中学生遭受关系欺凌和言语欺凌都有极其显著的影响;学生性别、转学次数对其遭受身体欺凌的影响显著,而年级、留级经历对其遭受身体欺凌的影响不显著;学生在校归属感、在校孤独感、同伴关系融洽度、父母情感支持对其遭受关系欺凌、言语欺凌和身体欺凌都有显著影响。初中生在校遭受关系欺凌的概率与未受关系欺凌的概率是高中生的1.427倍,而初中生遭受言语欺凌的概率是高中生的1.269倍。初中生遭受关系欺凌、言语欺凌的概率明显更高。[1]

(一)欺凌的性别差异

联合国教科文组织发布的《数字背后:结束校园暴力和欺凌》报告指出,身体欺凌在男生中更为普遍,而心理欺凌在女生中更为普遍,网络和手机欺凌呈上升趋势。从性别上来看,女孩和男孩遭受欺凌的概率是相同的。报告指出,在全球和绝大多数地

① 陈纯槿,郅庭瑾.校园欺凌的影响因素及其长效防治机制构建——基于2015青少年校园欺凌行为测量数据的分析[J].教育发展研究,2017(20):30-40.

区,男女学生的被欺凌比例极为相似。从全球范围内来看,男孩和女孩被性玩笑、评论或手势取笑的程度没有重大差异。同龄人,包括同学和朋友是第一次发生男孩性暴力事件的主要肇事者,而对女孩来说,主要肇事者是亲密的同伴、邻居或陌生人。虽然从性别上来看,男女生都有成为校园暴力和欺凌受害者的可能性,但是其所受的暴力和欺凌的类型所有不同(参见表2-3)。

表2-3　男女学生遭受校园暴力及欺凌的类型差异表

校园暴力及欺凌的不同类型	女	男
同学间的相互欺凌(bullying among students)	29.3%	32.6%
拳打脚踢、推搡、锁到教室(Bullying by hitting, kicking, shoving around or locking indoors)	10.1%	21.5%
故意不让参加活动或者忽视及漠视(Bullying by leaving out of activities on purpose or ignoring)	6.1%	4.7%
性玩笑、评论或者手势的取笑(Bullying by making fun with sexual jokes, comments or gestures)	10.3%	11.6%
不健康网络信息的传递(Cyberbullying by messages among students)	11.8%	9.3%
不健康网络图片的传递(Cyberbullying by photos among students)	7.9%	8.1%
同学间的打斗行为(Physical fights among students)	25.4%	45.4%
同学间的攻击行为(Physical attacks against students)	25.9%	38.6%
学校里的性暴力(Any sexual violence in school)	32.1%	17.3%
第一次遭遇到的学校性暴力事件(First incident of sexual violence in school)	13.9%	17.2%

(数据来源:UNESCO GSHS;HBSC;VACS)

　　大量的文献也表明,男孩比女孩更容易实施欺凌和被欺凌。[1] 大量的欺凌是由男孩子实施,而女孩子则多是被欺凌。美国卑尔根地区的一项研究结果显示,超过60%被欺凌的女孩子称主要是被男孩子欺凌,并且80%的男孩是被其他男孩欺凌(Olweus,1993,1995)。澳大利亚有17%的男孩和13%的女孩(N = 685)经常受到欺凌(Rogby & Slee,1999)。

---

① Craig et al. 2009,Juvonen et al.,2003,Nansel et al.,2001;Sanders Phye,2004.

杨继宇等(2016)研究证明,男生欺凌相关行为报告率要高出许多。① 尹绍清等(2018)研究认为,小学生和初中生被欺凌或者进行欺凌行为的发生率并没有明显的性别差异,但是男孩进行欺凌行为的比率却明显高于女孩。② 张连云(2019)的研究证实,小学生欺凌行为存在性别差异,男生的欺凌行为明显多于女生。③ 郑茹、王宏伟(2012)通过调查发现,中小学生欺凌行为的报告率为12.9%,其中男生为17.6%,女生为9.1%,欺凌他人的报告率为6.5%,被他人欺凌的报告率为10.4%。王中杰、刘华山(2004)认为,小学生和初中生被欺凌或者进行欺凌行为的发生率并没有明显的性别差异,但是男生进行欺凌行为的比率却明显高于女生,其中男生进行直接的身体欺凌和间接欺凌行为很大程度地高于女生,而言语欺凌行为的性别差异没有那么明显。④

陈纯槿、郅庭瑾(2017)的研究发现,从性别比较视角来看,男生遭受关系、言语及身体欺凌的比例均显著高于女生。男生遭受关系欺凌的概率与未受关系欺凌的概率之比是女生的1.833倍。男生受言语欺凌、身体欺凌的概率之比分别是女生的2.323倍、1.855倍,说明男生遭受关系、言语及身体欺凌的概率明显高于女生。⑤

(二)欺凌的形式差异

研究者对男生和女生的欺凌经历进行比较研究发现,男生倾向于使用生理欺凌,女生则为心理欺凌。史密斯(Smith,1999)指出,在所有谢菲尔德项目当中的小学和初中生中,男生比女生更容易受到身体的欺凌和威胁,女生比男生更容易经历间接形式的欺凌,如被故意忽略、被散布谣言等。男生倾向于采用身体欺凌,女生们则经常进行"秘密欺凌"或是"关系攻击"(Crick,et al,1996)。尹绍清等(2018)研究认为,男生进行直接的身体欺凌和间接欺凌行为很大程度地高于女生,而言语欺凌行为的性别差异没有那么明显。⑥

男生与女生的欺凌方式不同,反映了他们友谊模式的差异。奥维斯(Olweus,1996)主张,男孩与女孩之间攻击的差异与他们友谊模式的差异相关。男孩比女孩更多地使用身体攻击和语言攻击,尤其是年龄较大的女孩更多地使用语言攻击和间接攻

① 杨继宇,谢宇,瞿华礼,等.中国学生欺负相关行为报告率的Meta分析[J].中国健康心理学杂志,2016(11):1658-1662.
② 尹绍清,李昌茂,等.论生态系统理论在中小学校园欺凌预防中的应用[J].楚雄师范学院学报,2018(4).
③ 张连云.小学生校园欺凌行为影响因素研究[J].商丘师范学院学报,2019(11):91-95.
④ 王中杰,刘华山.校园欺负中的欺负/受欺负者和旁观者群体研究综述[J].心理发展与教育,2004,20(1):92-96.
⑤ 陈纯槿,郅庭瑾.校园欺凌的影响因素及其长效防治机制构建——基于2015青少年校园欺凌行为测量数据的分析[J].教育发展研究,2017(20):30-40.
⑥ 尹绍清,李昌茂,等.论生态系统理论在中小学校园欺凌预防中的应用[J].楚雄师范学院学报,2018(4).

击,形式包括孤立与破坏友谊。男孩倾向于在大型的、主导阶层的群体活动,而女孩则倾向于在小型的、更加亲密的群里活动。在西方文化中,男孩以及男人都被社会化,被鼓励支配别人,被鼓励进行公开的身体和语言攻击。女孩子们对彼此具有攻击性,但通常采用的是更加隐蔽和间接的方式,这是由关系目标(包括产生友谊和破坏友谊)所激发的(Archer,Coyne,2005;Bjorkqvist et al.,1992;James Owens,2005;Owens,et al,2000;Underwood,2003)。奥维斯(Olweus,1996)认为,人们关注男孩的身体攻击,而忽略女孩的间接攻击,可能是因为后者敏感且没有伤害的外部表现。但是,由于间接欺凌对女孩的伤害与生理欺凌与对男孩的伤害同等,我们需要更多地关注间接欺凌。

(三)欺凌的年龄差异

学生欺凌主要发生在青少年时期,集中在12~18岁,其中又以9年级(大致14~15岁)学生中欺凌发生频率最高。[①] 小学阶段欺凌行为随年级增高而增加,初中阶段最多,高中开始逐年下降。

郑茹、王宏伟(2012)通过调查得出,欺凌行为的报告率随着年级的增高而增高,在初中阶段达到峰值,随后出现下降。马雅菊、王有智(2019)研究结果表明,小学生欺凌行为普遍存在,男女生均有欺凌他人的行为,且男生比女生更易受到欺凌,男生身体欺凌的发生率高于女生,而女生语言欺凌的发生率高于男生,但并无年级差异。欺凌他人行为的发生率随结伴人数的增加明显上升。[②] 张连云(2019)认为,小学生欺凌行为是普遍存在的,三年级学生被欺凌显著高于四年级学生,在欺凌他人行为方面,五年级显著高于三年级和四年级,六年级高于四年级。[③] 朱钰睿、武春雷等(2019)研究发现,男生、初中生的欺凌与被欺凌报告率分别高于女生和高中生。初中生正处于青春期,心智尚不成熟、性情较高中生更不稳定,而且高中生学业负担更重也可能是其欺凌参与率低的原因。[④]

在年级差异方面,小学阶段学生受到直接身体欺凌的发生率随年级升高而下降,受到言语欺凌的发生率随年级升高而上升,初中阶段学生受到直接身体欺凌、言语欺凌和间接欺凌的发生率相对稳定(张文新等,2001)。[⑤]

从学生年级层面看,初中生在校遭遇欺凌的概率显著高于高中生。具体而言,初中生在校受关系欺凌的概率与未受关系欺凌的概率之比是高中生的1.427倍,而初

---

① Anlan Zhang, Lauren Musu-Gillette, Barbara A. Oudekerk. Indicators of School Crime and Safety: 2015[EB/OL]. [2016-07-09]. https://nces. ed. gov /pubs2016 /2016079. Pdf.

② 马雅菊,王有智. 小学儿童校园欺凌行为调查[J]. 中国健康心理学杂志,2019,27(2).

③ 张连云. 小学生校园欺凌行为影响因素研究[J]. 商丘师范学院学报,2019(11):91-95.

④ 朱钰睿,武春雷,等. 华中某市中学生欺凌与家庭因素的相关性[J]. 中国学校卫生,2019(10):1491-1494.

⑤ 张文新,王益文,鞠玉翠,林崇德. 儿童欺负行为的类型及其相关因素[J]. 心理发展与教育,2001(01):12-17.

中生遭受言语欺凌的概率之比是高中生的 1.269 倍,可见初中生遭受关系欺凌、言语欺凌的概率明显更高(陈纯槿,郅庭瑾,2017)。[①]

(四)欺凌的地域差异

联合国教科文组织发布的《数字背后:结束校园暴力和欺凌》报告指出,在最近一个月内约有32%的学生遭到至少一次的欺凌,其中约33%是身体欺凌。从地区来看,在北美洲和欧洲心理欺凌最为常见,其他地区最为常见的则是身体欺凌。同时,性欺凌在很多地区排在第二位。

农村小学生的欺凌行为多于城市小学生。[②] 据中国人民大学中国调查与数据中心(NSRC)设计与实施的中国教育追踪调查(CEPS)的数据显示,农村学生欺凌比城市更突出。边远县镇乡村学校,教育观念落后、法治意识淡薄,学生欺凌现象也严重(见表2-4)。

表2-4 农村和城市中小学生欺凌比较

类型	农村%	城市%
身体欺凌	20.2	18.0
言语欺凌	58.3	44.5
社交欺凌	42.1	34.6
网络欺凌	17.8	12.3

(五)应对方式的差异

男孩与女孩对待被欺凌的反应不同。澳大利亚学者瑞格比(Rigby,2007)发现,女孩对于欺凌的反应是伤心,并且相信自己应该为欺凌受到责备。较之男孩,她们更可能将欺凌告知别人。男孩对于欺凌的反应是愤怒。

女孩比男孩更愿意捍卫欺凌受害者。芬兰研究者萨尔米瓦利等人(1998)提供了关于男孩与女孩在欺凌中所扮演角色的有趣信息。他们发现,许多的男孩要么准备协助,要么加强欺凌行为,而几乎没有女孩子会这么做。很少有男孩准备成为受害者的捍卫人,但至少比男孩多五倍的女孩子会捍卫受害者。此外,还有比男孩多五倍的女孩完全没有参与或没有察觉到欺凌。

① 陈纯槿,郅庭瑾.校园欺凌的影响因素及其长效防治机制构建——基于2015青少年校园欺凌行为测量数据的分析[J].教育发展研究,2017(20):30-40.
② 张连云.小学生校园欺凌行为影响因素研究[J].商丘师范学院学报,2019(11):91-95.

四、学生欺凌的易发时间和地点

1. 学生欺凌的易发地点

为了及时发现和有效地处理欺凌问题,需要了解学生欺凌的易发时段和地域。澳大利亚学者瑞格比(Rigby,2007)提出,欺凌主要发生在游戏场地、教室、走廊、午饭时分的学校建筑物外面,往返学校途中。类似的结论被其他研究证实,比利时(Vettenburg,1999)、加拿大(Craig et al 2000 Zeigle& Rosenstein-manner,1991)、英格兰及威尔士(Smith,1999:Wolkeal,2001)、德国(Losel&Bleisener,2001)、葡萄牙(Almeida,1999)、西班牙(Ortega&ora-merchan,1999)以及瑞士(Alsake& Brunner,1999)。张安兰(Anlan Zhang,2015)认为,学生欺凌发生的地点依次是走廊、楼梯口、教室内、操场、餐厅、浴室、更衣室、校车等。[①] 我国的相关研究也证实了这一结论。马雅菊、王有智(2019)的研究证实,被欺凌发生场所从高到低依次是教室(52.8%)、学校其它地方(47.7%)、操场(44.8%)、走廊或大厅(20.7%)。[②] 成鹏(2019)的访谈结果显示,学生欺凌事件最易发生的地点依次是,厕所(40%)、上学和放学途中(30%)、教师不在的教室(20%)、楼梯和走廊(10%)。易发的时间点是下课时(30%)、放学途中(20%)、打扫卫生的时候(20%)、午休时(20%)和上课铃响教师尚未到班的时候(10%)。[③] 薛玲玲、王纬虹、冯啸(2018)的研究证实,学生欺凌的高发场所分别为教室(47.83%)和操场(22.61%)。进一步了解发现,在教室里被同班同学欺凌的比例最高。可见,在下课时间的班级教室里,欺凌常以隐蔽的、不易察觉的方式发生。[④]

实践证明,教师监督得越少的地方,欺凌就越有可能发生(Rigby,2007)。大量被调查的学生欺凌普遍发生在学校开放的、少有人监管的地方(也发生在往返学校的途中),但是也有大量的学生指出教室里欺凌的发生率很高。

事实上,凡是教师监管(包括直接监管和间接监管)不到的地方和时段,欺凌行为更容易发生。

2. 学生欺凌的易发时间

(1)课间及休息时间

这段时间内如果学校管理比较松散,老师值班不到位,有些学生会被带出教室,有

---

① Anlan Zhang, Lauren Musu-Gillette, Barbara A. Oudekerk. Indicators of School Crime and Safety: 2015 [EB/OL]. [2019-03-05]. https://nces. ed. gov/pubs2016/2016079. Pdf.

② 马雅菊,王有智. 小学儿童校园欺凌行为调查[J]. 中国健康心理学杂志,2019,27(2).

③ 成鹏. 初中校园欺凌问题的质性研究[J]. 江苏教育,2019(40):12-14.

④ 薛玲玲,王纬虹,冯啸. 校园欺凌重在多元防控——基于对 C 市中小学校园欺凌现状的调查分析[J]. 教育科学研究,2018(3):24-29.

的学生甚至趁老师不在,在班上或者宿舍欺负其他同学。

（2）学生上、下学期间

有的学校为学生们安排了校车,在把孩子接上车到孩子顺利抵达学校的这段时间内,由于车上往往只有司机,没有维持秩序的老师或者其他成年人在场,一些学生也可能在校车上欺负、侮辱其他学生。

第三章　学生欺凌的心理机制

机制泛指一个系统中,各元素之间相互作用的过程和功能,是系统中要素直接的结构关系。探讨机制要研究事物各个部分的存在,研究事物构成部分的直接关系。协调各个部分之间的关系一定是一种具体的运行方式,机制是以一定的运作方式把事物的各个部分联系起来,使它们协调运行。研究学生欺凌的心理机制就是研究学生欺凌的主体构成,及构成要素(主体)之间的关系。

第一节　学生欺凌的主体构成

学生欺凌是发生在学校内外,学生之间的冲突事件,根据学生欺凌事件的参与主体及行为者的角色,可将学生欺凌的主体分为欺凌者、被欺凌者和围观者。

一、欺凌者

(一)欺凌者的定性

欺凌者是欺凌事件的发起者、主导者或领导者,是欺凌构成的关键因素,其主导欺凌事件的进程,同时引导、掌控着欺凌的协助者,并对欺凌的围观者形成胁迫或者权力的压迫,主要以小团伙组织的形式实施欺凌。研究表明,欺凌者期待通过欺凌行为达到震慑他人的目的,从而维护自身在群体内的社会地位或获得更大的权力。[1] 欺凌者可以是个体,也可以是群体,这种群体往往具有小团伙性质,学校中具有暴力倾向的欺凌者很容易聚集在一起形成小团伙。欺凌会增加欺凌者成年后反社会行为发生的可能性。

在群体欺凌事件中,往往存在主动欺凌者和被动欺凌者。欺凌事件的策划者和发起者为主动欺凌者,只参与欺凌但不是策划者的欺凌者为被动欺凌者。在群体欺凌事件中的主动型欺凌者,在实施欺凌行为中处于主导地位;移动依附型欺凌者,在欺凌行为中听从主导型欺凌者的命令,在实施欺凌行为中处于帮凶地位。在整个欺凌事件

---

[1]　Kärnä, A. , Voeten, M. , Little, T. D. et al. , ALarge-scale Evaluation of the KiVa Anti bullying Program:Grades 4-6[J]. Child Development,2011,82(1): 311-330.

中,欺凌群体内部心理、行为间存在着交互作用。①②

欺凌者的欺凌行为并非与生俱来。儿童的先天气质类型是一个因素,生活环境是另一个因素。儿童的家庭生活、学校生活,以及整个社会的文化环境(包括媒体)都可能默许和助长这种行为。

关于欺凌者,以下事实是可以确定的:

1. 他们是被教育成欺凌者的。

2. 他们实施欺凌是因为他们有欺凌他人的能力。

3. 他们是自主选择去欺凌的。

4. 他们自主选择欺凌对象。欺凌者用他们的领导力去操纵、控制、主导和羞辱那些对他们地位有威胁或那些被他们视为无能的人。

(二)欺凌者的分类

1. 自信型欺凌者

自信型欺凌者并非"走"进欺凌舞台,他(们)几乎是"从天而降",趾高气扬地显耀着他无可比拟的重要性。他有一个张扬的自我(与之相对的是强大的自我)、膨胀的自我意识和权利意识,以及激进的行为嗜好,而且对于欺凌对象,他丝毫不存慈悲之心。他只有在高人一等时才会感觉良好。老师和同学往往很欣赏他,因为他看上去很有个性并且具有领导才能。这并不意味着他有很多的朋友。友谊是建立在信任、忠诚和互相尊重之上的,而这些往往都不是一个欺凌者具备的性格,这种精明的欺凌者深知如何行事可以逃避被追究责任。

2. 狡猾型欺凌者

狡猾型欺凌者擅长使用流言蜚语,言语嘲弄和回避隔绝,有计划性地去边缘化和污名化他们选择的欺凌对象,将其排斥在社交活动之外。他们的自我意识感很差,易于嫉妒他人的优良品质,但很善于把自己的情感和不安全感隐藏在夸张的自信和魅力的外衣之下。他们既狡猾又具备操纵性,可以假扮成富有同情心的样子来掩饰对欺凌对象的不屑,以便达到真实目的。他们也许很受欢迎,但不能成为其他孩子真正信赖的伙伴,孩子们因信任而成为下一个欺凌的对象。这种欺凌者会倾尽其魅力去取悦那些能够帮助他们的人。

自信型欺凌者和狡猾型欺凌者都属于我们所熟知的"高地位的社会欺凌者",即

① 王中杰,刘华山.校园欺负中的欺负/受欺负者和旁观群体研究综述[J].心理发展与教育,2004,20(1):92-96.
② 刘艳丽,陆桂芝.校园欺凌行为中受欺凌者的心理适应与问题行为及干预策略[J].教育科学研究,2017,6(5):60-66.

所谓的"好学生"。他们用自己的领导才能和魅力去操纵同伴或吸引成人的青睐。成人常认为这两种孩子是优秀的领导者,是"好孩子"。因为他们是"好孩子",不可能故意去伤害谁,进而忽视了被这些"好孩子"欺凌的孩子。因为没有人信任被欺凌的孩子,因此这些高地位的欺凌者就越胆大妄为。

3. 成熟型欺凌者

成熟型欺凌者看上去很酷很超脱。他们很成熟、会掩饰,不喜形于色、老谋深算,对要去实施的欺凌,会坚定无比地将其实现。他们会寻找一个没有任何人能够看到,也没有任何人会制止的机会来实施欺凌。他们对欺凌对象所怀的邪恶和报复心深藏不露,看起来像是所谓的情感淡然——即表面的行为举止波澜不惊,但实际上,他们将情感深埋于阴暗和日渐增长的焦虑之中,隐蔽得甚至连自己都无法察觉。

4. 情绪型欺凌者

情绪型欺凌者往往学业成绩差,同时情商不高。他们往往存在某种学习障碍,不能够准确地加工社交线索,常把同学无心的举动赋予敌意,面对微不足道的挑衅时反应极度强烈,并且会把自己强烈的反应归因为他人的过错,如:"是他先惹我的""他先打我的",情绪型欺凌者很难交到朋友。

5. 群体型欺凌者

群体型欺凌者由一群互为朋友的孩子构成。他们从不形单影只,面对他们想要排斥或加罪的欺凌目标,他们总是共同行事。

6. 帮派型欺凌者

帮派型欺凌者由一群可怕的人聚集在一起而构成,他们并不互为朋友,而是一种以追求力量、控制权、主导性、征服性和占领地盘为目的而形成的联盟。最初,加入这种组织就像是加入了某个大家庭一般,成员之间彼此尊敬并保护对方。然而,随着成员们对组织的热情逐渐高涨,他们渐渐开始愿意为之献身。他们开始不顾及自己的生命,不顾及他们对受害者的伤害,也完全不去理会他们所作所为会产生的任何后果,缺乏同情和悔过之心。

(三)欺凌者的共性

尽管上述各类欺凌者的角色、欺凌手段和形式不尽相同,他们却拥有一些共同之处:[1]

1. 喜欢主导他人。

2. 喜欢通过利用他人达到自己的目的。

---

[1]　[美].芭芭拉·科卢梭.如何应对校园欺凌[M].肖飒,译.上海:华东师范大学出版社,2016.

3. 很难站在他人的立场上考虑问题。

4. 只关注自己的欲望和愉悦而忽视他人的需求、权利和感受。

5. 倾向于在父母或成人不在场时伤害同学。

6. 将比他们弱小的手足或同伴看作猎物(欺凌也被称为"猎食性攻击",这是一个可怕的词语,但其定义的行为内容却比这个词还可怕得多)。

7. 用指责、挑剔和归咎的方式将自己的不足之处转移到欺凌目标身上。

8. 拒绝承担自己的行为后果。

9. 缺乏预见性——即从眼前和长远两个角度来考虑问题,以及预见当下行为有可能产生的计划外后果的能力。

10. 寻求关注。

11. 从给他人制造的痛苦中获得愉悦。

二、被欺凌者

(一)被欺凌者的定性

被欺凌者在学生欺凌主体中是被动者,是欺凌的对象。他们往往外表上较为孱弱,性格上倾向于敏感、安静、退缩、谨慎、悲观、孤独、抑郁、低自尊、神经质,具有内向性的人格特质;反应迟缓,在应对和处理问题时往往表现出能力低下,缺乏果断力,在回应攻击时表现消极、被动、无助;不善人际交往,害羞,朋辈朋友较少。对学校往往有害怕情绪、有厌学倾向,并且这些学生在同学中间大多不受欢迎。男性相较于同学身体弱小,女性在生理外表上存在不足或缺陷,无法吸引同学;有些异于常人的问题,如学习成绩、种族、性取向、肢体和生理上的问题等。对学校活动参与度低,伴随非预期的失常态度,具体表现为:逃课、辍学、自我伤害;有人因此讨厌家人、怪罪同学、讨厌同学;自信心低、自我评价消极(施长君等,2017)。被欺凌者相对于欺凌者来说,是处于绝对弱势的一方,或本身身体弱小,或面对的是数个结伙的同学,致使其处于力量或势力严重不对等的境地,无法还击对抗,甚至不敢告诉教师和家长。研究表明,部分被欺凌者在冲突产生时采取的消极回避态度易造成人际交往失衡,其自身的弱势特质更易吸引欺凌者,最终导致攻击性行为的产生。[1] 这种弱势特质既表现在生理上,如年龄较小、身体较弱等,又表现在心理上,如安静沉默、孤僻自卑,懦弱顺从等。事实证明,长期置身于欺凌环境中,忍受周而复始的欺凌行为对被欺凌者身心发展危害极大,容易使被欺凌者紧张不安、焦虑抑郁,从而造成学业适应困难。除此之外,长期用自我压

---

[1] 孙时进,施泽艺.校园欺凌的心理因素和治理方法:心理学的视角[J].华东师范大学学报:教育科学版,2017.

抑的消极方式逃避退缩易造成被欺凌者的人格障碍和社交恐惧,易被同伴孤立排斥边缘化,甚至出现自残、自杀、报复社会等过激行为。

(二)被欺凌者的类型

目前,至少有三种类型的被欺凌者已经被确定:被动受害者,他们缺乏信心,通常不受欢迎(Carney Merre,20);主动挑衅的受害者,他们具有对抗性并自己制造紧张气氛和令人恼火的事情(Olweus,1978,194,1991,1994;Veenstra eal,2005);欺凌的被欺凌者,他们挑起别人的攻击并且煽动攻击行为(Griffin&Gross,2004;Stephenson&lsmith,2009)。

(1)被动的被欺凌者。他们是典型的被欺凌者,是无辜的受害者,是欺凌者蓄谋已久的欺凌对象。

(2)主动的被欺凌者。欺凌事件是由其首先挑衅引起的,他们喜欢招惹是非,挑起事端,是事出有因的被欺凌对象。

(3)欺凌的被欺凌者。他们煽动或发起欺凌,但在事件进程中反倒成为被欺凌者。

三、围观者

(一)围观者的定性

学生欺凌事件除了欺凌者和被欺凌者以外,往往还有第三方的存在。围观者是指在特定的情境中既不是行凶者也不是受害者的个体(吴妮,2009),在学生欺凌环境中,围观者所占的比重最多,人数也最多(Polanin,Espelage,& Pigott,2012)。宋慧雁等(2014)综合已有研究中对围观者的界定后指出,围观者是指某起事件的知情者、目睹者及干预者。他们不仅仅是欺凌事件的看客,其行为也会影响欺凌事件的走向。[①] 总的来讲,欺凌事件中的围观者是目睹欺凌过程,并且通过其行为和态度影响欺凌事件进程及走向的当事人。

研究表明,大部分学生欺凌事件都有围观者。Hawkins(2001)等的调查发现,80%的欺凌事件有围观者目击。据美国国家犯罪受害者调查统计,在学校发生的欺凌事件中,有81%的有第三方在场;在上学及放学路上发生的欺凌事件中,有71%的案件有第三方在场;同时,大部分学生都曾是欺凌事件的围观者,有的学生甚至多次旁观过欺凌事件。加拿大 Craig&Pepler(1995)的研究表明,在游戏场所和教室中发生的欺凌事件当中,有85%是有同伴在场的,他们有可能在煽动、维持和加剧欺凌事件中起关键

---

① 宋雁慧.关于校园暴力旁观者的研究综述[J].中国青年研究,2014(3).

作用。芬兰的 KiVa 项目研发团队研究发现,在整个欺凌事件中,8%为欺凌者,12%为被欺凌者,剩下的 80%为围观者。① 在学校有 90%以上的中小学生目睹过校园欺凌②,81.4%的学生当过学生欺凌的旁观者③。

有人认为,学生欺凌事件的围观者,尽管不是欺凌的发起者,但他们的态度和行为会影响欺凌事件的进程和走向,他们对欺凌负有责任。围观者处在特定的时空环境中,当他人遇到困难或危机需要帮助时,一味地消极观望或等待,而没有积极地行动起来,协助受难者摆脱困境的个人或群体。④ 围观者的沉默和煽动会在无形中加剧并升级欺凌事件的严重程度,导致无法挽回的后果。他们中的强化者与协助者更易受到欺凌行为影响成为潜在的欺凌者,⑤而置身事外的局外人所表现出的道德冷漠会给被欺凌者带来二次精神伤害。⑥ 围观是无视或冷嘲热讽的一群人,围观者现象也常常被视为道德冷漠的一种表现。但围观者并非全是消极的,他们中也有人会以一己之力阻止暴力事件的发生。⑦ 对他人遭受的欺凌持有一种幸灾乐祸的心理,具有邪恶、卑鄙、冷漠等反道德的特征,⑧会进一步强化欺凌群体的欺凌行为,成为促进欺凌行为的一种消极环境因素。他们虽然没有直接参与到欺凌事件,却要为自己的消极行为负责。从社会伦理角度看,他们具有某种不可推卸的道德义务、责任,因而具有某种精神联系。⑨ 围观者的冷眼旁观及起哄行为背后所折射出的"道德冷漠"及其带来的"旁观者效应"(Bystander Effect)、"责任分散效应"(Diffusion of Responsibility Effect)甚至"路西法效应"(Lucifer Effect)恰恰对于学生欺凌具有推波助澜的负面作用。据台湾地区儿童福利联盟的调查,"有四成以上的(40.3%)过去一年内曾被欺负的儿少认为旁观同学置身事外'没做什么',甚至有二成六(26.3%)旁观同学还会'觉得好笑',对被欺负者来说形同雪上加霜"。⑩

(二)围观者的分类

围观者是观看欺凌过程的学生。这个群体人数众多、角色复杂,在学生欺凌事件

① Salmivalli, C. &Poskiparta, E. Making Bullying Prevention a Priority in Finnish Schools:the KiVa Anti bullying Program[J]. New Directions for Youth Development,2012(133):41-53.

② Ken Rigby,Bruce Johnson. Student Bystander in Australian Schools [J]. Pastoral Care in Education,2005(2).

③ 宋雁慧,李志君,秦颖雪.校园暴力旁观者的调查研究[J].中国教师,2013(15).

④ 黄岩.旁观者道德研究[M].北京:人民出版社,2010:58.

⑤ 王中杰,刘华山.校园欺负中的欺负/受欺负者和旁观者群体研究综述[J].心理发展与教育,2004(91):92-96.

⑥ 教育部青少年法治教育协同创新中心.校园欺凌治理的跨学科对话[J].华东师范大学学报:教育科学版,2017(2):12-23.

⑦ 宋雁慧.关于校园暴力旁观者的研究综述[J].中国青年研究,2014(03):94-98.

⑧ 曹红蓓,许燕,辛霞.幸灾乐祸:人性"底部"的邪恶快感[J].心理科学进展,2012,20(3):443-456.

⑨ 蔡唱.论旁观者的不作为侵权行为——以民事救助义务的确立为视角[J].湖南师范大学社会科学学报,2007(02):73-76.

⑩ 2014年台湾校园霸凌状况调查报告[EB/OL]. (2014-3-24)[2018-03-07]. https://www.children.org.tw/news/advocacy_detail/1174.

中由于心态不同,所起的作用也不一样。已有研究将围观群体分为局外人、欺凌强化者和保护者三类。[1][2]

尽管不是所有欺凌事件都有围观者,但在大部分的欺凌事件中,围观者是一种复杂的角色存在,他们既可以是欺凌的协助者、鼓动者,也可以是欺凌的弱化者、阻止者,还可以是无动于衷的看客(事不关己的旁观者)。芬兰的 KiVa 项目研发团队根据围观者行为类型将其分为四类:第一类是强化者(Reinforcers of the bully),占比 20%,在欺凌事件发生时他们用围观哄笑行为支持欺凌者,强化欺凌行为再现。第二类是协助者(Assistants of the bully),占比 7%,他们不是欺凌行为的主要发起者,却在欺凌事件发生时"呐喊助威",为欺凌者提供信息与帮助,甚至会加入欺凌行为中捉弄被欺凌者。第三类是保护者(Defenders of the victim),占比 17%。欺凌事件发生时他们会积极抵制,安慰并保护被欺凌者,努力阻止欺凌行为。第四类是局外人(Outsiders),占比 24%,他们是欺凌事件的沉默见证者,其行为表现为冷眼旁观和漠视欺凌行为,不介入即将或者正在发生的欺凌事件。[3] Salmivalli(1999)认为,在学生欺凌发生时有六种不同的参与者角色:欺凌者、被欺凌者、欺凌协助者、煽风点火者、消极旁观者(局外人)和积极旁观者(保护者)。

1. 按围观者对待欺凌的态度进行分类

(1)积极围观者。围观者群体中的积极围观者指安慰、保护和支持被欺凌者的个体或群体,即采取积极的行为干预欺凌的人。这里的积极行为指的是将欺凌事件告诉他人,寻求帮助或采取措施对抗欺凌者。在发生欺凌事件之前会发生无数个准欺凌的行为,如及时向成人、教师报告,会在一定程度上遏制更严重的欺凌事件的发生,这就是积极的围观者。

(2)消极围观者。采用消极的行为对待学生欺凌的一群人。这里的消极行为指的是呐喊助威、冷眼旁观等。学生欺凌需要经过了一定时间的发酵期。在众多人相处、生活和学习的校园中,这种异样的氛围是很容易被发现的。更多的人选择的是沉默,并认为这与自己无关。学生欺凌发生时有的选择匆匆逃跑;有的拿起手机进行拍摄;有的嬉笑、嘲讽,在一旁煽风点火……这些免于受到伤害,不为自己"找事"的助燃者或沉默者属于消极的围观者。

消极围观者静观或助长欺凌事件往往是基于错误的认知。

① ENTENMAN,J.,MURNEN,T. J.,HEND,R. &ICKS,C. Victims,bullies,and bystanders in k-3 literature[J]. Read Teach,2005,59(4):352-364.
② 吴妮.围观群体对欺凌行为影响的研究综述[J].中国校外教育,2009(01):33.
③ Salmivalli,C. &Poskiparta,E. Making Bullying Prevention a Priority in Finnish Schools:the KiVa Anti bullying Program[J]. New Directions for Youth Development,2012,(133):41-53.

①围观者担心自己会受伤。欺凌者的强大和他具有的名望给围观者制造了合理的恐惧,卷入到争斗中并不是明智的选择。

②围观者担心自己会成为下一个被欺凌的目标。即使围观者阻止欺凌成功,他也面临着在事后被报复的危险。欺凌者们会迅速地对任何一个试图阻止欺凌的人发起诋毁和中伤。

③围观者担心自己的帮助只会让事情变得更糟糕。

④围观者不知所措。他从来没有被教导过该如何干预这种事,该如何报告欺凌事件,或是该如何做才能帮助到被欺凌的同伴。正如欺凌是一种习得的行为,学生同样需要学习阻止欺凌的方法,并且有足够的爱心想去阻止欺凌。

在围观者行为中积极围观者占49%,消极围观者占46%,支持欺凌者占5%(Datta,Cornell,& Huang,2016)。

2.按围观者在欺凌过程中扮演的角色进行分类

按围观者在欺凌过程中扮演的角色,研究者采用较多的是将围观者分为:协同欺凌者、煽风点火者、置身事外者和保护者。协同欺凌者,常常会协助欺凌者捉弄、折磨被欺凌者;煽风点火者,常常通过煽动性的语言、姿势或行为鼓动欺凌者;置身事外者,常常在欺凌事件中保持中立,不介入将要发生或正在发生的校园欺凌事件;保护者,常常会安慰、帮助被欺凌者,并努力制止欺凌行为。① 张春颜和何晓双(2019)将围观者分为:协同者、助燃者、调停者、保护者、中立者。②

根据国内外的研究,我们把围观者的角色细分为以下几种:

(1)协助欺凌者

协助欺凌者对欺凌事先不知情,并无准备参与该事件,偶然碰到并积极主动参与到冲突中来的,当欺凌行为发生时,他们或为欺凌者实施欺凌提供帮助,也可能会参与部分欺凌过程成为被动型欺凌者是"帮凶"。协助者的具体行为包括放哨、提供工具,现场拍摄、传播等。

协助者一般会围观欺凌的过程,偶尔也会参与其中,主要是借此来保护自己免被欺凌。很多时候协助者并不是不明白欺凌是错误的,他们只是不敢去报告给教师和家长,因为他们害怕因此会变成下一个受害者。但他们内心知道欺凌行为的错误,因此自己常常会陷入内疚和自责之中。

(2)附和助威者

附和助威者通常不会直接参与欺凌,当欺凌发生时,他们会在旁边嬉笑起哄、叫好

---

① 宋雁慧.关于校园暴力围观者的研究综述[J].中国青年研究,2014(3).
② 张春颜,何晓双.校园欺凌事件中旁观者的行动逻辑及应对策略[J]未来与发展.2019(5).

助威,或通过一定的煽动性语言、姿势或行为鼓动、激励欺凌者实施欺凌,是"摇旗呐喊者"。与协助者相似,有时附和助威者也只是想保护自己免被欺凌。

(3)中立旁观者

中立旁观者不直接介入将要发生或正在发生的欺凌事件,他们在欺凌事件发生过程中通常置身事外冷眼旁观,什么都不做只想凑凑热闹想看看发生了什么事情,在欺凌的过程中保持中立,不偏向欺凌者,也不偏向被欺凌者。中立旁观者大多是怕惹祸上身,而不直接参与其中。这些人的漠视,会使欺凌者感觉不到欺负别人后带来的罪恶感和周围人的道德谴责,进而使得欺凌行为持续,乃至多次发生。

(4)阻止保护者

阻止保护者通常在欺凌发生过程中,安慰、帮助受害者,并努力制止欺凌继续进行。一般而言,阻止保护者的态度偏向被欺凌者,但是否直接阻止欺凌行为要视情况而定。在欺凌事件中的阻止保护者还可再细分为可能保护者和真实保护者。可能保护者认为应该帮助被欺凌者,但是此时不宜采取行动。真实保护者会帮助或尝试通过其他途径帮助被欺凌者,包括直接阻止欺凌过程、向教师报告、鼓励被欺凌者向教师报告等。

挪威的奥维斯(Olweus,2011)将围观者在欺凌过程中扮演的角色以及作出的反应通过"欺凌圈"(Bullying Circle)的形式表示出来(如图3-1所示)。[①]

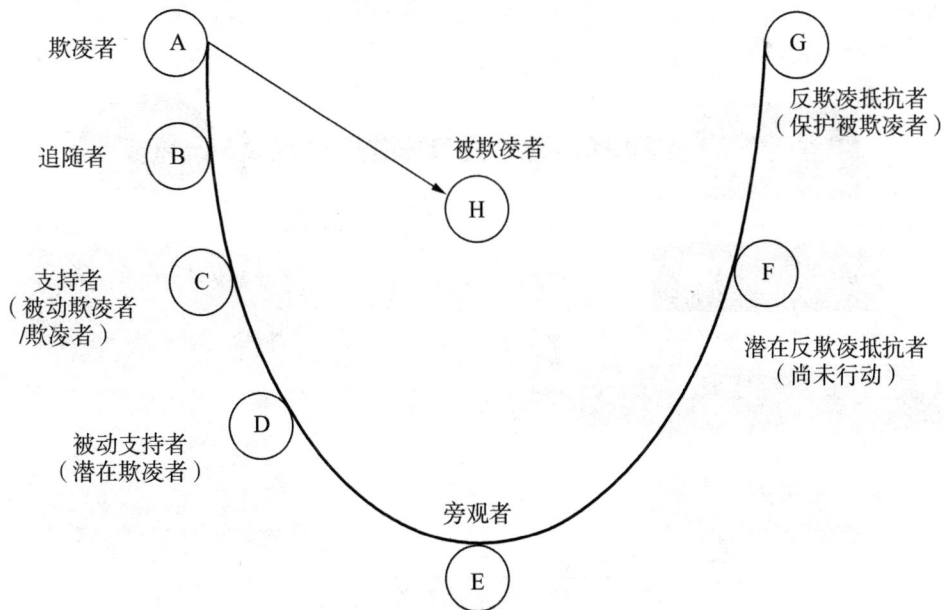

图3-1 奥维斯(Olweus)"欺凌圈"

---

① Olweus,D. Bullying at School and later criminality:Findings from Three Swedish Community Samples of Males [J]. Criminal Behavior and Mental Health,2011,21(2):151-156.

从图中我们可以看到,欺凌事件中的围观者可能扮演追随者、主动支持者、被动支持者、旁观者、潜在反欺凌抵抗者、反欺凌抵抗者的角色。

综合以上分析,我们可以把学生欺凌的主体构成及其相互关系用图 3-2 加以总结和概况。把围观者的角色转换用图 3-3 加以总结和概况。

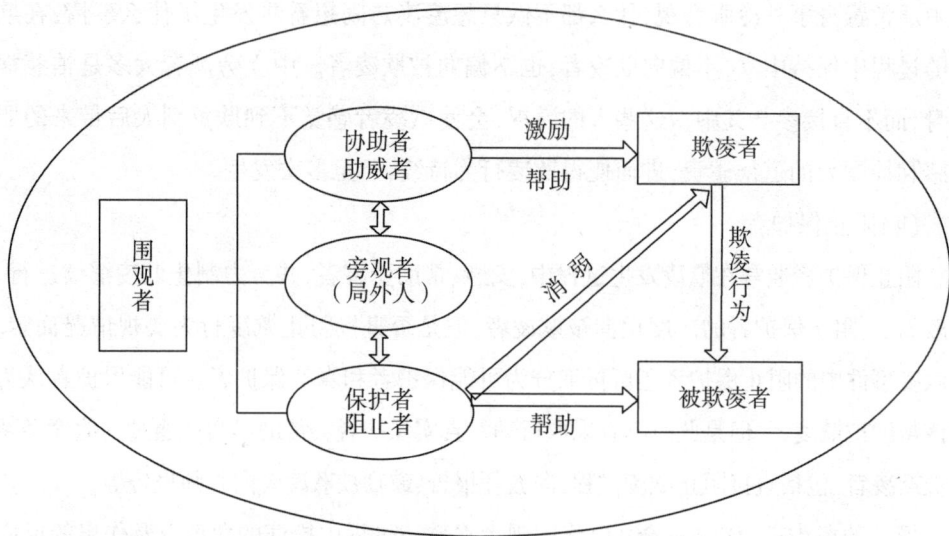

图 3-2　学生欺凌结构图

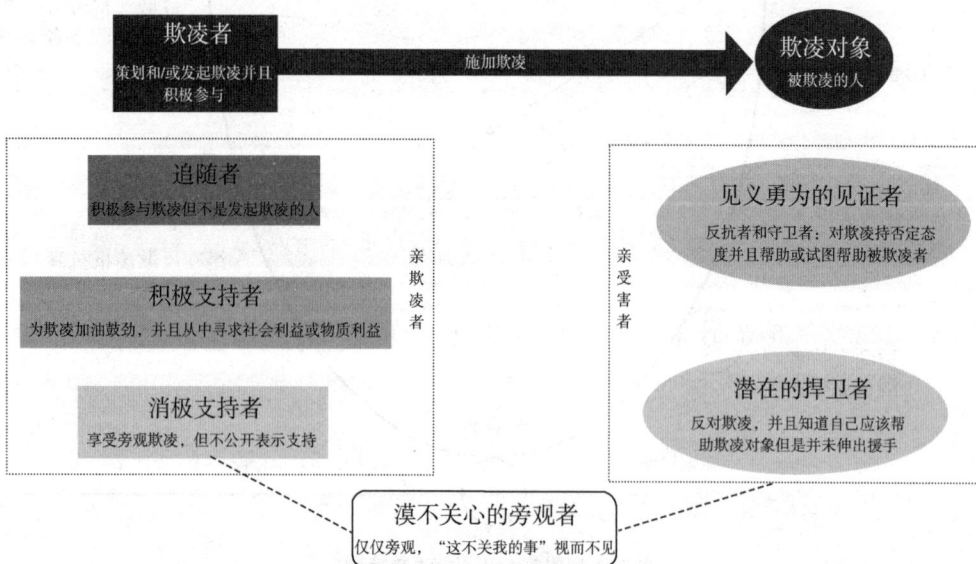

图 3-3　围观者角色转换图

四、被欺凌的欺凌者

此外,被欺凌的欺凌者既是被欺凌者,又是欺凌者。在学生欺凌事件中,有相当一部分学生同时具有欺凌者和被欺凌者的双重身份。中小学生自尊心很强,一旦欺凌群体伤害了他的自尊心,被欺凌学生就容易产生报复心理。这些被欺凌学生或是加入欺凌学生的队伍,帮助他们继续欺凌其他弱者,或是寻找年龄较小、实力相差悬殊的其他学生进行欺压凌侮,形成一种恶性循环。这些被欺凌学生对同学之间的言行过分敏感,平时遭到同学们的排斥,在遇到被欺凌的问题时,就会产生严重嫉妒心理和报复心理,会通过欺凌他人来提升自我认同感和价值感。这种具有双重欺凌身份的学生无论对自己还是对他人都是一种伤害,应该及时得到学校、老师、家长的高度关注与正确引导。[①]

由于曾经受到过成人或某些孩子的欺凌,他们通过欺凌其他的孩子来从自己的无助和自我厌恶中寻求一些解脱。作为所有欺凌者中最不受欢迎的一种,他们会带着满满的敌意去攻击那些伤害过他们的人,以及那些比他们弱小的孩子。被欺凌的欺凌者常常是被欺凌事件影响最为严重的人,他们的身上积聚了欺凌者和被欺凌者双方的伤害性。

被欺凌的欺凌者(aggressive-victims 或 bully victims),他们既欺凌别人,也被其他人欺凌,虽然这类个体在中小学校园中的人数比例较少(3~15%)。但是相比单纯的欺凌者或被欺凌者,被欺凌的欺凌者一般被认为是适应最为不良的,似乎兼有欺凌者、被欺凌者两方面的缺点(Haynie et al,2001;Lereya et al,2015)。他们通常存在较为严重的外化问题行为(Arseneault et al,2006;Barker et al,2008;Cook et al,2010)。在内化情绪问题行为方面,被欺凌的欺凌者甚至比被欺凌者存在更高的风险(Arseneault et al,2006)尤其是他们的抑郁和焦虑水平通常较高(Kelly et al,2015)。相对单纯的欺凌者,甚至较之于被欺凌者,他们更不受同伴的喜欢,朋友更少(Veenstra et al,2005)。他们的学业表现往往不佳,对学校的满意度也更低(Arseneault et al,2006)。成年后,他们吸烟和工作表现欠佳的概率更高(Sigurdson,Wallander,&Sund,2014),甚至还可能有反复被逮捕的经历(Sourander et al,2007)。

相对欺凌者,他们的社交技巧和观点采择能力存在欠缺,对他人的行为意图更容易消极归因(Haynie et al,2001;Gasser&Keller,2009);另一方面,他们冲动,情绪调节能力较差,脾气不稳定,缺乏自控(Haynie et al,2001;Toblin,Schwartz,Gorman,& Abou-ezzeddine,2005)。Van Dijk 等人(2017)认为,至少在早期(4~9岁),欺凌者与被欺凌

的欺凌者在实施欺凌行为的心理机制上,如攻击的主动性,敌意归因、心理理论技能上不存在差异。事实上,欺凌行为背后的动机,可以由效价和蓄意性两个维度区分出娱乐、获益、报复和愤怒四类,其中获益和愤怒可对应以往划分的主动性和反应性攻击动机。Runions 等(2018)发现,虽然被欺凌的欺凌者的主要动机是报复和愤怒,但较之欺凌者,他们在所有动机上都更高,甚至包括娱乐动机。被欺凌的欺凌者因为缺乏其他的社会技能和无法获得同伴的支持,进而无法达到其行为目的,最终沦为"无效的攻击者",这势必带来消极的适应结果。

从动态角度来看,欺凌者或被欺凌者都有可能转换为被欺凌的欺凌者。通过对13~16 岁青少年的欺凌行为和被欺凌状况发展轨迹的追踪,Barker 等人(2008)发现,较之于由被欺凌转变为欺凌他人,从欺凌者变成被欺凌者的可能性更大。Haltigan & Vaillancourt(2014)针对5~8 年级样本划分不同类型时也发现,除了稳定的欺凌者、被欺凌者、欺凌被欺凌者以外,还有一类群体被欺凌水平降低的同时,欺凌行为在增加,可以预期他们很可能会成为被欺凌的欺凌者。不过,Bettencourt 等人(2013)观察到,在初中生中,被欺凌者和欺凌者转变为被欺凌的欺凌者的概率几乎一样。Zych 等人(2019)的研究则认为,在11~17 岁之间,大部分欺凌被欺凌者维持着原来的角色,很少转换为被欺凌欺凌者或被欺凌的欺凌者,被欺凌的欺凌者反而是最不稳定的角色,大部分会转变为欺凌者。整体来说,虽然欺凌或者被欺凌者在以后的发展中存在角色互换的可能,但是对青春期的个体来说,被欺凌的欺凌者是最不稳定的一种类型,一方面欺凌者和被欺凌者可能变成被欺凌的欺凌者,另一方面,欺凌被欺凌者本身也容易转变为别的角色。

第二节 学生欺凌的心理机制

欺凌事件的主体是由欺凌者和被欺凌者,大多数欺凌事件还有围观者。欺凌者主导和控制着欺凌的进程,围观者影响欺凌的走向,被欺凌者影响欺凌的发展。

一、欺凌者主导欺凌的进程

在学生欺凌事件中,欺凌者拥有权力,主导和控制着事件的进程。欺凌的发生是需要一个精心的策划过程,欺凌者往往通过观察寻找、投石问路、尝试欺凌、策划欺凌、实施欺凌五个环节完成欺凌的,这将会是一个恶性循环。[1] (见图 3-4)

---

[1] [爱尔兰]基思·沙利文(Keith Sullivan)著,徐维译. 反欺凌手册[M]. 北京:中国致公出版社,2014,50.

五个阶段	实施欺凌者	欺凌受害者
第一阶段 观察和等待	·了解课堂的动态情况并确定潜在的欺凌受害者。	·并没有察觉自己可能正成为欺凌的目标。
第二阶段 初发问题	·较小的欺凌象征性行为。 ·赢得其他人的支持。	·没有处理好欺凌象征性行为。 ·感到局促不安或不舒服，但是希望事情不要变糟。
第三阶段 较大幅度的行动发生	·实施身体欺凌并演变得更为严重。 ·受害者被排挤，没有被视作"人"。	·感到自己的无用，应当自己对遭遇欺凌负责，对于没能对抗欺凌者（们）感到内疚。 ·可能他们以后不会干涉我——他们不过是开开玩笑而已。
第四阶段 欺凌升级	·欺凌恶化并且受害者在校外位置也受到骚扰。 ·欺凌者没有被制止行动，并且对他们自身有不切实际的权力感。	·欺凌行为明显更恶毒并且是有意为之。 ·无助感和自尊心受损感增增。
第五阶段 欺凌完全形成	·欺凌被扩展到更广泛的情境当中。 ·欺凌不被容忍，以刑事犯罪和监禁结束。	·世界是个恐怖且危险的地方。 ·最终的反应是尝试自杀。

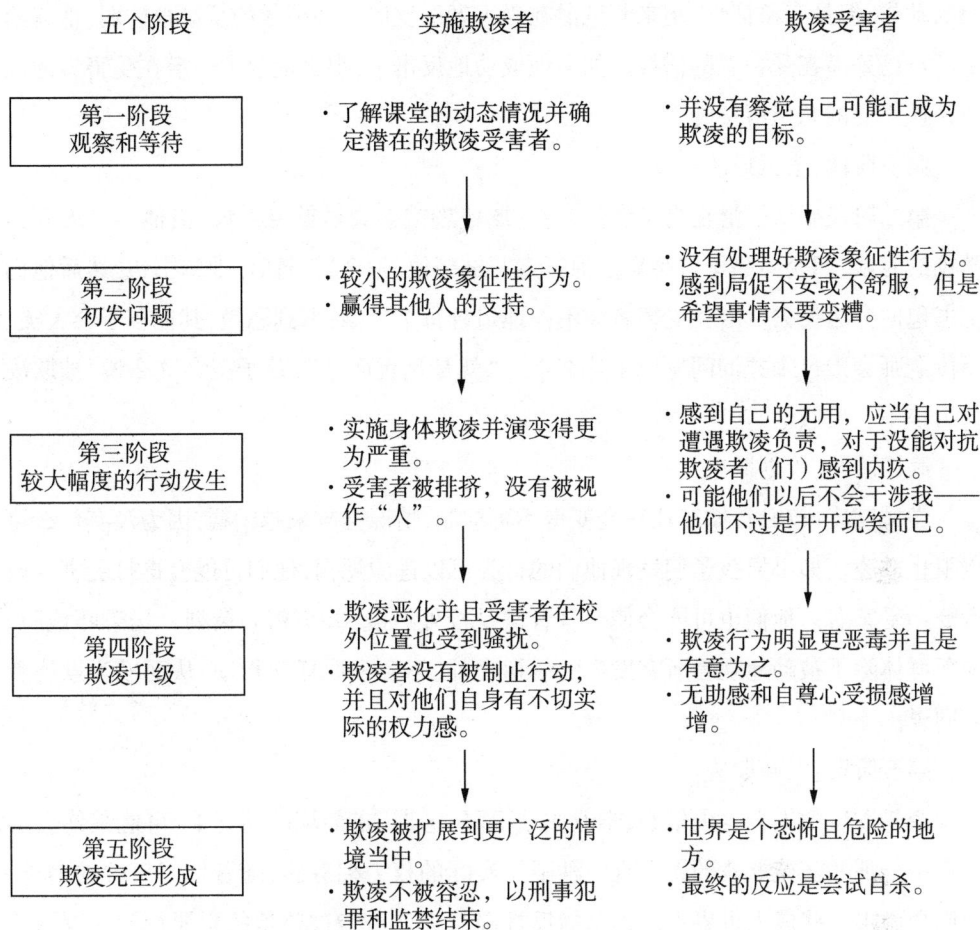

图 3-4　学生欺凌阶段

第一阶段：观察寻找

一般情况下，学生在新学年的开始，学生们开始融入校园文化。在这个最初的阶段，学生们通常是悄无声息就有了对同学性格和课堂活力的感知。那些打算欺凌的人观察和搜集信息，他们会分辨出容易被欺凌的人和耐欺凌的人。那些将成为欺凌围观者的人在准欺凌者的试探性欺凌中会给出信号，表明他们并没有那么容易受到欺凌。研究表明，在学龄期的初期，很多人都有过附带欺凌潜在可能的行为，但是当那些屈从于欺凌的学生和对欺凌有抵抗力的学生明确了之后，这些行为的频率在学生当中就会随之减少。

第二阶段：投石问路

如果在第一个阶段观察和等待之后，欺凌者下一步的行动就是用一种动作较小的方式来激活欺凌。他可能会走过潜在受害者的课桌旁边并偷窃铅笔盒。这是一个极小的动作,但具有象征性,用来测试潜在受害者的反应。如果他的反应很软弱,他就给出了自己是潜在受害者的信号。如果他成功地反击了,那么他会走出潜在受害者的队伍并被主要的队伍所接受。

第三阶段:尝试欺凌

第二阶段确认了潜在受害者的存在,欺凌者就会尝试欺凌。如,当他第二天到达学校的时候,四个男孩子就会靠近他行走并推挤他,一个男孩抓住他的书包,然后他们把书包向旁边扔去。潜在受害者会不停地追赶每个男孩,感到恐慌,其他孩子会大笑。一位老师会走过来并询问发生了什么事。"就是玩玩而已",孩子王会这么说,被欺凌的男孩不会反驳他。

第四阶段:策划欺凌

尝试欺凌成功后,欺凌往往会变得不可抑制,情况会越来越糟糕,因为没有什么可以阻止欺凌。如果男孩子们发现他们的行为可以逃脱惩罚,他们可能会毒打受害者或者贬损受害者。他们也可能会使受害者遭受校外欺凌,并会精心策划一场恐吓威胁。同辈群体除了被动地观看所有发生的一切之外,不会采取任何行动,从而成为欺凌者的同谋。

第五阶段:实施欺凌

遭受欺凌的人会丧失信心、学业成绩下降、逃课,在最坏的情况下,可能最终会尝试自杀。那些实施欺凌的人会有一种不切实际的权力拥有感,随着他们年龄的增长,他们会做出一些成人世界不能容忍的反社会行为或可能被监禁的犯罪行为。围观者的行为会由于他们对欺凌的无动于衷而固化,他们会觉得世界是一个不安全和恐怖的地方,在这样的世界里他们毫无力量可言。

图3-4阐释了在欺凌者、受害者以及围观者身上会发生的事情。这个过程被描述为一个恶性循环,是因为欺凌的情况会越来越糟糕,无论欺凌者、被欺凌者还是围观者,结果都会越来越糟糕。进一步而言,即便欺凌被中止,长期受到欺凌伤害的人,用逃学来逃避欺凌痛苦的人是不会自动恢复健康的,他很可能已经丧失了信心,学业上表现也相当糟糕,他生活的方方面面都遭受重创,需要给予帮助来进行重建。

二、围观者影响欺凌的走向

围观者尽管不是欺凌的发起者和主导者,但他们的在场实际上起到了"旁观者效应",其行为会影响欺凌的走向和进程。Latané&Darley(1968)最先对旁观者群体进行了研究并提出了"旁观者效应"的概念。他们发现,在紧急情况下,个体由于有他人在场而没有对受害者提供帮助,这就是"旁观者介入紧急事态的社会抑制"或者"旁观者效应"。"旁观者效应"说明,救助行为出现的可能性与在场旁观者人数成反比,即旁观者人数越多,救助行为出现的可能性就越小。

在学生欺凌事件中,欺凌实施者与被欺凌者属于较小群体,而围观群体所占的人数较多,所以围观者的态度和行为对欺凌事件的发生和发展会产生重要影响。[1]

根据围观者在欺凌事件中所扮演的角色我们把围观者分成协助欺凌者、附和助威者、中立旁观者和阻止保护者四种,根据图 3-2 所示,这些角色在欺凌进程中不是一成不变的,有时会因欺凌进程发生转化。不同角色的围观者在欺凌行为中有不同的表现,积极围观者在学生欺凌发生时为受害者提供帮助,保护受害者,这样的个体可以被称为"保护者"。消极围观者在学生欺凌发生时,把责任推给别人,不采取行为,任由欺凌事件发展或者直接离开欺凌现场,这是消极围观者行为,亦称为"局外人"。

当欺凌发生时,围观者可以选择被动观察、成为欺凌的参与者、走开或是干预欺凌(Salmivalli,2010)。围观者可能要么被动支持欺凌,通过不干预的方式支持欺凌,通过把朋友留在欺凌者处或是以闲聊欺凌事件的方式被动支持欺凌,要么主动支持欺凌,通过语言鼓励的方式,抓住被欺凌者不放或是替欺凌者望风(Cowie,Sharp,1994)。欺凌过程中有 32% 的学生确实会保护欺凌的受害者,22% 的学生会将欺凌告知老师并从老师处获得帮助。研究普遍表明,那些愿意干预欺凌的孩子当中,小学生的可能性大于中学生(Vctenbug,1999),女孩子的可能性大于男孩子(Adair,1999;Salmivalli et al,1998)。

加拿大安大略省多伦多市的派普勒和克雷格(D. J. Pepler&W. M. Craig,1995)所做的研究支持了奥维斯(Olweus)博士的观察结论,即大多数人在面临他们的同学被欺凌时不会伸出援手。他们在市区学校的操场上调查欺凌事件中围观者的反应时发现:

1.围观者不同程度参与了大约 85% 的欺凌事件。

2.围观者在 81% 的事件中帮助了欺凌者。

3.相比对待被欺凌者的态度,围观者对欺凌者更加尊重、友好。

4.围观者在 48% 的欺凌事件中是积极参与者。

5.只有 13% 的欺凌事件得到了在场的围观者的干涉。

消极围观者行为会增加欺凌的严重程度,给受害者带来难以磨灭的伤害,也给围观者带来内疚感和羞耻感(Mazzone,Camodeca,& Salmivalli,2018)。消极围观者和支持欺凌者两者的区别在于前者无形中推动了学生欺凌行为,但是通过干预可以将这部分群体转变为积极围观者。而后者通过围观和哄笑,激发了欺凌者的表现欲,使欺凌

---

① 武亦文,缪绍疆.校园欺凌的群体过程及预防干预[J].中国学校卫生,2017,38(4):629-633.

的强度增大,发生次数增多(吴妮,2009)。也有研究认为,在遭遇欺凌事件后,选择求助老师或家长及挺身而出帮助被欺凌者的学生有 81.59%。这些学生是欺凌行为的抵制者,会在很大程度上阻止欺凌行为的恶化和再次发生。选择默默走开、做自己的事的学生有 12.55%,这些学生是欺凌行为的局外人。选择看热闹甚至参与欺凌的学生有 5.86%,他们是欺凌行为的推动者,是特别要引起重视的人群。①

(一)围观者的角色对欺凌事件的影响

1. 被动欺凌者

在欺凌发生时的一类围观者,他们本身并不属于欺凌群体,没有实施实质上的欺凌行为,但为欺凌行为煽风点火,是欺凌事件的强化者,我们称之为协助欺凌者或附和助威者。协助欺凌者或附和助威者,在欺凌过程中为欺凌者提供协助或为欺凌者呐喊助威,甚至加入欺凌活动中去,成为被动欺凌者。他们的积极参与或为欺凌者加油打气会给被欺凌的孩子带来更大的伤害,它鼓励了欺凌者的反社会行为,也加深了自身对残忍欺凌现象的麻木不仁,甚至促使围观者变成欺凌者的一员。当学生目睹的欺凌行为是来自平时很受欢迎的、强大而勇敢的榜样角色时,他们很可能会去效仿这些行为。

协助欺凌者和附和助威者事实上助长了欺凌的时间、强度及频率。围观者的态度与班级欺凌频率相关,持协同欺凌或冷漠态度的围观者越多,班级的欺凌行为就越多。② 协同欺凌或冷漠旁观会激发欺凌者的表现欲,从而在客观上强化欺凌行为,使欺凌行为时间延长、强度增大或者频率增高。相反,持反对欺凌态度的围观者越多,班级中的欺凌就越少。

2. 中立旁观者

中立旁观者指对欺凌事件无视、置身事外的人。在围观群体中,这类群体人数较多。中立旁观者作为局外人,在行为上看似与欺凌行为无关,但其冷漠的态度与行为无形中对欺凌群体是一种默认和许可,③满足欺凌群体通过欺凌行为吸引别人注意力以加强地位感的心理④,会强化欺凌群体的欺凌行为是合理的、被周围人认可的认知。在强烈表现欲的驱使下,欺凌群体会在欺凌行为上变本加厉,使得欺凌者更加有恃无恐,进而增加欺凌的程度。

① 张越,胡静娴,黄恺玮.施心理教育之长溯预防欺凌之策——义务段校园欺凌现状及预防路径[J].中小学心理健康教育,2021(3):27-33.

② Salmivalli,C.,Voeten,M.,& Poskiparta,E. Bystanders matter. Associations between reinforcing,defending,And the frequency of bullying behavior in classrooms[J]. Journal of Clinical Child and Adolescent Psychology,2011,40(5).

③ BARHIGHT,L.R.,HUBBA RD,J.A.,GRASSETTI,S.N,et al. Rela-tions between actual group norms,perceived peer behavior,and by-stander children's intervention to bullying[J].Clin Child Adolesc Psychol ,2017,53(3):1-7.

④ 刘静.校园欺凌现象中旁观者研究[D].上海:上海师范大学,2017.

在围观群体中,旁观者和欺凌强化者越多,整个围观群体在欺凌过程中内疚感和责任感就越低,对被欺凌者的感知度也越低。围观者群体置身事外者和煽风点火者越多,将会弱化保护者的保护意愿和行为,并降低欺凌群体的罪恶感,助长欺凌群体的气焰,成为强化欺凌群体行为的重要环境因素。

中立旁观者,在欺凌事件过程中或者袖手旁观,或者转身离开,他们通过自己的作为和不作为,由于"旁观者效应"他们间接地成了欺凌者的帮凶。新西兰 Adai(1999)的研究发现,42%的欺凌围观者选择不干预欺凌。她指出存在三个方面的原因:"被欺凌者不受欢迎或者不是围观者的朋友;担心自己成为欺凌的目标;相信受害者遭遇欺凌是他该得的"。这表明,如果被欺凌者是他们的朋友,一些同学会干预欺凌(尽管这意味着他可能会有成为欺凌目标的风险),但是他们不会帮助那些不是朋友的人,或是他们认为该受到欺凌的人,这是一种具有高度选择性和比较根深蒂固的反应。

在欺凌发生时,中立旁观者的冷漠,可能是责任扩散的"匿名效应"导致的。由于临时聚集起来的人可能互不认识,具有匿名效应,"感受到来自事件本身以及周围围观者无形压力的个体,为了更好保全自己并合法逃避压力,容易将见危不救所产生的负罪感分担到他人身上,从而降低自己可能受到的良心谴责。所以,在突发性的冲突情境中,围观者的人数越多,帮助行为发生的可能性越小,社会心理学将其称之为'责任扩散效应'",①也就是说,当欺凌发生时,如果有其他人在场,那么在场者所分担到的责任就会减小,就越不容易挺身而出干预欺凌。

3. 阻止保护者

当围观者伸出援手,倾向于保护受害者时,学生欺凌的频率就会降低,从而减少对被欺凌者的伤害。积极围观者行为在降低学生欺凌发生的频率方面发挥着重要作用,是防止学生欺凌的重要组成部分(Polanin, Espelage, &Pigott, 2012),积极围观者行为与学生欺凌事件的减少和负面影响相关(Wood, Smith, Varjas, &Meyers, 2017)。据Hawkins 等(2001)的研究发现,80%的欺凌事件有围观者目击,但只有不到20%的事件有围观者出手干预。如果围观者干预,超过50%的欺凌事件是可以被阻止的。②

越来越多的研究者也开始重视围观者在有效阻止和预防学生欺凌中的重要作用,比如芬兰 KiVa 计划研究发现,围观者如果劝说或者阻挠欺凌者,就能制止欺凌行为或者在很大程度上减少欺凌事件对被欺凌者的伤害。在欺凌事件中,如果发挥正向功能的角色居多,如保护者挺身而出保护弱势一方,维护正义,或是调停者积极发挥调解作用,消解双方矛

---

① 巴伦·伯恩. 社会心理学[M]. 上海:华东师范大学出版社,2004.

② Hawkins, D. L., Pepler, D. J., & Craig, W. M. Naturalistic observations of peer interventions in bullying[J]. Social Development, 2001, 10(4).

盾,则可能导致不受支持的欺凌一方迫于压力,改变或者终止其行为,这样就大大降低了冲突升级和扩散的可能。反之,如果负向功能的角色居多,如协同者作为潜在的参与者,加入冲突之中,或是助燃者"推波助澜",即使是中立者的冷眼旁观,都可能助长欺凌者的"气焰",使其肆无忌惮,继续或加剧其行为,这样随时可能导致冲突的升级,也有可能激起被欺凌者的强烈反抗,使其忍无可忍作出某些极端的行为选择。

(二)围观者的身份和性别对欺凌事件的影响

当欺凌事件发生时,那些在该组织中有一定地位、影响力或是掌握某些资源的人比其他个体更容易充当调停者或阻止者的角色。这是因为个体在采取行动之前,会对该事件有自己的态度,即是否应该介入该事件,进而对自己的能力进行评价,即是否需要我来介入?最后依据行为效果,即是否能够完成预期目标,来决定之后的行为选择。

如果围观者是教师或者有能力干预欺凌行为的学生,出手干预欺凌的概率就较大。如果是普通学生,大部分围观者因害怕被卷入或者遭欺凌者报复,通常会选择冷漠旁观或者逃离现场。围观者与被欺凌者关系越近,保护被欺凌者的概率就越大,相反,围观者与被欺凌者关系比较疏远时,冷漠旁观的可能性就更大。如果围观者与被欺凌者是好友,大部分围观者都会主动干预;如果围观者与欺凌者是朋友,主动制止欺凌行为或者报告教师的概率就非常小,有些围观者为表现"哥们"义气,甚至会助长欺凌行为的发展。

在学生欺凌事件中,女性比男性有较高水平的自我效能感,有更多的积极旁观者行为(Cappadocia,Pepler,Cummings,&Craig,2012;Thornberg & Jungert,2013)。这是因为,在学生欺凌事件中,当个体感到自己的自我效能感较低时,他们就不会进行有效干预,就会产生消极的旁观者行为。个体如果可以理解和同情受害者的不幸遭遇并产生共情,就会在自己的能力范围之内采取积极有效的旁观者行为,伸出援手,帮助受害者缓解当前的痛苦(Gini、Albiero、Benelli、& Altoè,2008;Thornberg et al,2012)。女性温柔体贴,善解人意,更容易与他人产生共情,也会有更多的保护行为。(Tamm&Tulviste,2015)为了和群体保持一致性来寻求群体认同感,女生比男生有更多的保护行为(Salmivalli,Lagerspetz,Bjgrkqvist,sterman,& Kaukiainen,1996)。这可能因为,女生更容易形成小团体,在同伴中具有较高的地位(赵红霞、孙昭,2015),当欺凌发生时,女生保护别人,也能获得周围群体的支持和理解。

(三)群体环境影响围观者的角色

张荣荣、董莉(2019)提出,影响围观者行为的因素有个体因素(共情能力、自我效能感、道德推脱)和环境因素(班级氛围、人际关系、群体规范)。[①]

---

① 张荣荣,董莉.校园欺凌中旁观者行为的作用机制[J].心理技术与应用,2019(02):118-128.

（1）班级氛围

在欺凌事件高发的班级,受欢迎的孩子不太可能表现出保护行为,因为他们担心未来自己在班级中受欢迎的程度会下降(Padgett &Notar,2013);在和谐温暖的班级,他们会展现出更多的积极围观者行为,他们会保护受害者从而在班级中彰显自己的能力(Peets,Pgyhgnen,Juvonen,&Salmivalli,2015)。此外,如果教师能够对学生进行正确引导,班级内就会有更多保护弱小的行为,学生就更容易出现积极围观者行为;如果教师忽视班级内欺凌行为的发生,对学生不能进行有效引导,学生就会出现消极的围观者行为(Saarento,Boulton,&Salmivalli,2015)。

（2）人际关系

学生欺凌发生在学校,同伴关系和师生关系会影响个体的行为表现。Jenkins&Fredrick(2017)的研究发现,同伴和教师支持水平较高的学生更有可能在欺凌情境中表现出亲社会行为。当被欺凌者与围观者有良好的同伴关系时,围观者就会倾向于实施更多的保护行为;当被欺凌者与围观者有不良的同伴关系时,围观者就会更多地不作为(Jenkins&Nickerson,2017;Salmivalli,2014;Thornberg,Wnstrgm,Hong,&Espelage,2017)。如果围观者有良好的同伴关系并伸出援手,周围的同学也会给他提供帮助,从而间接地帮助了受害者,于是便产生了更多的积极围观者。此外,师生关系和谐,学生就会有更多的积极围观者。师生关系紧张,为了引起教师和长者的关注,学生就会表现出更多的欺凌行为(Jungert, Piroddi, &Thornberg, 2016; Wood, Smith, Varjas,&Meyers,2017)。

（3）群体规范

当个体有较高的群体归属感并与群体保持高度的一致性时,他才容易被群体接纳(Forsberg&Thornberg,2016;Ploeg,Kretschmer,Salmivalli,&Veenstra,2017)。当个体违反群体规范,他就很有可能被排除在外,成为群体排斥的对象。虽然大部分学生在内心深处反对学生欺凌,但由于受到群体规范的影响,他们倾向于保持中立或者鼓动欺凌事件的发生发展,在行为和态度上有所偏差(Salmivalli,1999)。在同伴群体中被群体排斥的个体很容易成为欺凌的目标,因为当别人欺负他时,没有人会帮助他。相反,被群体接纳的个体遭受欺凌时,他的同伴会报复或阻止那些欺负他的人,这样就不会加剧欺凌所带来的伤害(Pouwels et al,2017)。

（四）围观者行为的心理机制

围观者在欺凌过程中所扮演的角色及行为是基于对所处环境和自身处境和后续影响的评估基础上作出的。目前对围观者行为的心理机制分析主要有动机和支持两个模型。

Fischer 等（2011）认为围观者在欺凌事件中的角色和行为是受责任扩散、评估和从众三种心理因素影响的过程。责任扩散是指个体将个人责任分散到围观者人数的倾向，也就是说，围观者越多，个体所感受到的责任就越少。评估是指个体在公开行动时会担心被他人批判的心理倾向。个体在采取行动时会害怕犯错误或行为不当，从而引起他人对自己的议论，这使得他们不愿意在危急情况下进行干预。从众是指个体在对当前情况不确定时，依赖他人进行反应的倾向。如果围观者群体规模大、个体对自己不自信并且要根据周围人的反应倾向来进行自我选择，积极围观者行为就会减少。个体会认为，周围有这么多人，自己不帮忙也会有别人帮忙。正是因为这种共同的心理，才会导致消极事件的发生。

在此基础上，一些学者提出围观者动机框架及社会支持和不支持框架两个模型。围观者动机框架通过改变围观者一系列的心理状态来促使个体做出保护行为（Chen, Chang, &Cheng, 2016; Thornberg et al, 2012）；社会支持和不支持框架主要在学校背景下通过教师的鼓励与支持来促进个体的保护行为（Wood, Smith, Varjas, &Meyers, 2017）。这两个框架模型都能进一步解释围观者行为的心理机制以及如何激发积极围观者行为。

1. 围观者动机框架（Conceptual Framework of Bystander Motivation）

围观者是否为被欺凌者提供帮助取决于他们如何评估社会背景和自己的内部调节机制。这些因素包括对个体所受伤害的判断、情感反应、社会评估、道德评估和自我效能的干预程度。基于对欺凌环境中围观者的动机分析，Chen, Chang, &Cheng（2016）为围观者介入欺凌事件提供了一个防护机制，用于解释学生欺凌中的围观者行为，并总结出四个阶段（见图3-5）。

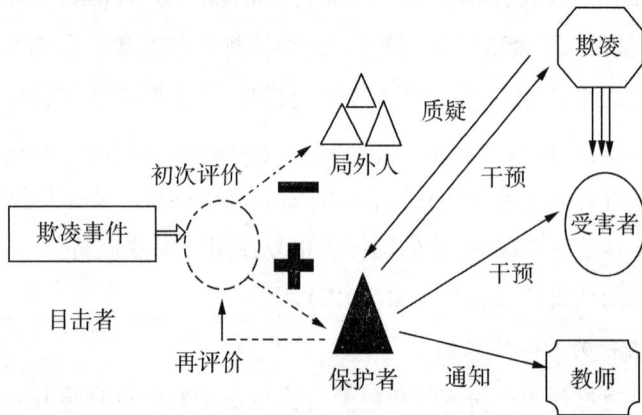

图3-5 围观者动机框架

从图 3-5 可以看出,围观者面对欺凌采取什么行为的依据,首先是周围情况来判定是作保护者还是局外人;其次是如果选择作保护者,根据欺凌事件的严重性以及和欺凌者的关系来采取相应的保护策略;再次是欺凌者对保护者的言语恐吓以及欺凌者和保护者的僵持;最后是保护者重新评估是否进行干预。事实上,在任何一个阶段,围观者都有可能根据自身因素或者环境因素来调整他们对学生欺凌的判断和解释,进而对他们最后是否做出干预行为产生影响 (Pozzoli,Ang,&Gini,2012)。

围观者动机框架主要关注的是在学生欺凌中,围观者经历评估进而采取相应干预策略的过程。他们在不同的场景中通过评估和再评估,不断调整自己的行为。如果发现,干预在自身的能力范围之内,就会采取积极围观者行为;如果发现,干预超出自己的能力范围,就会采取消极围观者行为。

2. 社会支持和不支持框架(Social Support and Nonsupport:Conceptual Frame works)

Wood 等人(2017)提出了学生欺凌中围观者的社会支持和不支持框架,他们全面测量、评估并研究了社会支持所包含的内容、围观者从学校教师处获得的社会支持和不支持因素、影响自我效能感的因素以及干预决策的因素。这个框架包含了社会支持的来源、类型、评估以及自我效能感对积极围观者行为的影响因素四个部分(见图 3-6)。在对围观者的干预研究中发现,自我效能感(Latané&Darley,1970;Nickerson,Aloe,Livingston,&Feeley,2014,Pozzoli & Gini,2012)和学生做出保护行为的决定(Thornberg et al,2012)是最为重要的两个因素。

社会支持和不支持框架表明,社会支持和不支持会对围观者的行为产生一定的影响,对学生欺凌环境中社会支持信息的有效干预可以在一定程度上改善围观者的自我效能感。当个体体验到不同类型的社会支持时,他们就会采取积极的围观者行为,为受害者提供帮助。这个过程可以让学生认识到欺凌的严重后果,激发他们的社会责任感,促进人际关系的和谐发展,提高保护受害者意愿的自我效能感。相反,如果个体不能获得有效的社会支持,就会采取消极的围观者行为,在欺凌中袖手旁观,也不会有较高水平的自我效能感。

该框架提供了社会支持和不支持对围观者自我效能感影响的初步构想,不同类型的支持和不支持都会影响学生的自我效能感,进而影响围观者行为。这体现出社会支持和不支持作用于围观者行为的复杂机制。

第1部分 来源		第2部分 类型	第3部分 评估	第4部分 自我效能感

积极
可靠
坚强
无偏见

支持

积极情绪的关系、爱、信任、关怀 → 积极

工具性
直接帮助、惩罚欺凌者、思想教育 → 积极&消极

集中教育旁观者的重要性、班会、讲座、课堂讨论 → 积极&消极

消极
卑鄙
可怕
强大
对抗
不关心

不支持

未满足的期望没有意识（忽略）到支持的需要、本应该会提供帮助，但最后没有提供支持 → 消极

负面互动指责受害者的负面关系，冲突或贬低性 → 消极

自我效能感表现出保护行为

原意表现出保护行为

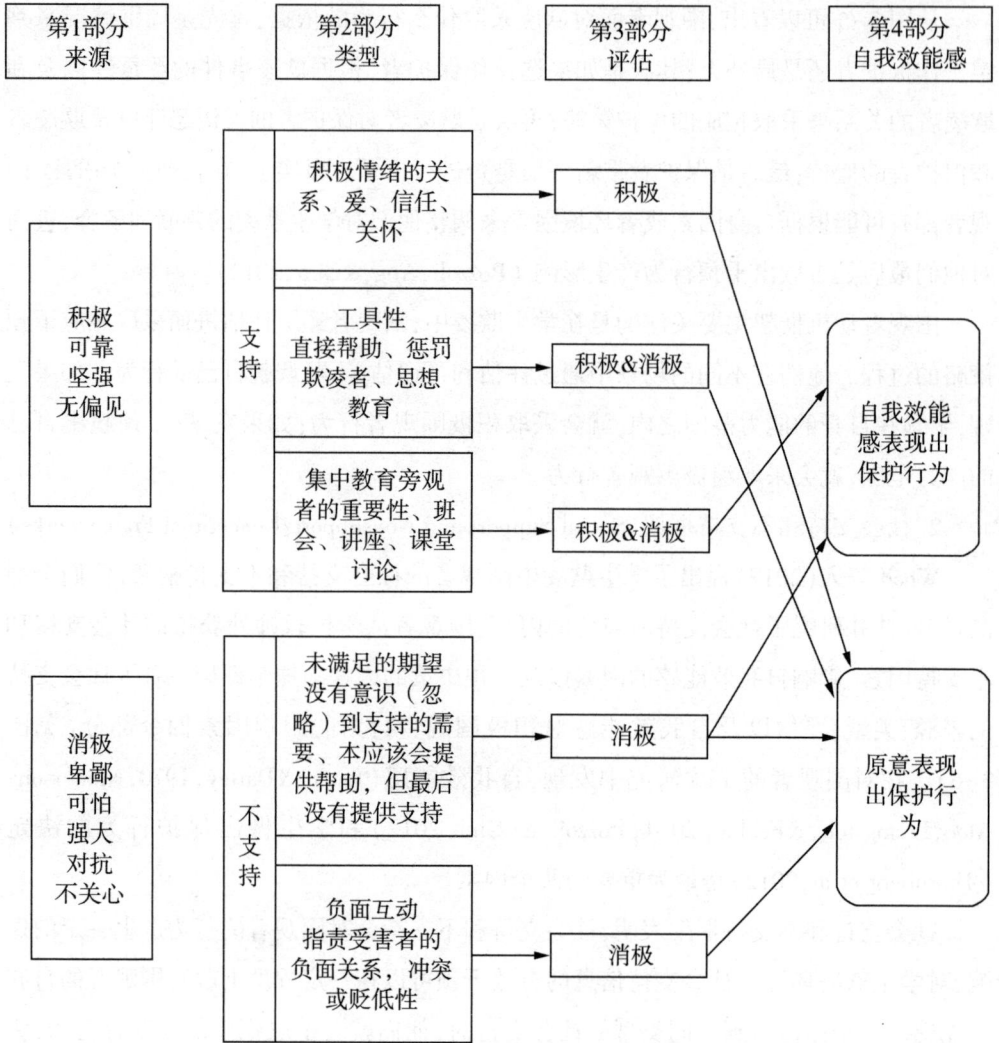

图 3-6　社会支持和不支持框架模型（Wood,Smith,Varjas,&Meyers,2017）

(五)围观者的角色转化

通过上述分析,我们知道,围观者的角色和行为是通过对环境和自身处境及事后影响的评估后作出的,他们对事件的评估会随着事件的进程和走向进行调整和修正,也就是说围观者的角色和行为会随着欺凌的走向和进程发生改变。如图 3-3 所示,协助者、旁观者和保护者的角色可能会随着欺凌的发展和走向相互转化。

奥维斯(Olweus)认为,欺凌事件中,存在欺凌循环(见图 3-7),最左侧的欺凌者(们)开始逆时针旋转,我们可以看到围绕在被欺凌对象身边的各种各样的围观者角色。

欺凌者
策划和/或发起欺凌
并且积极参与

A ——— G

见义勇为的见证者
反抗者和守卫者：对欺凌持否定
态度并且帮助或试图帮助被欺凌者

追随者
积极参与欺凌但不
是发起欺凌的人

B

Y
欺凌对象
被欺凌的人

F
潜在的捍卫者
反对欺凌，并且帮助欺凌
对象但是并未伸出援手

积极支持者
为欺凌加油鼓劲，并且从中
寻求社会利益或物质利益

C

D ——— E

漠不关心的旁观者
仅仅旁观，"这不关我的事"
视而不见

消极支持者
享受旁观欺凌，但不公
开表示支持

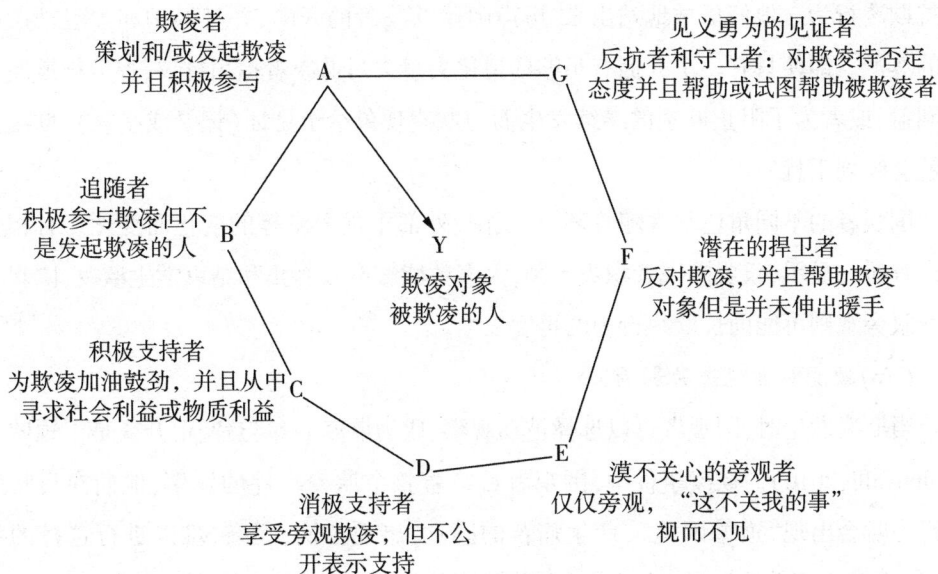

图 3-7　欺凌循环（Olweus，D．Peer harassment：a critical analysis and some）

A. 欺凌者（们）：计划、煽动，并且或者积极地实施欺凌。

B. 追随者：遵从欺凌者的命令行事，积极地参与欺凌，但是不参与欺凌活动的计划和煽动。

C. 积极支持者：为欺凌者加油鼓劲，并且试图从欺凌事件中获得社会利益或物质利益。

D. 消极支持者：享受旁观欺凌现象，但是并不公开表示支持。从被欺凌者的痛苦中获得愉悦感。

E. 漠不关心的围观者：仅仅旁观，说"这不关我的事"，对欺凌现象视而不见，而且特意假装什么都没看见。

F. 潜在的捍卫者：反对欺凌者的所作所为，并且知道自己应该帮助被欺凌者。然而却因为各种各样的原因而没有伸出援手。

在欺凌事件中，这种社会形态的各种人物和角色的结合，使欺凌的发生成为可能。陷入欺凌循环所提供的角色中后，围观者很容易就对欺凌的逻辑和残忍行为产生兴趣，他们不仅仅是串通一气而是"变成了欺凌的一部分"。在这个彼此紧密联结的圈子中，越是残忍或是宽容残忍的行为，就越能够在欺凌者和参与欺凌的同伴面前获得尊重。

G. 勇敢的人：与欺凌者不同，勇敢的人帮助或试图去帮助被欺凌者。这个角色扮演着三种不同的身份：见证者、反抗者和守卫者。扮演这个角色的人积极而有策略地反抗欺凌行为。他们勇敢地站出来，厉声呵斥欺凌者的残酷，并且保护和捍卫被欺凌者的尊严。即使只有一个人拥有足够的道德力量去对欺凌者提出抗议，捍卫被欺凌者的利益，或者为了阻止欺凌的继续发生而为欺凌现象给予见证（记录或呈报），欺凌循环就会受到干扰。

围观者的不同角色常常随着环境、氛围、外部干预力量等的变化而变化。有相关的调查研究显示，只要围观者积极干预，大多数能够有效制止和结束学生欺凌，围观者的冷眼旁观则可能助长欺凌行为的再度发生。

（六）欺凌对围观者的影响

当欺凌发生时，围观者可以选择被动观察、成为欺凌的参与者、走开或是干预欺凌（Salmivalli，2010）。欺凌事件中，围观者目睹着整个欺凌事件的发生，他们在目睹欺凌行为时会出现"道德困境"，产生痛苦的感觉，出现苦恼、无奈，难以进行选择的状态。[1] 在欺凌事件发生时，基于道德与价值观的衡量，围观者能够辨别是非，并且意识到道德的重要性，但是因为外部或情境障碍，他们并没有采取恰当的行为。[2] 在这种情况下，围观者极易陷入困境中，产生道德谴责、愧疚、自责甚至出现抑郁等严重的心理问题。

人在面对真实存在的道德两难问题时，都会分析抉择。在抉择时他们是矛盾不安、犹豫不决的。一方面个体内心的道德机制会起着自我调节作用，引导个体做出道德行为。帮助被欺凌者逃离欺凌这显然是一个道德行为，既可以帮助被欺凌者，又能产生自豪、愉悦等正向的情绪体验。但另一方面，胆怯、恐惧、害怕阻止着自己去行道德之事。他们害怕自己没有能力阻止欺凌者，又害怕欺凌者进行打击报复，反而沦为被欺凌者。如若选择保全自己做出抵触道德的行为，就会产生内疚、自责等负向情绪体验。这样围观者就陷入了道德两难的困境之中，在这种情况下就会选择一种保全自己、合法逃避压力的从众行为。[3] 沉默虽然能成为保全自己很好的理由之一，却不具有道德上的合理性。

在学生欺凌的情境中，围观学生围而不救的做法也反映了成人社会"明哲保身"价值理念对青少年的影响。[4] 不仅如此，社会上人与人之间关系冷淡、互不关心，乃至相互排斥和否定在一定程度上造成了学生人际道德关系上的隔膜和孤独化。使学生

---

[1] NICKERSON, A. B., MELE-TAYLOR, D. Empathetic responsiveness, group norms, and prosocial affiliations in bullying roles[J]. Sch Psychol Q, 2014, 29(1): 99-109.

[2] Beran, T., & Li, Q. Cyber-harassment: A study of a new method for an old behavior[J]. Journal of Educational Computing Research, 32, 265-277.

[3] 朱力. 旁观者的冷漠[J]. 南京大学学报：哲学·人文·社会科学版, 1997(02): 114-125.

[4] 李燕, 曹蜂旗. 美国校园暴力透视[J]. 当代青年研究, 2002(2): 53-56.

遇到欺凌时,错误地认为这不关我的事,于是保持沉默、无动于衷。学生欺凌中的围观者经历了道德两难的困境,选择做了消极的围观者时,对其自身的学习、成长是有害的,他们可能会"成长"为冷冰冰的"单面人"或精致的利己主义者,也会因自己的胆小怕事、冷漠无情备受他人指责,也会因自己当初错误的决定而深深的自责。这时他们受到的心理和精神的压力是巨大的,这种恐惧心理可能造成心理疾病,厌学甚至变为欺凌者。

欺凌群体的心理与行为对围观者会产生消极影响。在欺凌群体的影响下,围观者通过观察学习、替代性强化,也会习得欺凌行为,用欺凌的方式去解决问题以满足自身的需要。在长期目睹欺凌事件的过程中,围观者的心理健康、认知思维方式也会受到消极影响。有研究表明,由于长期目睹欺凌事件,围观者更有可能出现迟到、早退、旷课、辍学等不良行为,同时容易产生焦虑症、社交恐惧症、抑郁症等心理问题。[1] 对围观者而言,欺凌行为极有可能导致其形成不良的、恶性的行为习惯和扭曲的、不健全的道德观、价值观。[2]

三、被欺凌者的忍受助长了欺凌

在学生欺凌事件中,如果有一方强势并具有攻击性,而另一方一味地回避,就会打破人际间的冲突——紧张平衡,并最终导致欺凌事件的产生。[3] 这些被欺凌者处理日常事情时经常是被动、消极、服从的,并且社交时会有焦虑、敏感、缺乏自信的特征。[4] 被欺凌者自身存在的弱势特质会进一步强化欺凌群体的欺凌心理,使得欺凌行为更加肆无忌惮。被欺凌者虽然应当被保护,但其表现出的弱势会不自觉地"吸引"冲突的对立方采用攻击手段。如果不能通过心理训练让这些被欺凌者内心强大起来,只是单方面遏制欺凌者的攻击性行为,欺凌事件并不能从根本上被消除。此外,被欺凌者如果得不到及时的心理干预,往往会表现出无视法律的群体报复,容易爆发极端行为,进而形成恶性循环。

① WU, S. H., WU, C. C. Bullying bystander reactions:a case study in theTaiwanese workplace[J]. Asia Pacif J Human Res,2019,57(2):191-207.

② 刘雪可,闫巧.农村中小学校园欺凌现状及规避策略研究[J].当代教育科学,2017(11):68-72.

③ 孙时进,施泽艺.校园欺凌的心理因素和治理方法:心理学的视角[J].华东师范大学学报:教育科学版,2017,35(2):51-56.

④ NICKERSON, A. B., MELE-TAYLOR, D. Empathetic responsiveness, group norms, and prosocial affiliations in bullying roles[J]. Sch Psychol Q,2014,29(1):99-109.

第三节　学生欺凌的理论解释

　　欺凌为什么会发生,为什么会在中小学生中间发生? 这一直是学生、老师和家长关心的问题。学生欺凌的产生、维持和终止是个体与环境相互作用的结果,应结合生理学、心理学、教育学、社会学等多学科理论,从个体、家庭与同伴、学校与社会文化三个层面对其成因进行理论探讨。

一、学生欺凌的心理分析

(一)权力支配理论

　　权力支配理论认为,欺凌能满足欺凌者的控制感和权力欲望。学生欺凌行为发生的主要原因在于实施欺凌行为的个体有着强烈的控制感及权力欲望(Olweus,1991)。儿童利用对弱小同伴的攻击迫使他们处于顺从的地位,[1][2]并获得资源,包括金钱和同伴间的高社会地位。[3][4] 换句话说,恃强凌弱行为的发生是因为对他人的支配给了恃强凌弱者满足感和威望,从而奖励了他们的攻击行为。[5] 产生欺凌的原因是社会互动过程中各主体之间的权利不平衡所导致的,并且社会外界因素对此种不平衡产生影响。欺凌者虽然不具备领导特质,但出于权力上的优势,当他们在人际互动不如意时,便会以欺凌的方式来处理他们面对的冲突与不快。[6]

　　欺凌的一个主要特征,就是对他人的压迫和统治。欺凌者对于支配、控制他人有很强的欲望,而支配控制欲经常会受到社会多方的强化与刺激,如媒体的负面宣传、某些文化对暴力的纵容等。除了这种支配优势外,保持自己在群体中的权力地位也是青少年在学校环境中希望获得的酬赏,通过欺凌确立权力地位以满足欺凌者在同伴面前受到崇拜或推崇的心理需求。学生欺凌本质上是欺凌者谋求地位、声望、"权力"或获得归属感的手段(Berger et al,2015),是欺凌者谋求地位认同的一种策略选择。

---

　　① Beran,T. , & Li,Q. Cyber-harassment:A study of a new method for an old behavior[J]. Journal of Educational Computing Research,2005,32,265-277.

　　② Berkowitz, L. Frustration-aggression hypothesis:Examination and reformulation[J]. Psychological Bulletin,1989,106,59-73.

　　③ Mouttapa, M. , Valente, T. , Gallaher, P. , Rohrbach, L. A. , & Unger, J. B. Social network predictors of bullying and victimization[J]. Adolescence,2004,39,315-335.

　　④ Nansel, T. , Overpeck, M. , Pilla, R. , Ruan, W. , Simons-Morton, B. , & Scheidt, P. Bullying behaviors among US youth[J]. Journal of the American Medical Association,2001,285,2094-2100.

　　⑤ Olweus,D. Bullying at school. What we know and what we can do[M]. Malden, MA:Blackwell Publishing,1993.

　　⑥ 李爱.青少年校园欺凌现象探析[J].教学与管理,2016(03):66-70.

通过对众多欺凌者的研究发现,学生欺凌的实施者有着共同的典型特征就是支配性,表现为对权力和控制的极度渴望。权利支配理论着重解释了个体为展示自身力量和彰显本身价值,通过"欺凌"来达到控制、支配他人的目的。学生欺凌是欺凌者与被欺凌者双方力量不等的权力关系。在揭示欺凌关系发生的原因时,除了显见的欺凌者与被欺凌者之间不平衡的身心力量外,还有一种欺凌形式造成的原因是因为在权力运用过程中,双方错误或者不当使用不符合自身的权力而造成的。

基于权力支配理论,欺凌是一种权力支配的现象,并通过规训机制对个体进行控制与干预。在内群体中,欺凌者通过分层监督进行清晰而细致的控制,以强化关系权力。同时,建立涉及活动、行为、言语、肉体与性的微观处罚制度。[1] 用能使儿童感到羞辱和窘迫的惩戒手段,使其认识到自己的过错与内群体规则。

(二)社会学习理论

社会学习理论认为,个体认知在影响人类学习历程的同时与个体所接触的环境不断地相互作用,而相互作用的结果由于交互方式的不同而具有不定性,最终不同的交互结果对个体在行为和态度上产生了不同的影响。个体成长环境(比如家庭)中的暴力行为具有示范和传递效应。如果儿童长期目睹暴力行为,那么他们往往就会模仿并认同暴力行为,在特定外界条件的刺激下,就会自然地激发起欺凌行为(Baldry,2003)。主动性欺凌来自社会学习过程,欺凌者在认知建模过程中,如目睹、遭受家庭暴力或欺凌后,认同欺凌行为的力量感,习得将欺凌行为作为一种有效手段。[2] 卷入欺凌的儿童表现出一定的信息加工偏向,其对欺凌的个人理解以及认知评价与未卷入的儿童存在显著差异。[3]

该理论提供了多重性概念,即社会、个体认知与行为交互作用。在此架构下可从以下四个方面来解释欺凌行为:

1.相互决定论。个体的认知与所处环境会影响其攻击行为,同时个体的行为也会影响其认知与所处环境,这种持续互动即是相互决定论。

2.欺凌行为的社会学习。通过观察、保留、再生、动机等四个历程阶段的社会学习,个体习得社会行为,其中就包括学生欺凌。家庭影响(亲子互动关系、父母教养方式、父母情绪处理等)、学校因素(师生关系、学校/教师对欺凌的态度与因应技巧、同

---

① 孙时进,施泽艺.校园欺凌的心理因素和治理方法:心理学的视角[J].华东师范大学学报:教育科学版,2017,35(2):51-56.

② 罗丽君,陈冰,赵玉芳.校园欺凌行为的理论解构与防治策略[J].教育学术月刊,2018(6):72-77.

③ SWEARER, S. M. ,WANG, C. ,BERRY, B. ,etal. Reducing Bullying:Application of Social Cognitive Theory[J]. Theory into Practice,2014,53(4):271-277.

辈品质、校园文化、学业成就、班级大小等）、群体影响（非个体化、集体思维症候、从众压力）、大众传媒渲染等都对个体的欺凌行为学习有重要影响，个体从自己的行为后果学习，同时也观察他人的行为所带来的后果。

3. 奖赏与处罚。当奖赏大于偶发性的处罚时，欺凌行为可能会持续。当成人的处罚具有攻击性，则成人示范攻击行为，促使儿童模仿用攻击解决问题从而形成欺凌。当处罚者在场的时候可以有效抑制欺凌行为。处罚的有效性取决于儿童与处罚者的关系，如儿童与父母没有正向的关系时，即使处罚增加，也不会抑制儿童在学校的攻击行为[1]。儿童会模仿父母或朋友的攻击性行为（Duncan，2004；Mouttapa et al，2004），如果观察者看到一个模型因为具有攻击性的行为而得到奖励，攻击性行为就会发生。在这种情况下，奖励意味着欺凌者战胜了受害者。因为欺凌是同伴攻击的一种类型，所以所有形式的欺凌都可能是后天习得的行为。

4. 个体认知。认知机制在个体正当化不道德的行为上扮演了重要角色。这些认知机制有：道德正当化。当个体涉入欺凌行为时，将其行为以宗教或道德理由正当化（如替天行道），以减轻对欺凌行为的自我谴责；委婉的标签。使用正向或中性的语言指称不道德的行为或将不合适的行为进行重新解释；置换责任。个体通过将责任置于权威者来正当化其不道德的行为，如欺凌者欺凌他人而将责任转嫁到服从帮派领导的命令；分散责任。个体通过团体决策或参与集体行为分散其个人责任，此时集体身份代替了个人身份，个体对自己行为的拥有感降低。极小化或选择性遗忘结果。个体极小化行为后果带给当事人的痛苦或选择性地提示该行为的好处（如欺凌他人是帮助他进步）来掩饰其行为带给当事人的痛苦。被害人去人性化（污名化）。这是欺凌者蓄意移除被害人人性品质的过程，以及欺凌者为了消除对自我认知不协调所做的努力，如，我是好人但我做了不好的事情是被害人自己的品行差，所以我才欺负他。责怪归咎被害者。被害者的人格特质或其行为导致自食其果（被欺凌），当欺凌者责怪被害者时，通常将自己视为正义的一方，指出因为是被害者的个人因素而使自己被迫做出欺凌行为。

综上所述，如果儿童暴露在侵略的环境中，他们可能会进行欺凌，学习侵略是解决问题的方法，并对支配他人有积极的态度。沮丧的孩子也可能表现出攻击性反应，尽管这些攻击性行为可能是一种心理防御机制。

---

① Orpinas，P.，& Horne，M. A. Bullying Prevention：Creating a Positive School Climate and Developing Social Competence[M]．Washington，DC：American Psychological Association，2006．

(三)精神技能理论

我们通常认为,欺凌者缺少社交技巧,他们似乎不容易了解他人,不能与他人产生良好互动。精神技能理论则指出,欺凌者不是没有良好的社会认知与心智技巧,他们拥有比被欺凌者更高的社会智能,能熟练运用言语或肢体攻击等心智手段去操纵受害人,并以微妙无痕的破坏方式,达到欺凌的目的,且不被贴上欺凌者的标签。相对而言,被欺凌者通常不擅于处理人际冲突,多半以逃避策略,如大哭、走开或不予理睬等方式回应冲突,此种消极内向的心智助长了欺凌行为。[1] 对经验持开放态度,可亲、随和和责任心三项性格特征得分低的儿童会不服从成人指令,不尊重他人权利,有攻击性行为和较差的人际关系,这些儿童有较多恐吓同学等欺凌行为。[2]

当欺凌出现时,欺凌者了解自身能够通过什么行为伤害别人以及在何种状况下逃跑。这也意味着他们把自己与被欺凌者进行对比,其对被欺凌方的心理掌握的更多。[3] 一些欺凌者能够很清楚地意识到自己的行为所带来的后果,但是他们往往缺乏移情的能力,很享受这种陷入困境的痛苦感受,这些人在心智上的分数通常很高。

(四)挫折——攻击理论

挫折——攻击理论是基于弗洛伊德的精神动力学观点提出的。弗洛伊德将人格视为一个动力系统,由本我、自我和超我三个心理结构组成。早期,弗洛伊德认为攻击是"利比多"受挫的结果,后来,他认为攻击出于"死的本能"。每个人都有一种自我毁灭的本能欲望,但是一个人格健全的人不会允许这种事情发生,于是这种破坏驱力就转向外部,转化为攻击行为或者暴力行为。

一些心理学家受弗洛伊德早期对于攻击行为解释的启发,提出了挫折——攻击理论。该理论由耶鲁大学的一组研究人员在1939年提出,他们认为挫折带来愤怒和侵略性反应,然后愤怒引发敌对行为(Berkowitz,1989)。个体攻击行为的动机并非是天生的,而是因为其内在驱力受到外界挫折的刺激所引起。当个体在追求目标的过程中,无法获得需求满足,便会引发挫折情绪,个体为减轻其所产生的焦虑和愤怒,就会出现攻击的暴力行为。攻击行为的发生总是以挫折的存在为前提,而挫折的存在总是

---

① Ma,X.,Stewin,L. L.,& Mah,D. L. Bullying in School: Nature,Effects and Remedies[J]. Research Papers in Education:Policy & Practice,2001,16(3).

② Ehrler,D. J.,Evans,J. G.,& Mc Ghee,R. L. Extending Big-five Theory into Childhood: A Preliminary Investigation into the Relationship between Big-five Personality Traits and Behavior Problems in Children[J]. Psychology in the Schools,1999(36): 451-458.

③ Rivers,I.,Smith,P. K. Types of bullying behaviour and their correlates[J]. Aggressive Behavior,2010,20(5): 359-368.

导致某种形式的攻击。①② 受挫的人比没有受挫的人行动上更具有攻击性。

随着研究的深入,一些研究者提出,挫折只是增加攻击概率的许多消极情绪中的一种。③④ 并非所有的挫折都会导致攻击,导致人攻击行为的真正原因是发生的事情所导致的不愉快情绪。挫折有时导致一种间接表达的攻击。⑤ 其中一种就是把攻击迁移到一个新的目标上,比如把学习中的挫折发泄到同学身上,即所谓的替代性攻击。另一种形式是用间接的方式去攻击,如欺凌者可能不会直接打被欺凌者,但是会散布关于他的谣言。

当然,不是所有挫折都能导致攻击,有学者对该理论进行了修正,如果个体倾向于将挫折经验作为内归因,或预期采用攻击行为后要付出较大的社会代价,他就会修饰或抑制攻击行为。波克威茨(L. Berkowitz,1989)的"线索唤起理论"进一步修正了挫折——攻击假设,认为挫折所引起的只是一种未分化的唤起状态,如果在个体所处的环境内没有给予引导的线索,则不会朝向特定的反应模式。换句话说,个体遭遇挫折经验后,进入一种准备行动的激动状态,他将采取什么行动,视当时环境中最占优势的反应而定。若环境中有提示攻击的线索存在,那么个体就有可能采取攻击行为;若有线索提示攻击行为将不容于社会,则个体便会抑制公然的攻击行为。⑥ 挫折——攻击理论为欺凌行为提供了初始唤醒状态的情境,但却未必是欺凌行为的充分条件,该理论提醒我们,倘若能在环境中提供正向的引导线索,将有利于减少欺凌行为的发生。

由犯罪学研究者 Agnew(2001)提出的一般应变理论(general strain theory,GST)与挫折——攻击理论相似,认为有压力的生活事件会产生负面情绪,如愤怒、挫折和悲伤,这些情绪会导致不良的应对反应。因此,欺凌可以作为一种减少压力,寻求报复,或减轻负面情绪的手段,尤其是当欺凌者缺乏应对压力事件的技能和资源,社会支持低,自控力低。⑦ 事实上,欺凌可能是一种由外部压力引起的心理

① Hinduja, S., & Patchin, J. W. Cyberbullying:An exploratory analysis of factors related to offending and victimization[J]. Deviant Behavior,2008,29,129-156.
② Ma,X.,Stewin,L. L.,& Mah,D. L. Bullying in School:Nature,Effects and Remedies[J]. Research Papers in Education:Policy & Practice,2001,16(3).
③ Berkowitz,L. Affective aggression:The role of stress,pai,and negative affect. In R. G. Geen&E. Donnerstein(Eds),Human aggression:Theories,research,and implications for social policy[M].San Diego:Academic Press,1998:49-72.
④ Lindsay,J. L.,Anderson,C. A. From antecedent conditions to violent actions:A general affective aggression model[J]. Personality and Social Psychology Bulletin,2000(26),533-547.
⑤ BETTS, L. R.,HOUSTON, J. E.,STEER, O. L.,etal. Adolescents'Experiences of Victimization:The Role of Attribution Style and Generalized Trust [J]. Journal of School Violence,2017,16(1):25-48.
⑥ Berkowit,L. Frustration-aggression Hypothesis:Examination and Reformulation [J]. Psychological Bulletin,1989,106(1).
⑦ Agnew,R. Building on the foundation of general strain theory:Specifying the types of strain most likely to lead to crime and delinquency[J]. Journal of Research in Crime & Delinquency,2001,38,319-362.

防御,以减少焦虑。[①]

(五)信息加工理论

信息加工理论认为,个体的攻击行为是和个体的信息加工能力密不可分的,攻击行为是大脑认知活动的直接结果。行为的社会信息加工包括"评价—解释—寻找反应—决定反应—作出反应"五个过程。从环境中输入的信息要依次经过上述五个阶段的加工最后做出行为反应。如果对输入的信息不能按照正常的顺序进行加工,或者在某个环节出现偏差,就会导致攻击行为的发生。

K. A. Dedge 等人(1986)提出的儿童攻击行为的信息加工模型,该模型认为,儿童从面临着一个社会线索到做出攻击反映的整个信息加工过程包括几个环节:

1. 评价过程。儿童必须精确感知来自环境的线索,与此相关联的是儿童搜索环境中的有关线索并把注意集中到适宜线索上的能力。

2. 解释过程。在儿童知觉到环境中的线索后,必须把这些信息与他对过去事件的记忆、他的目标、任务相结合,然后为这些线索寻找可能的解释。例如一个儿童被同伴打了之后,他就要推测同伴的意图,是和他开玩笑或出于敌意,最后他把从环境中获取的信息与他的程式化的规则相匹配。

3. 寻找反应和决定反应过程。在儿童对某一情景做出解释之后,他便去寻找可能的行为反应,而行为反应的确定又与儿童对规则的运用密切联系在一起。

4. 作出反应过程。儿童进入执行自己选择的反应阶段。近年来的一些实验发现,攻击性儿童更可能在其中某个或某些环节上发生"认知偏差"。例如攻击性儿童可能表现出对第一性线索的注意偏向;在意图不明的情境中更可能对他人的行为作敌意性归因;行为反应搜索和问题解决策略上存在缺陷;并且对攻击后果抱乐观的态度。

在某种意义上,欺凌被当作欺凌者应付和适应环境的一种行为策略,在适宜的刺激条件下,个体就会"启动"这种适应机制,将某种欺凌行为释放出来。但是经常欺凌他人的儿童是否像 Dodge 所说的那样存在社会认知的缺陷或偏见呢? Smith&Boulotn (1990)提出了不同的看法,他们认为欺凌他人的一些儿童并不像 Dodge 所说的缺乏信息加工的技能,而是因为他们对社会实践有着不同的价值和目标。[②]

(六)行为归因理论

相关研究表明,卷入欺凌的儿童表现出一定的信息加工偏向,其对欺凌行为的个

[①] Tam, F. , & Taki, M. (2007). Bullying among girls in Japan and Hong Kong: An examination of the frustration-aggression model[J]. Educational Research & Evaluation,2007,13,373-399.

[②] Dodge,K. A. ,Petit, G. S. Maelas key CL,BrownM M. ,Social competence in children[J]. Monographs of the society for research in child development,1986,51(2),81-85.

人理解以及认知评价与未卷入的儿童存在显著差异①。

自 20 世纪 70 年代以来，归因逐渐成为社会认知研究的主流。作为一种高级的认知加工过程，归因理论着重探讨个体认识因果关系的具体心理过程，以及归因对个体随后行为的心理意义。② 就学生欺凌行为而言，了解卷入欺凌儿童的认知过程及其心理和行为反应，正是归因理论要着重解决的问题。研究表明，归因可影响欺凌的参与程度，某些特定的归因方式或归因偏向有可能促使儿童卷入欺凌，并成为欺凌中的主要角色，如欺凌者、受欺凌者等。③ 归因有可能影响欺凌主体的情绪情感变化，归因方式在同伴侵害与抑郁情绪反应的关系中起到了中介作用：消极归因方式显著增加了受侵害个体的抑郁情绪，积极归因方式显著降低了受侵害个体的抑郁情绪。④ 归因有可能影响欺凌被欺凌者的应对策略及行为变化，如果儿童认为是自身的过错招致了他人欺凌，那他很有可能不会向他人谈及此事或者寻求支持。⑤

欺凌主体的归因主要有：欺凌者的敌意归因，被欺凌者的自我惩罚归因和双方的道德归因。

1. 欺凌者的敌意归因

敌意归因是指在模糊社会情境中易于将他人意图知觉为敌意性的倾向，其被视为诱发攻击行为和不良社会互动的风险因子。⑥ 个体的敌意归因差异引发了不同程度的攻击行为，在高度不确定、模糊的情境中，那些倾向于做出敌意归因的个体表现出了更多的攻击行为。⑦ 敌意归因倾向反映出攻击者对同伴关系的消极知觉，具体而言，攻击者不仅认为他人的意图是充满敌意的，而且认为他人的行为同样充满敌意，这两种消极知觉进而引发了个体的攻击行为。⑧ 研究证实，敌意归因倾向与反应性攻击行

① SWEARER, S. M., WANG, C., BERRY, B., et al. Reducing Bullying: Application of Social Cognitive Theory [J]. Theory into Practice, 2014, 53(4): 271-277.

② 仁生,王倩. 中小学生欺负者归因特点的研究[J]. 心理科学,2010(1): 226-228.

③ JOSCELYNE, T., HOLTTUM, S. Children's Explanations of Aggressive Incidents at School Within an Attribution Framework [J]. Child and Adolescent Mental Health, 2006, 11(2): 104-110.

④ BETTS, L. R., HOUSTON, J. E., STEER, O. L., etal. Adolescents'Experiences of Victimization: The Role of Attribution Style and Generalized Trust [J]. Journal of School Violence, 2017, 16(1): 25-48.

⑤ DANIELSON, C. M., EMMERS-SOMMER, T. M. "It Was My Fault": Bullied Students'Causal and Controllable Attributions in Bullying Blogs[J]. Journal of Health Communication, 2016, 21(4): 408-414.

⑥ DEOROBIO, C. B., VEERMAN, J. W., KOOPS, W., etal. Hostile Attribution of Intent and Aggressive Behavior: A Meta-Analysis [J]. Child Development, 2002, 73(3): 916-934.

⑦ DODGE, K. A. Translational Science in Action: Hostile Attributional Style and the Development of Aggressive Behavior Problems [J]. Development and Psychopathology, 2006, 18(3): 791-814.

⑧ CILLESSEN, A. H., LANSU, T. A., YH, V. D. B. Aggression, Hostile attributions, Status, and Gender: A Continued Quest[J]. Development and Psychopathology, 2014, 26(3): 635-644.

为呈显著正相关,与挑衅性攻击行为呈显著负相关。[①] 敌意归因在攻击行为的产生与发展中起着重要作用,相关研究成果对了解欺凌者的敌意归因有着较大的参考意义。

2. 被欺凌者的自我惩罚归因

自我惩罚归因分为特质自我惩罚归因和行为自我惩罚归因。特质自我惩罚归因指的是将消极经历归因为内部的、稳定的、不可控的原因,如"这是我的错,我不能改变它";行为自我惩罚归因指的是将消极经历归因为内部的、不稳定的、可控的原因,如"我应该更小心一点"。[②] Harper(2012)采用假设情境描述的方法探讨了自我惩罚归因与同伴侵害的关系,结果发现,相比于遭受较少同伴侵害的儿童来说,遭受较多同伴侵害的儿童表现出更多的特质自我惩罚归因,并且特质自我惩罚归因可能会进一步导致焦虑、抑郁、孤独等内化问题。[③] 这与Shelley等(2010)的研究得到了相似的结论,特质自我惩罚归因与同伴侵害呈显著正相关,无论男生还是女生,这一效应均显著。[④]

值得注意的是,无论特质自我惩罚归因还是行为自我惩罚归因都是消极的内部归因,而消极的内部归因又会导致儿童被欺凌。[⑤] 特质自我惩罚归因与同伴侵害间呈相互作用的关系,两者呈现周期性循环过程。[⑥] 研究证实,有抑郁归因倾向的个体,倾向于对消极事件作出内部的、整体的、稳定的归因,常表现出过度贬低自身能力,将成功归因于他人,将失败归因于自己,低自尊、低自信、低自我评价等归因特点。欺凌者的欺凌行为与抑郁倾向归因存在正相关,且男生女生的相关均显著,这可能是因为欺凌者认为其没有能力去改变环境或者将欺凌他人视为改变自身处境的唯一方式。[⑦] 就被欺凌者而言,被欺凌者总体呈抑郁归因倾向且存在性别差异,女生的抑郁归因倾向显著高于男生。这可能是由于女生遭受欺凌后更多地选择内化行为策略,表现出更多的抑郁倾向。[⑦]

总体来说,消极的社会经历更有可能产生消极的甚至是偏差的归因风格,而这些

① YAROS, A. , LOCHMAN, J. E. , ROSENBAUM, J. , etal. Real-time Hostile Attribution Measurement and Aggression in Children [J]. Aggressive Behavior,2014,40(5):409-420.

② SCHACTER, H. L. , JUVONEN, J. The Effects of School-level Victimization on Self-blame: Evidence for Contextualized Social Cognitions [J]. Developmental Psychology,2015,51(6):841-847.

③ HARPER, B. D. Parents' and Children's Beliefs About Peer Victimization: Attributions,Coping Responses,and Child Adjustment [J]. The Journal of Early Adolescence,2012,32(3):387-413.

④⑦ SHELLEY, D. , CRAIG, W. M. Attributions and Coping Styles in Reducing Victimization [J]. Canadian Journal of School Psychology,2010,25(1):84-100.

⑤ PERREN, S. , ETTEKAL, I. , LADD, G. The Impact of Peer Victimization on Later Maladjustment: Mediating and Moderating Effects of Hos-tile and Self-blaming Attributions[J]. Journal of Child Psychology and Psychiatry,2013,54(1):46-55.

⑥ SCHACTER, H. L. , WHITE, S. J. , CHANG, V. Y. , etal. "Why Me?": Characterological Self-blame and Continued Victimization in the First Year of Middle School[J]. Journal of Clinical Child and Adolescent Psychology,2015,44(3):446-455.

⑦ SHELLEY S D. Thinking and Doing: Attributions and Coping of Child and Their Friends that are Associated with the Continuity of Victimization and Bullying[D]. Ontario: Queen's University,2009:83-90.

偏差的归因风格会使得个体做出不恰当的社会行为,不恰当的社会行为又会诱发同伴的消极反应。卷入欺凌儿童的归因风格反映了其在归因过程中歪曲现实的特定倾向。这种特定偏向可以划分为两种不同的类别:一是在社会化过程中习得的偏向,二是出于维持稳定自我概念或控制环境的动机性倾向。具体来说,儿童在社会化的过程中不断受到父母、同伴、教师等不同群体的影响,通过与不同群体的接触,儿童逐渐习得关系建构的方法和准则,依据社会学习理论,儿童处于暴力等有害环境中会习得消极的关系模式和归因方式。① 此外,欺凌者表现出了过于夸大的自我知觉和自我概念,高估自己的同伴地位以及学业和身体优势,欺凌者大多通过攻击和惩罚他人而不是承担自己在消极事件中的责任来达到维持不当自我知觉的目的。②

3. 欺凌事件中主要角色的道德情绪归因

在欺凌的相关研究中,道德情绪归因是研究者普遍关注的焦点。道德情绪归因指的是儿童将某种情绪归因为个体与道德相关的行为所产生的后果,③依据归因对象的不同,道德情绪归因一般可以分为自我道德情绪归因和他人道德情绪归因。具体来说,如果儿童将内疚等消极情绪归因于欺凌者,则说明其理解了欺凌行为带来的消极后果且在一定程度上接纳了道德准则;如果儿童将自豪等积极情绪归因于欺凌者,则说明其未能理解欺凌行为的消极后果或是未能内化相应的道德准则。其中,后者常被称为"快乐的损人者"现象。④ Menesini 等(2003)的研究发现,欺凌者、被欺凌者和围观者的道德情绪归因存在显著差异,相比于被欺凌者和围观者而言,欺凌者表现出更高水平的道德推脱情绪,如自豪和冷漠等。⑤ Jennifer 等(2012)的研究表明,受欺凌者倾向于作出恐惧和羞耻归因;欺凌者倾向于做出冷漠和自豪归因;追随者倾向于作出恐惧和羞愧归因。⑥

(六)去抑制行为效应

去抑制行为效应是针对发生在网络空间的网络欺凌而提出的理论。一个可能解

---

① LEREYA, S. T.,SAMARA, M.,WOLKE, D. Parenting Behavior and the Risk of Becoming a Victim and a Bully/Victim: a Meta-Analysis Study[J]. Child Abuse and Neglect,2013,37(12): 1 091-1 108.

② JUVONEN, J.,GRAHAM, S. Bullying in Schools: The Power of Bullies and the Plight of Victims[J]. Annual Review of Psychology,2014,65(1): 159-185.

③ MALTI, T.,KRETTENAUER, T. The Relation of Moral Emotion Attributions to Prosocial and Antisocial Behavior: A Meta-Analysis [J]. Child Development,2013,84(2): 397-412.

④ PERREN, S.,GUTZWILLER, -HELFENFINGER, E.,MALTI, T.,etal. Moral Reasoning and Emotion Attributions of Adolescent Bullies,Victims,and Bully-victims[J]. British Journal of Developmental Psychology,2012,30(4): 511-530.

⑤ MENESINI, E.,SANCHEZ, V.,FONZI, A.,etal. Moral Emotions and Bullying: A Cross-national Comparison of Differences between Bullies,Victims and Outsiders[J]. Aggressive Behavior,2003,29(6): 515-530.

⑥ JENNIFER, D.,COWIE, H. Listening to Children's Voices: Moral Emotional Attributions in Relation to Primary School Bullying[J]. Emotional and Behavioral Difficulties,2012,17(3-4): 229-241.

释这一现象的理论模型是互联网上的去抑制行为效应（Hinduja & Patchin，2009；Kowalski et al，2008）。

Joinson（1998）认为，由于去抑制效应，网络空间中的人们的行为方式在现实生活中并不存在，解除抑制意味着正常的行为约束可能会失去或被忽视（Mason，2008）。例如，研究人员已经证明，人们在通过电子邮件或其他电子场所交流时，往往会表现得更加直率。此外，与面对面交流相比，计算机中介交流更容易出现误解、更大的敌意、攻击性反应和不符合约定的行为（McKenna & Bargh，2000）。在面对面的互动中，人们阅读他人的情绪反应，并调整自己的行为以应对后果（Kowalski et al，2008）。换句话说，人类的行为受到社会环境和公众评价的抑制（Joinson，1998）。在网络空间中，人们的社交、语境和情感信号比面对面交流要少，他们对自己表现出来的行为类型不那么敏感和后悔（Mason，2008）。在网络欺凌中，欺凌者没有直接的社会反对和惩罚，也没有看到受害者的痛苦（Willard，2007）。因此，他们的行为往往是不受抑制的，变得更粗鲁，更严厉，更难以控制（Hinduja & Patchin，2009）。

不同步也是解除抑制效应的另一个重要组成部分。在网络空间中，人们并不总是实时地相互交流，有时可能需要几个小时、几天甚至几个月的时间来回复。因此，一些人认为，发布一个充满情绪和敌意的信息，然后把它放在那里是安全的，因为他们可以把它留在后面（Suler，2004）。

去个性化导致去抑制效应。当问责线索减少时，会发生去个性化，换句话说，匿名可以减少对他人反应的担忧（Joinson，1998）。当一个人的自我意识受到外部因素的阻碍或削弱时，去个性化也会发生，因为它减少了内部因素的影响（McKenna & Bargh，2000）。去个性化的负面影响表现在对自身行为的调节能力减弱，以及对自身行为进行理性、长期规划的能力减弱。个体也表现出对即时暗示作出反应的倾向，并且不太在意别人对他行为的看法（McKenna & Bargh，2000）。由于社会反馈和反对意识的减弱，冲动和不受抑制的行为就会出现（Hinduja & Patchin，2009；Kowalski et al，2008）。

可见，网络上的抑制和去个性化的作用，加上青少年大脑的不成熟，解释了网络欺凌行为，认为人类的行为是由于减少了社交和语境线索而被解除抑制的。

二、学生欺凌的环境分析

学生欺凌是个体内部因素（如焦虑、身体表征、归因风格等）和社会环境（如家庭、同伴群体、学校、社区等）之间的互动机制所引发的，我们应用系统论的观点从社会、学校和家庭的环境系统进行分析。

（一）社会生态理论

在社会生态学框架中（李凯，曾家延，2020），欺凌者、被欺凌者、围观者处于生态系统的中心圈、外围四层次圈依次是家庭、学校同伴、社区、文化。可以看到个体不是孤立存在的主体，而是生活在一个复杂、多维的生态系统里。学生欺凌是具有综合性质的失范行为，如果被强化或者被压制，都是综合因素多方共同作用的结果。环境是指围绕个体多层次的、嵌套的社会环境，从微观到宏观层面。微观系统包括孩子与其周围的环境，比如说家庭和学校的关系与互动。中间系统是指包含孩子的两个或多个微观系统之间的相互关系，例如家庭——学校交流。外部系统是指儿童不直接参与的两个或多个系统之间的相互关系。

1. 微观系统

微观系统是指对儿童直接作用、影响和交流的环境，包括家庭环境、学习环境、父母的教养方式、同伴的相处关系等。有研究表明，儿童可能由于他们的口音、身材、文化习俗、穿着等而被同伴嘲笑或是遭到有针对性的欺凌。在欺凌事件发生后学生与父母及老师的沟通，以及他们父母和老师对欺凌事件的反应，都可以加重或减轻欺凌的负面后果。研究表明，父母和老师在儿童欺凌行为中扮演重要角色，缺乏父母支持、消极的家庭互动和儿童虐待都与欺凌行为之间相互关联[1]。亲子间暴力与欺凌行为之间的关系可以用社会学习理论来解释，即儿童通过观察和角色建模来学习攻击行为。儿童可以通过观察家庭暴力来学习接受欺凌和攻击，以此作为与同伴互动的合理途径。

2. 中间系统

中间系统是指两个或更多个微观系统之间的相互关系，每个微观系统都包含有个体的存在。老师会影响学生之间的同伴关系，由于学生与学校教师的互动频繁，老师对学生欺凌的态度及参与情况对学生有重要影响。教师和学校官员都可以影响学生与同龄人的关系以及他们对学校环境的看法。教师过度参与学生的学业和社会生活，将会大大减少学生在学校的安全感[2]。Rigby，Ken & Bagshaw，Dale（2003）认为，在欺凌发生时，大部分学生不会寻求老师的帮助。[3] 但是学生遭遇欺凌后，向老师寻求帮

① YODPRANG, B. ,KUNING, M. ,MCNEIL, N. Bullying among lower secondary school students in Pattani province,southern Thailand [J]. Asian Social Science,2009,(4):

② HONG, J. S. ,EAMON ,M. K. Students' perceptions of unsafe schools: An ecological systems analysis [J]. Journal of Child & Family Studies,2012,(3):428- 438.

③ ACRAIG, W. M. ,HENDERSON, K. ,MURPHY, J. G. Prospective teachers' attitudes toward bullying and victimization [J]. School Psychology International,2000(1):15-21.

助存在人口学特征的差异。女生在被同龄人欺凌时,更有可能向老师报告;而男生则只会向除了老师以外的其他成年人寻求帮助。[1] 当教师在积极干预学生的同伴冲突时,学生更愿意向老师或学校官员寻求帮助。[2] 优质的师生关系和教师支持也会影响或减轻学生在学校卷入欺凌事件的可能性。[5]

3. 外部系统

外部系统是指个体并没有直接参与,但却对个体产生了影响的环境。这个系统是由两个或多个环境交互组成,但个体仅在其中一个环境内,这包括社区环境和媒体环境。例如,在媒体暴力和有暴力存在的社区环境中,两者都有可能或不可能直接包含个体本身,但却会影响他们,可能会对青少年在学校里与同龄人的互动产生负面影响。青少年在电视、电子游戏和互联网上接触暴力行为,这些接触暴力行为的途径将会增加青少年的侵略性思维和行为的可能性。[3] 学生在媒体上看到暴力行为很有可能会促使他们用同样的方式与同伴互动。Huesmann 等人(2010)的纵向研究调查了 6~10 岁在 20 世纪 70 年代和 80 年代长大的儿童样本,发现男性和女性青少年接触电视暴力都预示着侵略性的行为。[4] 学校是嵌入在社区里的,不安全的社区环境可能会因成人监督不力或同伴的负面影响而影响欺凌行为。有研究表明社区环境也影响着欺凌行为,居住在不安全社区的青少年可能会遭受到欺凌。[5]

4. 宏观系统

宏观系统是个体生活环境的最外层,是处于更大的亚文化和文化背景下的外部系统、内部系统和微观系统的总和。宏观系统层面是指文化信仰、政治价值系统、机会构成等,而最终影响微观系统中发生的特定条件和过程。欺凌行为可能是为某种必然的目的而建立的,是一种行为与另一种行为相冲突。文化规范中的亲社会态度与信念,对有欺凌行为的学生是有帮助的。[6]

① WAASDORP, T. E. ,BRADSHAW, C. P. Child and parent perceptions of relational aggression with in urban predominantly African American children's friendships:Examining patterns of concordance[J]. Journal of Child & Family Studies,2009,(6):731-745.

② ACEVES, M. J. ,HINSHAW, S. P. ,RODOLFO, M. D. ,et al. Seek help from teachers or fight back? Student perceptions of teachers' actions during conflicts and responses to peer victimization [J]. J Youth Adolesc, 2010(6):658-669.

③ HUESMANN, L. R. ,MOISE, TITUS, J. ,PODOLSKI, C. L. ,et al. Longitudinal relations between children's exposure to TV violence and their aggressive and violent behavior in young adulthood:1977-1992 [J]. Developmental Psychology,2003,(2):201-210.

④ CORVO, K. ,DELARA, E. Towards an integrated theory of relational violence:Is bullying a risk factor for domestic violence? [J]. Aggression & Violent Behavior,2010(3):181-190.

⑤ KHOURYKASSABRI, M. ,BENBENISHTY, R. ,ASTOR, R. A. ,et al. The contributions of community,family, and school variables to student victimization [J]. American Journal of Community Psychology,2004(3-4):187-204.

⑥ FIONA, LEACH. Learning to be violent:The role of the school in developing adolescent gendered behaviour [J]. Compare A Journal of Comparative & International Education,2003(3):385-400.

Espelage 实验室和合作者的研究认为,欺凌是一种通过个体内在因素和跨不同环境或结构的多重社会化代理之间的复杂交互作用而产生并维持的行为。[1][2][3][4] 儿童直接接触的结构称为微系统,包括同龄人、家庭、社区和学校。微系统各组成部分之间的相互作用称为中观系统,包括家庭和学校之间的相互关系。

(二)学校系统理论

从学校系统来看,学生欺凌问题的根源不在于欺凌者与被害者的个人特质,而在于他们之间的特定空间关系。在学校教育中,科学、数学甚至社会科学以及文学,都存在于明确的方法论与精确的知识体系中,这种具有确定性的学习空间会形成对他人的"预设性"理解而产生支配思想。[5] 加上为了达到教学目标采取的学生排名、荣誉级别等确定性措施,创设了激发学生支配性的欺凌空间。同时,应试教育制度导致的教育分层、学校教育评价标准的单一,学习成绩成为评判学生成败的重要指标,学业表现不佳产生了大量"失败者"。当拥有与他人同样目标与理想的学生无法以正当方法实现目标时会产生紧张,这种紧张会刺激欺凌行为的发生,以此来掩饰心中的恐惧感或失落感,重新获得同伴地位与尊重。从存在主义的观点来看,每个人都在与他人的关系中试图保持自己的主体地位,"存在感"是人存在的核心,当个人被学校制度所束缚与裹挟,难以体验自我存在的意义与价值时,可能会通过欺凌他人等手段进行反抗彰显自我或存在的独特性。

在学校系统中,同学的关系和互动是欺凌事件的重要影响因素。来自青少年同辈群体的信息显示,告密是不受欢迎的。如果真的有欺凌的危险而被某人说出来了,欺凌者是会报复的。孩子们倾向于相信欺凌会无端发生,也无法做些什么去阻止它的发生。关于欺凌的报道就如同一座冰山被报道的欺凌事件不过是冰山一角,大部分的欺凌事件都隐藏在冰山之下(图3-8)。[6] 即便是面临过分的欺凌,孩子们也往往不会报告自己遭遇欺凌。

---

① Bronfenbrenner,U. The ecology of human development:Experiments by nature and design[M]. Cambridge, MA:Harvard University Press,1979.

② Espelage,D. L.,Low,S. K.,& Jimerson,S. R. Understanding school climate,aggression,peer victimization,and bully perpetration:Contemporary science,practice,and policy[J]. School Psychology Quarterly,2014,29,233-237.

③ Hong,J. S.,& Espelage,D. L. A review of research on bullying and peer victimization in school:An ecological systems analysis[J]. Aggression and Violent Behavior,2012,17,311-312.

④ Low,S.,& Espelage,D. Conduits from community violence exposure to peer aggression and victimization:Contributions of parental monitoring, impulsivity, and deviancy[J]. Journal of Counseling Psychology,2014,61,22-231.

⑤ CORVO,K.,DELARA,E. Towards an integrated theory of relational violence:Is bullying a risk factor for domestic violence?[J]. Aggression & Violent Behavior,2010,(3):181-190.

⑥ [爱尔兰]基思·沙利文.反欺凌手册[M].徐维,译.北京:中国致公出版社,2014:53.

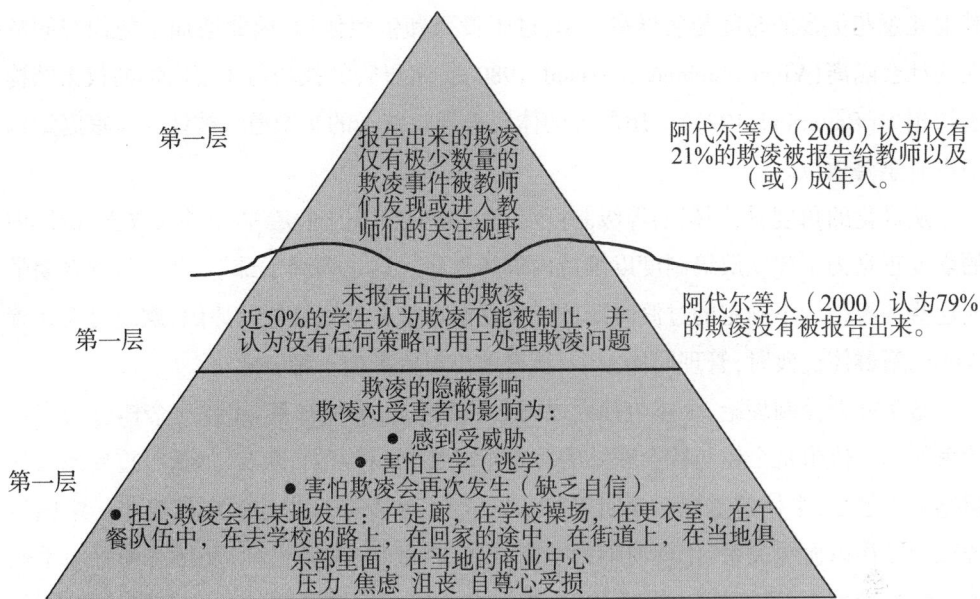

图 3-8　学生欺凌冰山图

阿代尔等人（2000）以新西兰为基础的研究发现，尽管 81% 的孩子发现了欺凌，但只有 21% 的孩子会向大人报告。一项在英国 25 所中学所做的研究表明，8% 的学生相信，如果他们将欺凌报告给老师，他们可能会被告知"不要搬弄是非"，13% 的学生认为"老师可能对此不感兴趣"。总体而言，在受访的 115 名学生中，只有 14 名学生认为干预欺凌会对事情有所改善，41 名学生认为事情可能会变得更加糟糕，因为老师们可能会危及、妨碍和破坏受害者所受伤害的隐秘性。无论欺凌证据的来源为何，在调查中教师对欺凌的干预超过 50% 的作用甚微（Glover et al, 2000）。大量的研究显示了教师和学生在欺凌的频率以及他们对欺凌干预功效的评价方面存在较大的差异（Reid et al, 2004），学生们通常不太相信老师们具备有效干预欺凌的技能，因此，不会将欺凌告知他们（Craig et al, 2000）。

我们应当训练教师们用一种谨慎的方式来处理欺凌问题，这样他们才不会增加欺凌的创伤，而能部分地解决欺凌问题。当学校较好地开发并支持反欺凌方案，并且当率真、尊重和富于同情心成为校园文化的一部分时，反欺凌的效果就很有可能实现（Smith, 1999）。

（三）家庭系统理论

研究表明，儿童成为欺凌者或被欺凌者与其家庭结构、家庭环境、亲子关系密切相关。具有高度凝聚力（温暖和低水平敌意）的家庭不太可能产生欺凌或受害的孩子。凝聚力与最佳家庭功能相关（Russell, 1979; 奥尔森, 1986）。被欺凌者往往生活在家庭关系过于紧密，母亲"焦虑过度地参与"孩子的生活（Olweus, 1980）。受害儿童往往比其他儿童花更多的时间与父母在一起,过于投入和依赖他们,因此增加了他们与同龄人的社会隔离(Vignes Steine&Auckland,1980)。父母管教技巧与家庭内部的权力结构密切相关(Baumrind,1973)。用严厉的体罚来管教孩子的父亲通常被认为在家庭结构中占有重要地位。

从进化的角度看,明确的等级制度能有效减少群体内冲突、防止外来攻击,群体内的欺凌正是为了建立层级制度以维持内群体秩序。这也解释了升学、开学与青春期早期这些等级结构不确定的过渡时期欺凌率逐渐增加并达到高峰的原因,欺凌可能是青少年向新群体过渡时,管理同伴关系、获得地位与资源的一种方式。

基于社会控制理论,个体与社会之间必须建立起某种联系,才能对个体行为产生约束作用。依附是个体与社会联结的重要组成要素,对家人、亲友、师长等重要他人的情感依附越强,个体越重视他人期望与意见,产生欺凌等行为的倾向就越小。中国传统社会结构以血缘关系、伦理情感为准则,以崇祖敬长、遵循祖训、互帮互助等为手段形成强大凝聚力,道德情感、礼乐体系、舆论名誉等成为维系与治理社会的基本途径,个体价值观与行为受到集体意识与社会规范的限制与引导。

学生欺凌的发生是学生自身与学校和社会环境相互作用的结果。它既受社会环境影响,也受自身因素和他人影响,就像被扔进湖中央的一块石头泛起的涟漪,由湖心向边缘扩散(见图3-9)。[①]

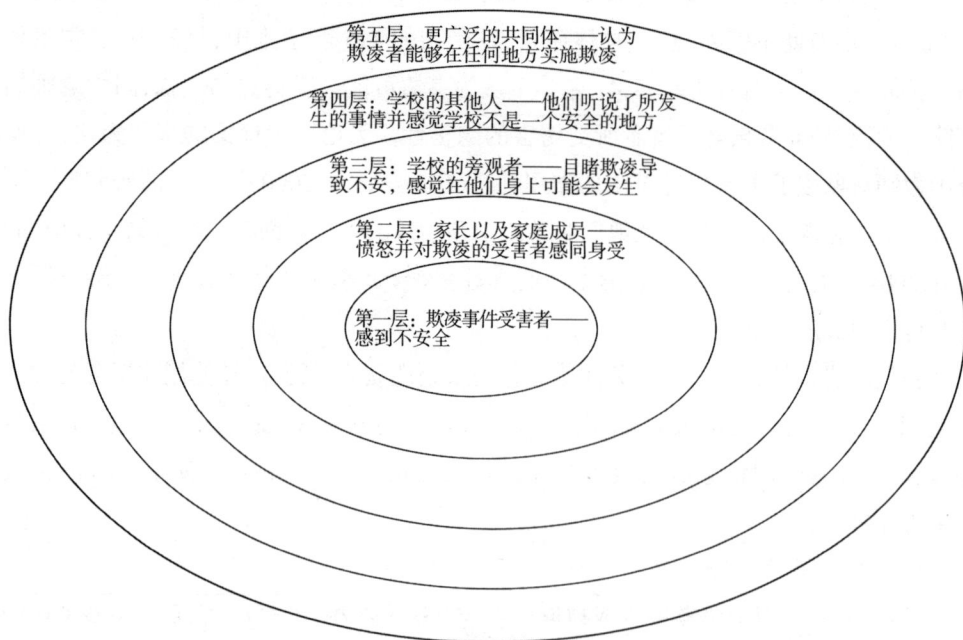

图3-9　学生欺凌是学生与学校和社会环境相互作用的结果

① [爱尔兰]基思·沙利文.反欺凌手册[M].徐维,译.北京:中国致公出版社,2014,53.

第一层 (影响的核心)被欺凌者是主要的受害者,无论是欺凌发生之时还是过后都感受到欺凌的主要力量。

第二层 家长及家庭成员是欺凌的第二受害者。他们的感情会相当复杂,从感觉无助到愤怒,再到想要报复。当家长们来到学校时重要的是要倾听他们的述说并尽可能多地给他们提供信息。

第三层 围观者同样受欺凌影响。他们可能会感到害怕和不安全,对于自己没有能阻止欺凌感到愧疚,或者因为欺凌的恶毒和残忍而变得憔悴。学校对欺凌的反应和做法将为围观者群体提供象征性的声明。如果他们感到学校倾注了足够的关心来有效应对欺凌,他们就可能对欺凌持反对态度(或至少会将欺凌告诉家长或老师)。

第四层 学校对欺凌的反应,事实上给其他人发送了清晰的信号。如果学校积极主动地应对欺凌,那就表明欺凌是不被容忍的。如果学校对欺凌处理得很糟糕,那就给欺凌者发送了一个他们可以继续欺凌而不受惩罚的信号。如果学校对欺凌没有任何行动,那么,它将成为一种欺凌文化的直接推动者。

第五层 与更广泛的共同体相关,很多事情都能够发生。如果欺凌没有被发现,或是没有被有效地处理,学生就会认为欺凌者能够在任何地方实施欺凌。如果一所学校能很好地处理欺凌问题,那么它不仅仅对学生的健康有益,也对更广泛共同体的健康与安全有益。

第四章 学生欺凌主体的特征描述

学生欺凌事件的主体包括欺凌者、被欺凌者和围观者,他们都有自己独有的特征,对学生欺凌主体特征的深入挖掘和精确描述,有助于准确甄别和判断欺凌事件,对预防和应对意义重大。围观者的特征在第三章中进行了描述,本章重点描述欺凌者和被欺凌者的特征。

第一节 欺凌者的特征描述

欺凌者是指在学生欺凌事件中对他人实施欺凌行为的主体,有时是一名同学,有时是多名同学,是欺凌的策划者和发起者,他们主导着欺凌事件的进程和走向。

欺凌者形形色色,我们无法通过外表来确定他是不是欺凌者。他们有的强壮,有的瘦弱;有的凶悍,有的孱弱;有的很聪明,有的笨拙;有的极具魅力,有的平凡无奇;有的很受大众欢迎,有的几乎不被人理睬。欺凌者通常有两种截然不同的类型:一类是有良好同伴关系的学生,很有社交权力(即容易在社交活动中影响别人),而且对自己的受欢迎程度特别在意,喜欢主导和控制别人;另一类是不太合群的学生,可能有抑郁或焦虑的困扰,自信心不足,不太参与各类活动,很容易服从同伴压力,或者不能体会他人的情绪、感受。

欺凌者难以从外表进行判断,但他们都有相对固定的行为模式,我们可以从他们的心理特征、社会特征和行为特征来进行综合判断。他们往往会在家中练习自己的角色,会通过模仿来自各个渠道的言行来塑造自己,比如看过的电影、玩过的游戏、一起玩耍的朋友,学校和他们所处的文化环境。成人如果不能明察秋毫,很可能会认为他们只是在捉弄他人,在玩角色扮演游戏,在玩无意的老式互殴,或者只是同学之间普通的较劲。他们的所作所为是危险的,并且对他们自己、对被他们欺凌的同学和整个社会群体都会造成严重的后果。

欺凌行为是后天习得的,许多欺凌者原生家庭就有家庭暴力,父母有恶习甚至反社会行为。根据丹·欧维斯在《校园中的欺凌:我们知道的和可以做的》一书指出,欺凌者往往倾向于表现以下一些特征:

1.有强烈的掌控、征服其他学生的欲望,并一定要按照自己的方式行事。

2.容易冲动和发怒。

3.面对成人(包括家长和教师)时,往往表现出目中无人和攻击性。

4.对受害的学生几乎不会表现出任何同情。

5.如果是男孩,他们的身体比一般男孩要强壮。

根据对欺凌特征的实践调查,经常或持续欺凌他人的青少年的个体特征有不同的类型。[1] 主动欺凌型,这类学生被描述为了达到某个目标利用某种工具主动地欺凌他人。这些学生更有可能使用隐蔽的欺凌形式,如羞辱、社会排斥或声誉损害等关系欺凌。[2] 他们对人际关系持"马基雅维利主义"(Machiavellian)的观点,认为攻击和欺凌是在同龄人中获得个人权力和地位的一种可接受的方式。[3] 他们的情感同理心较低,对那些被他们欺凌过的学生几乎没有同情心,并且认为为达到目的的利用他人是合理的。反应性欺凌型,这类学生因为无法控制自己的愤怒和沮丧而开始反应性地欺凌他人或者把攻击性作为对抗自己被欺凌的一种形式,甚至把欺凌行为作为持续的预防自己被欺凌的一种策略。这些学生常常在欺凌别人和被欺凌之间徘徊,经常被描述为欺凌的受害者。反应性欺凌的学生更容易发怒,冲动地进行猛烈抨击,通常带有身体上的攻击性。他们的社会能力水平较低,情绪控制能力较差。[4] 尤其是当他们感到有压力的时候,他们尤其难以控制频繁的愤怒情绪。

一、欺凌者的心理特征

欺凌者在学生欺凌主体中是主动者,是欺凌行为的发起者。他们通常外表强悍,性格倔强,具有冲动、敌意、攻击、外向的人格倾向;报复心强,无同情心,以伤害他人为乐;控制欲强,喜欢掌控他人、支配他人;他们往往被"权威(力)者"忽视,在集体(正式群体)中地位不高。在人际交往的过程中表现出自私性,有强烈的保护个人自私行为的倾向;欺凌者善于使用具有逃避性、自我欺骗性和攻击性的心理防御机制,例如否定自我,拒绝面对现实,通过攻击(欺凌)他人来获取在朋辈群体中的地位,引起"权威(力)者"的关注等;欺凌者价值观不健全,存在认知偏差,处理问题、解决问题的能力

① Vaillancourt, T., Hymel, S. &, Mc Dougall, P. Bullying is power: Implications for school-based intervention strategies[J]. Journal of Applied School Psychology,2003,19(2), 157-176.

② Kaukiainen, A., Bjorkqvist, K., Lagerspetz, K., Osterman, K., Salmivalli, C. &Rothberg,S. The relation-ships between social intelligence, empathy, and three type of aggression[J]. Aggressive Behavior,1999,25,81-89.

③ Andreou,E. Bully/victim problems and their association with psychological constructs in 8-to 12-year-oldGreek school children[J]. Aggressive Behavior,2000,26(1):49-56.

④ Roland,E. &,Idea,T. Aggression and bullying[J]. Aggressive Behavior,2001,27(6), 446-462.

较低。①

（一）欺凌者的认知特征

欺凌者存在认知偏差,他们盲目自卑或自信,具有敌意认知并崇尚权力。研究发现,欺凌他人事件的发生与欺凌者盲目的自我评价、自尊、自信密切相关。在群体中,欺凌者无论是为了确立自身在同伴群体中的权威和地位,还是为宣泄压力和情绪,或是建立自己的生存空间,原本就存在的情感和认知偏差使其欺凌行为表现得更加暴力。② 而这种暴力行为对群体中其他成员起到威慑作用,欺凌群体中的依附者会在心理上认同并模仿欺凌行为。

在一项大规模调查中,Homas 等人(2004)发现经常性地欺凌同龄人的青少年有相当大的概率认为自己不被同学喜欢,在班级中不受欢迎,并称自己在学校感到孤独和缺乏生活乐趣。③ 他们以自我为中心,专注于自己的目标而不关心他人的权利,常常感觉自己与学校脱节、不喜欢学校,认为使用侵略是实现自己目标的一种可以接受的方式。更有严重者在与同学交流接触的过程中经常感到愤怒,恶意猜测他人,并倾向于把敌对的意图归咎于他人。欺凌者自恃武力,崇尚用武力解决同学间的纠纷。④ 情绪稳定性较低而攻击性较高的小学生,尤其是男生对外部刺激的反应可能更为强烈而缺乏理智,因而更可能成为欺凌者。⑤

（二）欺凌者的情绪特征

欺凌者情绪焦虑,冲动易怒,情感冷漠,缺乏同情。欺凌者往往情绪不稳定,易冲动,冷漠、缺乏同情心。研究表明,在学生欺凌中起主导作用的人,即真正实施欺凌行为者,在情感、认知和行为方面存在一定的偏差,通常表现为冲动、易怒及具有极强的攻击性。⑥ 焦虑的欺凌者通常是学业上较差的男生,并且一般不受欢迎。他们的欺凌通常采取小冲突的形式,能够引起别人的反应并且能给他们暂时的权力感。不同类型的欺凌者很可能生活在情感混乱及社会混乱的环境中,在这样的环境下,他们具有破坏性,怀有敌意且心理失常。他们容易欺凌同学,也容易被同学欺凌(Veenstra,2005)。

这些人冷漠无情,过于自恋和冲动(Van Geel,Toprak,Goemans,Zwaanswijk,& Vedder,2017),欺凌者通常好挑衅、爱支配别人、崇尚暴力、易冲动和对被欺凌者缺少

---

① 施长君,纪艳婷,刘凤权等.校园欺凌的心理成因及干预策略[J].当代教师教育,2018(6):20-25.
② 王中杰,刘华山.校园欺凌中的欺负/受欺负者和旁观群体研究综述[J].心理发展与教育,2004,20(1):92-96.
③⑤ 谷传华,张文新.小学儿童欺负与人格倾向的关系[J].心理学报,2003,35(1):101-105.
④ 成鹏.初中校园欺凌问题的质性研究[J].江苏教育,2019(40):12-14.
⑥ 古斯塔夫·勒宠.乌合之众[M].冯克利,译.北京:中央编译出版社,2017.5-13.

同情(Benitez,Justicia,2006;Carney,Merrell,2001;Ose Rbleisener,1999)。他们心理发育不健全、易怒易激惹、对自己的暴力行为缺乏正常的悔悟之心、自私自利、不顾他人感受、哗众取宠。[①]

欺凌者能够觉察、体验、理解他人的情绪、情感。Smith(1999)的研究发现,欺凌者知道在情境中如何去伤害对方,他们会选择欺凌的时机、场合、形式,知道如何戳中被欺凌者的"痛处"。这表明欺凌者具有较强的"心理能力",他们对被欺凌者的心理有较好的把握,能很好地推测他人的心理状态,如动机、欲望和情感,能够较好地意识到自己的所作所为给别人带来的不良影响,但体验不到他人的痛苦感受。该研究结果证实了欺凌者自身较高的认知移情能力,较低的情绪移情能力,这一现象被心理学家称为"冷认知"。

欺凌者在情绪体验上不同于他人。他们在欺凌情境中最常表现出的情绪反应是冷漠、满意和高兴;期待在攻击情境中体验到快乐,会冒更大的风险采取破坏性行为。由于共情能力不足,欺凌者很难感同身受到自身行为给被欺凌者带来的消极情绪体验。来自国内外的研究均表明,欺凌和被欺凌的发生率随着年龄的增长呈下降趋势。其原因是儿童在社会化的过程中逐渐认识到什么行为是可接受的,能够体验别人在遭受欺凌时的情感,由于情绪移情能力的提高使他们降低了欺凌行为。

(三)欺凌者的人格特征

1.攻击性、控制性、低自尊、神经质

如果将欺凌(尤其是间接欺凌)视为一种在同伴团体中确立支配地位的工具性行为策略,就会发现欺凌者不一定缺乏社交技能或调节情绪的能力。尤其是欺凌者中的小头目(ring-leader),往往社交能力很强,善于利用和操控同伴来达成自己的目标(Sutton,Smith,&Swettenham,1999)。部分欺凌者在实施攻击行为时更是两手策略的控制者(bistrategic controllers)(Pouwels,Lansu,&Cillessen,2016),他们会软硬兼施地运用反社会和亲社会两种手段来获取自己的利益(Garandeau&Cillessen,2006)。尤其在西方国家,欺凌行为是青春期早期个体获得并保持社会支配地位的一种常见方式(Juvonen,Wang,&Espinoza,2013)。欺凌者缺乏同情心,尤其是移情能力(Zych,Ttofi,&Farrington,2019),喜欢道德推脱(Gini,Pozzoli,&Hymel,2014)。

过度强势的性格会导致挫败感的加深,为了避免这个感觉,偏执的中小学生容易采取更加强势的态度去要求他人的服从与膜拜,从而导致他们的行为出现偏差,不愿意遵守规矩,这些都有可能成为欺凌他人的因素。谷传华等(2003)测量了儿童欺凌

---

① 成鹏.初中校园欺凌问题的质性研究[J].江苏教育,2019(40):12-14.

行为与人格倾向的关系,结果发现,欺凌者在精神质量表上得分普遍较高,并且属于外倾型。根据艾森克的研究,高精神质量表得分往往意味着倔强固执、粗暴强横、冷酷和缺乏同情心等,许多精神病态人格、酗酒和各种反社会行为等问题行为者的精神质量表得分都极高。具有外倾型的个体往往不容易克制自己的行为,具有冲动性和易激惹的特点。所以,他们在学校中经常会有一些违规行为,极易形成不良的同伴关系。研究者早期认为,童年期的攻击行为是个体反社会人格的萌芽(Olweus,1994),一些新近研究,也确认了欺凌与反社会行为特质之间的相关性(韩雪、张野、张珊珊,2018)。欺凌者往往表现出任性、具有攻击性、急性子、急躁、无法理性控制其情感、以自我为中心及行事冲动等个性特征。

中小学生欺凌他人的发生频率与神经质水平、精神质水平之间均存在显著或极其显著的正相关,[①]与外向和自尊水平存在显著或极其显著的负相关。欺凌者在学习和生活中的失败通常会促成他们形成较低的自尊,由此引发郁闷、恼怒与内向气质、情绪不稳定性、较高的攻击性或神经质等人格倾向,可能推动着他们将某些自卑、退缩、反应不适当的儿童作为"出气筒"或"替罪羊"。[②③] 中国教育者注重道德教育,有可能促成儿童抑制性的人格特征,而相应缺乏西方儿童所具有的较高的自我表现和表达倾向。换言之,在西方文化背景中,小学儿童的主动性欺凌更多,而在我国文化中,由某些生活事件所激起的反应性欺凌较多。[④]

2. 问题性人格特征

部分欺凌者呈现出冲动型人格障碍的部分特征,[⑤]部分欺凌者存在着人格障碍。[⑥]

(1)反社会型人格(antisocial personality disorder),又称为无情型、冷酷型人格。其主要特征是行为极端地不符合社会规范,在思想、信念、情感、认知等方面,学生欺凌施暴者常与社会主流价值观相冲突;与同学相处时情感麻木不仁、冷酷无情、人性残忍、尖酸刻薄;极端自私,强烈的自我中心;待人接物不真诚、做事不坦率、缺乏基本的社会责任感;激惹性高,承受挫折的能力差,办事鲁莽冲动、不考虑后果。

(2)偏执型人格(paranoid personality disorder)。其主要特征是主观性强而固执;不能对自我作出正确评价,对周围的人缺乏基本的信赖,意志坚定,易攻击;始终认为

① Byrne, B. J. Bullies and victims in a school setting with reference to some Dublin schools[J]. The Irish Journal of Psychology,1994,15:574-586.

② Allan, J. Scapegoating: help for the whole class[J]. Elementary School Guidance and Counseling,1983,18: 147-151.

③ Wilczenski, F. L. , Steegmann, R. , Braun, M. , et al. Children as victims and victimizers: interventions to promote fair play[J]. School Psychology International,1997,18: 81-89.

④ 谷传华,张文新.小学儿童欺负与人格倾向的关系[J].心理学报,2003,35(1):101-105.

⑤ 成鹏.初中校园欺凌问题的质性研究[J].江苏教育,2019(40): 12-14.

⑥ 许博洋,罗震雷.校园欺凌施暴者的人格障碍及其干预机制[J].广西警察学院学报,2018(6):101-106.

自己的观点正确,不允许别人指出或批判自己的缺点与不足,即使是中肯、客观的评价也会引起其剧烈的不满而反击;心胸狭隘、好嫉妒、缺乏信赖、主观固执、骄傲自大等。

(3)情感型人格(emotional personality disorder)。其主要特征是情绪不稳定,忽高忽低,或持续地情绪低落、抑郁不振;或持续地高涨,精神振奋;或两者交替出现,喜怒无常,变化多端。这种人格障碍可分为抑郁型、躁狂型和躁郁型三种亚类型。在这种人格障碍者的生活中,极端情绪状态始终占据优势,易激惹,微不足道的小事也能引发其强烈的冲动去毁坏财物、伤害他人,甚至不计后果与他人进行殊死殴斗。

(4)爆发型人格(explosive personality disorder)。其主要特征是愤怒情绪和冲动行为常常被微小的刺激所激惹,且行为人完全不能控制这种强烈的情感外化。此类人的情绪情感与行为是间歇性的、时而正常、时而怪异,且常常在越轨行为发生后后悔不已,但又不能防止其再次发生。这类欺凌者在受到微小的负向刺激时,就会产生愤怒的情绪和暴力冲动进而实施欺凌。

(5)轻佻型人格障碍(frivolous personality disorder)。其主要特征是举止轻浮、行为失当、虚荣心强、喜好夸张、不顾廉耻、以编造谎言诱人上当为乐趣。

二、欺凌者的社会特征

(一)社会地位

我们现实的学校教育人为地在班级内部把学生划分出三个阶层,"好"学生、"坏"学生和"普通"学生。"好"学生常常在班级组织的正式活动中扮演主导者,"坏"学生则往往在班级组织的非正式群体中承担主导者,而"普通"学生必须分辨出班级正式群体和非正式群体中的掌控权力的人或群体(团伙),经由控制和依赖而对权力屈服,或者经由良知和自我认知而使之束缚于自身,"普通"学生的社会化过程是被动、屈从和他律的。根据欺凌者的"好"与"坏",可以将欺凌分为"坏"学生欺凌和"好"学生欺凌两种类型。[①] "好"学生的欺凌是为巩固其在班级中的"法定"地位或威望,"坏"学生的欺凌是为巩固其在班级中的"非法定"地位(非正式群体中的地位)或威信,他们都是资源匮乏者,都要获得地位或威信。他们一般并没有真正的朋友,自我感觉很强大,并且希望给同学们以同样的印象,希望得到大家的关注,并不在乎其行为给受害者带来的痛苦。

我们常常关注显性的"坏"学生欺凌,忽视隐性的"好"学生欺凌。"好"学生欺凌多发生于好或普通学生群体,而且同辈群体中被欺凌者、欺凌者、围观者的身份可能会

---

① Shoko Yoneyama. Theorizing School Bullying:Insights From Japan [M]. Confero:Linköping University Electronic Press,2015:126.

随时变化。"好"学生欺凌对象多是普通学生,而且多偏向于心理欺凌。"好"学生在与"普通"学生交往中更容易占据强势地位,而"普通"学生在这种"欺凌与被欺凌的关系"中极易依附或认同"好"学生的欺凌态度,将被羞辱感转移至新的被欺凌者身上,最终成为新的欺凌者或围观者(见表4-1)。

类型Ⅰ和类型Ⅱ只是细分同辈欺凌的两种抽象模型,现实中学校欺凌现象是不可能完全按照这两种类型进行区分的,并且两种类型可能会存在一定的交叉重叠之处。[①]

表4-1　同辈欺凌的类型及表现(戴羽,李立国,2019)

类型	类型Ⅰ	类型Ⅱ
欺凌者	"坏"学生	"好"学生
欺凌者数量	一对一	多对一
外在特征	多为身体欺凌	多为心理欺凌
地位/角色	相对固定	不断变化
被欺凌者	欺凌者群体外	欺凌者群体内
原因	个人/家庭因素	环境/学校因素
防治策略	针对个体	针对学校组织

欺凌者实施欺凌通常有各种理由,例如为了寻开心、获取物质利益、获取权力或地位、舒缓压力、维护团体关系等(Wong,Cheng,&Chen,2013)。部分单纯的欺凌者通过欺凌的确获得了想要拥有的资源,虽然他们不一定被大家真心喜欢,但通常在班级内(或同伴团体中)有较高的社会地位和影响力(Pouwels,Lansu,& Cillessen,2016),甚至更有异性吸引力(Volk,Dane,Marini,& Vaillancourt,2015)。

杨硕(2019)从欺凌者的角度考察学生欺凌成因时发现,虽然欺凌者在校园中表现出较强的攻击性,但现实生活中他们却是在各种资源上均不占优势的弱势群体。66%的欺凌者曾受到老师的批评和处罚,而63.22%的欺凌者曾受到家长的批评和处罚。[②] 男性、寄宿、认知能力较低以及心理状况较差的学生更有可能发起欺凌行为。家庭管教程度不严、对子女信心不足也是欺凌者发起欺凌行为的诱因。此外,在学校

---

① 戴羽,李立国.学校欺凌行为类型化分析及对策研究[J].现代教育管理,2019(3):101-105.
② 杨硕.欺凌者视角下的校园欺凌成因及对策——基于我国教育追踪调查的实证研究[J].教育科学研究 2019(4):35-40.

和班级层面,学校排名、师资力量以及同伴效应均能显著影响校园欺凌的发生概率。[①]

2016年,罗怡和刘长海对119所中小学在职教师进行的调查结果表明,61.47%的教师认为欺凌者在学校很少受到教师表扬,68.85%的教师认为欺凌行为给欺凌者带来了自信。[②] 这表明很多欺凌者在归属与爱的需要、尊重的需要等方面得不到满足,需要的匮乏导致安全感缺失、自我价值感降低。他们在环境、人际交往中感到不安、危险与紧张,尝试通过某些方式为自己营造一个可以受控制的安全领域。欺凌他人,实则是欺凌者通过对他人施加不良影响而使自己体验到控制感、安全感,获得关注、提升自我价值感的一种补偿行为。

要引起我们注意的是,欺凌者可能也是欺凌的受害者。欺凌别人是一种负面情绪的宣泄,这可能源于欺凌者在各种资源占有方面的结构弱势。他们倾向于使用暴力去获取心理上的满足感,而这种暴力倾向一旦得不到及时制止和干预,就很可能固化为问题解决的方式。这会让他们在角色认同上将自己定位为失败者,进而形成更严重的心理障碍和辍学风险。[③]

(二)家庭环境

很长一段时间以来,家庭对儿童攻击行为的有效影响已被承认,欺凌可以代际相传,也可以在同代的家庭之间传递。法林顿(1993)指出,男性欺凌者以及在学校里具有攻击性的男性,他们的儿子很可能会重复他们的行为。但是兄弟姐妹之间的相互影响也应该为这些不尽责行为的聚集负责,这些影响是通过"关键的病原体及(或)犯罪行为中的同伴"行为方式表现出来的。

对于大部分的孩子而言,家庭是其社会化的代理人。一个不被照顾的孩子不太可能会去照顾别人,也不会有同情心或学会与别人合作(Rigby,2007)。在不正常家庭里成长的青少年,例如家庭里极少或根本不存在沟通,家庭关系恶化,这样的孩子很容易产生自卑感和憎恶感,从而导致其产生支配他人的需要。在早期的研究中,Rigby(1994)发现大部分自评为男性欺凌者的人均来自不正常的家庭,他们的特征是缺少归属感,缺少爱或者是支持。

影响儿童欺凌的家庭环境主要体现在家庭教育方式和家庭关系两方面。

1.家庭教养方式

家庭教养方式对孩子卷入欺凌的状况有显著影响。研究表明,家庭中父母的态度

---

① 张越,胡静娴,黄恺玮.施心理教育之长溯预防欺凌之策——义务段校园欺凌现状及预防路径[J].中小学心理健康教育,2021(3):27-33.
② 罗怡,刘长海.校园欺凌行为动因匮乏视角及其启示[J].教育科学研究,2016(02):29-33.
③ 杨硕.欺凌者视角下的校园欺凌成因及对策——基于我国教育追踪调查的实证研究[J].教育科学研2019(4):35-40.

和行为与孩子在学校的攻击性活动显著相关,孩子在学校所表现出的欺凌和攻击行为,通常是受到不良教养方式或家庭环境的影响(黄顺菊,刘晓,2019)。[①] 欺凌与独裁专制、冷漠、拒绝或过度保护等父母教养方式呈显著正相关,其中独裁专制最能预测欺凌行为。父母教养方式消极,过度保护或冷漠拒绝,对孩子关注过少,对其行为缺乏有效监督与指导,都会导致孩子更容易出现欺凌行为。[②]

(1)专制。在专制型家庭中,父母往往采用粗暴的方式对待孩子,在这个过程中,一些孩子模仿父母的攻击行为,久而久之,习得了暴力和攻击行为。如果家长在家庭中对孩子的温暖较少、对孩子有负面情绪、纵容孩子的攻击性与敌对行为,孩子则会更多地参与欺凌事件。有童年专制经历的孩子也更容易卷入欺凌事件中。当孩子犯错误的时候,父母习惯于采用责骂和体罚,孩子的欺凌行为与父母对孩子的暴力冲突之间存在显著的相关性。鲍尔斯等人(1992)认为,具有较强层级权力关系结构的家庭(这样的家庭里,父亲通过严厉的体罚来控制孩子)会导致孩子产生攻击行为的倾向。类似的,不对孩子进行监管和不为孩子的行为提供界限的家庭容易培养出缺乏人际关系相处技能的孩子,这些孩子除了知道任意所为或胡乱反社会之外,别无他知。这会反映在他们如何处理同伴关系上。别人欺凌他们,是因为他们被孤立有强烈的归属感需求,但是却缺乏保持和维持友谊的社会技能。伦敦英皇学院精神病学研究院的研究者(2005)也强调了家庭因素对欺凌的影响,例如虐待、家庭暴力或虐待父母,这些都是重要的风险指标,会表明孩子们达到上学的年龄会不会牵涉进欺凌行为。那些经历过侮辱、被虐待或者亲眼看见过家庭暴力的孩子,其被欺凌、参与欺凌或既是欺凌者又是被欺凌者的概率是其他孩子的两倍。那些表现出焦虑或压抑症状的孩子(例如害羞、恐惧或经常哭泣)更容易作为被欺凌者或欺凌者牵涉进欺凌行为,并且如果他们的母亲情绪低落,他们更容易成为欺凌者或被欺凌者。欺凌者的父母通常是更加暴力的,在家庭中经历过暴力和攻击并受其影响的孩子,也更容易采用生气或紧张这种情绪化的方式来解决问题。他们在处理社会信息方面存在困难,常常把他人的行为解释为敌对的,并在生活中通过侵略性表现出来,从而更容易卷入欺凌行为(黄顺菊,刘晓,2018)。[①]

欺凌者"施恶"可能正是来源于家庭或者社会环境的影响。班杜拉认为,攻击性行为是可以通过模仿而获得的。欺凌者正是在家庭或社会的环境下模仿了父母等成年人的一些行为,才掌握了这种用拳头解决和沟通问题的方法。

(2)否认。欺凌者在家很少得到情感温暖与理解,父母也更多采用拒绝与否认的

---

① 黄顺菊,刘晓.家庭教养方式与校园欺凌研究[J].江苏教育 2019(04):18-22.
② 戴羽,李立国.学校欺凌行为类型化分析及对策研究[J].现代教育管理,2019(3):101-105.

教养方式。这样的方式容易形成父母对孩子的偏见、标签化，如认为自己的孩子反社会、离经叛道，从而使孩子也把自己看作一个反社会的形象。长时间暴露于父母的敌意与拒绝中的孩子，容易在与他人的交往中模仿父母的行为互动模式，导致在与他人的交往中缺乏同理心，表现出更多的攻击性。

（3）放任。在放任型家庭中，由于父母对孩子溺爱，一些孩子变得目无法纪、自私自利，他们以自我为中心，完全不顾他人的感受，甚至以欺凌弱小者为乐。过分严厉或过分宽松的教养方式都容易导致孩子未来的攻击行为，在忽视、放纵教养下的孩子在控制冲动和侵略性方面存在困难，对孩子关注过少，对其行为缺乏有效监督与指导，都会导致孩子出现欺凌行为。

一个从小没被尊重、没有感受快乐的人，不会有健康阳光的心态。一个没有被亲人善待过的人，怎么会去善待别人，孩子不被尊重，他怎么会尊重自己，又怎么尊重别人的权利和生命呢？成年人给了他什么，他就回报给你什么。

2. 家庭关系

研究表明，家庭环境不和谐与欺凌直接相关。欺凌或被欺凌者的家庭往往缺少温暖，父母冷漠，不参与孩子的生活，忽视孩子的感受，或者采取敌意、拒绝的态度，过度控制和约束孩子，或者过度保护、溺爱孩子，家庭中父母双方关系紧张，离异或经常争吵，有些家庭还存在家庭暴力。良好温暖的家庭氛围可以缓冲欺凌带来的负面效应，也能避免孩子成为欺凌参与者。研究发现，家长支持可以有效地保护青少年不受欺凌。那些不参与欺凌的孩子，其家庭成员的亲密度更为适中，父母双方更为平等，也有更加良好的沟通、更加温暖和充满感情的家庭氛围。而在温暖、充满感情和有良好家庭氛围环境中成长的孩子更少被欺凌。

家庭关系是孩子最早接触到的社会关系，深刻影响其后续的社会发展和人格形成，对孩子入学后的欺凌卷入情况有直接影响。

（1）父母关系。家庭在儿童的人格发展中极其重要，而父母则是家庭中最为重要的角色。父母之间的温馨和睦能让孩子感受到家庭温暖和生活美好。离异家庭从一开始的婚姻破裂直到离婚，整个过程可能会对孩子的心理带来影响，会造成不同程度的创伤。父母之间的感情障碍可能会影响到孩子对他人和社会的冷漠，缺乏责任感，甚至做出反社会行为，不能友好待人，不能与他人建立良好的伙伴关系。如果父母之间发生冲突做出过分行为，孩子在处理自己的事情上也会模仿同样的处理方式，不能有效控制自己的情绪，容易出现欺凌行为。父母和谐的孩子受欺凌的风险更低。和谐的父母会给孩子提供更好的社会支持，减少孩子遭遇的生活事件和经济压力，降低受欺凌的可能性。

（2）亲子关系。研究表明，父子关系好的孩子欺凌他人的可能性低于父子关系一般和差的孩子。父子关系好的孩子有更强的学校适应能力、人际关系处理能力和良好的心理健康状况。有学者强调了父亲的重要性,与其他孩子相比,那些有攻击倾向的,被社会排斥的孩子,从父亲那里得到的情感、陪伴和满足感更少。父亲外出打工的孩子受欺凌的风险高于父亲没有外出打工的孩子。父亲角色的长期缺位与孩子的学习成绩和同伴交际等因素呈明显的负相关,而这些因素与受欺凌的可能性有密切关系。

欺凌和家庭之间存在显然的联系,一个人实施欺凌可能出于一系列其他原因,或因为生活中的某些事件,或因为一个反社会同侪群体的力量,或因为学校或周围共同体的社会氛围,或因为个性特征,重要的是我们不要去假定某种特定类型的家庭会塑造欺凌者,而是将这些研究结果牢记在心并明智地、慎重地使用它们。

三、欺凌对欺凌者的危害

学生欺凌不仅给被欺凌者造成巨大的精神痛苦和伤害,而且给欺凌者和围观者造成难以磨灭的心理伤害。欺凌事件的发生也会对家庭和社会产生较大的负面影响,破坏家庭环境,危害社会安定,形成不良社会风气。

根据奥维斯(Olweus)的研究,那些容易成为欺凌者的人大多是高度敏感的、容易冲动的、被同伴抛弃的、成绩困难的、在高压的家庭环境中成长的学生。欺凌者一般比欺凌对象更强壮、更高大,对被欺凌者缺乏同情。欺凌者学习成绩一般较低,学校评价差。他们可能滥用药物,具有犯罪行为倾向,行为不良,品行不端。

欺凌者自身在欺凌行为中会受到一系列不良影响,既有内化的心理适应困难,也有外化的问题行为。

(一)形成不良人格

欺凌易滋生欺凌者骄横跋扈、恃强凌弱、敏感多疑等不良人格特点,具有这种人格特点的中小学生在成年后往往心理也不健全,多表现出偏执、狭隘及易怒倾向,容易与周围的人发生摩擦,难以适应正常的社会生活。习惯欺凌他人的中小学生往往会形成一种思维定式,认为暴力强制是解决问题的一种有效方式,从而增强攻击性倾向。他们在遭遇挫折和面临困境时往往会采取极端的方式解决问题,对他人和社会造成严重危害。

欺凌行为易助长欺凌者的攻击性倾向,导致欺凌者形成攻击性、破坏性等不良人格,阻碍其与同学的正常交往,产生孤独、焦虑等消极情绪,增大其反社会行为发生的可能性。小学适龄孩子之间的欺凌会在以后逐步转变为更为暴力的行为(Saufler Riagn,2000)。鲍尔斯等人(2009)研究发现,表现出反社会行为的那些孩子更容易成为欺凌者或被欺凌者。例如,攻击或不法行为(如偷盗、肆意破坏公共财产、欺诈)。里格比和寇科斯(1996)认为,被确定为欺凌者的少年更容易参与其他形式的反社会行为。例如,扒窃商店、逃学、涂鸦以及与警方的麻烦事。此后的一些研究表明,欺凌与抑郁和创伤后应激障碍联系在一起,尤其是后者在生活当中的表现(kaltiala-heino,1999;Klomeke,2009;Tehrani,2004)。这是否意味着从欺凌的反社会行为会发展成为精神病患者或者刑事犯罪。

(二)形成情绪困扰

一项长达两年的追踪研究表明,频繁欺凌者会有较大的可能性患抑郁与焦虑。欺凌者往往是性格暴躁、恃强凌弱、缺少同情心的,周围的同学对他们是唯恐避之不及的,而欺凌者自身也能感受到来自同伴的排斥和厌恶。对于青少年而言,同伴关系在社会支持系统中的比重日益增强。周围人与欺凌者疏离的同伴关系,让欺凌者会产生抑郁、焦虑的负面感受。

那些涉及欺凌的人要比没有涉及欺凌的人经常表现出不良的身心反应,如灰心丧气、失落感上升、自杀念头与企图。英国学者威廉姆斯(Williams,1996)等人在伦敦的一项研究表明,那些经常欺凌别人的人会出现身心失调症状,如头疼、脖子与肩疼、胃疼、容易疲劳、情绪紧张等等。[①]

(三)出现社会化障碍

欺凌者的不良个性特点会妨碍其与同学的正常社会交往,在与同伴群体的交往中不受欢迎,容易被拒绝且难以融入同伴群体。同伴群体对欺凌者的暴力攻击行为并不认同,而且往往因为害怕而远离欺凌者。所以,在正常的社会交往中,欺凌者会遭到同伴群体的拒绝而处于孤立的境地,人际交往困难。紧张的同伴关系和孤立的社交地位会对欺凌者的社会性发展产生消极影响,使欺凌者遭受持续的挫折和心理打击,难以适应正常社会,易偏离正常社会化轨道。

(四)增加暴力诱发犯罪

一些研究人员已经发现了欺凌、刑事犯罪以及累犯行为之间的紧密联系。幼儿时期的欺凌已经被假定为将来暴力问题以及犯罪问题发展的至关重要的风险因素(Ros,2000),美国的一项研究表明,那些在8岁就被确定为欺凌者的孩子有25%的概率会在其30岁之前有犯罪记录(Eron,1987)。奥维斯(Olweus,1993)在挪威的研究发现,在六年级到九年级被同伴认为是欺凌者的男孩子,其中大约有60%在24岁之前,至少有过一次刑事定罪。与那些不是欺凌者的孩子相比,在实施欺凌的孩子当中,多达35%~40%的孩子在其24岁之前有过三次或更多的犯罪。

联合国儿童基金会的调查指出,欺凌与未来青少年犯罪有很大的联系,包括青少

---

① Williams,K.,Chambers,M.,Logan,S.,& Robinson, D. Association of common health symptoms with bullying in primary school children[J].BMJ,1996(313):17-19.

年盗窃和抢劫、故意破坏、纵火、身体攻击、团伙参与和毒品销售等犯罪行为。[①] 欺凌者在欺凌他人的过程中自己也出现了较高的不良或危险行为,例如吸烟、喝酒、打架、携带武器等,对自己的身心健康产生着极大的损害。

第二节　被欺凌者的特征描述

被欺凌者是指在学生欺凌事件中的被伤害者。丹·欧维斯在《校园中的欺凌:我们知道的和可以做的》中介绍,容易成为欺凌对象的学生倾向于拥有以下特征:

1. 小心谨慎、敏感、安静、胆怯且害羞。

2. 总是处于焦虑、缺乏安全感、不开心和自卑的状态中。

3. 压抑,比同龄人更多地想到自杀。

4. 通常没有好朋友,和成人的关系比和同龄人的关系要好。

5. 如果是男孩,他们的身体比一般男孩要瘦弱。

一、被欺凌者的生理特征

(一)外貌异常

一些被欺凌者往往会因为某些外貌、行为特征或身体缺陷而被欺凌,比如,超重、戴眼镜、染与众不同的发色、行为与众不同的孩子容易被欺凌。外表是遭到欺凌的最常见因素,青春期发育不同步导致个体身形与周围同伴出现的差异,也会增加青少年被欺凌的风险,这就使得早熟成为个体遭受校园欺凌的一个可能因素(Haynie & Piquero,2006)。

(二)生理缺陷

某些外貌、体型特征或生理缺陷是诱发学生欺凌的一个原因,身材矮小的、看起来特别胖或瘦、身体有缺陷、残障者几乎都会受到欺凌。例如,超重、瘦弱、存在明显生理缺陷的学生会比他人更容易遭受嘲笑、排斥甚至是身体上的伤害(Pearce, Boergers, &Prinstein,2012;陈奕桦,谭蕾,2018)。生理残疾或智力障碍的孩子遭受欺凌的可能性是一般孩子的两到三倍,因为他们明显的残疾特征为欺凌者提供了现成的欺凌理由。

(三)身患疾病

长有痤疮或有其他皮肤问题,以及严重食物过敏、经常性的头疼、胃疼、肌骨柔弱、

---

① Algeri, S. , & Souza, L. M. D. Violence against children and adolescents: a challenge in the daily work of the nursing team[J]. Revista Latino-Americana de Enfermagem,200614(4), 625-631.

头晕眼花等。其至一些病症也容易导致被欺凌,如上呼吸道感染、尿床、睡眠障碍以及身体亚健康等等。[①] 患有孤独症的孩子往往走路的步态不太寻常,他们感兴趣的东西集中而有限,并且理解社会线索的能力较低。他们很容易成为其他孩子攻击的目标。其他孩子模仿他们的步态,嘲弄他们的兴趣,并且说服他们做出会令自己陷入麻烦的事情——他们成了欺凌者的消遣。

（四）性少数取向

在性取向或性别角色方面,性少数(同性恋、双性恋和变性者)的青少年比其他同龄人更容易成为欺凌的目标(Katz Wise&Hyde,2012),甚至一些性别角色不太"典型"的异性恋青少年受到欺凌的概率也较高(Toomey,Card,&Casper,2014)。

被欺凌者的明确特征是他们与同伴相比,体质较弱(Batsch&Knf,1994),然而,这意味着是否对欺凌进行反击是肌肉力量的问题,而不是信心和社会理解力的问题。一些文献表明欺凌者经常以残疾人、超重者、体重过轻者、体力较弱者为欺凌对象,另外一些研究则坚持认为身体上的特征并不是与欺凌受害相关的重要因素(Ross,2003)。

二、被欺凌者的心理特征

研究发现,不善表达的、性格自卑的;抑郁、焦虑或自信度低的;小心谨慎、敏感、安静、顺从的;性格倔强的、举止张扬的;炫耀财富的,形象、着装特别的学生容易被欺凌。需要注意的一点是,沟通能力差,即使受到了极大的侮辱也说不出来,默默忍痛,不会表达,是被欺凌者常见的心理特征。这些特征表现在认知偏差,人格不良和问题行为上。

（一）认知偏差

1．"罪有应得"的认知。欺凌者故意欺凌被欺凌者,往往因外貌、生理能力、心智能力以及性方面(包括性取向和性别角色认同)或一些无法改变的事实,比如食物敏感或家庭经济地位等导致的低自尊,让被欺凌者感到自己不值得被尊重、不受欢迎,被排斥和羞辱是罪有应得。大多数的被欺凌者都是体贴的、敏感的孩子,他们不会去欺凌任何人,也无法理解为什么自己会无缘无故地受到残忍对待,他们对被欺凌更倾向采用内归因。

2．恐惧不敢揭发。欺凌者通过威胁制造恐惧。他们被教导"告同伴的密"是件坏事,是"幼稚",就算那个同伴欺凌了他,受到言语辱骂、身体虐待或排斥的时候,"算了吧"和顺其自然被认为是更"成熟"的做法。他们担心家长或老师会更相信欺凌者的话。欺凌者常常会编出一套谎言污名化被欺凌者,使得成人们认为被欺凌者才是那个

---

① Due,P. & Hansen, E. H., et al. Is victimization from bullying associated with medicine use among adoles-cents?: A national representative cross-sectional survey in Denmark[J]. Pediatrics,2007(120):110-117.

做坏事的孩子,或者,这一切都是被欺凌者的软弱和无能造成的。

3.孤立无援的认知。被欺凌者认为没有人能帮助他们。随着欺辱而来的是日益强烈的孤独感,使得他们感到在这件事上,他们是孤立无援的。欺凌者们太强大、太隐蔽、太聪明,很难有人能够阻止他们。很多欺凌都是在成人眼皮底下实施的,但成人们却始终对其视而不见。他们认为没有人会帮助他们。人们教育被欺凌的孩子们要跟欺凌者好好相处,或是要离他们远一点,要"忽视"他们的存在,要回击,不要做个"懦夫"。要求被欺凌者跟欺凌者好好相处的问题在于,欺凌者本身完全没有兴趣去和被欺凌者好好相处。要求离欺凌者远一点的方法,其问题在于欺凌者会对被欺凌者穷追猛打,使其根本无处藏身。"忽视"是最不可能实现的一种方法。那些嘲弄、排斥、流言蜚语和身体攻击蚕食着被欺凌者的幸福感。"回击"常常会使事情变得更糟。他们选择去攻击的目标必定是他们有能力制服的目标,如果被欺凌者试图回击将会以无效而告终,那么他们的无效回击只会使"懦夫"的标签贴得更牢。

(二)人格不良

人格特点也是个体容易遭受欺凌的内在影响因素。性格上倾向于敏感、安静、退缩、谨慎、悲观、孤独、抑郁、低自尊、神经质、反应迟缓,在应对和处理问题时往往表现出能力低下、缺乏果断力,在回应攻击时表现消极、被动、无助。顺从型的学生通常较为焦虑、缺乏自信、很容易被领导、常常做些事情去取悦他人或息事宁人。不愿意卷入争斗的学生倾向于用非激进的方法解决冲突。

研究表明一些情绪或行为特征与学生欺凌存在关联。内化情绪问题,如抑郁、焦虑、低自尊(Van Geel,Goemans,Zwaanswijk,Gini,&Vedder,2018)等凸显了个体的脆弱性,容易被欺凌者所察觉,并成为其攻击目标。欺凌的受害者通常压抑、焦虑、害羞与孤独(Drake,2003)。

1.低自尊、神经质

谷传华等人(2003)研究发现,精神质的个体受欺凌的概率较高。[1] 青少年受欺凌的发生频率与神经质之间呈显著正相关,神经质水平、自尊等对受欺凌发生概率的预测作用较强,随着神经质水平的提高和自尊水平的降低,儿童受欺凌的可能性也相应地增大。这说明,情绪不稳定、缺乏自尊及由此导致的较低的自我效能感和社交能力可能是儿童受欺凌的重要原因。[2][3] 随着年龄的增长,受欺凌的概率显著降低,这与儿

---

① 谷传华,张文新.小学儿童欺凌与人格倾向的关系[J].心理学报,2003,35(1):101-105.

② Smith, P. K. The silent nightmare:bullying and victimization in school peer groups[J]. The Psychologist, 1991,4:243-248.

③ Mynard, H.,Joseph, S. Bully/victim problems and their association with Eysenck's personality dimensions in 8 to 13 years old[J]. British Journal of Educational Psychology,1997,67:51-54.

童体质、认知的成熟和社交能力的增强密切相关。①

2. 害羞、不擅交际

害羞的、内向的、安静或谦逊的、胆小的、敏感的孩子易成为被欺凌的对象。个体越是害羞,他就越容易遭到别人的欺凌。② 缺乏社交技能、退缩、害羞(Schwartz, 2000),认知移情能力较差(Van Noorden,Haselager,Cillessen,&Bukowski,2015)等个性特点,以及由此产生的社会性孤立或边缘化,如较低的社交地位、缺少朋友或被同伴拒绝,自然也增加了个体被欺凌的概率(Cook,Williams,Guerra,Kim,&Sadek,2010)。由于他们很少和其他孩子玩耍,因此,比起他们的同伴来,他们的社会技能发展明显不够,他们孤立的状态同时也意味着他们是被攻击的目标(Smith,1999)。被欺凌者通常缺乏安全感、优柔寡断且相当谨慎,当他们遭遇欺凌时很少保护自己或进行反击,他们倾向于自我贬损,犹豫不决和寻求认同。很多人缺乏社会技能,几乎没有朋友,因此经常在社会上被孤立。③

调查发现,欺凌事件的受害者普遍缺乏良好的社会交往能力,在学校由于感到自卑怯弱而难以融入同龄群体,容易陷入孤立无援的境地,且难以积极参与团队合作,对学校缺乏归属感和被重视感,而且在欺凌者和被欺凌者中,普遍存在家庭教育"缺位"的现象。因此,教育政策制定者和学校管理者在建立学生欺凌防控的长效机制时,不能忽视学生个体层面的差异性,对容易卷入欺凌事件的群体应进行个体特征的挖掘和分析,对其投入更多的情感关怀和心理建设,重点提高中小学生的道德修养,建立以培养学生的幸福感和归属感为重点的欺凌防控机制。④

(三)问题行为

具有问题行为的学生更易成为欺凌对象。如,那些独立的、不关心社会、不遵守社会准则的、喜怒形于色的、受到过心理创伤的学生,某些行为会引起他人反感的学生等。Malecki(2015)的研究表明,儿童的问题行为可能是个体遭受欺凌的一个重要原因。他认为儿童的某些特征强化了儿童遭受欺凌的可能性。例如,挑衅争执、明显的退缩和焦虑,无效的说服都可能强化被欺凌行为。具有问题行为的儿童在遭受欺凌的时候,更易采用哭泣、退缩的行为方式。同时,一些儿童被欺凌后采取沉默的方式,不

① 谷传华,张文新.小学儿童欺凌与人格倾向的关系[J].心理学报,2003,35(1):101-105.
② 韩磊,窦菲菲,朱帅帅,等.羞怯与攻击的关系:受欺凌和自我控制的中介作用[J].中国临床心理学杂志,2016(1).
③ http://www. Parents press.com/edu bullying. html.
④ 陈纯槿,郅庭瑾.校园欺凌的影响因素及其长效防治机制构建——基于2015青少年校园欺凌行为测量数据的分析[J].教育发展研究,2017(20):30-40.

告诉老师或家长。他们的这种方式通常让欺凌者更加肆意妄为,容易造成严重的后果。① 欺凌受害者经常独来独往,学生与父母、手足的关系较差,很爱告状,成绩不佳,散漫肮脏。②

三、被欺凌者的社会特征

被欺凌者在社会地位、同学关系、家庭环境上都有共同的特征,通过这些特征分析我们可以发现潜在的和现实的被欺凌者,为欺凌的防治提供准确的辨识性预防信息。

(一)社会地位

研究表明,具有极端社会地位的学生(社会地位优越或社会地位低下),易成为欺凌对象。不受老师喜欢的、学习失败的、行为举止怪异的、不拘小节的;聪明的、有才能的、有天赋的、学习优秀的、优越感强的;不合群、朋友少、不受欢迎,被同伴认为讨人嫌、讨厌者;性格倔强的、举止张扬者;炫耀财富,形象或着装特别者;性别、性取向或性征被欺凌者视为劣等者都可能成为欺凌的对象。学校(或班级)中年龄最小的学生,他们一般会比较矮小,有时会胆怯,或者缺乏安全感。刚搬来街区或刚转入学校者,当初中或高中转入一个新孩子时,欺凌程度会升级。

转学或留级的学生如果无法完全融入新的同伴群体,也更容易被欺凌(黄亮,2017)。调查数据表明,留级经历对学生遭受关系欺凌和言语欺凌都有显著影响,而对其遭受身体欺凌的影响不显著。留级经历的学生在校遭受关系欺凌的概率与未受关系欺凌的概率之比是没有留级经历学生的 1.305 倍,有留级经历的学生遭受言语欺凌的概率是没有留级经历学生的 1.468 倍。具有留级经历的中学生曾遭受言语、关系或身体欺凌的比例为 30%,比没有留级经历的学生明显高出 9.4 个百分点。转学次数对学生遭受言语、关系及身体欺凌都有显著影响,尤其是对其遭受身体欺凌的影响极其显著(在 1%水平上显著)。具体而言,多次转学的学生遭受关系欺凌的概率与未受关系欺凌的概率之比是没有转学经历学生的 1.117 倍。转学多次的学生遭受言语欺凌、身体欺凌的概率之比分别是没有转学经历学生的 1.135 倍和 1.169 倍。转学两次及以上的学生曾遭受言语、关系或身体欺凌的比例为 31%,比没有转学经历的学生明显高出 10.7 个百分点。另外,学生在校归属感、在校孤独感、同伴关系融洽度、父母情感支持等因素对学生欺凌都有显著影响。③

① Malecki,C. K.,Demaray,M. K.,Coyle,S.,et al. Frequency,power differential,and intentionality and the relationship to anxiety,depression,and self-esteem for victims of bullying[J]. Child Youth Care Forum,2015(44):115-131.
② 魏丽敏,黄德祥.台湾学生欺凌行为受害学生特质之分析研究[J].台中教育大学学报:教育类,2009(1).
③ 陈纯槿,郅庭瑾.校园欺凌的影响因素及其长效防治机制构建——基于 2015 青少年校园欺凌行为测量数据的分析[J].教育发展研究,2017(20):30-40.

(二)家庭环境

1.特殊家庭背景

儿童接受社会化的起点在于家庭,一些研究者认为家庭是欺凌与受害的部分原因(Dautenhahn,2007),家庭对于帮助孩子形成与同伴积极交流的必要技能非常重要,他们通过家庭学会了人际交往的技能,以及如何在人际关系中表现这种技能(Espelage,2004)。那些具有家庭贫困或家庭富有、外地人或操外地口音等特殊背景的学生易成为欺凌者猎奇、掐尖、欺少的对象。生活在移民家庭,结构不完整家庭的学生也易成为欺凌的对象。那些成为欺凌受害者的孩子来自处于压力之中的家庭,例如,疾病(Maines&Robinson,1998);移民家庭以及(或者)庞大的家庭(Fabre Comali,1999);婚姻破裂(Mellor,1999)。相对而言,很容易看到这样的生活事件可能会使一个孩子伤心和孤僻或者具有攻击性和愤怒,从而受害。

2.父母教养方式

有研究表明,那些经常被欺凌的孩子多来自那些家风粗暴的家庭,经常被打骂的孩子,还有那些家长溺爱与过度保护或是以专制独裁方式进行管教的孩子。家庭较少情感支持,缺乏家庭凝聚力,会使孩子形成受害特质。[①]

(1)打骂虐待。打骂虐待会增加孩子成为同伴受害者的可能性。受打骂虐待的孩子在家庭中可能采取顺从和迎合父母的姿态,以努力维持他们在暴力或混乱的家庭中的安全。同样,这些孩子在同伴互动中认为无法保护自己免受伤害,因而在面对欺凌行为时产生了无助感,同时也更容易成为欺凌对象。

(2)专制。孩子在专制型家庭中习得了消极忍受的应对方式,这种家庭中的父母对孩子有更多的严厉惩罚和拒绝否认倾向,这些父母更容易忽视自己的孩子,并且通常不给孩子表达意见的机会,孩子长大之后害怕说出自己的想法,这可能是为什么他们会更容易成为受害者的原因。那些被家长严厉对待的男孩也更容易在学校被欺凌。

(3)过分保护和过分干涉。家庭成员边界不清,亲密度过高同样不利于孩子的成长。由于父母的过分保护,孩子性格懦弱,独立能力差。如果一个妈妈非常"焦虑"地投入与孩子的关系之中,孩子就会过多地依赖和父母的关系,而不和其他孩子交往,从而成为被孤立与被欺凌的对象。父母对孩子在成长过程中的不安与焦虑敏感度很高,当父母认为孩子碰到了无法解决的问题时,就会过度参与孩子的活动,以补偿孩子的社会缺陷,或者通过其他方式避免孩子遇到此类冲突,但这很可能会妨碍孩子有效解决冲突能力的发展,使孩子成为同龄者的欺凌对象。更重要的是,当受害者有了自己

---

① 魏丽敏,黄德祥.台湾学生欺凌行为受害学生特质之分析研究[J].台中教育大学学报:教育类,2009(1).

的孩子后,可能出现过度保护教养方式的代际循环。

被欺凌者往往感受到的是父母的监控和情感缺乏,父母表现出更多的过度保护和忽视,是一种没有情感温暖调节的不一致的教养方式。他们将世界视为充满敌意和不可信赖的,因此,当面对模棱两可的社会挑衅情境时,如打打闹闹的游戏行为,他们会假设该行为具有攻击性,并作出相应的反应。

(4)不一致的父母教养。父母不一致的教养方式,如一个高度忽视的父亲和一个高度控制的母亲,是孩子成为欺凌受害者的危险因素,因为他们更可能把这种矛盾的方式运用到自己的同伴交往中。

3. 亲子关系

有些被欺凌者的父母与孩子之间有较为亲密的情感联系,对孩子过分保护和过分干涉,与其他教养方式相比,过度保护教养方式下的孩子更容易成为受害对象,一些研究者在学校欺凌和受母亲过度保护(Espelage&Swearer,2004)以及父亲本人或感情缺失(Fosse&Holen,2007)之间建立了因果联系。另外一些研究者(Rigby,2002)关注这样一个事实,即当得到父母的支持时,欺凌的负面效应会大大减小。

四、欺凌对被欺凌者的危害

欺凌会导致被欺凌者遭受严重的精神创伤和生理、行为的不良反应。多数被欺凌者会出现紧张、焦虑、难过、害怕等不良情绪反应,出现头痛、肚子痛、尿床、抽搐、失眠、做噩梦、口吃等不良生理反应,出现少言寡语、逃学、自伤、自残等不良行为反应,严重者可能出现自杀行为。英国一项心理学研究发现,儿童遭受欺凌和家庭不当对待可导致长期心理问题,前者所留下的影响比后者更严重。该研究成果显示,遭受欺凌的学生比起遭受家庭不当对待的学生多出五倍的机会容易感到焦虑,多出两倍的概率容易患忧郁和自我伤害。[①]

长期遭受欺凌的学生会出现认知、情绪障碍,学业受损,适应困难,身心受伤。

(一)认知情绪障碍

长期遭受欺凌会使被欺凌者产生抑郁、焦虑、低自尊的认知和情绪障碍。欺凌的受害者可能会产生害怕、孤独、生气、不舒服、害羞、沮丧、自信心受挫、沉默、受伤、伤心、愚钝、遭受非人待遇、被践踏、丑陋以及无用等负性情绪和认知。被欺凌必然会产生多种不良后果,其中内化情绪问题最为普遍,例如,心理健康水平较差(高姗等,2018),抑郁、焦虑、低自尊等症状较多(Reijntjes, Kamphuis, Prinzie, &Telch, 2010;

---

① Lereya,S. T. ,Copeland,W. E. ,Costello,E. J. ,Wolke,D. Adult Mental Health Consequences of Peer Bullying and Maltreatment in Childhood:Two Cohorts in Two Countries[J]. The Lancet Psychiatry,2(6):524−531.

Klomek，Sourander，&Elonheimo，2015；Van Geel，Goemans，Zwaanswijk，Gini，&Vedder，2018）。某些情绪困扰还有一定的延续性和滞后性，元分析发现超过一半的被欺凌者曾出现创伤后应激障碍症状（Nielsen，Tangen，Idsoe，Matthiesen，& Magery，2015）。严重的欺凌甚至会增加青少年的自伤行为（Lereya et al，2013）以及自杀意念、自杀计划、自杀行为的发生风险（Winsper，Lereya，Zanarini，& Wolke，2012；唐寒梅等，2018）。欺凌的受害者会有罪恶感、羞耻感和失败感，这些感觉产生的原因在于他们没有能力成功地应付欺凌，他们经常会感到担心、难过和恐惧，比正常人要更加神经质（伯恩，1999）。常规而言，被欺凌者比较自卑（Rigby，2002），到底他们是因为自卑而受欺凌还是因为被欺凌而自卑，这一点并不清楚。

（二）学业受损

学生欺凌会对被欺凌者的学习投入、学业成绩等多方面产生负面影响，最直接的影响是对被欺凌者的学业产生不良后果。2012 年澳大利亚统计局对澳大利亚的学生欺凌事件调查结果显示，欺凌已经影响了被欺凌者在学校的进步，有超过三分之一的学生表示，由于欺凌行为，他们在交朋友、玩耍以及参加学校的体育活动和休闲活动方面都有困难。[①] 同时，学生欺凌使得学校的出勤率和毕业率降低，从而导致学校学生毕业后的就业率偏低，同时也对学校的升学率和招生率产生了重要的影响。Nishina 等人（2005）认为，欺凌与此后学校功能（旷课和学业不良）的关联可以部分归因于情绪困扰和躯体不适。换言之，正是由于学生欺凌导致的焦虑或抑郁，或是某些身体疾病，让被欺凌者对学校的态度变得消极，学习动力被削弱，进而妨碍了其学业表现。

（三）社会适应困难

严重和长期的欺凌会显著增加个体成年后出现抑郁、焦虑、惊恐障碍和自杀倾向的风险（Lund et al，2008；Copeland，Wolke，Angold，& Costello，2013；Takizawa，Maughan，&Arseneault，2014），增加他们结交朋友或维系友谊关系的难度（Schafer，2004），导致他们缺乏伴侣或与配偶关系不佳（Takizawa et al，2014；Wolke，Copeland，Angold，&Costello，2013），甚至使之在教育水平以及职业和经济收入方面处于相对劣势（Takizawa，2014），或在工作场合也遭受欺凌（Brendgen&Poulin，2018）。

欺凌往往伴随着孤立和排斥，它不仅仅否认朋辈间的陪伴、友谊以及社会互动，还会让孩子们感到自己无能和不具有吸引力。遭遇欺凌的人通常很难形成友好的关系，他们的生活也很糟糕。尽管他们可能会比较能干，但被欺凌的孩子有时候会显得迟钝，并因此而影响他们的学业（Olweus，1978；Sanders&Phye，2004）。

---

① 魏丽敏，黄德祥.台湾学生欺凌行为受害学生特质之分析研究[J].台中教育大学学报：教育类，2009（1）.

（四）身体健康受损

校园欺凌造成的某些生理症状也会持续到成年，导致其总体健康状况以及病后康复能力更差（Wolke & Lereya，2015）。部分研究推测被欺凌个体的下丘脑—垂体—肾上腺轴激活（Knack，Jensen-Campbell，&Baum，2011）和异于常人的慢性低度炎症（Copeland et al，2014）是其健康状况较差或其他疾病的中介机制。[①]

严重的身体欺凌会导致骨折、摔坏牙齿、脑震荡、眼睛受损、永久的头脑受损。其他身体上的影响包括咬伤、擦伤、割伤、戳伤以及挠伤。欺凌最严重的影响为自杀，大多数的反欺凌研究者都会引用这样的例子（Kim&Leventhal，2008；Klomek ，2009）。部分个体还会出现攻击、物质滥用等外化问题行为（Reijntjes et al，2011），甚至转变为欺凌者（Barker，Arseneault，Brendgen，Fontame，&Maughan，2008）。Casper&Card（2017）通过元分析发现，不同形式的欺凌导致被欺凌者的适应问题不尽相同，直接欺凌与被欺凌者日后表现出的直接攻击行为联系更紧密，而关系欺凌和日后的内化情绪问题联系更强。除了情绪和行为适应，学生欺凌还可能增加被欺凌者患身体疾病的风险，如容易出现感冒、头疼、睡眠问题等躯体或身心症状（Gini &Pozzoli，2009）。

在澳大利亚的一项研究中，里格比（1994）发现，经常被欺凌的学生比其他人更容易出现身体健康状况不佳。在一项对超过 700 名英国中学生进行的研究中，夏普（Sharp，1996；Shap&Thompson，1992）发现 43% 的被调查者在过去受到过欺凌，在这群受到过欺凌的人当中，20% 的人说他们会逃学来避免欺凌，29% 的人发现他们很难集中精力完成学校作业，22% 的人在受到欺凌之后感觉身体不舒服，20% 的人难以入睡。澳大利亚研究者 Dsoe 等人（2012）对创伤后应激障碍（Post-Traumatic Stress Disorder，简称 PTSD）进行了调查，研究人员对全国 8~9 岁的学生进行了一项具有全国代表性的数据调查结果显示，1 104 个欺凌频率与创伤后应激障碍（PTSD）之间存在很强的关联，欺凌频率越高，则 PTSD 的差异会随着欺凌频率的增加而增加。在 PTSD 症状普遍升高的情况下极易产生精神病问题，如抑郁症状、自杀意念和自杀企图等严重的心理现象[②]。

---

① 王玥. 心理学视域下校园欺凌的形成机理及对策［J］. 北京师范大学学报：社会科学版，2019（4）：32-41.

② Lereya，S. T.，Copeland，W. E.，Costello，E. J.，Wolke，D. Adult Mental Health Consequences of Peer Bullying and Maltreatment in Childhood：Two Cohorts in Two Countries［J］. The Lancet Psychiatry，2（6）：524-531.

第五章　引发学生欺凌的因素

学生欺凌事件的发生是由内在和外在因素诱发和影响的,内在因素主要体现在学生自身的生理和心理发展的不足和缺陷,外在因素主要体现在家庭教育和学校教育的失当以及消极社会环境的影响。奥维斯(Olweus,1984)认为,可能影响学生欺凌的因素,包括个人气质、主要养育人(特别是母亲)的教养态度、基因遗传(雄性激素的影响)、同辈群体影响(获得赞同与支持、经济利益、观察模仿)以及大众传媒。[1] 学生欺凌是个体特征、家庭环境、学校环境、社会环境综合作用的结果。

第一节　学生欺凌的个体因素

中小学生正处在生理和心理快速发展的关键时期,其特殊的发展阶段导致的冲突和失衡是欺凌事件易发的内因。这个阶段的孩子,往往心智还没有发展成熟精力旺盛、情绪波动大、自尊心强,容易因为一些小事而大发雷霆,或者出于攀比、炫耀、模仿等原因进行欺凌。

欺凌行为的发生与个人因素、家庭因素、学校因素、同伴因素等有关。[2][3][4]

一、个体生理因素

中小学生的生理发展迅速,尤其是处在青春期的学生,他们的身体开始向成年人转变,神经系统等器官的变化使得他们在面对和处理问题时,容易感情用事。一些研究结果显示,遗传素质是攻击行为稳定性的原因之一。大脑和激素的差异表明攻击行为可能有着先天的基础。在一项元分析研究中,研究者分析了与攻击行为、遗传和养

① Olweus,D. Development of Stable Aggressive Reaction Patterns in Males[C]. In R. J. Blanchard & D. C. Blanchard (Ed.)Advances in the Study of Aggression. Orlando. FL: Academic,1984.
② 何源,卢次勇,高雪等.广东省中学生吸烟饮酒与校园暴力关系[J].中国公共卫生,2014,30(5):597-599.
③ 刘冬梅,魏晨晨.初中校园欺凌的成因及防治策略[J].河南科技学院学报,2018,38(02):43-45.
④ 郑茹,王宏伟,李伟民,星一.本溪市中小学生欺凌行为社会生态学影响因素分析[J].中国公共卫生,2018,34(10):1338-1342.

育有关的 24 项因素,结果表明,某些个体的攻击性比其他人更可能具有遗传基础。[①]
复合胺是存在于中脑的一种化学物质,它的抑制水平影响有机体的攻击性。存在于血液中的复合胺如果出现问题,可能会削弱大脑调节消极情感和冲动性行为的能力。对正常人的实验室研究发现,当复合胺的生成被打断后,攻击行为会增加。[②]

一般认为,男孩体内的男性激素水平更高,这可能是导致攻击行为性别差异的原因。在一项有关 7~12 岁男孩的应激激素与攻击行为关系的研究显示,最富有攻击性的男孩具有最强的应激反应。不过,后来的研究显示,年龄很小的男孩与同年龄的女孩相比,攻击性相差无几。[③]

按照进化理论,动物采取攻击行为,是为了有机会接近异性,或保护自己的资源来使下一代存活。同样,人的攻击行为内置于遗传基因,因为人在逐步进化中想要尽可能多的使自己的基因得到存续。[④] 统计表明,男性在其生育能力最强的十几岁、二十几岁时暴力行为数量最多。[⑤] 这些暴力行为大都是为维护自己在团体中的地位。[⑥]

社会达尔文主义认为,社会现象由自然选择所塑造,强调社会意义的"适者生存",恃强行为是动物和原始人生存竞争的基本方式。在动物界,捕获猎物、争夺生殖权、逃避天敌追杀都要经过残酷而野蛮的争斗,弱肉强食、恃强凌弱是生存竞争的基本法则。随着人类社会的发展,我们有了更加文明的竞争方式,但这种原始、野蛮的行为方式积淀留存在我们的基因中,成为人类适应环境的生物社会性因素。奥地利心理学家弗洛伊德认为,人的本能指向外部时就是攻击、伤害他人的行为,其合理的形式是竞赛,不合理的形式就是攻击。源于本能的基因如此根深蒂固,正可以解释为什么有些孩子很小的时候就会使用恃强凌弱的方式解决问题,以及成长历程中欺凌行为的频发和难以杜绝。

生物社会性的因素也可以解释学生之间打闹戏耍和欺凌行为边界难以清晰区分的问题。一般认为打闹嬉戏是无心的,欺凌行为是有意的,孩子年龄越小越不容易区分,因为孩子们在一起时,自然而然地会打闹嬉戏、相互争斗,一旦造成对方较严重的伤害,就可能被成人认定为欺凌。孩子们喜欢争斗打闹甚至欺凌他人,是因为这能给

① 刘思硕,李勇,宋广文.青少年的暴力与欺凌:人格心理学的分析与对策[J].预防青少年犯罪研究,2019(6):10-18.

② Olweus,D. Development of Stable Aggressive Reaction Patterns in Males[C]. In R. J. Blanchard & D. C. Blanchard (Ed.),Advances in the Study of Aggression. Orlando. FL:Academic,1984.

③ 何源,卢次勇,高雪,等.广东省中学生吸烟饮酒与校园暴力关系[J].中国公共卫生,2014,30(5):597-599.

④ Buss,A. D. A new model for utilising chemical diversity from natural sources[J]. Drug Development research,2004,60(4):362-370.

⑤ Wilson,M. ,Daly,M. Competitiveness,isk-taking,and violence:The young male syndrome[J]. Ethnology and Sociobiogy,1985(6):59-73.

⑥ 李新玲.不是所有的校园冲突都是欺凌[N].中国青年报,2016-12-14.

他们带来愉悦的感受。从进化的角度来理解,使用野蛮、暴力方式来解决问题,正是人类原始情结的反映。随着年龄增长,个体会更多地使用规则和理性来解决相互之间的冲突,这是心智成熟和个性发展的表现。但即使是在成人世界,依然无法杜绝使用暴力解决问题,这正体现了生物本能因素作为"集体无意识"将持续存在的事实。①

从生物学角度可以发现,那些身体发育异常(如,瘦小、肥胖、畸形、口吃等)、残疾的儿童往往容易受到同学们的歧视、嘲笑和排挤。超重和肥胖、身材瘦弱矮小、发育迟缓、残疾的学生更易成为学生欺凌的受害者(Juvonen & Graham,2014)。

生理学理论试图解释欺凌者或受害者在生理或体质上的差异性,并强调遗传因素或基因的重要作用。如认为欺凌者所携带的某些基因、多基因相互作用或生理缺陷使其具有攻击倾向,而不能按照社会规范行事,缺乏行为管理能力,可能存在大脑前额叶功能缺损或体质性脑功能障碍。②③

尽管生物因素起作用,攻击行为的性别差异和神经机制也受社会学习的影响。父母与男孩的游戏比与女孩的游戏更野蛮,受社会性别图示的影响,他们对女孩表现出攻击行为的反应比对男孩的反应更消极。④

相关研究发现,人类的越轨行为具有特定的生物学基础,包括遗传、荷尔蒙、体型、颅相等。因此,具有特定生物学特征的个体有可能先天就具有更为强烈的越轨或犯罪倾向。欺凌行为是青少年成长过程中的自然现象(Koo,2007;姚建龙,2016)。由于神经发育系统相对滞后,青少年需要不时地通过越轨行为(包括欺凌行为)去探寻行为边界、寻求存在感和成人意识。

研究发现,学生欺凌存在性别差异,男生比女生有更多的欺凌行为,男生通常是欺凌者角色,女生则常常充当被欺凌者。⑤⑥ 就年龄差异而言,欺凌事件发生时,高年级的旁观者倾向于采取参与欺凌和漠视被欺凌者,低年级的旁观者反而表现出了更多的安慰行为(Katrien,Heidi,Sara,2014)。

学生欺凌除了和个体的生理因素有关,也和个体的心理因素有关。

---

① 刘思硕,李勇,宋广文.青少年的暴力与欺凌:人格心理学的分析与对策[J].预防青少年犯罪研究,2019(6):10-18.

② Grigsby,J.,Stevens,D. Neurodynamics of personality [M]. New York:Guilford Press. 2000:287.

③ Coolidge,F. L.,Reilman,B. J.,Becker,L. A.,Cass,V. J.,et al. Emotional problems and neuro psychological symptoms in juvenile non-violent offenders[J]. Journal of Personality and Clinical Studies,1992,(8):7-13.

④ 何源,卢次勇,高雪,等.广东省中学生吸烟饮酒与校园暴力关系[J].中国公共卫生,2014,30(5):597-599.

⑤ Li,Q. Cyberbullying in Schools:A Research of Gender Differences. [J]. School Psychology International,2006,27(2):157-170.

⑥ 李娟,高雪梅,施桂娟.青少年的网络欺负特点[J].中国心理卫生杂志,2013,27(1):43-48.

二、个体心理原因

儿童自身的不成熟性是引发学生欺凌的原因。[1] 皮亚杰道德认知发展理论认为，少年儿童道德发展是从无律经他律再到自律的动态过程，他们最初都是以自我为中心，按照自己的想法不分对错地对待周围的事物，根本没有被社会道德规则所内化。他们尚不能自我形成正确的价值观，不具备辨别是非的能力，对待事物更不能理性思考，看待问题较为片面且易冲动，容易以自以为是的标准来判断，更容易情绪激动而采取攻击来释放自己的愤怒情绪。少年儿童中的欺凌者往往自视过高，有较高的精神分裂症倾向，他们会主动自我消化所遇到的难题。而被欺凌者自尊心比较脆弱，性格内向，情绪不稳定，不容易自我消化或主动寻找解决困难的路径。从学生欺凌事件的主动发起者视角来看，在遭遇有损自我所树立的形象和伤害其自尊心的事件时，他们的报复和愤怒心理极易被激发，进而更容易发起欺凌。比如，被欺凌者说话声大了，背地里说了他们的坏话，或者感情上的纠纷，但这些只是借口，欺凌者只是以此展示自己的"虚荣自负"。[2]

精神健康问题一直被认为是学生欺凌的预测因子和不良结局。有研究表明，学生欺凌与中小学生的低自尊、社交孤立感、抑郁情绪、自杀意念、孤独感、缺乏同理心等有关。[3][4][5][6][7]

实践中，欺凌者的心理问题主要有：扭曲的自我实现心理，如，显示自己优势的地位或强壮的身体、追求霸气等；自身的危险人格与危险心结，如人格上的反社会性、源于特定外界刺激的侵犯倾向等；特殊的内在心理需求，如对暴力的崇拜、情绪的宣泄、特定需求未被满足的补偿性需求等。[8] 被欺凌者往往体弱多病、性格孤僻、不合群、软弱懦弱、

---

① 吴立平.少年儿童校园欺凌的成因及对策分析[J].内蒙古师范大学学报:教育科学版,2018,31(09):24-27.

② 李长伟.血气教育的消逝与校园欺凌的发生[J].西北师范大学学报:社会科学版,2018(1).

③ Cheng,Y.,Newman,I.M.,Qu,M.,et al. Being bullied and psychological adjustment among middle school students in China[J]. Journal of School Health,2010,80(4):193-199.

④ Wang,H.,Zhou,X.,Lu,C.,et al. Adolescent bullying involvement and psychological l aspects of family and school life: a cross-sectional study from Guangdong Province in China [J]. PLo Sone,2012,7(7): e38619.

⑤ Chen,S. The relationship between school children's bully behavior and their personality traits[J]. Exploration of Psychology,2003.

⑥ Wei,H.S.,Williams,J.H.,Chen,J.K.,et al. The effects of individual characteristicsteacher practiceand school organizational factors on students' bullying: a multilevel analysis of public middle schools in Taiwan[J]. Children and Youth Services Review,2010,32(1):137-143.

⑦ Chan,H.C.,Wong,D.S. The overlap between school bullying perpetration and victimization:assessing the psychological,familial,and school factors of Chinese adolescents in Hong Kong[J]. Journal of child and Family Studies,2015,24(11):3224-3234.

⑧ 张媛,李小龙,王浩.校园欺凌的防治:准确界定与源头治理.[J]北京政法职业学院学报,2020(4):47-52.

逆来顺受、忍气吞声。欺凌者则体格强壮、盛气凌人、有很强的报复心,他们把对弱者的欺凌看成是一种本事,在欺凌中有强者的内心体验。除此之外,欺凌者有一部分来自家庭优越的孩子,他们往往有着极强的优越感及目空一切的强势,看不起同龄的孩子,欺压欺负同学。而被欺凌的孩子往往因家庭产生自卑心理,这是社会矛盾对家庭的影响及对孩子的影响。初中生正处在青春叛逆期,他们尚未脱离小学生的稚嫩,也未形成高中生的相对成熟,想独立尚未独立。此时,他们往往会采用简单粗暴的方式去解决问题,从而实现自我价值,这也是初中生的欺凌事件多于小学及高中的原因。①

女中学生的欺凌与其青春期发展有关,认知不足、人格异化和情感偏激等都是导致女中学生欺凌行为的心理原因。②

(一)认知偏差

研究者发现,不是所有参与欺凌行为的人都存在认知功能的缺陷。他们能判断选择适合的时间、地点、方式和对象,特别是实施关系欺凌,需要调动人际关系,这反而要求欺凌者具备较强的社会认知能力。有些欺凌者对欺凌持有偏差的认识,如认为通过欺凌可以得到自己想要的东西。也有些欺凌者认为,同学间的相处只存在欺凌与被欺凌的关系,所以我们需要抢占先机支配别人。学生的认知会影响欺凌的发生率,如学生形成正确的人生观和价值观会使学生对欺凌事件拥有正确的认知,从而反向影响欺凌的发生。③

认知心理学家探索攻击的焦点在于富有攻击性的个体是如何加工信息的。他们认为,人们如何解释一个情境以及如何对该解释作出反应,取决于在众多的认知类别中哪个类别被激活。人们尽可能多地预测并控制发生在自己生活中的事,以便让自己更有安全感。为了满足这种预测需要,人们会进行模板匹配,如果人们对世界的看法与一些模板相似,人们会把这些模板套用在经历过的事情上。如果不匹配,人们就会修改和调整这些模板,以便于对未来的事件做更合理的预测。人格的差异大多来自人们建构世界的方式不同。人们相对稳定的行为模式是由相对稳定的建构世界的方式构成。

社会信息加工理论认为欺凌者在社会信息处理(线索编码与解释、目标澄清、反应的评估与决策、行为实施)的一个或多个阶段会产生偏差,④难以准确判断他人意图与情感,具有一定的"认知缺陷"。但遗传基因与人格类型都不足以预测个体是否卷入欺凌事件,人格中具有产生攻击的内在可能性,个体攻击行为的发生取决于特定的

① 杜佳欣,李莎.浅谈校园欺凌的成因及处理[J].大连教育学院学报,2018,34(01):66-68.
② 张琪,郑友训.女中学生欺凌行为的心理透析及规避[J].教学与管理,2017(1):24-26.
③ 茹洋庶.校园欺凌的心理原因及其心理干预[J].教育现代化,2017,4(38):342-343.
④ Camodeca,M.,Goossens,F.A.,Schuengel,C.,Terwogt,M.M.Links between social information processing in middle childhood and involvement in bullying[J].Aggressive Behavior,2003(29):116-127.

内外因素的启动或激发。^①有学者主张用社会生态——素质应激模型来解释欺凌与受害,即欺凌是在个体的生理、认知缺陷与紧张的生活经历的交互作用中产生的。^②也有人认为在间接欺凌中,欺凌者在理解他人心理状态以及操纵行为方面表现突出,具有较高的"心理理论"水平。^③ Rest J R 等(1999)的"道德四成分"模型解释了这个矛盾,在决定道德行为四要素中,道德敏感与道德判断不仅需要社会信息处理能力,也涉及了解、预测别人的感觉与行为,而道德动机与道德品质是真正决定个体是否实施欺凌行为的因素。^④欺凌事件中,被欺凌者某些日常活动方式、不良行为(如加入帮派组织、打架斗殴、旷课或出入娱乐场所)增加了被欺凌的风险,部分被欺凌者也确实存在某些主动刺激、挑惹等行为。^⑤

人格心理学家引入大量的认知元素来解释个体差异和个体内心的加工过程。他们提出了认知人格模型(见图5-1),认为通常是情境触发人的认知——情感系统,认知——情感系统中的单元之间以及单元与情境之间发生交互作用,从而产生行为。

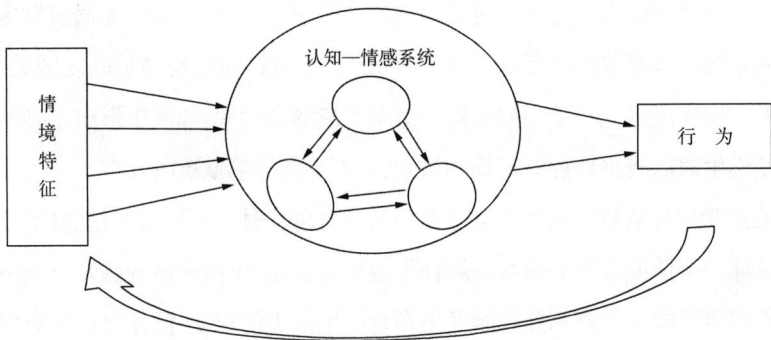

图 5-1　人格的认知模型^⑥

道奇用社会信息加工模型来解释儿童是如何采用攻击或非攻击的方式解决社会问题的。^⑦研究者将攻击性高的儿童分为主动型攻击者和反应型攻击者。^⑧

① 叶茂林,杨治良.未成年人归因的内隐特征与攻击行为[J].心理科学,2004,27(4):821-823.
② Swearer,S. M.,Hymel,S. Understanding the psychology of bullying:moving toward a social-ecological diathesis - stress model [J].American Psychologist,2015(70):344-353.
③ Sutton,J.,Smith,P. K.,Swettenham,J.Bullying and 'theory of mind':a critique of the social skills deficit' view of anti-social behaviour [J].Social Development,1999(8):117-127.
④ Rest,J. R.,Narvaez,D.,Thoma,S. J.,Bebeau,M. J. Postconventional moral thinking:a neokohlbergian approach [M].New Jersey:Lawrence Erlbaum Associates,1999:101.
⑤ 郭建安.犯罪被害人学[M].北京:北京大学出版社,1997:157-166.
⑥ Mischel,W.,&Shoda,Y. A cognitive-affective system theory of personality:Reconceptualizing situations,dispositions,dynamics,and invariance in personality structure[J].Psychological Review,1995(102):246-268.
⑦ Crick,N. R.,&Dodge,K. A. A review and reformulation information-Processing mechanisms in children's social adjustment[J].Psychological bulletin,1994,115(1):74.
⑧ Crick,N. R.,&Dodge,K. A. social in formation-processing mechanisms in reactive and proactive aggression [J].Child development,1996,67(3):993-1002.

　　主动型攻击者自信地认为,攻击会使他们"赢得"切实的利益,通过控制他人,能够提高自身的自尊,而其他儿童一般会在他们动用恶性伤害行为之前表示屈服。主动型攻击者在团体中往往比较受欢迎,他们并不急于对伤害者做敌意归因,而是会冷静地思考,确定一个最能有效实现目标的攻击反应。主动型攻击者在攻击过程中往往表现出高兴等积极的情绪反应。[①] 从心理状态上看,他们也偏爱攻击性的冲突解决方式,他们认为强制性的手段往往能够产生积极的结果,并且自己有能力控制对方。[②]

　　反应型攻击者则表现出高水平的敌意、报复性攻击,具有很强的敌意归因偏见,倾向于将模糊情境中的伤害行为看作是由肇事者故意造成的。这些儿童往往对他人持怀疑和警惕的态度,经常把他人看作好战分子,认为自己应该对他们采取强硬的手段。反应型攻击者往往有很多与同伴争吵的经历,他们倾向于"他人对我都是有敌意的"心理期待。因此,当他们在模糊情境中受到伤害或者冒犯时,会比非攻击性儿童更倾向于寻找和发现与自己的期待相匹配的线索,对伤害者做敌意归因并非常生气,往往在没有充分考虑其他非攻击性解决方式的基础上,迅速以敌意方式报复对方,而且由于自己的敌意报复,他们往往对教师和同伴也会产生很多消极的、负面的情绪体验。[③]

　　对中小学生而言,团体的归属感极为重要,在团体里他们能建立自信、加强身份认同,并与来自其他群体的排斥和欺凌做对抗。当学生认为自身形象在他人处出现偏差时,便会产生自卑或自大等偏激情绪,容易引发欺凌问题。[④] 根据调查数据显示,多数欺凌事件的当事人之间并无直接利害冲突,而是基于"义气""帮助"朋友"教训"被欺凌者(占74%)且部分学生缺乏正常的人际关系的引导,在日常学习生活中会选择以欺凌他人的方式来向团体宣示自己的存在。[⑤]

　　对于欺凌者而言,有时纯粹是为了"面子"将自己的不满发泄到别人身上。例如,有些学生学习成绩相对落后,有自卑心理,往往希望从其他方面获得同学的"尊重",或者引起老师的"重视"与"注意"。他们错误地认为欺凌别人是很酷很炫的事情,所以就用欺凌别人的方式寻找"面子"。有些学习成绩不好的学生则是"破罐破摔",逆反心理严重,不听从老师和家长的教导,对其他学生实施欺凌。

────────────────

　　① Arsenio,W. F. ,Cooperman,S. ,&Lover,A. Affective predictors of preschoolers' aggression and peer acceptance:Direct and indirect effects[J]. Developmental Psychology,2000(36),438-448.
　　② 刘思硕,李勇,宋广文.青少年的暴力与欺凌:人格心理学的分析与对策[J].预防青少年犯罪研究,2019(60):10-18.
　　③ Trachtenberg,S. ,Viken,R. J. Aggressive boys in the classroom:biased attributions or shared perceptions?[J]. Child Development,1994(65):829-835.
　　④ 郑茹,王宏伟,李伟民,星一.本溪市中小学生欺凌行为社会生态学影响因素分析[J].中国公共卫生,2018,34(10):1338-1342.
　　⑤ 陈星宇,赵华,王金荣,唐苗苗,马超,张自胜.甘肃省校园欺凌现象成因分析及对策研究[J].法制博览,2018(32):43-44.

（二）情绪偏激

情绪会影响欺凌，积极情绪会降低欺凌，消极的情绪会增加欺凌。在受到挑衅时，攻击性强的学生更容易产生愤怒、暴躁等消极情绪，犯罪青少年比一般青少年拥有更多的愤怒体验。中小学生的情绪情感不稳定，遇到外界刺激容易被激怒，他们的情绪反应与欺凌之间呈现负相关，不良的情绪调节方式易促使学生产生负性情绪，并进一步影响到学生的认识过程，从而更易产生攻击性行为。[①]

欺凌者往往缺乏积极的情绪体验。积极的情绪体验，主要是指高兴、满足、自豪和爱等。这些情绪体验能够构建和增强人的自身资源，如增强人的智力、体力、社会协调性等。欺凌者往往缺乏良好的、积极的成长环境，在成长过程中，他们很少感受到来自家庭、教师与学校的关心和爱护，积极的情绪体验相对缺乏，积累了很多消极的不良情绪。

从欺凌者的角度来看，一些有着极强报复、嫉妒等负面心理的学生，在家庭中缺少爱或被过度溺爱，在遭遇挫折和不公平对待时，容易产生欺凌行为。欺凌者在欺凌过程中自尊心得到了满足，感觉在同伴中获得了权威，从而获得一种心灵的优越感。他们缺乏正确的积极情绪体验，获得的是一种歪曲的主观幸福感和快乐。他们在学校的学习和生活中体验不到愉悦，盲目追求短期的甚至是无原则、无道德标准的快感和愉悦，这些都是其产生欺凌行为的主要动因。

对于被欺凌者而言，除部分是源于自身生理原因，如过于肥胖、矮小瘦弱或身有残疾等原因外，更重要的是由于被排斥在同伴群体之外，经常遭受讽刺或歧视，逐步导致其产生过于敏感、自卑甚至是自闭的心理特征，从而易成为欺凌对象。还有一些学生则是由于性格原因，对外界事物过分敏感，生性孤僻、懦弱，也极易遭受欺凌。被欺凌者本身就处于劣势地位，自卑、内向，带有抑郁质特征，对一些积极的情绪体验本就较为"冷感"，当其不断遭受欺凌之后，被欺凌者的心理不断获得消极的情绪体验，不断承受不同程度的心理打击，甚至带来终生的创伤。[②]

（三）人格缺陷

学生的人格特点影响欺凌行为的发生。[③] 行为主义人格理论认为，人格是各种习得行为模式的集合，或者说，组成人格的结构就是习惯。作为人格的动力，习惯受学习中的驱力、线索、反应和奖赏四种成分控制。驱力指能够促使一个人去行动、具有足够强度的刺激，如饥饿、疼痛、欲望、挫折或恐惧所产生的驱力；线索指来自环境的信号；

① 茹洋庶.校园欺凌的心理原因及其心理干预[J].教育现代化,2017,4(38)：342-343.
② 张玉晴.积极心理学视域下校园欺凌成因及对策探析[J].当代教育论坛,2018(01)：55-62.
③ 刘思硕.校园欺负行为影响因素分析及干预措施探究[J].中国德育,2017(12)：21-24.

反应指信号所引发的行动;奖赏指这些行动后所得到的正强化。如果实施暴力者或者欺凌者通过欺凌行为不断获益而不是惩罚,这种偶然性的行为就会变成一种常见的行为,这种行为模式也会被巩固下来,爱打架的孩子就会变成爱打架的成年人。[①]

　　人格是一个人独特的思维、情感和行为模式。[②] 它是个体身上稳定的行为方式和内部过程。不同人格的人从事攻击行为的类型也会存在差异。研究证实,那些对别人具有较高工具性暴力倾向的个体,常常具有一套独特的人格。[③] 这些个体坚信,使用暴力手段来处理问题是一种合理的形式,并且他们认为自己也不必对攻击行为承担道德责任。随着心理学研究的不断深入,一些心理学家认识到,人的人格特点和其他特点一样,也是经过世代的发展逐步演变而来。这对人们更好地理解攻击行为提供了新的视角。艾森克在研究人格结构时,充分考虑了人的生物学特性,将人格的三个维度命名为内外向性、神经质和精神质。一项研究显示,被试在持续 45 年的时间里显示出外向——内向性水平的持续性。[④] 在芬兰、冰岛、新西兰以及美国进行的追踪研究也表明,儿童在 3~10 岁间表现出的抑郁、暴躁和攻击行为,能够很好地预测其以后是否容易出现攻击和其他反社会倾向。[⑤][⑥] 人格具有跨国籍、文化和历史的相似性。[⑦] 一些研究结果显示,遗传素质是攻击行为稳定性的原因之一。

　　学生欺凌行为的发生,与自身不良的社会心理和个性特征有关。[⑧] 青少年处于人格发展的不稳定期,拥有自大强势人格的学生要求他人服从,缺乏同情心,不愿遵守规矩,易产生攻击行为;拥有自卑懦弱人格的学生缺乏自信,不敢反抗,易成为被欺凌者。研究证明,学生欺凌的发生频率与神经质水平、外向和自尊水平均存在显著相关。攻击性高的学生与攻击性低的学生相比稳定性、敢为性和生活适应性更低,忧虑性更高,消极的性格、低水平的自我调控能力都会引发欺凌。[⑨]

　　心理学从个体的某些人格特征或者人格因子组合来预测欺凌行为。如习得性无助

---

　　① 刘思硕,李勇,宋广文.青少年的暴力与欺凌:人格心理学的分析与对策[J].预防青少年犯罪研究,2019(6):10-18.

　　② Miller, N. E. The frustration-aggression hypothesis[J]. Psychological Review,1941(48):337-346.

　　③ Berkowitz, L. The frustration-aggression hypothesis: An examination and reformulation[J]. Psychological Bulletin,1989(106):59-73.

　　④ Conley, J. J. Longitudinal stability of personality traits: A multitrait-multimethod-multioccasion analysis[J]. Journal of personality and Social Psychology,1985(49):1266-1282.

　　⑤ Cillessen, A. H. N. , Mayeux, L. From censure to reinforcement: Developmental changes in the association between aggression and social status[J]. Child Development,2004(75):147-163.

　　⑥ Kokko, K. , Pulkkinen, L. Aggression in childhood and long-term unemployment in adulthood: A cycle of maladaptation and some protective factors[J]. Developmental Psychology,2000,36(4):463-472.

　　⑦ Barrett, P. , Eysenck, S. B. G. The assessment of personality factors across 25 countries[J]. Personality and individual Difference,1984(5):615-632.

　　⑧ 章恩友,陈胜.中小学校园欺凌现象的心理学思考[J].中国教育学刊,2016(11):13-17.

　　⑨ 茹洋庶.校园欺凌的心理原因及其心理干预[J].教育现代化,2017,4(38):342-343.

是用来解释被动受害者最广泛使用的理论,这类受害者自我概念消极。[1] 内向和低自尊在青少年和环境互动的过程当中,他们的人格倾向决定了他们对待这个世界的方式。[2] 青少年基于特定的情境或者环境,会表现出不同的决策行为。Olweus(2008)认为,受他人欺凌和欺凌别人可以是同一个个体,而且两种行为可持久存在,所以无论是欺凌者还是被欺凌者,都可能具备一些较为稳定的人格特性。Hinduja&Patchin(2009)的研究显示,半年内有过网络欺凌行为的青少年,与半年内没有参与网络欺凌的青少年相比,卷入传统欺凌的次数前者是后者的2.5倍。被欺凌者的自尊心比较低,常常会感到自卑,他们在情绪与气质上也存在相似的缺陷,他们大都十分内向,且情绪易波动。[3]

澳大利亚和英国等国家的研究发现,欺凌事件的出现与青少年的一些情绪特性和气质特性有关。欺凌者往往神经质倾向较高,情绪易波动,情感十分冷漠,很容易发怒和冲动,对于外界的刺激十分敏感,且反应过激。[4]

无论是欺凌者还是被欺凌者,他们在人格上都呈现出一些比较明显的特点。Olweus(1994)将被欺者分为被动型被欺凌者和攻击型被欺凌者。[5] 被动型被欺凌者自我认同感比较低,性格内向,自尊心较脆弱,对外界的刺激往往比较敏感;攻击型被欺凌者在人格特质上往往过度活跃,他们性情暴躁、易激动,喜欢挖苦别人。这两类被欺凌者呈现出相似的心理问题:人际关系比较差,存在抑郁、焦虑等情绪问题。相关研究显示,一些欺凌者具有较高的自我概念,通过对他人实施攻击来提高自我认同感和自信心。无论是欺凌者还是被欺凌者都有着不为同学喜欢的人格特点。

研究表明,具有负面人格特质(如愤怒、冲动等)的中学生和高马基雅维利主义者(Machiavellianism),[6][7]如操纵性、道德冷漠、缺乏对别人的关注等更有可能成为欺凌的实施者。[8] 欺凌者通常具有较高的精神质倾向,自我中心,感情冷漠,情绪冲动,缺乏同情心,对外界刺激反应强烈。被欺凌者则通常有精神质倾向,具有较低自尊,容易

———————————

① Marsh,H.W.,Parada,R.H.,Yeung,A.S.,Healey,J. Aggressive school troublemakers and victims: a longitudinal model examining the pivotal role of self- concept [J]. Journal of Educational Psychology,2001,(93): 411-419.

② Slee,P.T.,Rigby,K. The relationship of Eysenck's personality factors and self esteem to bully- victim behaviour in Australian schoolboys [J]. Personality and Individual Differences,1993,(14): 371-373.

③ Hill,N.E.,&Thyson,D.F. Parental involvement in middle school: a meta-analytic assessment of the strategics that promote achievement[J]. Developmental Psychology,2009. 45(3),740.

④ 刘玲. 初中生网络欺负行为与父母卷入、人格的关系研究[D]. 成都:四川师范大学,2016.

⑤ Olweus D:Bullying at school: Basic facts and an effective intervention program[J]. Promotion&Education,1994(4):27-31.

⑥ Chen,J.K.,Avi,A.R. School violence in Taiwan: examining how Western risk factors predict school violence in an Asian culture[J]. Journal of Interpersonal Violence,2010,25(8): 138-141.

⑦ Chen,J.K.,Astor,R.A. School variables as mediators of personal and family factors on school violence in Taiwanese junior high schools[J]. Youth & Society,2012,44(2): 175-200.

⑧ Wei,H.S.,Chen,J.K. The moderating effect of Machiavelli an ism on the relationships between bullying,peer acceptance,and school adjustment in adolescents[J]. School Psychology International,2012,33(3): 345-363.

焦虑与抑郁,表现出较强的自卑感。① 被欺凌的学生,既有性格方面的弱点,也有人际交往能力方面的弱点。有些学生性格内向、懦弱孤僻,敏感多疑,不爱交往和参加集体活动,容易成为被欺凌的对象。② 那些自尊心和报复心理极强的中小学生,在遭受打击和挫折时,极易形成攻击行为。而那些因为生理上的原因,如口吃、残疾或是肥胖的中小学生,则往往十分容易受到同学们的歧视、嘲笑和排挤,长此以往便养成了自卑、内向、敏感的心理特征,易成被欺凌的对象。另有一些中小学生生性胆小、性格孤僻、信心不足,也容易成为被欺凌者。③

经常有孤独感和绝望感的学生更容易遭受他人的欺凌,青少年被欺凌最常见的原因是他们不能很好地参与到社会群体中,他们性格比较内向或者害怕被他人欺凌,因此他们不去交朋友,与同学间关系较差,并逐渐被忽视、远离,造成他们更加孤独、绝望。④ 低自尊者更容易相信符合他们消极自我映像的反馈。而低自尊和潜在的不安全感经常被认为是攻击行为的原因。消极反馈唤起了低自尊者固有的对自己的消极评价;高自尊者靠一种策略来减弱消极反馈的影响。⑤ 这些策略帮助他们把对失败的反应集中在他们自身具有的优点上。

(四)适应不良

从人际交往能力和应对方式来阐述欺凌行为的形成,欺凌者在人际交往中往往拥有良好交际圈,应对事情缺乏忍耐力和包容心,习惯用拳头来解决冲突;而被欺凌者缺乏交际能力,在群体中受忽视,应对事情习惯忍让逃避,正是这种心理弱势"吸引"欺凌者伤害自己。⑥⑦

由于行为习惯不同,导致摩擦矛盾产生的概率增大。随着九年义务教育的普及、新生育政策的实施及人口流动的便捷,很多学生来自不同的地区。众多不同地区的学生有着不同的行为习惯和爱好秉性,这些差异非常容易成为学生产生矛盾的导火线,严重的会产生欺凌或暴力。同时,很多学生进入校园这一陌生环境后无法适应,他们没有注重自身的言行用语,不文明的言语会进一步激发学生之间的争吵,这在一定程度上增加了打架事件及欺凌事件产生的概率。⑧

① 谷传华,张文新.小学儿童欺负与人格倾向的关系[J].心理学报,2003(1).
② 潘颖.初中生校园欺凌行为的影响因素与心理干预研究[D].广州:广州大学,2018.
③ 陈茜.多学科视野下校园欺凌的成因及对策研究[J].当代教育科学,2018(05):36-41.
④ Hymel,S.,Bonanno,R.A. Moral disengagement processes in bullying[J]. Theory Into Practice,2014,53:278-285.
⑤ Heimpei,S.A.,Wood,J.V.,Marshall,M.A.,et al. Do people with low self-esteem really want to feel better? Self-esteem difference in motivation to repair negative mood[J]. Journal of Personality and Social Psychology,2002(82):128-147.
⑥ 孙时进,施泽艺.校园欺凌的心理因素和治理方法:心理学的视角[J].华东师范大学学报:教育科学版,2017(2):51-56.
⑦ 张诗雅,黄甫全.校园欺凌问题的调查研究[J].全球教育展望,2017(3):103-117.
⑧ 张明.农村中小学学生校园暴力及欺凌的原因和心理干预探究[J].学周刊,2018(28):174-175.

（五）问题行为

欺凌与个体的问题行为密切相关。有研究发现,具有外向性行为(侵略性/冲动性行为、暴力犯罪行为)的中学生更容易成为学生欺凌的实施者。[1][2] 中学生受到欺凌与其网络的使用时间呈正相关,甚至可能会导致其离家出走。[3] 身体欺凌和语言欺凌的实施率与个人的不良行为(包括吸烟、饮酒、打架、偷窃、旷课、逃学)的发生率呈正相关。[4] 学生伴有低水平的亲社会行为是欺凌实施者和受害者的重要危险因素。[5] 网络欺凌与中学生的心理社会健康负相关,[6]网络欺凌还与网络成瘾呈正相关,网络欺凌受害者有更严重的抑郁症状和自杀倾向。[7][8] 这可能也是在网络欺凌中男生多于女生的一个原因,因为在网络成瘾者中男生占很大的比例。也有研究表明,青少年的自我控制水平与学生欺凌行为呈负相关,他们的冒险行为、自我中心和不稳定的脾气被发现对他们的欺凌行为产生了重大影响。[9] 饮酒、打架等不良行为是欺凌他人的危险因素。[10][11]

第二节　学生欺凌的家庭因素

从家庭情况来看,教养方式、成员关系、家庭结构及家庭经济水平等与学生欺凌有重要联系。家庭是影响儿童行为发展和社会化进程的一个重要场所,它对儿童的心理和行为方式有着潜移默化的影响。研究表明,儿童的个性发展、行为习惯、心理品质等

① Chen,S. The relationship between school children's bully behavior and their personality traits[J]. Exploration of Psychology,2003.

② Chan,H. C. ,Chui,W. H. Social bonds and school bullying: A study of Macanese male adolescents on bullying perpetration and peer victimization[J]. Child Youth Care Forum,2013,42(6): 599-616.

③ Wang,H. ,Zhou,X. ,Lu,C. ,et al. Adolescent bullying involvement and psychosocial aspects of family and school life: a cross-sectional study from Guangdong Province in China[J]. PLo Sone,2012,7(7): e38619.

④ Wei,H. S. ,Williams,J. H. ,Chen,J. K. ,et al. The effects of individual characteristics teacher practice and school rganizational factors on students' bullying: a multi level analysis of public middle schools in Taiwan[J]. Children and Youth Services Review,2010,32(1): 137-143.

⑤ Chan,H. C. ,Wong,D. S. The overlap between school bullying perpetration and victimization: assessing the psychological,familial,and school factors of Chinese adolescents in Hong Kong[J]. Journal of child and Family Studies,2015, 24(11): 3224-3234.

⑥ Wong,D. S. ,Chan,H. C. ,Cheng,C. H. Cyberbullying perpetration and victimization among adolescents in Hong Kong[J]. Children and Youth Services Review,2014,36: 133-140.

⑦ Yen,C. F. ,Chou,W. J. ,Liu,T. L. ,et al. Cyber bullying among male adolescents with attention-deficit/hyperactivity disorder: prevalence,correlates,and association with poor mental health status[J]. Research in Developmental Disabilities,2014,35(12):3543-3553.

⑧ Chang,F. C. ,Chiu,C. H. ,Miao,N. F. ,et al. The relation ship bet ween parental mediation and internet addiction among adolescents,and the association with cyberbullying and depression[J]. Comprehensive Psychiatry,2015,57: 21-28.

⑨ Chui,W. H. ,Chan,H. C. Association between self-control and school bullying behaviors among Macanese adolescents[J]. Child Abuse & Neglect,2013,37(4): 237-242.

⑩ 何源,卢次勇,高雪,等. 广东省中学生吸烟饮酒与校园暴力关系[J]. 中国公共卫生,2014,30(5): 597-599.

⑪ 徐玉斌,郭艳艳. 校园欺凌的原因与对策分析[J]. 河南教育学院学报:哲学社会科学版,2016(6):53-57.

都与家庭因素有密切联系。①

　　研究表明,学生欺凌与家庭环境密切相关。父母的照护与欺凌呈负相关。② 缺乏父母监督的学生更容易成为欺凌实施者。③ 父母与孩子的相处时间与网络欺凌呈负相关,并且父母介入互联网使用,可以降低其网络欺凌的发生。父母介入主要包括主动的使用调解、主动的安全调解、监督调解、技术调解和限制性调解五个方面。④ 有研究发现,男孩在父亲严苛的对待和母亲过分的保护下易形成敏感而谨慎的性格,并在同伴关系里受到欺凌。母亲的敌意和拒绝容易使家庭里的女孩在同伴关系里受到欺凌。⑤

　　父母是孩子的启蒙老师,家庭环境和教养方式对青少年健康人格的形成有重要影响。有些家长自身素质和个人修养不高,有很多不良习惯和嗜好,比如打牌赌博、抽烟酗酒、偷窃行为、欺负弱小等;有些家长整天忙于生计,无暇顾及孩子的教育问题,把孩子交给学校之后就不管不问;有些家庭存在夫妻矛盾或其他家庭冲突,通过打骂的方式来教育孩子或者宣泄不满。这些家长在孩子的成长过程中无法给予其正确的教育和指导,会给孩子的成长带来负面影响。对于单亲家庭、父母离异后再重组家庭、外来务工人员家庭、农村留守儿童家庭来说,由于家庭结构残缺或者父母教育缺位,这些家庭的孩子往往得不到应有的关爱和教育,容易产生心理问题,变得孤僻冷漠、敏感多疑,缺乏安全感和信赖感,更易受到欺凌或者去欺凌他人。

　　不良的家庭教养方式和家庭环境是导致欺凌的根源。研究发现,欺凌与原生家庭的教养方式、家庭结构和家庭关系密切相关。

一、不良的家庭教养

　　家庭教养方式对孩子卷入欺凌有显著的影响。研究表明,家庭中父母的态度和行为与孩子在学校的攻击性活动显著相关,孩子在学校所表现出的欺凌和攻击行为,通常是受到不良教养方式或家庭环境的影响。Olweus(1980)研究发现,母亲的过度保护、父亲的严厉与疏远极易使谨慎、敏感的男孩在同伴交往中成为被欺凌者。母亲的

---

　　① 陈会昌,王莉.1~10 岁儿童父母的教育观念[J].心理发展与教育,1997,13(1):40-43.

　　② Wang,H.,Zhou,X.,Lu,C.,et al. Adolescent bullying involvement and psychosocial aspects of family and school life:a cross-sectional study from Guangdong Province in China[J]. PLo SOne,2012,7(7):e38619.

　　③ Chen,J.K.,Astor,R.A. School variables as mediators of personal and family factors on school violence in Taiwanese junior high schools[J]. Youth & Society,2012,44(2):175-200.

　　④ Chang,F.C.,Chiu,C.H.,Miao,N.F.,et al. The relation ship be tween parental mediation and internet addiction among adolescents,and the association with cyberbullying and depression[J]. Comprehensive Psychiatry,2015,57:21-28.

　　⑤ 刘潇雨.家校联合下的受欺凌者识别研究——基于 PISA2015 的思考[J].广西教育学院学报,2020(3).

拒绝和敌意则与女孩的被欺凌角色地位存在较高相关。[①] 父母采用权威、放任或过度保护的教养方式管理孩子都会对欺凌行为产生影响。如果母亲妨碍男孩自主发展或与女孩联系，这个男孩就有可能成为欺凌的受害者。如果女孩的母亲在情感上虐待、敌视和疏远，那她很可能会受到欺凌。[②] 经常在家庭中遭受暴力的学生，在学校也往往会成为欺凌者，以暴力的手段解决问题。由于父母溺爱、过度保护或者对孩子期望过高等不当的教养方式，使得孩子极易成为被欺凌者。而另一些家庭教育不当的孩子，则会因为不当的教育方式及无法感受家庭的温暖等因素，而变得冷漠、孤僻，成为欺凌者。[③]

人本主义人格理论重要的代表人物霍妮（1950）认为，人的"真实自我"需要一个良性的环境氛围，如温暖、别人的美好祝愿、父母对子女"独特个体"式的关爱，才能得以实现。[④] 如果缺乏这样一个良性的环境氛围，儿童会产生基本焦虑，为了应付基本焦虑，个体发展出内部或人际的防御。人际防御引发个体亲近别人（过度顺从与自我抹杀）、对抗别人（攻击性、傲慢、自恋）和远离别人（疏远）。遗憾的是，大部分人都是在有条件的积极关注环境中成长起来的。大多数父母都只是在孩子们满足了他们期望的时候，才会表达爱。于是，孩子们不得不学会抛弃或者隐藏自己真实的情感和愿望，去接受被父母赞许的那部分自我。他们拒绝自己的弱点和错误。这就是为什么很多在父母面前看似很乖的孩子，在学校里其实是欺凌者。

不良的家庭教养方式对孩子的身心健康会产生不利影响。如专制型教养方式下成长起来的孩子更容易形成胆小、犹豫、懦弱的性格。他们受到欺凌后不敢反抗，不知反抗，不愿意告诉老师和家长，因为他们在告诉家长后很有可能遭受来自家长的打骂，如此恶性循环，使被欺凌者遭受身体和心理上的双重伤害。相反，民主型家庭教养方式下长大的孩子做事果断勇敢，他们在遭受欺凌时敢于反抗，在受到欺凌后能及时地将情况反映给老师或者家长，制止欺凌者进一步施加暴力。Elgar（2013）认为，父母的经济地位也是个体容易遭受欺凌的另一个重要影响因素，儿童在自我意识不成熟的情况下很容易形成盲目攀比的意识，家庭经济地位低的儿童很容易成为被欺凌的对象。[⑤] 这些个体常常成为被勒索的对象，由于其父母的经济地位低，他们往往被其他

---

① Olweus, D. Familial and temperamental determinants of aggressive behaviour in adolescent boys: A causal analysis[J]. Developmental Psychology, 1980, 16, 644-660.

② LOPEZ, B., PONCE, G., GONZALEZ, J. A., et al. Susceptibility to chlorpyrifos in pyrethroid-resistant populations of Aedes aegypti (Diptera: Culicidae) from Mexico [J]. Journal of Medical Entomology, 2014(3): 644-649.

③ 张玉晴. 积极心理学视域下校园欺凌成因及对策探析[J]. 当代教育论坛, 2018(01):55-62.

④ Horney, K. Neurosis and human growth. New York: Norton, 1950.

⑤ Elgar, F. J. Pickett. K. E., & Pickett, W., et al. School bullying, homicide and in come inequality: A cross-national pooled time series analysis[J]. International Journal of Public Health, 2013(58): 237-245.

同学看不起,很容易成为被欺凌的对象。

一项关于父母教养和欺凌的元分析研究认为,被欺凌者和欺凌者/被欺凌者都最有可能接触到不适应的父母教养。同时,研究也发现,以亲子沟通、温暖而亲热的关系、父母的参与和支持以及父母的监督为特征的积极育儿方式可以降低同伴受害风险。[①]

Lober(1986)认为,儿童欺凌的发展与下面四个因素密切关系。

(1)儿童早期的依恋模式。儿童的养育者,特别是母亲对儿童的基本情感态度和行为发展有重要影响。负面的情感态度,如缺乏温暖、对儿童的需要和要求不闻不问等,将增加儿童发展成为对他人具有攻击和敌意的可能性。

(2)对儿童攻击行为的纵容和默许。如果母亲对儿童的行为过于宽容和放纵,在儿童对同伴和亲友甚至成人表现出攻击行为时不予以明确地制止,则有可能增加儿童的攻击性水平。

(3)对儿童经常采用体罚的教育方式。父母往往难以控制自己的情绪发泄,在这种环境下成长的儿童极易具有攻击性。

(4)儿童的气质。某些气质特点,如活跃、易激怒等要比相对安静的气质特点更容易形成攻击性。[②]

综上所述,无论是欺凌者和被欺凌者他们都有类似的原生家庭环境,经历相似的家庭教养,只是发展方向不同。

(一)专制、虐待

在专制型家庭中,父母往往采用粗暴的方式对待孩子,在这个过程中,一些孩子模仿父母的攻击行为,久而久之,习得了暴力和攻击行为。如果家长在家庭中对孩子的温暖较少、对孩子有负面情绪、纵容孩子的攻击性与敌对行为,孩子则会更多地参与欺凌。有童年专制经历的孩子更容易卷入欺凌事件中,一些孩子在专制型家庭中习得了消极忍受的应对方式,在这样的家庭中父母对孩子有更多的严厉惩罚和拒绝否认倾向,这些父母更容易忽视自己的孩子,并且通常不给孩子表达自己的机会,孩子长大之后害怕说出自己的想法,这可能也是为什么他们会更容易成为受害者的原因。

当孩子犯错误的时候,父母习惯于采用责骂和体罚。一些孩子在家庭中经历过暴力和攻击后会采用生气或紧张的情绪化的方式来解决问题或者将愤怒转移到他人身

---

① Georgiou, S. N. Parental style and child bullying and victimization experiences at school[J]. Social Psychology of Education,2008,11,213-227. doi:10. 1007/s11218-007-9048-5.

② Loeber, R. ,&Stouthamer-loeber, M. Family factors as correlates and predictors of conduct problems and juvenile delinquency[M]. In M. Tony&N. Morris(EDS), Crime and Justice,Chicago:University of Chicago Press,1986,7.

上。他们在处理社会信息方面存在困难,常常把他人的行为解释为敌对的,并在生活中通过侵略性表现出来,从而更容易卷入欺凌;另一些孩子则在受到打骂虐待采取顺从和迎合父母的姿态,以努力维持他们在暴力或混乱的家庭中的安全。这些孩子在同伴互动中无法保护自己免受伤害,因而在面对欺凌时产生了无助感,同时也更容易成为欺凌对象。

在家庭经常遭受忽视或虐待的儿童,发生欺凌行为的概率要比正常儿童高38%,经受身心伤害的儿童容易对人和事产生仇视心理,遇事时喜欢通过欺凌行为把被虐待时的挫败感和不安全感释放出来。如果父母对孩子持放任或专制的态度,孩子缺乏温暖且给孩子带来负面影响,孩子更易卷入欺凌事件。① 往往那些过于严厉的,而且时常虐待孩子的父母,会对孩子造成更多负面影响。这种家庭的孩子在学校往往会扮演欺凌者的角色。② 在一项纵向研究中,对大部分学生来说,暴露于家庭冲突(兄弟姐妹的攻击、叫喊)与更严重的欺凌行为有关,③被欺凌的孩子往往来自有虐待史或父母教育方式不一致的家庭。④ 有研究表明,在家中受到父母间暴力侵害的青少年很可能在学校受到欺凌,并成为欺凌的受害者或欺凌者。⑤ 粗暴型教养方式对于本身具有攻击性的儿童来说,会强化其攻击性行为,更容易在同伴交往中成为欺凌者。此外,有家暴倾向的父母、在邻里关系中强势的父母,容易成为儿童模仿的对象,引发其在同伴关系中的欺凌行为。

(二)否认、放纵

欺凌者在家很少得到情感温暖与理解,父母也更多采用拒绝与否认的教养方式。这样的方式容易形成父母对孩子的偏见,如认为自己的孩子反社会、离经叛道,从而使孩子也把自己看作一个反社会的形象。长时间暴露于父母的敌意与拒绝中的孩子,容易在与他人的交往中模仿父母的行为互动模式,导致在与他人的交往中缺乏同理心,表现出更多的攻击行为。

在放任型家庭中,由于父母对孩子溺爱,一些孩子变得目无法纪、自私自利,他们

---

① Whelan,Y. M. ,Kretschmer,T. ,Barker,E. D. MAOA,early experiences of harsh parenting,irritable opposition, and bullying-victimization:Amoderated indirect-effects analysis[J]. Merrill-Palmer Quarterly,(2014).60(2):217-237.

② Patton,D. U. ,Hong,J. S. ,Williams,A. B. ,et al. A review of research on school bullying among African American youth:an ecologi, cal systems analysis[J]. Educational Psychology Review,2013,25(2):245-260.

③ Espelage,D. L. ,Bosworth,K. ,& Simon,T. R. Examining the social context of bullying behaviors in early adolescence[J]. Journal of Counseling and Development,2000.78,326-333.

④ Espelage,D. L. ,Low,S. ,Rao,M. A. ,Hong,J. S. & Little,T. D. Family violence,bullying, fighting, and substance use among adolescents:A longitudinal mediational model[J]. Journal of Research on Adolescence,2014.24,337-349.

⑤ CORVO,K. ,DELARA,E. Towards an integrated theory of relational violence:Is bullying a risk factor for domestic violence? [J]. Aggression & Violent Behavior,2010,(3):181-190.

以自我为中心,不顾及他人的感受,甚至以欺凌弱小者为乐。过分严厉或过分宽松的教养方式都容易导致孩子未来的攻击行为,忽视放纵教养下的孩子在控制冲动侵略性方面存在困难,对孩子关注过少,对其行为缺乏有效监督与指导,都会导致孩子出现欺凌行为。

(三)过度参与

由于文化的影响,我国家庭成员之间边界不清晰,往往会过度参与孩子的成长。父母过分干预,如在孩子的成长过程中提供更多更具体的建议,可能会影响孩子的社交能力,导致他们不善于处理同伴关系和解决同伴冲突,因此可能更容易遭受到同伴之间的负面互动。[①] 被过度保护的孩子性格懦弱,独立能力差,Georgiou(2008)研究发现,母亲的反应与儿童的欺凌行为负相关,而过度保护与儿童的欺凌行为正相关。[②] 如果父母在孩子成长过程中的不安与焦虑敏感度很高,当孩子碰到了无法解决的问题时,就会过度参与孩子的活动,以补偿孩子的社会缺陷,或者通过其他方式避免孩子遇到此类冲突,但这很可能会妨碍孩子有效解决冲突能力的发展,使孩子成为同龄者的欺凌对象。

(四)不良示范

班杜拉的社会学习理论认为,人是借助观察、学习简单的行为,并在运用的过程中逐渐将其内化的。而家长的行为是孩子未来的镜像,也就是说,孩子从观察、模仿成人开始,并在运用这些行为的过程中逐渐内化。儿童是能够在特定环境中习得社会文化,并将之继续发展的。但有部分家长自小便向孩子灌输一些与社会规范所倡导的优秀品质背道而驰的人际交往原则,诸如以牙还牙、以眼还眼,做人绝不能吃亏、别人怎么打你的你就怎么打回去等,而不是教给孩子以礼待人、谦让包容等良好品质。[③] 贺静霞(2018)认为,欺凌行为在很大程度上是因为家长的道德行为失范,没有树立良好的榜样,所以学生在运用过程中将其内化,形成校园欺凌行为。[④] 如果家庭当中时有冲突,而家长的解决方式常常比较极端,孩子就会受这些失范行为影响,长此以往,孩子会将其内化成自我意识。在学校中,孩子会将这些行为复制、重演,进而演化成欺凌。[⑤] 可见,家长的道德失范行为与不当的教育理念会使孩子成为潜在欺凌者。[⑥]

① 黄顺菊,刘晓.家庭教养方式与校园欺凌关系研究[J].江苏教育,2019(4):18-21.
② Georgiou,S. N. Parental style and child bullying and victimization experiences at school[J]. Social Psychology of Education,2008. 11,213-227. doi:10.1007/s11218-007-9048-5.
③ 张国平.校园霸凌的社会学分析[J].当代青年研究 2011(08):73-76+66.
④ 贺静霞.参与与治理:论学校在反校园欺凌中的职能[J].教育导刊,2018(04):30-35.
⑤ 罗媛,张海钟,李鹏程.父母冲突对子女攻击性行为的影响[J].克拉玛依学刊,2014,4(03):59-63.
⑥ 何江军,张庆林.校园暴力行为探析[J].社会心理科学,2006(01):117-120+124.

二、异常的家庭结构

家庭结构是指家庭成员的构成及其相互作用、相互影响的状态,以及由这种状态形成的相对稳定的联系模式。家庭结构包括两个基本方面:(1)家庭人口要素。家庭由多少人组成,家庭规模大小。(2)家庭模式要素。家庭成员之间怎样相互联系,以及因联系方式不同而形成的不同的家庭模式。家庭结构可分为:核心家庭、主干家庭和联合家庭。

结构异常的家庭是指条件差、父母离异或重组、父母一方或双方长期外出的或存在隔代教育、留守儿童的家庭。父母离异或一方离世或因犯罪判刑,由其中一方抚养或新组成家庭共同抚养,或者由爷爷奶奶等有亲属关系抚养方式的家庭,均属异常家庭结构。在异常家庭结构中,父母生活不稳定,容易造成对子女的教育缺失,因此在此环境中成长的青少年容易形成消极的心理暗示,导致安全感缺失,情绪较为敏感冲动。如果儿童无法生活在稳定的家庭结构中,那么家庭结构的变迁和家庭作用的丧失,则会引发儿童的不良行为或者滋生儿童的扭曲心理。2017 年中国流动人口报告显示,留守儿童中饮酒率达 39.7%,吸烟的比例达 21%。伤害发生率高,打架行为多发,12.6%的留守儿童有过自伤自杀行为。[①]

不可否认的是,许多学生欺凌事件的背后,都存在家庭教育失败或者缺位的现象,在对一些学校教师、家长进行走访发现,不正常的家庭教育成为诱发学生欺凌事件十分重要的因素。[②]

家庭结构不良导致的父母教育失位,是校园欺凌行为日渐频发的诱因。[③] 家庭教育的方式及家庭结构的组成,会对学生造成巨大影响。缺乏良好的家庭教育或缺乏家庭明确监督指导的学生,攻击性相对更高。[④] 生活在单亲家庭和重组家庭中的中小学生,缺少来自父母的监管、温暖与爱,逐渐形成的畸变心理,加剧了校园欺凌行为的产生。[⑤]

(一)隔代教育

《2014 中国城乡家庭教育现状白皮书》调查发现,三分之一的家庭结构模式是三世同堂。由中国传统家庭生活模式衍生出来的隔代教养,父母将孩子交给祖(外祖)

---

① 国家卫计委. 中国流动人口发展报告 2017[R]. 新民晚报网,2017-11-10.

② 李旭,豆小红. 社会失范、教养偏差与青少年犯罪关系探讨[J]. 中国青年研究,2014(6).

③ 张玉晴. 积极心理学视域下校园欺凌成因及对策探析[J]. 当代教育论坛,2018(01):55-62.

④ 孙临美,林玲. 儿童校园欺凌问题的现状、归因及对策[J]. 校园心理,2009(03):153-156.

⑤ 苏春景,徐淑慧,杨虎民. 家庭教育视角下中小学校园欺凌成因及对策分析[J]. 中国教育学刊,2016(11):18-23.

父母教养者越来越多。据中国老龄科研中心对全国城乡 20 083 位老人的调查,照看孙辈的老人占 66.47%,隔代抚养孙辈的女性老人在城乡更是分别高达 71.59% 和 73.45%,也就是说,我国 70% 以上的家庭都涉及隔代教养。"隔代教养"已成为我国家庭教育,尤其是幼儿教育中很自然、很普遍的现象,也使中国成为世界上为数不多的国家。尽管隔代教养的生活模式有效地解决了年轻父母工作与生活矛盾,但无意间也造成了很多家庭的亲子关系障碍,为孩子的成长埋下了很多隐患。出于对孙辈的疼爱,祖(外祖)父母通常过多地包容孩子的缺点,使其在性格上变得娇气蛮横,对家庭的依赖性强,从长远来看,限制了孩子活动的空间和人际交往的范围。

大量研究表明,接受隔代教育的孩子容易产生六类不良习惯:一是自私,做事常以自我为中心,凡事先考虑自己的利益得失,不知道为别人着想;二是任性骄横,家庭成员关系颠倒,走向外部社会后不知道尊重别人;三是社会适应能力弱,个性孤僻、缺少生活热情;四是自主精神和自理能力差,依赖性强;五是不爱惜财物,盲目攀比炫耀;六是学习被动,缺乏刻苦钻研精神,容易厌学。

(二)留守儿童

由于我国地区经济水平差异的客观情况带来的人口流动,催生了留守儿童、流动儿童问题。家庭结构变迁和家庭的失能,也是学生欺凌现象日渐频繁的重要原因。这些儿童长期生活在不稳定的家庭结构中,父母的失位使他们缺少来自家庭的教育与约束,容易产生不良行为和扭曲的心理。[1] 有研究指出,留守儿童参加网络欺凌和暴力欺凌的比例高于非留守儿童,流动儿童参与的比例虽低于留守儿童,但仍高于非流动儿童。[2]

很多欺凌事件的欺凌者是留守儿童,他们从小缺少父母的关爱,导致其感情需要没有得到满足,欺凌者的内心很孤独,也缺少教育,面对同学间的冲突,他们不知道应该如何应对,如何宣泄自己的情绪,最终往往非理性地选择了欺凌或暴力。而部分留守儿童缺乏现实的支持与保护,所以他们往往会成为被欺凌的目标与对象,也可能会参与到欺凌团伙的活动之中。

(三)独生子女

在家庭环境方面,独生子女欺凌和被欺凌的风险均高于非独生子女,可能与独生子女和非独生子女所获得的家庭关注程度不同有关。一方面独生子女受到父母溺爱的可能性高,更容易发生欺凌他人的行为,另一方面独生子女在人际交往上由于缺少与兄弟姐妹和同龄伙伴日常相处的经验很容易形成自私、争强好胜、不合群等性格特征,在校园中更容易与同伴发生矛盾从而受到欺凌。

① 张玉晴. 积极心理学视域下校园欺凌成因及对策探析[J]. 当代教育论坛,2018(01):55-62.
② 周华珍,焦培瑶. 健康问题的社会决定因素对校园欺凌的影响[J]. 社会建设,2018,5(03):42-54.

三、不睦的家庭关系

欺凌或被欺凌者的家庭往往缺少温暖、父母冷漠、不参与或过度参与孩子的生活，忽视孩子的感受，或者采取敌意、拒绝的态度，过度控制和约束孩子，或者过度保护、溺爱孩子。亲子关系质量越差、父母冲突水平越高、父母教养方式的矛盾越凸显，青少年出现攻击或欺凌行为的可能性就会更大。[①] 幼年在成员关系不和或受其他家庭成员忽视、冷落甚至虐待的环境里长大的儿童，极易形成自卑心理，在同伴关系中处于弱势而受到欺凌。[②]

（一）父母不睦

家庭在儿童的人格发展中极为重要，而父母则是家庭中最为重要的角色。父母之间的冲突会"溢出"到亲子关系中，影响着儿童的发展。[③] 父母之间的感情障碍会影响到孩子对他人和社会的冷漠，缺乏责任感，甚至做出反社会行为，不能友好待人，不能与他人建立良好的伙伴关系。如果父母之间发生冲突做出过分行为，孩子在处理自己的事情上也会模仿同样的处理方式，不能有效控制自己的情绪，容易出现欺凌行为。父母和谐的孩子受欺凌的风险更低。

（二）亲子不亲

家庭关系是孩子最早接触到的社会关系，深刻影响其后续的社会发展和人格形成，对孩子入学后的欺凌卷入情况也有所影响。父子关系好的孩子有更强的学校适应能力、人际关系处理能力和良好的心理健康状况。和谐的父母婚姻状况会给孩子提供更好的社会支持，减少孩子遭遇的生活事件和经济压力，降低受欺凌可能性。[④]

有学者强调了父亲的重要性，与其他孩子相比，那些有攻击倾向的被社会排斥的孩子，从父亲那里得到的情感、陪伴和满足感最少。父亲外出打工的孩子受欺凌的风险高于父亲没有外出打工的孩子。父亲角色的长期缺位与孩子的学习成绩和同伴交际等因素呈明显的负相关，而这些因素与学生被欺凌的可能性有密切关系。

家庭管教程度不严、对子女信心不足也是欺凌者发起欺凌行为的诱因。[⑤]

---

① 陈欣银.中国儿童的亲子关系、社会行为及同伴接受性的研究[J].心理学报,1995,27(3)：329-336.
② 赵莉,雷雳.关于校内欺负行为中受欺负者研究的述评[J].心理科学进展,2003(06)：668-674.
③ Anderson,E. R. ,Lindner,M. S. ,Bennion,L. D. Ⅶ. The effect of family relationships on adolescent development during family reorganization[J]. Monographs of the Society for Research in Child Development,1992,57(2-3)：178-199.
④ 黄顺菊,刘晓.家庭教养方式与校园欺凌关系研究[J].江苏教育,2019(4)：18-21.
⑤ MEYERADAMS,N. ,CONNER,B. T. School violence：Bullying behaviors and the psychosocial school environment in middle schools [J]. Children & Schools,2008(4)：211-221.

四、极端的家庭背景

学生家庭所处的社会地位是学生无法选择的,而学生的身份及阶层的不同,也是诱发欺凌的重要因素之一。根据布迪厄的场域理论,身份就意味着个体在社会中所处的地位或阶层,不同阶层的人所拥有的资本与权力不同,而且不同的资本与权力发挥着不同的功效。资源的分布不均会对不同身份的群体产生特定的价值偏好。比如,社会资源匮乏、文化资本不足的学生,往往会被视为学业上的失败者,这些学生往往更容易成为欺凌的对象。欺凌受害者出生于弱势家庭背景的发生率高于中等家庭背景和优势家庭背景的学生。[①] 家庭富裕程度较高的青少年,家庭经济支持程度较高,往往受到他人追捧而成为"圈子"里的核心人物,而家庭富裕程度较低的青少年则容易受到嘲笑和歧视,成为受欺凌者。[②]

无论是在农村还是城镇,被欺凌者大多是成绩较差、性格胆小怯懦的学生。正是基于被欺凌者的隐忍及其几近空白的社会背景,才致使其身陷欺凌的漩涡无法自拔。也正是因为被欺凌者长期的隐忍,才使得这种行为在欺凌者眼中逐渐"合理化"。[③]

第三节　学生欺凌的学校因素

校园是学生学习的场所,也是绝大部分欺凌事件发生的场所。厕所、教室、宿舍和走廊,这些地方的监控通常不到位,常常成为欺凌发生的现场。研究发现,学校的规模、班级组成的大小、生源及不同种族对欺凌行为的影响较弱。[④] 学校的管理氛围、教师的言语、行为和态度,父母参与学校教育的水平以及学校的联结感,能够影响欺凌行为的发生率。[⑤]

一、学校环境

学校环境直接影响学生的学习、生活和成长质量。学校综合状况愈好、整体氛围愈好,学校对欺凌有约束和惩治规范,学生欺凌发生的频率就愈低。[⑥] 负面的学校环

---

① 黄亮,赵德成. 家庭社会经济文化地位与学生遭受校园欺凌关系的实证研究——家长支持和教师支持的中介作用[J]. 教育科学,2018,34(1):7-13.

② 刘艳丽,陆桂芝. 校园欺凌行为中受欺凌者的心理适应与问题行为及干预策略[J]. 教育科学研究,2017(05):60-66+95.

③ 贺静霞. 参与与治理:论学校在反校园欺凌中的职能[J]. 教育导刊,2018(04):30-35.

④ Irene,W.,Peter,K. S. A survey of the nature and extend of bullying in junior/middle and secondary schools [J]. Educational Research,1993,35(1):3-25.

⑤ 朱新筱,李春,许岩. 欺负发生的学校背景[J]. 教育科学研究,2005(1):30-36.

⑥ 刘潇雨. 家校联合下的受欺凌者识别研究——基于 PISA 2015 的思考[J]. 广西教育学院学报,2020(3).

境可能会增加学生欺凌的频率,并降低学生在学校感到安全的可能性。[1][2] 中学生的未来取向和学校联系与学生实施欺凌呈负相关,并且学生的学校联系是学生未来取向与实施欺凌之间的调节因子。[3] 未来取向是指个人的思想、计划、动机和他对未来的感受,已被确定为青少年的保护和促进因素。[4] 学生在个性化成长的过程中,会更少地依赖家庭关系而更多地依赖家庭之外的关系,例如学校、朋友和他人。[5] 中学生欺凌的发生情况还与其对校园的感知有关,低水平的校园参与感可能会增加中学生实施欺凌的风险;[6]对于女性,和谐校园感知弱势和学校归属感差都是欺凌的重要风险因素。[7] 也有研究表明,网络欺凌与学校归属感呈负相关。[8]

学校的环境,尤其是软性环境(教育观念、校风校纪、班级氛围、师生关系、同学关系、管理质量等)都直接影响学生欺凌事件的发生和发展。引发学生欺凌事件的学校环境因素主要有:教育观念不端;事件处置失当;班级氛围不佳;师生关系不睦;朋辈关系不良等。

(一)教育观念

教育的目的是立德树人,促进人的全面发展。人本主义哲学的两个经典命题就是"把人当人看"与"使人成为人"。把学生当"人"看当然要全面地审视其作为"人"的全面性质。在此基础上,才能真正地使他成为"人",也就是说,为了学生的一切,首先要基于了解学生、尊重学生、热爱学生,把学生当成一个"真实的人"而非"抽象的人"来审视。

学校的首要任务是立德树人。当前在我国成"人"教育的理念已经让渡于成"才"教育的理念,应试教育制度的缺陷使教育中的社会分层加重,由成绩排序作为标准的

① MEYERADAMS,N. ,CONNER,B. T. School violence:Bullying behaviors and the psychosocial school environment in middle schools [J]. Children & Schools,2008(4):211- 221.

② WIENKE TOTURA,C. M. ,MACKINNONLEWIS,C. ,GESTEN,E. L. ,et al. Bullying and victimization among boys and girls in middle school:The influence of perceived family and school contexts [J]. Journal of Early Adolescence, 2009(4):571- 609.

③ Gao,S. L. ,Chan,K. L. Future orientation and school bullying among adolescents in rural China:The mediating role of school bonding[J]. Sage Open,2015,5(1).

④ Nurmi,J. E. How do adolescents see their future? A review of the development of future orientation and planning [J]. Developmental review,1991,11(1):1-59.

⑤ Goodenow,C. The psychological sense of school membership among adolescents:Scale development and educational correlates[J]. Psychology in the Schools,1993,30(1):79-90.

⑥ Chen,J.K. ,Astor,R. A. School variables as mediators of personal and family factors on school violence in Taiwanese junior high schools[J]. Youth & Society,2012,44(2):175-200.

⑦ Chan,H. C. ,Wong,D. S. The overlap between school bullying perpetration and victimization:assessing the psychological,familial,and school factors of Chinese adolescents in Hong Kong[J]. Journal of child and Family Studies, 2015,24(11):3224-3234.

⑧ Wong,D,S. ,Chan, H. C. ,Cheng, C. H. Cyberbullying perpetration and victimization among adolescents in Hong Kong[J]. Children and Youth Services Review,2014,36:133-140.

优胜劣汰选拔与考核制度使一部分学生难有成功的机会,以及其他的制度设计不合理所带来的不公平的结果使许多学生看不到成功的希望。美国教育家伊利奇(Lllich,1994)指出,"学校专断地决定了学生学什么以及什么时候学,当学生感受到比预期的更为无所不及的被操纵时,常常会加强对学校教育的反抗。"①重智轻德,重教轻育的现象还在一些学校存在。素质教育表面化、德育形式化、法治教育过场化还在一定范围内存在。重智轻德,过于重视文化科学知识教育所导致的直接后果是学生课业负担过重,把分数、排名作为衡量学生好坏的标准,忽视对学生的道德教育、心理教育和法治教育,从而使学生长期处在压力之下而找不到排解的渠道,致使学习成绩差的学生心理失衡,出现焦虑、抑郁、暴力等倾向,容易引发学生欺凌现象。此外,学校重视智育忽视德育还容易形成"以成绩论成败"的同侪交往价值观,成绩优秀的学生以"高高在上"的姿态与成绩较差的学生进行不平等的交往,最终致使学困生成为绩优生的欺凌对象。② 有研究表明,往往是学习成绩较差的学生,实施欺凌行为的比例更高一些。特别是出于成长中归属感的需要,这些学生往往会自发地走到一起,形成各种各样的小团体与同伴亚文化,逃课、逃学、迷恋网络游戏、暴力、谩骂等身体和语言的攻击行为往往成为这些学生赢得认可的一种方式与手段。奉行重智育轻德育的学校,容易忽视学习差的学生,这类学生只能构建"逃离天堂",借助欺凌行为来获取关注和展示自我。③④ 对主智主义的崇拜,还间接导致了学习成绩优异的学生成为被欺凌者。澳大利亚学者佩特斯(Peeters,2004)研究发现,成绩优异的学生更容易受到同伴的消极对待。某些成绩优异的学生在师生中拥有较高的地位,而成绩较差的学生则会对成绩优异的学生施以欺凌行为。⑤ 成绩优异的学生通常更易被视为是"不合群体规范"的一类,所以,其他同学就会设法排挤他们。而这些成绩优异的学生便成为欺凌者实施欺凌的潜在目标。⑥

(二)安全管理

校园安全是学校教育的基石,为师生的日常生活提供保障。学校作为广义的社会活动场所,具有更加强大的力量、更加专业的知识和专业能力,更能预见可能发生的危险和损害,更有可能采取必要的措施防止损害的发生或减轻损害后果。学生在学校没

① [美]伊利奇.非学校化社会[M].吴康宁,译.新北:桂冠图书股份有限公司,1994:57-58.
② 陈茜.多学科视野下校园欺凌的成因及对策研究[J].当代教育科学,2018(05):36-41.
③ 刘天娥,龚伦军.当前校园欺凌行为的特征、成因与对策[J].山东青年政治学院学报,2009(4),80-83.
④ 蔡连玉."逃离文化"视角下校园欺凌治理研究[J].中国教育学刊,2016(11),24-28.
⑤ Peeters,B. Thou shalt not be a tall poppy:Describing an Australian communicative and behavioral norm[J].Intercultural Pragmatics,2004,12(1):71-92.
⑥ Maureen,O.,Neill,A. C.,&Bill,A. Tall Pollies:Bullying Behaviors Facedby Australian High-Performance School-Aged Athletes[J].Journal of School Violence,2014,13(5):210-227.

有安全感,认为学校生活很糟糕,且得不到支持时,常常会不遵守学校的规章制度,做一些违反校规的事,如打架、斗殴等,同时,当他们遇到欺凌行为时也不会主动告知老师。[①]

从近几年的学生欺凌事件中不难发现,一些学校课外日常管理不到位,硬件设施不完善。例如,操场、厕所、宿舍、食堂、天台、走廊等缺少监管的场所是欺凌行为多发地带,因为这些地方很少有学校的保安或者老师来巡查监管。学校监控措施的缺失很大程度上放任了欺凌的发生。一些学校的管理层、教师对学生欺凌事件存在一定的认知偏差。一方面,对学生欺凌涉及的学生人数估计不足,认为欺凌只是个别学生之间的打打闹闹,没有必要上纲上线,在处理学生欺凌事件时,出于保护未成年人的考虑,会选择大事化小,小事化了的方式(45%),或不能认真对待该类事件,以批评双方当事人为解决问题的手段(占27%),助长了施暴者的暴力心理;[②]另一方面,对欺凌导致学生的身心伤害没有足够重视,认为随着时间的推移和事件的结束,学生就会慢慢忘却,没必要过多介入。认识的不足导致对事件处理不到位,导致在面对学生欺凌时缺少突发事件的应急机制、缺失事后事件处理的运行程序。由于缺乏具体的学生欺凌预防、应对、处理措施,在欺凌发生时无法及时进行制止,被欺凌者无法得到实时的保护与救治。学校是否有可行的反欺凌政策及学校准则、风气也会在一定程度上影响学生欺凌行为的发生。[③]

学校领导和教师对欺凌的不当处置,间接导致欺凌不断恶化。有的学校虽然意识到欺凌的危害性,但教育力度不够,惩罚措施不当,欺凌现象不能得到有效控制。教师责任心不够,用简单粗暴的方式处置,不能使欺凌者发自内心地认识问题的严重性和危害性,反而提高了欺凌者的警惕性,欺凌的手法越发隐蔽,危害性越大。[④]

学校的层级监管可能使学生习得欺凌。学校的层级监督既包括教导主任、年级主任、班主任等教职人员对学生的监督,也包括学生之间,班长、学习委员、课代表、小组长对同学的监督。贺静霞(2018)认为,正是这种层级监督渗透到学生的日常行为当中,才使得欺凌者参照此模型,构建了他们自己的层级监督体系。围观者虽未直接参与欺凌行为,但是他们的围观赋予了欺凌者以信心和勇气。由此,在层级监督的渗透下,形成了以被欺凌者为中心的,欺凌者欺凌、旁观者监督的链条。[⑤]

① Wang,C. I.,Berry,B.,Swearer,S. M. The critical role of school clunate in effective bullying prevention[J]. Theory Into Practice,2013,52(4):296-302.

② 陈星宇,赵华,王金荣,等.甘肃省校园欺凌现象成因分析及对策研究[J].法制博览,2018(32):43-44.

③ Smith,PK. The Silent Nightmare:bullying and victimization in school peer groups[J]. The Psychologist,1991, 4:243-248.

④ 杜佳欣,李莎.浅谈校园欺凌的成因及处理[J].大连教育学院学报,2018,34(01):66-68.

⑤ 贺静霞.参与与治理:论学校在反校园欺凌中的职能[J].教育导刊,2018(04):30-35.

（三）教师介入

教师的言行及对待学生的态度对学生身心发展起着巨大的作用。在学校,学生有很多学习以外的需求,如排解学习压力、提高学习能力、辨别是非善恶、更好地与同学交往、处理现实与理想的矛盾等,这些问题都需要老师的开导化解。如果老师只注重学生的学习成绩,很少关注学生的身心健康,与学生之间缺乏交流与沟通,就不能及时发现和处理学生在成长过程中的异常行为,这些异常行为就可能转变成欺凌。

1. 教育行为失当

教师对校园里面弱势群体关爱的缺失,使他们成为被欺凌的对象。教师对弱势群体关爱的欠缺,可能会出现教师泄漏弱势群体隐私和嘲笑弱势群体缺陷的情况,这种情况的发生不仅会戳伤弱势群体的自尊,更为严重的是其他学生争相模仿教师的不端行为,再次给弱势群体带来伤害,使其成为被欺凌的对象。教师不恰当的教育惩戒会在无形中对学生道德行为的选择产生影响。为了课堂教学活动的有序开展,教师有时候会采取挖苦、讽刺甚至是肢体冲突等不当的惩罚措施来维持课堂秩序。教师对学生的言语谩骂、肢体冲突等暴力处罚行为,虽在一定程度上起到了约束学生"违纪"行为的作用,但更多的却是教师"以暴制暴"的行为让学生"内化于心,外化于行",最终酿成了欺凌事件。①

部分教师因学生的学习成绩、来源(来自城市还是农村)、家庭经济情况、父母的社会地位等,产生刻板印象。在刻板印象的影响下,教师一般不会质疑自己眼中"品学兼优"的学生会做出欺负同伴、欺凌他人的恶劣行为。教师的这种态度间接地纵容了优生欺凌差生的行为。而那些被欺凌者也因清楚教师的态度,会主动放弃向教师反映欺凌者的恶行,只是默默承受欺凌者带给自己的伤痛。教师一般认为学生不会实施暴力行为,他们彼此间只是小打小闹,不会构成重大事件,因此在欺凌事件发生前往往察觉不到,没有将欺凌扼杀在萌芽状态中。有时有所察觉,但担心少年儿童心灵脆弱,怕严厉批评会导致他们产生轻生念头,所以往往只是言语上的提醒。教师这种隐形的纵容教育,助长了欺凌者肆无忌惮且不知悔改地继续实施暴力行为,导致校园欺凌的不断发生。②

2. 教师关注不够

在欺凌情境中,教师对欺凌的态度和行为也影响着欺凌行为的发生。Olweus (1993)研究发现,课余时间监督的教师越多,欺凌发生率就越低。③ 在下课时间,如果

① 陈茜. 多学科视野下校园欺凌的成因及对策研究[J]. 当代教育科学,2018(05):36-41.
② 刘冬梅,魏晨晨. 初中校园欺凌的成因及防治策略[J]. 河南科技学院学报,2018,38(02):43-45.
③ Olweus,D. Bullying at school：What we know and what we can do[M]. Oxford：Blackwell,1993.

老师进行了有效的监督,则欺凌行为发生的概率会降低。同时,教师对欺凌行为持有什么样的态度和行为也会影响到欺凌行为。[①] 一项研究发现,教师过度参与学生的学业和社会生活,将会大大减少学生在学校的安全感。[②] KEN 等人(2003)进行的一项研究,调查的 7 000 名中学生在被问及"他们的老师是否介入欺凌事件",发现有 40% 的人反应是"不是真正的"或"只是有时"阻止这些欺凌行为。[③] 因此,在欺凌发生时,大部分学生不会寻求老师的帮助。[④] 学生遭遇欺凌后,想寻求帮助者存在人口学特征的差异。例如,在非洲裔美国青年中,女孩在被同龄人欺凌时,更有可能向老师报告;而男孩则只会向除了老师以外的其他成年人寻求帮助。[⑤] 也有另外的研究表示,当教师在积极干预学生的同伴冲突时,学生更愿意向老师或学校官员寻求帮助。[⑥] 优质的师生关系和教师支持也会影响或减轻学生在学校卷入欺凌事件的可能性。[⑦]

学生是否向老师报告欺凌事件与师生关系密切相关。中学生缺乏与教师的沟通和受教师支持较少均会增加中学生实施校园欺凌的风险。[⑧⑨⑩] 欺凌与师生关系不好、教师缺乏学生信任有关。Lam&Liu(2007)通过访谈了解到,被欺凌者和围观者一般很少向老师或父母报告欺凌事件,一来害怕遭到报复,二来老师没有形成有效保护学生的形象,进而导致部分欺凌事件延误处理。最后,有人认为,每位受教育者都属于被欺凌一员,只是有人适应性好、受伤小,有人适应性差、受伤大,故有人欺凌同龄人来找回做人的尊严。[⑪]

① Olweus,D. Bullying at school:What we know and what we can do[J]. British Journal of Educational Studies,1994,42(4):403-403.
② 贺静霞. 参与与治理:论学校在反校园欺凌中的职能[J]. 教育导刊,2018,(04):30-35.
③ 陈茜. 多学科视野下校园欺凌的成因及对策研究[J]. 当代教育科学,2018(05):36-41.
④ CRAIG,W. M.,HENDERSON,K.,MURPHY,J. G. Prospective teachers' attitudes toward bullying and victimization [J]. School Psychology International,2000(1):5-21.
⑤ [美]伊利奇. 非学校化社会[M]. 吴康宁,译. 新北:桂冠图书股份有限公司,1994:57-58.
⑥ MEYERADAMS,N.,CONNER,B. T. School violence:Bullying behaviors and the psychosocial school environment in middle schools [J]. Children & Schools,2008,(4):211-221.
⑦ WIENKE TOTURA,C. M.,MACKINNONLEWIS,C.,GESTEN,E. L.,et al. Bullying and victimization among boys and girls in middle school:The influence of perceived family and school contexts [J]. Journal of Early Adolescence,2009(4):571-609.
⑧ Wei,H. S.,Williams,J. H.,Chen,J. K.,et al. The effects of individual characteristics,teacher practice,and school organizational factors on students' bullying:a multilevel analysis of public middle schools in Taiwan[J]. Children and Youth Services Review,2010,32(1):137-143.
⑨ Chen,J. K.,Avi,A. R. School violence in Taiwan:examining how ester n risk factors predict school violence in an Asian culture[J]. Journal of Interpersonal Violence,2010,25(8):1388-1410.
⑩ Chen,J. K.,Astor,R. A. School variables as mediators of personal and family factors on school violence in Taiwanese junior high schools[J]. Youth & Society,2012,44(2):175-200.
⑪ 高德胜. 校园欺凌治理的跨学科对话. 华东师范大学学报:教育科学版,(2017).35(2):12-23+115.

二、班级氛围

班级是学生人际交往和各种行为构成的重要区域,其中班级氛围对学生的人际交往和各种行为也起着关键作用。班级氛围是学校社会心理状况因子中的重要因子,而其与欺凌行为之间也存在着紧密的联系。好的班级环境能够通过降低个体的暴力态度,进而减少其攻击行为;而不良的班级环境则能够通过提升个体的暴力态度水平,进而提高其攻击行为水平(雷浩等,2012)。[1]

班级氛围是指班级的和谐稳定程度,表现为班级成员之间积极互动、频繁冲突等不同层次差异。[2] Saarento(1999)认为,班级氛围较差、班级地位等级较高的环境里更容易发生欺凌行为。[3] 班级氛围包括师生关系、生生互动、班级的组织管理方式等方面内容,是一所学校社会心理环境的重要组成部分。良好的师生关系、同伴关系对青少年的亲社会行为有促进作用。不良的师生关系能够导致儿童出现更多的问题行为。李丹等人(2013)的研究证实,积极的班级氛围能够降低学生出现问题行为的频率。[4]与实施欺凌者、被欺凌者和受欺凌同时也欺凌别人的学生相比,感知到的班级氛围最和谐的是那些不参与学生欺凌的学生,而感知到的班级氛围最不和谐的是那些被欺凌同时也欺凌别人的学生。良好的师生关系会使班级氛围相对积极和谐,而不好的师生关系也会造成班级氛围紧张,频繁出现冲突与矛盾、学生中也会出现互动性差、欺凌行为增多等各种状况。[5]

班级内部攻击范式愈强,个体退缩行为与班级行为范式不匹配,个体成为受欺凌者的可能性愈大。[6] 还有研究发现,受欺凌者在班级职位权力结构的底层的占比较高。[7] 遭遇欺凌与同伴拒绝是相互作用的,即同伴拒绝会使个体被边缘化而遭遇欺凌,遭遇欺凌会惹得其他学生(包括除欺凌者外的班级或学校成员)的不悦而加剧同伴拒绝。[8]

① 刘衍玲,郭成等. 班级环境和攻击行为的关系:暴力态度的中介作用[J].中国特殊教育,2012(11):65-72.
② Gazelle. Class climate moderates peer relations and emotional adjustment in children with an early history of anxious solitude:A child environment model[J]. Developmental Psychology,2006,42(6):1179-1192.
③ Salmivalli,C. Participant role approach to school bullying:implications for interventions[J]. Journal of Adolescence199922(22):453-459.
④ 李丹,宗利娟,刘俊升. 外化行为问题与集体道德情绪、集体责任行为之关系:班级氛围的调节效应[J].心理学报,2013(9):1015-1025.
⑤ 张译心. 父母冲突与初中生传统欺凌的关系:师生关系的中介作用[D].沈阳:沈阳师范大学,2018.
⑥ 刘艳丽,陆桂芝. 校园欺凌行为中受欺凌者的心理适应与问题行为及干预策略[J].教育科学研究,2017(05):60-66+95.
⑦ 宋雁慧,李志君,陈泽.同伴互动中的校园欺凌及其过程研究[J].社会建设,2018,5(03):32-41.
⑧ 赵莉,雷雳.关于校内欺负行为中受欺负者研究的述评[J].心理科学进展,2003(06):668-674.

三、同伴影响

中小学生同伴间拥有一致的价值观念、道德观念以及精神需求是他们融入群体，且与同伴友好相处的前提。信任、平等、尊重、友爱是同侪校园伦理关系和谐的必要品质。[1] 同伴认同是一种公认的对校园欺凌产生的保护因素，积极的友谊可以作为对校园欺凌的有效缓冲。[2] 基于性别、种族和行为的相似性而形成的同伴群体，在促进或抑制欺凌行为方面发挥了重要作用。[3] Olweus(1993)认为，既然欺凌行为也属于群体现象的一种，那么，群体机制也会对欺凌行为产生影响。他认为群体机制主要通过以下四种方式对欺凌产生影响：

(1)社会感染机制。即儿童的欺凌行为在一定程度上受到社会的影响，是社会习得产生的结果。

(2)欺凌情景中个体自我控制力的降低。如果儿童发生了欺凌行为但却受到了奖赏或并未受到否定，此种情景下，儿童会减弱对欺凌行为的控制。

(3)责任分散机制。如果参与欺凌的个体较多，那么儿童就会推卸自己的责任，减少内疚感和负罪感。

(4)对受欺凌者认知的变化。如果某个儿童经常受到欺凌，长此以往，欺凌者会形成是由于该儿童无用或理应受到欺凌的认知，从而导致欺凌行为的反复发生。[4]

同伴关系是中小学生人际关系和社会支持系统重要的组成部分。欺凌者在班级当中不被大部分同学喜欢，但是他们也有自己忠实的粉丝，为少部分同学认同和接纳。这少部分学生可能是班级中的非正式群体，他们给了欺凌者较大的社会支持。欺凌者通常有着不良的同伴关系，在班级里通常是成绩不好、不太受欢迎的个体。[5] Boulton(1994)和Salmivalli(1996)的研究显示，被欺凌者在同学中不受欢迎，人缘也比较差。当他们遭受欺凌时，往往缺乏来自同伴群体的支持，这使得他们成为连续性欺凌事件的受害者。[6][7] 中小学生欺凌正是社会不良人际互动的反映，不良的同伴关系容易促

① 王嘉毅、颜晓程、闫红霞.校园欺凌现象的校园伦理分析及建构[J].中国教育学刊,2017(3).
② 张译心.父母冲突与初中生传统欺凌的关系:师生关系的中介作用[D].沈阳:沈阳师范大学,2018.
③ Gazelle. Class climate moderates peer relations and emotional adjustment in children with an early history of anxious solitude:A child environment model[J]. Developmental Psychology,2006,42(6):1179-1192.
④ Olweus, D. Bullying at school: What we know and what we can do[J]. British Journal of Educational Studies,1994,42(4):403-403.
⑤ 高敏.校园欺负旁观者行为特征及其影响因素研究[D].贵阳:贵州师范大学,2017.
⑥ Boulton, M. J. ,Smith, P. K. Bully/victim problems in middle-school children: Stablity, self-perceived competence,peer perceptions and peer acceptance[J]. British Journal of Developmental Psychology,1994(12;)315-319.
⑦ Salmivalli, C. ,Lagerspetz, K. ,Ostexman, K. ,Kaukiainen, A. Bullying as a Group Process:Participant Roles and Their Relation to Social Status within the Group[J]. Aggressive Behavior,1996(22)1-15.

使青少年行为失范,由于"哥儿们义气"和缺乏后果认识而产生欺凌行为。当学生得不到老师和同类群体的认同时,便会寻求"讲义气"边缘群体的肯定(杨书胜等,2017),迫于压力而实施校园欺凌。① 无论是欺凌者还是受欺凌者,他们的人际关系状况都比较差,这是导致发生欺凌行为的重要原因。②

学生欺凌会受同伴关系的影响,学校负面经历和参与(例如,受过欺凌)是学生欺凌的危险因素。③④ 但是也有研究表明,青少年的心理健康与欺凌受害的关系是间接的,是通过同伴社会支持调节的。⑤⑥ Christina 等人(2011)的研究显示,欺凌事件中围观者的态度与班级欺凌的发生频率之间有着较强的相关性,学生中对于欺凌行为持协同态度的越多,班级出现的欺凌行为就越多;对欺凌行为持反对态度的学生越多,班级中的欺凌现象就越少。围观者的态度和行为无形中会助长或者阻止欺凌行为的进一步发生。⑦

欺凌者群体具有同质性。埃斯皮莱奇(2003)的研究发现,欺凌者群体成员之间有高度的同质性,而且群体成员的压力会进一步加深欺凌行为。⑧ 纪林芹等(2004)研究也发现,欺凌行为与其群体成员的关系存在着复杂的联系,欺凌者群体成员间具有同质性,他们意欲在群体中拥有足够的控制力。⑨ Ziegler(1991)等人的研究发现,欺凌者之所以会有持续性的欺凌行为,一方面是因为欺凌者被关注的欲望使然,另一方面是欺凌者从中能够感受到权力、地位等欲望的满足。⑩

---

① 杨书胜,耿淑娟,刘冰.我国校园欺凌现象 2006-2016 年发展状况[J].中国学校卫生,2017 (3):458-460.

② 刘思硕.校园欺负行为影响因素分析及干预措施探究[J].中国德育,2017(12):21-24.

③ Chan,H. C.,Wong,D. S. The overlap between school bullying perpetration and victimization:assessing the psychological,familial,and school factors of Chinese adolescents in Hong Kong[J]. Journal of child and Family Studies,201524(11): 3224-3234.

④ Chen,J. K.,Avi,A. R. School violence in Taiwan:examining how Western risk factors predict school violence in an Asian culture[J]. Journal of Interpersonal Violence,2010,25(8): 1388-1410.

⑤ Chen,J. K.,Wei,H. S. School violence,social support and psychological health among Taiwanese junior high school students[J]. Child abuse & neglect,2013,37(4): 252-262.

⑥ Chen, J. K.,Wei,H. S. The impact of school violence on self-esteem and depression among Taiwanese junior high school students[J]. Social Indicators Research,2011,100(3): 479-498.

⑦ Christina Salmivalli,Marinus Voeten,Blisa Poskiparta. Bystanders Matter:Associations Between Reinforcing,Defending,and the Frequency of Bullying Behavior in Classrooms[J]. Journal of Clinical Child&Adolescent Psychology,2011(05): 668-676.

⑧ Espelage,D. L.,Swearer,S. M. Research on School Bullying and Victimization:What Have We Learned and Where Do We Go from Here[J]. School Psychology Review,2003(03):165-383.

⑨ 纪林芹,张文娟,张文新.学校欺负与同伴背景的关系[J].华南师范大学学报:社会科学版,2004,(05):104-109.

⑩ ZIEGLER,S.,ROSENSTEIN-MANNER,M. Bullying in school[M]. Toronto:Toronto Board of Education,1991:89.

第四节　学生欺凌的社会因素

除了家庭和学校之外,社会大环境也会对学生欺凌产生影响。从社会环境来看,社会政策、经济发展水平及文化传播等都与学生欺凌有一定联系。有研究表明,不良心理社会背景、通过不正常的同伴关系增加暴力价值观、媒体的影响均与欺凌有关。[①]

学生的社会联系与欺凌行为呈负相关。[②] 欺凌事件的发展也会受到社会学习因素的影响,即通过观察、模仿获得。班杜拉的社会学习理论强调了观察学习和替代性强化在行为塑造中的作用,认为儿童的攻击性行为、性别角色行为、亲社会行为等均可以通过观察学习来获得。儿童观察学习的对象包括家长、老师、同伴、生活中的其他人以及社会传媒等。中小学生的思想和行为极易受他人影响,而有些中小学生在学习的过程中会认识和结交一些社会人员,这些社会人员的不良行为和暴力思想会在潜移默化中影响他们的行为。现在社会中的享乐主义、拜金主义、机会主义,诚信缺失、社会心态趋于暴力化等不良社会戾气也会污染学生纯净的心灵。学生受不良社会人员及风气的影响越严重,学生的暴力倾向也会日益趋于严重。[③]

一、社会环境

影响学生欺凌发生的社会因素主要体现在不良的社会环境(包括:功利化的价值观,失序的社会规范,失当的行为准则,失衡的社会机制及不洁的周边环境等)和不良的社会文化。

(一)功利化的价值观

过分功利化的价值取向反映在教育中,就是家庭、学校和社会对学习成绩的高度关注,分数成为评价学生的最重要标准。部分学生因接受能力较低、难以适应集体教育模式、学习成绩差而被视为"异类"。学习困难带来的挫败感、在班级集体中难以体验到的存在感,使这部分学生的压力与不满不断积累,导致对他人的攻击、伤害和侮辱等欺凌行为的发生。"挫败——攻击理论"认为,人的攻击行为乃是因为个体遭遇挫折而引起的。[④] 当个体遭受挫折又不能对引起挫折的对象直接攻击时可能会对另外

---

① Wong,D. S.,Lok,D. P.,Wing,L. T.,et al. School bullying among Hong Kong Chinese primary schoolchildren[J]. Youth & Society,2008,40(1):35-54.

② Chan,H. C.,Chui,W. H. Social bonds and school bullying:A study of Macanese male adolescents on bullying perpetration and peer victimization[J]. Child Youth Care Forum2013,42(6):599-616.

③ 刘思硕.校园欺负行为影响因素分析及干预措施探究[J].中国德育,2017(12):21-24.

④ 廖雯娟,雷方丽,陈筱媛.校园霸凌现象的社会心理学分析[J].当代教育实践与教学研究,2017,(7X).

的弱小目标进行攻击,这在自我防御机制里面被叫做"置换"。相关研究从社会文化视角,将这种因学业失败而背离学校主流文化、破坏学校规则的行为概括为"反学校文化"或"逃离文化",这与学校"人文教育政治化、形式化"有着内在的联系。

(二)失序的社会规范

我国正处于社会转型期,在由一个传统、封闭、计划、单一为主的社会文化逐渐向现代、开放、自由、多元的社会文化转型,在这一过程中,各种思想、观念、价值、理论、文化等蜂拥而来。正面的与负面的,进步的与落后的,主流的与非主流的,道德的与非道德的等共同存在,使人眼花缭乱,理不出头绪,看不清本质。于是,正确的可能变成了错误的,经典的可能退让给时髦的,主流的可能成为非主流的,人心浮动,浮躁功利,道德滑坡。在这一背景下,创造社会和谐、推行社会民主、提倡个人自由等都由于人们对民主、自由、法治的一知半解而效果不佳。民主就演变成了无政府主义,无法无天,目空一切;自由就成了极端自由主义,为所欲为,胆大妄为;永恒就成了虚无主义,蔑视经典,嘲笑主流;人本就成了自我中心主义,唯我独尊,我行我素。社会文化失范对于中小学生影响巨大,使中小学生价值观混乱,影响他们的价值选择。会使他们误入歧途、善恶不分、美丑不辨、真假不明,甚至黑白颠倒、是非不顾;会使他们信仰迷失、心无敬畏、精神涣散,这都为学生欺凌事件的发生预设了伏笔。

(三)失当的行为准则

受上述文化思想失范的影响,我国原有传统的社会规范逐渐消解,而新的社会行为规范尚未最终确立,在新旧交替的间隙,很容易产生行为规范失序或失当的现象。在有些人看来,传统规则与制度已经过时,不合时宜,新的规则与制度还没有完全发挥作用,于是便滋生出无视规则、违反规则的思想与行为。表现在教育领域,会对中小学生造成很大的冲击,有些学生无视社会法律、规则,无视学校规章制度,言谈举止没有章法,力图摆脱社会、学校、家庭之管控,加上社会上出现的越来越多的反主流文化、通俗文化和庸俗文化的不良影响,许多中小学生沉迷于虚幻空间,疯狂追随,盲目崇拜。永恒的、经典的、主流的道德规范失守,很多学生以反传统为荣,以破坏现状为乐,对遵守主流与保持风尚嗤之以鼻。如此,逃学、旷课、打架、斗殴、欺凌事件层出不穷。规则的缺失与文化的误导两者一旦结合起来,对中小学生产生的影响不可估量。部分中小学生行为越来越离谱,他们离经叛道,背离社会主流越走越远,直至失控。

(四)失衡的社会机制

教育影响的来源十分广泛,对学生进行教育是一个全社会的行动,社会每个机构部门都应该在其中扮演相关的角色,履行一定的责任。反观现实,我国各级政府、社区、家庭、学校之间还存在明显的割裂,共同教育学生的机制没有形成,没有建立群教、群防、群治体系。政府无暇顾及,在制定法规、提供服务、创设环境等方面存在着缺位现象;社区若有若无,没有与学校建立一种有效的持久的教育补充与合作机制;家庭影响失当,家长粗暴、粗放的教育方式以及爱的缺失或过度是孩子成为欺凌者的有力推手。更严重的是,各级政府、社区、家庭、学校在教育方面存在诸多的不一致,如人才培养的观念不一致,对教育的理解与认知不一致,对中小学生的管理方法与举措不一致,而这些矛盾与冲突都会直接或间接地引发学生欺凌。

(五)不洁的周边环境

当前,校园周边及社区环境混杂,抽烟、喝酒、打架随处可见。[①] 校园周边混乱的环境对学生行为形成实质性影响,环境的混乱容易引发校园欺凌。社会中存在无工作、无收入的不良群体,该群体会徘徊在学校周围,通过讹诈学生或者帮助学生欺凌他人获取自身利益。当个别学生为了成为"老大"或者报复其他同学,便会学习不良群体中的不良行为来达到目的。[②]

二、社会文化

(一)溢出的传统文化

我国传统文化大力赞扬"以和为贵"的和谐、和睦思想,这种思想在无形之中影响着国人的价值观和行为方式。中国传统文化中关于"和"的思想观念十分丰富,古人将"和"视为修养的一种境界以及合理处理人际关系的一种规则。孔子提出"君子和而不同,小人同而不和"(《论语·子路》),将"和"视为人与人相处过程中的一种美德。道家学说的主要创始人庄子更为提倡"和"文化,他认为与人快乐相处的根本在于"和",他提出"与人和者,谓之人乐;与天和者,谓之天乐"(《庄子·天道》)。这种主张人与人之间"和谐""和睦"相处的"和"思想,是我国传统文化的核心思想之一。经过时间的洗礼,这种"和"文化逐渐渗入到国人的骨髓里,演变为一种凡事以和为贵的民族精神。这种民族精神使得学生欺凌具有掩盖性,无论是当事人或是围观者,在"和"文化的影响下,均不愿将这种与"和"文化相冲突的欺凌行为揭露出来。

此外,我国传统文化在倡导"和"文化的根基上,进一步认同了学生欺凌的"合理性"。这便是传统文化中的"忍"文化。

"忍"不仅是社会所提倡的宽厚谦让的美德,更被视作一种高尚的人格修养。如孔子所推崇的"躬自厚而薄责于人""忠恕之道";老子所倡导的"善者吾善之,不善者吾亦善之,德善";荀子所宣扬的"偶视先俯""接人用"等,都表达了对"忍"精神的赞

---

① 刘天娥,龚伦军.当前校园欺凌行为的特征、成因与对策[J].山东青年政治学院学报2009(4):80-83.
② 刘冬梅,魏晨晨.初中校园欺凌的成因及防治策略[J].河南科技学院学报,2018,38(02):43-45.

誉。然而,通过探究孕育、滋生"忍"精神的历史文化背景,可以得知传统文化中的"忍"文化源于我国封建社会的治国需要,只有无条件的顺从统治者与"不争",才能维护封建统治秩序。在当时的时代背景下,十分推崇这种"守弱"与不争之态,毫无疑问,"忍"就成为"守弱"与"不争"的代名词。虽然,传统文化对我国社会的发展有积极的一面,但也不能忽略它可能会在无形中成为社会问题发生的助推器。当传统文化中的"忍"文化表现在欺凌行为中,就成了欺凌事件的"帮凶",因为其所推崇的"守弱"与"不争",要求国民做一个"忍者",而且主张这种"忍"是"有利于"人格的培养与发展,从而将"欺凌行为"进行了"合理化",被欺凌者亦将其作为"勉励",长此以往,势必助长欺凌事件的发生。[1]

（二）泛滥的暴力文化

现代传媒与信息技术的飞速发展,作为数字王国原住民的青少年来说,更容易受到网络与媒体的影响与干扰。随着网络和智能手机的平民化、暴力文化传播低成本化,越来越多的学生接触暴力文化,例如包含暴力成分的广告、网络游戏和影视剧。观看过的暴力会潜移默化地移植到初中生的思想和行为中,当在群体中遇到摩擦时便会采取暴力行为。[2] 青少年血气方刚,自控能力差,一旦接触有暴力因素的影视或游戏之后,容易沉迷其中,产生不良的情绪和心理行为,进而导致极端行为。研究显示,个体在儿童时期从电视上看到的暴力行为越多,其在青少年时期及青年时期所表现出的暴力行为越多。[3] 社会心理学家伦纳德·埃伦指出,当一个小孩上完小学时,她或他平均已经观看了8 000次谋杀和多于10万次的其他暴力行为。[4] 很多孩子愿意模仿富有正义感的攻击行为,令人担忧的是,电视上大约有40%的攻击性行为是由那些被刻画为英雄或其他对儿童有吸引力的角色所发起的,而他们的行为正是儿童最喜欢模仿的。[5] 在一项纵向研究中,研究者对700多个家庭进行了17年的观察,发现青春期和成年早期花费在电视上的时间和随后的暴力行为具有显著的正相关。[6] 正是因为影视媒体中存在大量参照群体的行为或道德失范行为,使得学生习得这些失范行为

① 陈茜. 多学科视野下校园欺凌的成因及对策研究[J]. 当代教育科学,2018(05):36-41.
② 刘冬梅,魏晨晨. 初中校园欺凌的成因及防治策略[J]. 河南科技学院学报,2018,38(02):43-45.
③ Eron,L. D,Huesmann,L. R.,Lefkowitz,M. M.,et al. Does television violence cause aggression？[J]. American Psychologist,1996(27):253-263.
④ Eron,L. D. Seeing is believing: How viewing violence alters attitudes and behavior. In A. C. Bohart & D. J. Stipek (Eds.),Constructive & destructive behavior: Implications for family,school,& society[M]. Washington,DC: American Psychological Association. 2001:49-60.
⑤ Cantor,J.,Wilson,B. J. Media and violence: intervention strategies for reducing aggression[J]. Media Psychology,2003(5):363-403.
⑥ Johnson,J. G.,Cohen,P.,Smailes,E. M.,et al. Television viewing and aggressive behavior during adolescence and adulthood[J]. Science,2002(295),2468-2471.

后,又逐渐演化成欺凌行为。① 影视作品中的暴力行为通常以反面教材的形式对学生产生了潜移默化的影响,致使学生将暴力行为视为解决问题的主要方式。② 网络暴力游戏也产生了严重的负面效应,青少年的认知和辨别能力、自我控制能力较弱,在这种暴力文化的恶性传播下,极易使青少年产生错误的价值观和行为方式,进而出现各种暴力攻击性行为。许多校园欺凌行为都是学生们从外界模仿而来的,他们并不清楚会造成多么严重的后果。③ 研究显示,暴力电子游戏与儿童的攻击行为和过失呈正相关,对那些本来就具有攻击性的儿童来说,这种相关性更强。④ 除了儿童,媒体暴力对青少年和刚成年的人的攻击行为也有很大影响。长期沉浸于暴力电视和游戏的青少年,当他们面对真正的生活时,反应变得麻木,出现"情感脱敏"现象,这会增加他们对欺凌行为的接受度,导致对受欺凌者的冷漠。冲动、易怒、以暴制暴社会风气是其习得欺凌行为的外部环境。⑤

由此可见,暴力文化是引发学生欺凌的一个不可忽视的诱因,暴力文化对于学生欺凌的形成有着深层的影响。⑥ 直接导致欺凌发生的原因是暴力行为,学生在家庭的暴力体验、在社会的暴力感知以及校园的成人暴力示范都会影响其行为。⑦ 而本来应该成为青少年成长防护网的家庭、学校和社会,都在不同程度上未能尽到自己应尽的职责,未能为青少年的成长提供一个良好的、积极的环境。

(三)滥用的社会强化

我们发现,相当一部分学生欺凌事件被以爱和保护的名义被弱化和无视,这种滥用的保护会强化欺凌行为。早期的偶发性欺凌行为在更大程度上受到生物社会性因素的影响,而经常性欺凌行为更多的是受后天社会环境的强化影响。强化既可以来自外部,也可以来自内部。

外部强化来自他人(父母、老师、同伴等),如有的学生经常违反课堂纪律,是希望得到老师的关注,对于那些因学习、表现不好而受到周围人漠视的学生,做些破坏性行为得到周围人特别是老师的批评也会成为一种心理需要。在这个过程中,负面的关注也会成为一种外部强化的方式。同时,成人对于儿童欺凌行为的淡化处理,如认为打

① 张国平.校园霸凌的社会学分析[J].当代青年研究,2011(08):73-76+66.
② 苏春景,徐淑慧,杨虎民.家庭教育视角下中小学校园欺凌成因及对策分析[J].中国教育学刊,2016(11):18-23.
③ 张玉晴.积极心理学视域下校园欺凌成因及对策探析[J].当代教育论坛,2018(01):55-62.
④ Anderson,C. A. ,Dill,K. E. Video Games and Aggressive Thoughts,Feelings,and Behavior in the Laboratory and in Life[J]. Journal of Personality and Social Psychology,2000(78):772-790.
⑤ 贺静霞.参与与治理:论学校在反校园欺凌中的职能[J].教育导刊,2018(04):30-35.
⑥ 王明觉,温映霞,杨岭.基于暴力文化影响下的校园欺凌现象探究[J].集美大学学报:教育科学版,2020(01):46-52.
⑦ 周佳,马巧玲.同伴依恋路径下的校园欺凌干预[J].教学与管理:中学版,2017(4):29-32.

打闹闹是孩子正常的行为以及同伴对于欺凌的退让、不敢声张,也会成为外部强化的因素,使欺凌行为出现的概率增多。有调查数据显示41%的学生欺凌他人没有受到老师的批评;有46%的学生欺凌他人没有受到家长的批评。[1] 家长、学校管理者、教师等有意包庇或没能及时制止并给予惩戒或学校并没有被赋予任何的强制力有效地制裁、惩罚侵犯他人权利的学生,[2]这就会成为欺凌多发的社会强化因素。

内部强化即自我强化,包括自我满足、自我归属和自我认同等。当一个孩子意识到耍赖撒泼、争强斗狠总是给自己带来好处,让别的孩子感到害怕,会获得快乐和满足。这种自我满足的感受将成为自我强化的力量,使用暴力来解决问题会成为这个孩子经常使用的行为方式。萌芽状态的行为如果得不到有效遏制和积极疏导,便会进一步促发欺凌行为。问题少年会结成小团伙,产生自我认同感,并借助群体力量壮大自己的声势,在校园里称王称霸、欺凌弱小。满足归属感和自我认同感的需要,会成为另一种形式的自我强化。长期的欺凌行为会形成自我定位,实现着"合法的边缘性参与",[3]扭曲的价值观和反社会人格会逐渐得以稳固,欺凌也就随之发生。

① 吴竞.小学校园霸凌行为调查及干预研究[D].呼和浩特:内蒙古师范大学,2016.
② 张国平.校园霸凌的社会学分析[J].当代青年研究,2011(08):73-76+66.
③ 赵家春,李中国.从实习场到实践共同体:教师职前实践的组织建设策略[J].教育发展研究,2015(18):73-79.

第六章　学生欺凌的甄别

　　目前,我国对学生欺凌的认知和辨识还缺乏一致的标准,学生欺凌的甄别和判断还停留在经验层面。我国法律和制度未形成一致的观点,我国的《未成年人保护法》《预防未成年人犯罪法》及《教育法》与 2016 年 4 月 28 日国务院教育督导委员会办公室在《关于开展校园欺凌专项治理的通知》和 2017 年 11 月,教育部等十一部门联合印发的《加强中小学生欺凌综合治理方案》对学生欺凌的表述和认定不一致。此外,学界对于"校园欺负""校园欺凌""校园霸凌""学生欺凌""校园暴力"等概念的混淆和滥用也使这一问题更加严峻。因此,统一认识、明确标准、规范流程、技术介入、分工合作是解决学生欺凌问题的合理路径。

第一节　学生欺凌甄别的依据

　　学生欺凌已经引起了国家和社会的高度重视,出台了系列文件,在顶层设计和制度层面做了妥善安排,但在操作层面还没有具体的落实措施,还缺乏具体的理论和技术指导,学校在执行上存在一定的困难。具体体现在:在学生欺凌的甄别上缺乏理论依据,对学生欺凌的过程性认知不够清晰,对学生欺凌的防治路径认识和把握不足。

一、学生欺凌甄别的现实困境

　　尽管学界对学生欺凌的特征及认定标准还处在争论之中,但随着《加强中小学生欺凌综合治理方案》的出台,各省(市)自治区也都相继出台了相应的落实方案,其中最有代表性的是广东省出台的《关于加强中小学生欺凌综合治理方案的实施办法(试行)》。该实施办法对中小学生欺凌的表现形式和阶段上进行了区分,同时明确了老师、学校、家长及社会应承担的相应责任及处置流程。学生欺凌具有隐蔽性和多样性,现实中对学生欺凌的甄别和认定,还存在多样性、多元性和经验性等问题。

　　(一)国外对学生欺凌认定的多样性

　　1.关于欺凌概念的区分

　　关于学生欺凌的概念界定和划分,世界各国基本上都是在挪威学者奥维斯(Olweus)关于校园欺凌研究的基础上进行的。关于学生欺凌和校园暴力,不同国家在界定和认定上存在着多元性。

(1)用校园暴力代替校园欺凌

世界上用校园暴力代替校园欺凌的代表国家主要是法国和韩国。

法国教育部将校园暴力定义为:在语言、肢体或心理层面的重复暴力行为。校园暴力分为:精神骚扰、人身骚扰、性骚扰、网络骚扰等类型。包括身体伤害,言语(口头或书面)、身体层面的伤害行为以及侵犯财产、毁坏公物等违纪行为。校园内发生的对人身造成伤害的行为(如语言暴力、身体暴力、侵犯私生活、性暴力、敲诈、扇耳光并录像和对新生的戏弄等),损害公共和他人财产的行为(如偷盗、损坏公物等),以及威胁校园安全的行为(如吸毒、贩毒、携带武器或易燃易爆物品等)都统定义为校园暴力。[①]

韩国 2012 年在《校园暴力预防及对策法》中,将欺凌作为暴力的一种形式,校园暴力是在校园内外,以学生为对象实施的伤害、暴行、监禁、胁迫、绑架或诱损、损毁名誉、亵渎、恐吓、抢夺、强制做事、性侵害、欺凌、网络欺凌、利用信息通信发布威胁言论或暴力言论等,致使学生身体、精神或财产受到损害的行为。并且强调了暴力行为的主体、被害对象、行为方式、行为后果的特殊性。

(2)区分校园暴力和校园欺凌

世界上多数国家是把校园欺凌和校园暴力区别对待。如,英国把校园暴力与校园欺凌区别开来,认为暴力属于显性的触犯法律的行为,而欺凌则具有隐蔽性;暴力伤及躯体,而欺凌却伤害情感与内心。[②] 美国在《反校园欺凌法案》中,将校园欺凌被定义为"发生于学校场所或与学校相关场所,学生之间长期的或可能长期发生的非必要的、力量失衡的攻击性行为。"在研究欺凌与暴力时注意了二者的重合,也明确区分二者不是同一个概念,认为暴力的范围广于欺凌。[③]

2.关于欺凌的特征和种类

挪威学者奥维斯(Olweus)在 1978 年最先阐述了欺凌(bullying)概念,奥维斯和罗兰(Olweus & Roland,1983)把欺凌定义为"一个或几个人反复多次地遭遇来自另外一个或几个人的消极行为"。[④] 1993 年奥维斯又丰富了欺凌的内涵,认为欺凌是一种攻

---

① 纪俊男.法国:勇敢向校园欺凌说"不"[J].上海教育.2017(11):29-32.

② Malvern. Anti-bullying Policy[EB/OL].[2016-03-10].https://www.the downsmalvern. org. uk/Main folder/about-us/School-Policies/AntiBullying2015. pdf.

③ Catherine Bradshaw,Ingrid Donato:"bullying,violence,and gangs"[EB/OL].[2016-03-10].http://www. stophullying. gov/hlog/2013/05/14/bullying-violence-and-gangs. html1.

④ Olweus,D. , Roland,E. Mobbing-bakgrunnogtiltak[M]. Oslo:Kirke-undervisningsog forknings departmentet,1983.

击性的、故意的消极行为,由一个群体或个人反复地、长时间地施加给一个不能轻易为自己辩护的受害者。除了消极行为外,欺凌者伤害受害者的意图和受害者与施暴者之间的权利不平衡(如身体力量和社会能力)也被认为是欺凌的因素。[①] 史密斯(2002)在奥维斯研究的基础上认为,欺凌是攻击行为的一个子集,它具有三个基本要素:一是故意性。[②] 故意性、重复发生性、力量不均衡性就成为世界各国认定学生欺凌的标准。

学生欺凌的直接后果是对被欺凌者的伤害,为此,有的国家把伤害性列入辨识标准。如,新西兰在国家反欺凌专项政策《欺凌预防与治理:学校指南》中,将故意性、不平衡性、重复性和有害性确定为学生欺凌的辨识性特征。澳大利亚和日本也将伤害性确定为欺凌的辨识性特征。澳大利亚学校普遍使用一种新的并且得到全国一致认可的校园欺凌的定义:欺凌行为是指通过反复的言语攻击、身体攻击或社会情感攻击行为,意图造成被欺凌者身体或心理伤害,以及社会情感伤害的行为。[③] 1996年,日本文部省将校园欺凌界定为青少年对相对于自己的弱势群体或个人实施的持续使对方痛苦的行为。[④]

尽管如此,在实践中认定标准也会发生变化,如,英国把偶发的达到欺凌程度的事件也定为欺凌,英国教育与技能部将以下三种情况定义为欺凌:反复的、有意的或持续的意在导致伤害的行为,但偶发的事件在某些情况下也可看作欺凌;个人或群体施加的有目的的有害行为;力量的失衡使得被欺凌的个体失去抵抗。[⑤] 这与我国2017年11月教育部等十一部门联合印发的《加强中小学生欺凌综合治理方案》中将单次欺凌列入欺凌基本一致。

奥维斯(Olweus,1993)根据欺凌的表现形式明确了两种欺凌,即直接欺凌和间接欺凌。

3.关于欺凌主体和发生地

世界部分国家对校园欺凌的界定比较宽泛,把对学校师生的人身、财产的攻击和损伤,均列入校园欺凌范畴。如针对学生或教师的身心伤害、对学校教学设施的蓄意损毁、干扰正常教学程序的行为都列为校园欺凌。关于校园欺凌主体,多数国家认定欺凌者可以是学生、教师,也可以是管理者和校外人员,但主要是指学生;被欺凌者主

① Aoyama,lkuko. Cyberbullying: What are the Psychological Profiles of Bullies, Victims, and Bully-Victims? [J]. Humanities and Social Sciences,2011.

② Smith,P. K., Cowie,H. et al. Definitions of bullying: A comparison of terms used,and age and gender differences,in a fourteen country international comparison[J]. Child Development,2002,73(4):1119-1133.

③ Australian department of education. Definition of bullying[EB/OL]. [2019-9-29]. https://bullying noway. gov. au/What Is Bullying/Definition Of Bullying.

④ 文部科学省网站,http://www. mext. go. jp/a_menu/shotou/seitoshidou/1302904. htm.

⑤ House of Commons Education and Skills Committee,"Bullying",Third Report of Session2006-2007[C],2007:17.

要是学校的学生和教师,但主要是学生。欺凌发生地可以是学校内,也可以在学校外,但主要是发生在学校内。如日本就强调欺凌发生地点不再区分校内或校外。[①]

(二)我国学界对学生欺凌认定的多元性

1. 校园欺凌与校园暴力的分歧

我国学界关于校园暴力的研究要早于校园欺凌,在 2016 年《意见》和《通知》等将治理校园欺凌作为一项政策推广后,部分学者转而使用校园欺凌和学生欺凌作为研究对象,但仍有一部分学者依然使用校园暴力代替校园欺凌。学界在两者的讨论上主要有:一致论、包含论、并列论和交叉论。(详见第二章,第一节)

2. 学生欺凌概念的不完善

2017 年 11 月,教育部等十一部门联合印发的《加强中小学生欺凌综合治理方案》对欺凌做了明确的定义:"中小学生欺凌是发生在校园(包括中小学校和中等职业学校)内外,学生之间,一方(个体或群体)单次或多次蓄意或恶意通过肢体、语言及网络等手段实施欺负、侮辱,造成另一方(个体或群体)身体伤害、财产损失或精神损害等的事件。"《方案》把校园欺凌列为事件,还特别强调了欺凌事件的几个构成要素:欺凌场域——校园内外;欺凌主体——学生之间;欺凌形式——单次或多次蓄意或恶意通过肢体、语言及网络等手段实施欺负、侮辱;欺凌起因——欺凌者的主观恶意;欺凌后果——身体伤害、财产损失或精神损害等。这是至今为止对学生欺凌最为规范的描述,但还只是对欺凌事件进行的地点、起因、形式和后果的描述,还没有准确界定学生欺凌的内涵和外延。

3. 学生欺凌分类的不一致

目前,我国将学生欺凌分为:肢体(身体)欺凌、语言欺凌、关系欺凌、财物欺凌和网络欺凌等几种形式。我们发现这不是按统一标准在同一维度上的分类,这种不按一个标准(维度)上的分类会造成类型间的交叉和混乱,不利于学生欺凌的识别、区分和治理。如,性欺凌既可以是言语欺凌,也可以是肢体欺凌或网络欺凌。

分类就是按照种类、等级或性质进行分别归类。按分类原则,对学生欺凌的分类要从不同视角,按相同属性在同一维度进行。如,根据《加强中小学生欺凌综合治理方案》中的学生欺凌定义,根据欺凌手段欺凌可以分为肢体、语言和网络欺凌,也可以根据损害对象把欺凌分为身体、财产和精神欺凌。

关于学生欺凌的分类我们可以从发生频次、欺凌目的、表现形式、欺凌手段、目的手段关系及成员数量等维度,对学生欺凌行为进行系统分类。(详见第二章第一节)

---

① 文部科学省网站,http://www. mext. go. jp/a_menu/shotou/seitoshidou/1302904. htm.

（1）按欺凌频次，学生欺凌可分为单次性欺凌和经常性欺凌。

（2）按欺凌目的，学生欺凌可分为发泄式欺凌、炫耀式欺凌、勒索式欺凌、反击式欺凌和性欺凌。

（3）按欺凌手段，学生欺凌可分为言语欺凌、肢体欺凌和网络欺凌。

（4）按欺凌方式，学生欺凌可分为直接欺凌、间接欺凌；隐蔽性欺凌、公开性欺凌。

（5）按伤害程度，学生欺凌可分为轻度欺凌、中度欺凌以及严重欺凌。

（6）按欺凌指向，学生欺凌可分为身体欺凌（包括性欺凌）、心理欺凌和财物欺凌。

（7）按主体数量，学生欺凌可分为个体性欺凌和团伙性欺凌。

目前，还有一些关于以手段划分欺凌的争论。如，言语欺凌属于直接欺凌还是间接欺凌，书面语言欺凌和口头语言欺凌如何划分为直接欺凌或间接欺凌；财物欺凌如何界定？是以价值损失进行判断，还是以给损失者造成的心理伤害进行判断？借助工具的肢体欺凌是直接欺凌还是间接欺凌；身体欺凌是以身体伤害程度还是以心理伤害程度来判断其属于一般（轻度）欺凌、中度欺凌或严重欺凌？

（三）学生欺凌现实认定的经验性

目前，对学生欺凌的判断还缺乏科学客观的评判要素。教师判断欺凌及其程度往往依靠经验，通常根据直观可查验的损害程度及明显的行为改变来判断。往往注重恶劣情节或是严重结果的有无，这种"情节、结果论"容易忽视学生欺凌的起因、被害人自身状况、未成年人群体评价等要素。

学生欺凌的甄别和判断缺乏特征性的标准。各地出台的指导文件也只是从现象和可裁定的损害上进行经验判断。

如，英国从被欺凌者的行为改变和身体及财物的损伤来进行判断：（1）害怕走路往返学校；（2）不希望使用校车；（3）请求被护送至学校；（4）更改去学校的通常路线；（5）不愿去学校（学校恐惧症）；（6）逃学；（7）无论在家里还是在学校，经常抱怨不适；（8）变得孤立和自闭；（9）学习成绩下降；（10）服装或财物遭损坏或失踪；（11）有身体瘀伤或其他受侵犯证据；（12）食物或者钱经常"丢失"；（13）拒不参加特定课程；（14）紧紧依靠某个老师，或在休息时间留在教室里；（15）变得具有攻击性或不理智；（16）停止进食；（17）逃跑或威胁自我伤害；（18）为上述任何事情寻找不合情理的借口。[①]

《天津市预防和治理校园欺凌若干规定》明确了属于学生欺凌行为的主要有：

（1）在班级等集体中实施歧视、孤立、排挤的；

（2）多次对特定学生进行恐吓、谩骂、讥讽的；

---

① 黄侃. 英国中小学校园欺凌防治及启示[J]. 江苏教育，2018（3）：32-34.

(3)多次索要财物的；

(4)多次毁损、污损特定学生的文具、衣物等物品的；

(5)实施殴打、体罚、污损身体等行为的；

(6)记录、录制、散布实施欺凌过程的文字、音频、视频等信息的；

(7)法律法规规定的其他欺凌行为。

广东省出台的《关于加强中小学生欺凌综合治理方案的实施办法(试行)》中,依据欺凌造成的损害程度将欺凌分为一般欺凌事件和严重欺凌事件。

属于情节轻微的一般欺凌事件：

(1)给他人起侮辱性绰号的；

(2)侮辱其人格,程度较轻的；

(3)损坏他人财物,价值较低的；

(4)在社交媒体上发表贬低或者侮辱他人人格言论的。

属于情节比较恶劣的严重欺凌事件：

(1)对被欺凌者拳打脚踢、掌掴拍打、推撞绊倒、拉扯头发等物理攻击的；

(2)捏造事实诽谤被欺凌者的；

(3)在社交媒体用图像贬低或者侮辱被欺凌者人格的；

(4)强脱被欺凌者衣物的；

(5)强索被欺凌者财物的；

(6)其他情节比较恶劣的严重欺凌事件。

属于屡教不改或者情节恶劣的严重欺凌事件：

(1)经过学校教育再次恃强凌弱的；

(2)在社交媒体上传被欺凌者受欺凌图像的；

(3)行为违反治安管理法规,但未满十四周岁不予处罚的；

(4)行为违反治安管理法规,但依法属于不予处罚的；

(5)携带刀具等器械威胁或殴打被欺凌者的；

(6)多次强脱被欺凌者衣物的；

(7)多次强索被欺凌者财物的；

(8)其他屡教不改或者情节恶劣的严重欺凌事件。

这些指导意见能够给学校及相关部门认定学生欺凌提供指导,但尚没有为学生欺凌的识别和判断提供本质和特质性辨识标准。

尽管教育部等十一部门联合印发的《加强中小学生欺凌综合治理方案》给出了的学生欺凌的认定依据:蓄意或恶意造成另一方(个体或群体)身体伤害、财产损失或精神损害。这种伤害如何判断,在实践中仍然是一个难题。

二、学生欺凌甄别的依据

哲学思维告诉我们,区别和判断事物要依据事物的本质属性,学生欺凌的本质属性就是欺凌的本质特征,即学生欺凌的辨识性特征就是甄别学生欺凌的依据。

我们在第二章已经讨论过,故意性、重复发生性、力量不均衡性是世界各国普遍认定学生欺凌的标准。比如,美国对学生欺凌构成从具备主动攻击他人的意图,双方实力的悬殊,具备持续性的攻击倾向三方面来认定。

首先,施暴者带有主观伤害他人的意图,意图构成欺凌者袭击他人的行为导向,[①]主动攻击他人的意图是作为校园欺凌行为的严重程度的判断,这种判断不取决于家长或在校教师。在这种意图中常包含鄙视与蔑视的成分,极大程度影响着受害者的心理健康。[②] 即施暴者带有主观上的敌意性,通过伤害和攻击他人的行为,而获得内心的满足。

其次,双方存在强烈的权利不对等的情况,欺凌一方往往以一对多或多对一的方式对被欺凌者实行恐吓要挟,以达到震慑对方的目的,从而获取班级威望及财产上的占有欲。[③] 欺凌双方实力上的不对等通常表现为占据强势地位的欺凌者对被欺凌者实施一种或多种不受欢迎的攻击,如一方采用胁迫性的方式对受害者进行身体上的拳打脚踢,是滥用权力的侵略。[④] 对此,美国佐治亚州反欺凌法明确指出,是否故意地对弱势群体展示任何显示力量的行为,实施可见的直接伤害行为是校园欺凌的主要特征。[⑤]

最后,欺凌行为存在长期性及持续性等特征。具备持续性的攻击倾向是指欺凌行为的产生,一方面显示在时间跨度上的长久,另一方显示在攻击间断的高频。除了对被欺凌者在身体上进行长期攻击外,也包括在互联网上使用侮辱性的言语或者文字、图片对他人实施的持续的攻击行为。[⑥] 随着时间的不断推移,该欺凌行为表现出不减

---

① Yeager,D.S., Fong, C. J., Lee, H. Y., et al. Declines in Efficacy of Anti-bullying Programs Among Older Adolescents: Theory and a Three-level Meta-analysis[J]. Journal of Applied Developmental Psychology, 2015,(1), 36–51.

② Liiv, K. E. Defiance,Insubordination, and Disrespect: Perceptions of Power in Middle School Discipline[J]. Education Secondary,2015(3),253–280.

③ Ncontsa,V.N., Shumba,A. The Nature, Causes and Effects of School Violence in South African High Schools [J]. South African Journal of Education, 2013(3),142–154.

④ Cook,C.R., Williams,K.R., Guerra, N. G., et al. Predictors of Bullying and Victimization in Childhood and Adolescence:A Meta-analytic Investigation[J]. School Psychology Quarterly, 2010,(2),65–83.

⑤ 陈荣鹏,方海涛. 美国校园欺凌的法律规制及对我国的借鉴——以 2010 年《新泽西州反欺凌法》为研究视角[J]. 公安学刊:浙江警察学院学报,2015(6):32–38.

⑥ Fredland,N.M. Sexual Bullying: Addressing the Gap Between Bullying and Dating Violence. [J]. Advances in Nursing Science, 2008, 31(2):95–105.

反增的情况,并且这种欺凌行为已造成了受害者人身财产上的实质性损害。欺凌不是偶发的,而是一种持续性、长期性的有预谋的攻击行为。

我们在第五章中讨论过,学生欺凌的发生受学生个体因素、家庭环境、学校环境和社会环境的影响。尽管故意性、重复发生性、力量不均衡性和伤害性被认为是学生欺凌普遍的辨识性特征,但不同国家和地区因社会体制、文化背景等的影响,学生欺凌的表现形式和起因存在着差别。我国在实践中发现,如果把"持续性、长期性"列为学生欺凌的辨识性特征,就会把给受害者带来长期的心理伤害的单次攻击行为排除在欺凌之外,这不利于对欺凌事件的全面认识和解决。为此,我国教育部等十一部门在 2017 年联合印发的《加强中小学生欺凌综合治理方案》中,把单次的欺负、侮辱他人并造成其身体伤害、财产损失或精神损害等的事件列入了欺凌事件。自此,我国学生欺凌的辨识性特征就包括:主观恶意、力量失衡、造成伤害(这部分内容我们在第二章已经详细论述过,这里不再赘述)。

主观恶意是判断学生欺凌的前提性标准。那些偶发的,双方力量不均衡,且带来伤害的行为,不是蓄意谋划的,我们可以把它定性为无意的伤害行为,不能判定为欺凌。有些行为尽管是故意,但没有恶意,即使存在力量不均等,也造成了一定的伤害我们也不能将其判定为欺凌,也就是我们不能把同学间的取笑、捉弄、恶作剧认定为欺凌。

力量失衡是判断学生欺凌的辨别特征。欺凌中常见的以大欺小、恃强凌弱、仗熟欺生、倚众欺寡、仗势欺人、欺软怕硬、欺善怕恶本质上都是欺凌者在身体、个性或社会等方面占有优势力量,被欺凌者无法招架或无力反抗。那些故意的势均力敌造成对方伤害的行为我们不能将其判断为欺凌。

感受伤害(被受害者体验到的伤害)是判断学生欺凌的必要特征。欺凌不只是一种客观事实,还是一种主观感受。判断校园欺凌应该基于受欺凌者的感受,让受欺凌者感到痛苦的行为即是欺凌行为。[①] 即使有人借助力量蓄意造成了伤害,但这种伤害没被受害者感知到,即,受害者没有感觉到被欺负,我们也不能轻易将之判断为欺凌。把受害者的痛苦感受视为欺凌认定的必要标准,人们在识别学生欺凌时会将关注的目光聚焦到身体伤害或心理伤害给受害人造成的精神痛苦上。事实上,学生欺凌给被欺凌学生造成的是一种长期的特殊的心理伤害和精神痛苦,即使是纯粹的身体伤害或财物损失,感受痛苦的也不是身体或财物,而是心理或精神。

---

① 陈俊松. 四问北京中关村二小"校园欺凌"[EB/OL].[2016-12-13]http://www.sxinhuanet.com//politics/2016-12/13/c_1120111823.htm.

第二节 学生欺凌的家庭甄别

我们在第五章已经讨论了学生欺凌受家庭环境的影响,其中家庭结构、教养方式、成员关系对学生欺凌的影响巨大,且欺凌有代际传递的可能。家长如何甄别自己的孩子是否处在或将要处在欺凌之中,是家长迫切需要解决的问题。

一、检视家庭环境

(一)检视自己的生存环境

检视自己居住的社区环境(包括物质环境、人文环境、安全环境、人际环境),思考这些环境给孩子成长带来的潜在影响。家长尤其要关注居住社区的暴力因素,他们对孩子的成长影响巨大(我们在第五章进行过详细讨论)。

检视自己的文化、经济和社会地位及自己所处的阶层,不同阶层的人所拥有的资本与权力不同,而且不同的资本与权力发挥着不同的功效。资源的分布不均会对不同身份的群体产生特定的价值偏好。比如,社会资源匮乏、文化资本不足的学生,往往会被视为学业上的失败者,他们往往更容易成为欺凌的对象。

(二)检视家长日常行为

家长要检视自己的修为。检视自身的素质和修养,是否有不良习惯和嗜好,比如打牌赌博、抽烟酗酒、欺骗偷窃、欺负弱小等;检视自己是否整天忙于生计,无暇顾及孩子的教育问题,把孩子交给学校之后就不管不问;是否敬老爱亲、家庭和睦、助人为乐、扶弱帮贫、率先垂范;检视自己是否因为夫妻矛盾或其他家庭冲突在孩子面前打骂;检视自己是否把孩子当做宣泄不满或怨气的对象;检视自己是否以身作则、言行一致;检视自己是否把孩子当做获取某种利益的工具;检视自己是否耐心和孩子交流,认真听取他们的意见;检视自己是否真正会教育孩子,能陪伴孩子成长。

孩子受父母不良或失范行为的影响,会导致孩子模仿这些不良行为,并将其内化成自我意识,在学校中他们会将这些行为复制、重演,进而演化成学生欺凌。父母长期缺席孩子的成长过程,孩子缺乏父母的关爱和教育,在面对冲突的时候,不知道怎么正确去解决问题,最终选择了非理性的暴力方式。

父母改变,孩子改变。孩子的问题大多是父母教育不当造成的,孩子"生病",父母一定要"吃药",好父母就是一所好学校。父母是孩子的最好的"范本",身教重于言教,做父母的,要与孩子一起成长。

家长应明白自己是孩子的行为榜样,且孩子的模仿行为是在不知不觉中发生的。

比如,家长对社会问题的处理方式会被孩子模仿,若家长行为不当,孩子模仿的就是不当行为。家长对家庭成员、对邻里的负面情绪,会传递给孩子并可能影响孩子与同学的关系。所以,为了孩子,家长定要约束自己的行为方式和习惯,为孩子树立好榜样。

为确保孩子与同学友好交往,家长就要约束自己,以防出现对待他人不友好的行为。为确保孩子语言的文明,家长就要注意自己在孩子面前的语言,杜绝骂人和对人暴怒等行为的出现。为确保孩子不选择暴力方式解决同学间的矛盾,家长就要约束自己不用暴力方式处理纠纷。

(三)检视家庭结构

检视家庭结构是否完整,对于单亲家庭、父母离异后再重组家庭、外来务工人员家庭、农村留守儿童家庭来说,由于家庭结构残缺或者父母教育缺位,这些家庭的孩子往往得不到应有的关爱和教育,容易产生心理问题,变得孤僻冷漠、敏感多疑,缺乏安全感和信赖感,更易受到欺凌或者去欺凌他人。

检视自己是否把孩子交给父母进行隔代教育。接受隔代教育的孩子容易产生自私自利、自我中心、任性骄横、个性孤僻、依赖性强、自理能力差、盲目攀比、不爱惜财物、缺乏刻苦精神和生活热情,家庭成员关系颠倒,不知道尊重他人,社会适应能力弱等个性和习惯。这些都是欺凌产生的潜在心理因素。

(四)检视家庭教育方式

1.检视自己教育孩子时是否专制粗暴

专制粗暴的具体表现就是体罚,体罚对于中国的孩子来说,是最熟悉不过的,特别是在农村和教育欠发达地区的一些学校里。以"爱"与"教"的名义,家长对孩子经常拳脚相加,将孩子视为自己的附属品,随意支配。中国传统的家庭向来是以"孩子听不听话"为评价孩子的标准,完全忽略了孩子自身发展的需要。"好孩子"的教育将孩子尚处于萌芽状态的创造性扼杀在摇篮里。更有家长笃信"打是亲,骂是爱"的教育理念,对孩子拳脚相加。

父母的打骂会使孩子人格扭曲,难于与人和谐相处,甚至对人生失去信心。孩子在遭遇家庭暴力时,具有强烈的反抗意识,甚至想采取极端手段来报复施暴者,也会转嫁成欺凌。同时,孩子对暴力伤害的恐惧也高于其他伤害。在暴力环境中长大的孩子,往往接受并使用暴力,父母打孩子,实际上起到了教自己的孩子去打别的孩子的作用。这就是犯罪学中所说的"暴力的循环"。

采用专制粗暴的方式对待孩子,会出现两种极端:一种是管住、打服了。这些孩子在受到打骂虐待时采取顺从和迎合父母的姿态,以努力维持他们在暴力或混乱家庭中的安全,他们在家庭中习得了消极忍受的应对方式。在这种家庭中,父母对孩子有更多的严厉惩罚和拒绝否认倾向,通常不给孩子表达自己的机会,他们害怕说出自己的想法,在同伴互动中认为无法保护自己免受伤害,因而在面对欺凌行为时产生了无助感,同时也更容易成为欺凌对象;另一种是没管住、打不服。这些孩子就模仿父母的攻击行为,习得了暴力和攻击行为。他们会采用生气或情绪化的方式来解决问题或者将愤怒转移到他人身上,常常把他人的行为解释为敌对的,并在生活中以攻击和侵犯的形式表现出来而成为欺凌者。

2. 检视自己对待孩子是否放纵溺爱

在世界各国的家庭教育中,中国父母对孩子的溺爱程度当仁不让地名列前茅。溺爱这种非常态的爱被放大以后,温柔变成了枷锁,疼爱化作了圈套。教育家马卡连柯说过一段经典的话:"一切都给孩子,牺牲一切,甚至牺牲自己的幸福,这是父母给孩子的最可怕的礼物。"

溺爱的另一种表现是无原则的物质满足。近乎泛滥的物质支持是可怕的,后果是出现了无奋斗激情和乐趣的"巨婴"和"伪富二代"。随着生活节奏的加快,父母越来越没有时间照顾孩子,为了弥补在时间上对孩子的愧疚,父母就在物质上尽量满足孩子,于是越来越多的学生大款和"伪富二代"应运而生。生活在亲子互动缺乏的环境里,孩子容易养成孤僻、自闭、情感冷漠的性格,并且形成了钱可以买到一切的错误观念。从小缺少父母爱的孩子内心没有安全感、归属感,长大后对别人缺乏信任,出现人际交往障碍,自然就会卷入欺凌。

在放纵溺爱的家庭中,由于父母对孩子溺爱,孩子会变得目无法纪、自私自利,他们以自我为中心,完全不顾他人的感受,家庭成员地位倒置,甚至以欺凌弱小者为乐。

3. 检视自己是否过度干预孩子的生活

检视自己是否进行了过度教育,给孩子提了太多的要求,制造了太多的压力;是否过多地干预了孩子的生活,限制了孩子的自由和独立选择的权利。

在大部分父母的观念里,孩子更多的是处于一种矛盾的地位,一方面,父母爱你,所以一切都要听从父母的安排。另一方面,不管孩子的喜好,会将自己觉得好的东西,全部塞给孩子,并强迫孩子接受。在很多家庭教育中,中国式父母既不是好的表达者,也不是好的倾听者,只是仲裁者和裁判。

父母在过度满足的基础上过度保护,具体表现为:

(1) 保姆式的事事包办。现在的孩子多为独生子女,从小就被父母视为掌中宝,不惜做牛做马,甚至倾其所有。用爱制造出的陷阱让父母和孩子都跌了进去。父母因为心疼孩子而替孩子包办一切,其实是剥夺了孩子亲自实践,亲历社会的机会,使其过分依赖父母。中国的父母习惯替孩子做决定,小到穿衣吃饭,大到读书就业,仿佛不仔细管就是父母的失职。父母本意是为孩子好,为孩子创造理想的生存空间,结果却是忽略孩子成长过程中自然生动、多样化的特点,恰巧让孩子失去了在家庭舞台大显身手的机会,减弱了成长的动力。

抱怨子女缺乏自主性和独立性的父母,常常是对孩子任何独立思想与行为大加压制的人,形成"恶性循环",家庭深陷其中,不能自拔。这种家庭教育中的矛盾情景,被心理学描述为家庭中的"假性互惠"。假性互惠中的家庭看起来一家子和和睦睦,父母替孩子着想,孩子替父母亲分忧,实际上,人人都受压抑与限制,个个心情都不舒畅。

(2)禁止冒险。孩子要下河游泳,成人不是教会他怎样在水中保护自己,而是简单地拒绝——理由当然是危险;孩子要登高也不被允许,当然也是由于安全的原因;孩子都十多岁了,还不敢一个人到门口去买东西,因为大街上是危险的;不会自己削苹果,因为刀子是危险的。二十岁的孩子还不会开火做饭,因为煤气是危险的……一点点危险都不能经历的孩子肯定是平庸的。危险处处存在,躲是不能解决问题的,关键是要教会孩子识别危险,处理危机。

过度保护会导致孩子丧失自理能力,心理上断奶困难,自理能差,感情淡漠,不懂感恩,容易养成不健全的人格。表现为以自我为中心、人际关系差、情绪不稳定、不易适应环境、遇事优柔寡断、自私、任性等,易受欺凌。在过度保护下往往会出现"恋母情结"。由于母亲过分的爱怜,使男孩子的心理幼稚,依赖性强,孤僻不合群,不擅长与同龄人交往,缺乏男孩子的阳刚之气,其思维方式和言谈举止都容易女性化。带着这种生活态度进入社会,也是一个懦弱的人,没有别人的指令,就不能行动,缺乏自主意识,精神容易慢性萎缩,易成为欺凌的对象。

(3)按自己的标准塑造孩子。很多父母把自己一生的希望寄托在孩子身上,即使孩子并不适合,或者不喜欢也要一直逼孩子往自己以为正确的路上走。在这种压力下,家庭变得不快乐,亲子的愉快时光成了斗争大会,负性情绪就会转化为欺凌。牺牲了和谐的亲子关系,让孩子追求一些莫名其妙又不见得正确的父母理想。

4.检视自己是否把孩子当作自己愿望的实现者

有些家长把孩子沦为自己实现未泯理想的工具。"我们那时候条件差,都没机会念大学(好大学),所以你要好好学习,争取考上好大学"。这似乎是中国家长们对孩子唯一的期待。于是,从帮孩子选小学开始,甚至不惜跑路子托关系,再进重点中学,然后孩子考大学还要问父母应该填报什么志愿。此种后果,完全是中国式家庭教育的恶果。孩子被动地听家长吩咐,逐渐深化,趋向同化,事事询问家长,最终沦为家长实现他们未泯理想的工具。

很多父母由于自己的各种愿望尤其是没能实现就把愿望强加给孩子。有些父母甚至为了满足自己的虚荣心,将孩子视为玩偶,在人前炫耀、攀比。中国的父母最无私,为了子女可以做牛做马;但又是最自私,把自己的旧望残梦强加给孩子,光宗耀祖的担子交给孩子。

5.检视自己在家庭教育上是否缺位

中国的父母在早期的家庭教育中是主人,但到少年期以后的教育,父母主人翁的身份便被学校分担了很大一部分。经常可以听到家长们说这样的话:终于轻松了,孩子上学啦、住校了;学校老师会教育好孩子的,咱该歇着啦;孩子一个月甚至半年才回家一次,我上哪儿去教育他呀?家庭教育和学校教育在这里没有达成完整的默契,分歧便诞生了。孩子成了"客人"成了家长最熟悉的陌生人。

在中国的家庭教育中我们常常看到的情景是父亲缺位,母亲焦虑。2016年《中国家庭教育现状》白皮书的数据显示:在中国的家庭教育中"父亲"角色在一定程度上缺位。调查中发现有超过半数家庭中由母亲主导孩子的教育,而由父亲主导孩子教育的不到两成。

父亲对孩子成长的影响至关重要,孩子的自信、果敢等品质需要父亲的引领。家庭教育中,父亲教育对于子女的社会性、性别角色、自信心、抗挫折能力等关键品质的形成起着决定性作用。教育孩子往往需要理性的思维模式,但母亲多比较感性,所以在孩子教育的过程中常常不够冷静,而父亲大多比较理性,这样的心理特质最适合教育孩子,但结果却是父亲介入孩子教育的比例远远低于母亲。

那些有攻击倾向的被社会排斥的孩子与其他孩子相比,从父亲那里得到的情感、陪伴和满足感最少。父亲外出打工的孩子受欺凌的风险高于父亲没有外出打工的孩子。父亲角色的长期缺位与孩子的学习成绩和同伴交际等因素呈明显的负相关,而这些因素与受欺凌的可能性有密切关系。

(五)检视家庭成员间的关系

家庭关系是孩子最早接触到的社会关系,深刻影响其后续的社会发展和人格形成,对孩子入学后的欺凌卷入情况有直接影响。

1.父母关系

家庭在儿童的人格发展中极其重要,而父母则是家庭中最为重要的角色。父母之间的温馨和睦能让孩子感受到家庭温暖和生活美好。父母之间的感情障碍会影响到孩子对他人和社会的冷漠,缺乏责任感,甚至做出反社会行为,不能友好待人,不能与他人建立良好的伙伴关系。

在孩子早期的心理发展中,母亲的作用远大于父亲。与母亲的关系几乎决定了每个人内心是否具有足够的安全感、亲密感、快乐感与成长动力。而父亲却是他最初的成长和自我认同中重要的伴侣和领路人。一些家庭母亲的角色感太强，使父亲在孩子成长中的作用被弱化，甚至被迫游离于家庭的亲密关系与教养关系之外。由于不平衡，孩子与母亲的互动中，没有因父亲的插入产生的心理缓冲空间，也失去了在双亲行为中作适应性选择的权利，孩子与母亲的行为应答方式被简单化到服从和不服从。久而久之，成长的动力被压抑，变化与对抗的欲望被耗竭，导致孩子的心性发展延迟。家庭中父母的一方有采用破坏性方式来支配家庭的倾向，而另一方却显得依赖和柔弱，对其逆来顺受。孩子在成长的过程中将这种倾斜关系视为正常，失去成为平等关系的能力，要么依赖，要么强权。

发生在个性分化不良或情感分裂的家庭，孩子无论依从母亲还是依从父亲都会遭到另一方的责难，无论做任何事都不能得到双亲肯定或者否定的观点。有时候双亲为了回避自身冲突，观点含含混混，要么就各行其是，互不干涉。孩子既不能在家庭找到规则，也形成不了有效的交流，凡事得先看父母的脸色，猜测父母的心思，难以适从。

2. 亲子关系

研究表明，父子关系好的孩子欺凌他人的可能性低于父子关系一般和差的孩子。父子关系好的孩子有更强的学校适应能力、人际关系处理能力和良好的心理健康状况。

在中国的文化中，父母喜欢把对孩子的愤怒，包藏在一种对孩子的貌似关心中，越是与子女关系不好的父母，越易于通过"教育"来发泄对子女的不满。结果，孩子长期处在一种内容水平被关心，关系水平被伤害的悖论情景中，而且还不能评述或反抗这些矛盾信息。慢慢地孩子会借助矛盾的信息来逃避惩罚，以扭曲的行为方式来应付所有的关系，失去了发展正确理解自己和他人的能力，出现人格分化延迟。

在家庭中，孩子会强烈地感觉到家庭内部的不稳定和不一致的重要性，迅速发展起一种自我控制，来应付或摇摆在家庭对立观念或非此即彼的关系模式中，用自我"分裂"补偿性地满足父母对家庭关系的需求，以维持家庭分离中的统一，冲突中的和谐。在这样的家庭关系中，平衡是靠孩子勇于"自我牺牲"来实现的，孩子的问题实际上是家庭维持的一种要件。但补偿总会有个极限，一旦缓冲失败，孩子可能陷入大麻烦，要么过度控制自己——抑郁，要么就是发泄性失控——狂躁，并持续摇摆在这两种情绪状态中。

（六）检视孩子的正常需求是否得到了满足

儿童的异常行为往往都是其发展过程中的正常需求没有得到满足引发的。

德雷克斯（2012）发现：一个行为不当的孩子，是一个丧失信心的孩子。当孩子丧失信心时，他的行为就会建立在该怎样获得归属感和价值感的错误观念之上。就会为满足需求获得归属感和价值感而作出下列行为：

1. 寻求过度关注。这时的孩子往往通过做出格的事来引起关注，只有在得到你的关注时，才有归属感，于是欺凌就发生了。

2. 寻求权力。由于没有在家里或学校获得应有的地位、尊重和归属感，他们便寻找只有当我说了算或至少不能由你对我发号施令时，才能获得归属感，于是欺凌就发生了。

3. 报复。由于通过正常条件得不到归属，他们的归属感和价值感得不到满足，他们就产生了报复心理，我不能得到满足，但我至少能让你同样受到伤害，于是欺凌就发生了。

4. 自暴自弃。通过努力也不可能有所归属，于是就自暴自弃、破罐子破摔，到处惹是生非，欺凌也随之发生了。

家长要关注孩子的正常需求，尤其是归属感和价值感的需求满足。

二、发现孩子的不同

大量研究证实，欺凌往往发生在那些生理、心理异常的具有"弱势身份"的孩子身上。家长要及时发现孩子在生理、心理和行为上与其他孩子的不同之处。

1. 生理上的不同

身体发育异常。身体发育高于或低于平均水平的体形、力量或协调能力。如，和同龄人相比过于高大或矮小；看起来特别胖或特别瘦；特别俊英（漂亮）或难看；发育畸形；秃顶、少白发；面部痤疮、雀斑、胎记等；吐字不清、口吃；年龄相对大或小；性取向异常等。身体残疾或长期有病。

2. 穿戴打扮的不同

如，喜欢风格独特的穿戴，发型、眼镜、帽子、衣服、装饰等都有别于同学。

3. 社会身份的不同

家庭条件特别优越（社会地位、经济地位、文化地位等）或家庭条件特别窘迫；外地生、插班生、留级生等；讲话用异地方言；少数族裔；特殊宗教信仰；学习特别好或特别差。

4. 心理特征的不同

家长要特别关注孩子是否具有：性格害羞、抑郁、焦虑、孤僻、不合群，自信度低、自我责备，软弱懦弱、逆来顺受、忍气吞声，孤独少友，缺乏社会性技能、过度依靠成人等特征。或者具有：强势、霸道、盛气凌人，自私嫉妒、争强好胜、自我中心，冷酷无情、报复心强，喜欢摆布和控制他人，有不良嗜好等特征。前者是潜在或现实的学生欺凌对象，后者是潜在或现实的学生欺凌发起者。

家长不仅要满足孩子学习、生活的需要,还要清楚孩子的与众不同,上述这些不同都是引发欺凌事件的潜在因素,要引起高度关注。只有心中有数,方能合理预防和应对可能发生在孩子身上的欺凌。

三、甄别孩子可能或发生的欺凌

(一)欺凌者的甄别

1.欺凌者的潜在特质

欺凌者往往具有潜在的生理、心理特质及极端的社会地位和行为方式。家长仔细观察可以预知和防范孩子成为欺凌者。

欺凌者通常具有以下可观察到的生理、心理和行为特征:

(1)良好的生理条件。生理发育良好,身高马大,壮实有力。

(2)极端的社会地位。家庭环境优越或家庭条件窘迫。在学校或同伴中有较高或较低的地位。

(3)特征性的人格。具有倔强固执、粗暴强横、情绪焦虑、冲动易怒、冷酷、敌意、沉闷、气愤、抑郁、攻击、外向的人格倾向。过度自卑或自信,有较强的自尊心、嫉妒心和报复心,易怒易激惹、自私自利、情感冷漠、缺乏同情,不顾他人感受,报复心强、具有攻击性。控制欲强,喜欢掌控他人、支配他人,有经常支配他人的言行和强烈的掌控、征服其他学生的欲望。学习和生活漫无目标(持续不断地变换目标和志向,拥有不切实际的预期,而且在追求目标的过程中缺乏毅力和自律)。

(4)出格的行为方式。喜欢争强好胜、出风头,为引起权力者的关注和认可,喜欢出格的行为,如面对家长时,往往表现出目中无人和攻击性。运用暴力谋求地位和价值感。

(5)突然的行为变化。如,生活习惯、消费方式、交友方式的改变及多媒体产品成瘾和不良嗜好等。

家长发现孩子具有上述部分特征或改变,就要关心、询问或介入他的学习生活,及时与老师和同学取得联系,了解孩子的情况,及时发现和处理欺凌的苗头,以防后患。

2.如何识别有欺凌倾向的孩子

有欺凌倾向的孩子往往具有如下特征:

(1)外表强悍、人高马大、有力量。

(2)地位优越、有权力且滥用,掌控他人、支配他人欲望较强,是学习失败者,却是非正式小群体的领导者。

(3)社区环境充斥着暴力,存在家庭暴力,父母有恶习甚至反社会行为。往往出身于充满敌意、忽视孩子的家庭,具有冲动性的行为风格,具有攻击性,认为侵犯行为是解决冲突的最好方法。

（4）性格强势、霸道、心狠、易冲动、发怒，冷漠无情，自恋无同情心、以伤害他人为乐。

（5）崇尚暴力、情绪不稳定、感情麻木，具攻击性、充满敌意、冲动、报复性强，具有外向性的人格特质。

（6）经常使用支配他人的言行举止，并倾向于将自己的侵犯意向强加于他人。

（7）遇到挫折会通过推搡、击打人或者物体来发泄。为了寻求愉悦，常常采用一些特殊手段获取物质、权利或地位。

（8）善于使用具有逃避性、自我欺骗性和攻击性的心理防御机制，例如否定自我，拒绝面对现实，喜欢道德推脱。

（9）社交能力强，善于利用和操控同伴来达成自己的目标。通常在班级里有较高的社会地位和影响力，甚至更有异性吸引力。

（10）在人际交往中自私、嫉妒，并且有强烈的保护个人自私行为的倾向。

（11）能够熟练寻找没有人身威胁和地位威胁的受害者，并对他们施加压力。通过欺凌来获取高社会地位。

（12）平时常有抽烟、喝酒、打架等不良嗜好和习惯。

并非所有欺凌者都具备以上所有特征，但他们具备这些特征的大部分。

（二）被欺凌者的甄别

欺凌会导致被欺凌者遭受严重的生理、精神创伤和不良的行为反应。多数被欺凌者会出现紧张、焦虑、难过、害怕、自卑等不良情绪反应，出现头痛、肚子痛、尿床、抽搐、失眠、做噩梦、口吃等不良生理反应，出现少言寡语、逃学、退缩、回避等不良行为反应。长期遭受欺凌的学生会出现认知、情绪障碍，学业受损，适应困难，身心受伤，严重者可能自残、自杀。

家长一定要从细节观察孩子，如果孩子突然有一些反常的、蹊跷的表现，一定要及时和孩子沟通、交流，要让孩子感觉到家长对自己的关心和爱护。经常询问孩子在学校的表现和与同学之间相处的情况，如果孩子遇到了不愉快或与同学有矛盾，可提供一些建议或意见，询问是否需要家长帮忙等。

1.掌握孩子的生理心理特点

掌握孩子的身体发育情况。如，发育低于正常状态，体弱多病，生理缺陷或发育异常，外表弱势等。

掌握孩子的社会身份和地位。特殊身份（如，外地生、插班生、留级生、性取向异常等），交友情况，学习情况，班级地位等。有些不同于常人的问题，如学习能力差、种族歧视、性取向和生理上的问题等。不受老师喜欢、学习失败、行为举止怪异。

掌握孩子的心理特性。如，抑郁、焦虑、敏感，安静、害羞、谨慎、顺从、胆小、自卑，不善表达，朋友少等。性格倔强、举止张扬、不拘小节，炫耀财富，形象或着装特别等。

这些生理、心理特征都是被欺凌的内在或潜在因素，孩子如果具有这些特征，家长需要格外注意，积极采取有效措施避免孩子成为欺凌对象。

具有上述特征的孩子易成为学生欺凌的对象，但根据我们在第四章的相关讨论，那些学习好的、行事张扬的、有特殊背景的学生也可能成为欺凌的对象。放大点说，任何学生都可能成为学生欺凌的对象。因为学生欺凌事件是在特定的时间、地点、起因发生的，是一个有原因、过程和结果的事件。学生欺凌事件尽管是由欺凌者发起的，但被欺凌者往往是无辜的，有时是不确定的。如，某个学生在错误的时间，误入了欺凌者事先布好的欺凌地点(环境)，结果原定的被欺凌者没到现场，误入者却无辜地成了受害者。

孩子的举动反映了其在学校生活的状态，家长可以通过观察孩子的行为来判断其是否遭受了欺凌。学生受到欺凌后，其生理、心理、行为、个人物品以及同伴关系上会出现某些变化。研究表明，美国64%的孩子被欺凌后，并没有告诉其他人，只有36%的孩子在事后选择告诉他人，寻求帮助。[①]

家长若仔细观察，一般会发现孩子在行为等方面的异常。当孩子发生以下变化时，表示其可能遭受欺凌或有被欺凌的危险。

2. 观察孩子的突然变化

(1)生理上的变化

当学生受到欺凌后，家长很容易从学生外显行为或身体上看出其有被欺凌过的痕迹。

①身上有难以合理解释的瘀伤(如红肿、瘀青、破皮、擦伤、割伤等)，他们常会以不小心碰撞、摔倒和擦伤等为借口掩饰其受到欺凌。

②经常告知家长自己生病、肚子疼、头疼或其他不舒服症状，要请假在家休息，不想上学。

③出现失眠、做噩梦、食欲下降等异常现象。这些都是孩子可能受到欺凌的表现。

当家长发现孩子某些生理上的不正常反应时，不可主观地判断仅仅是由于身体不适造成的，不可对此类事件掉以轻心，一定要多与孩子交流，发现并确定造成这些生理变化的根本原因。

---

① 苏德中，崔心宁.校园暴力不是玩笑 超6成孩子被霸凌不敢发声[EB/OL].[2016-12-15].http://hunan.ifeng.com/a/20161214/5230798_0.shtml.

（2）心理上的变化

家长可以通过以下心理变化来判断孩子是否正在遭受欺凌。

①对学习突然没有兴趣，不能集中精力做功课，学习表现变差，学习成绩下降。

②神情沮丧、情绪低落、精神恍惚、闷闷不乐，突然变得少言寡语，或喜怒无常，总是莫名地悲伤、生气、焦虑，情绪化严重。

③情绪上突然变得焦虑、胆小、沉默寡言。变得不理性，对父母和兄弟姐妹发脾气。

④变得愠怒，沉默寡言，喜欢逃避，总是说感觉孤独的话。看起来沮丧、悲伤，经常自责，自尊感不强。

当孩子的心理发生上述变化时，家长千万不要掉以轻心，不能简单地认为这些心理变化是由成绩下降或早恋等因素造成的，要仔细询问其原因。如果孩子不愿意开口说出事情真相，家长可以向其比较要好的朋友或班里有责任感的学生了解情况，以发现事情的真相。

（3）行为上的变化

孩子在遭受欺凌后，其学习和生活行为也往往会发生变化。

①害怕上学，找各种理由推迟上学的时间，或者去学校时走某些隐蔽的、环形的道路。

②朋友变少，从来不带其他小朋友回家，很少被邀请参加同班同学的社会活动。

③携带或试图携带"保护"工具去学校（一根棍子，一把刀等），并且表现出"受害者"的肢体语言，如拒绝眼神交流、耸肩弓身。

④有时以各种理由索要（甚至是偷窃）额外的钱或物。

⑤不想去上学或不想参加和同伴一起的活动，或选择了一条与以往不同的路线去上学。

⑥行为反常，开始欺负兄弟姐妹或更小的孩子。受欺凌的孩子有时会转换角色，变为施暴者。女孩子突然交男朋友了，很可能是找"大哥"寻求保护。

当孩子发生行为变化时，家长往往简单地认为是因为学生进入了青春期或学生年龄增长了，但这只能解释部分孩子行为的变化。家长须通过观察与交流了解孩子行为变化的深层次原因。

（4）物品上的变化

原因不明的书本或衣服被撕裂，发型、装饰凌乱或丢失、损坏的玩具、学习用品、电子产品、服装、午餐或钱等。一般情况下，学生被欺凌后，个人的书包、文具和衣服等会有所破损，个人用品会被恶意破坏或被抢走。当家长问及原因时，往往表达含糊不清或不敢回答,如"不知道被谁拿走了""我也不知道怎么弄丢了""不清楚怎么就坏了"等。被欺凌孩子这样表述的目的就是让家长不清楚其物品丢失和损坏的事实,有意隐瞒欺凌事件的真相。

家长日常多加注意孩子的物品是否经常性地遭到破坏。有些孩子,特别是男孩子,由于嬉戏打闹可能会出现衣服和物品破损的情况,但如果经常出现衣服和物品尤其是心爱的物品破损的情况,家长就需要格外关注并了解孩子衣服和物品破损的真正原因,须在第一时间和教师进行沟通了解情况。

孩子往往通过身体、面部、眼睛、语调和语言来表达内心的感受。有时候,他们的语言只是某种借口或是对他们真实想法的掩饰。不要忽视发生在孩子身上的任何改变,不要把它们看作早晚都会过去的一个阶段。要警惕这些变化的频率、持续时间和强度。欺凌会对情绪、心理和生理产生长期的影响。当你发现上述警告信号时,要听出孩子语言背后的实际意思,看到他们行为背后的真实意图,要发觉在"貌似正常的面具之下"所掩盖的真相。

第三节　学生欺凌的教师甄别

学生欺凌是发生在学校内外,学生之间的,学校是欺凌预防、甄别、处置的主体,学校的老师,尤其是班主任是关键。为此,学校各级尤其是教师要高度重视,提高认识、明确职责、了解标准、规范程序、掌握方法并加强防范及时合理处置。

在欺凌事件发生后被欺凌者是否求助也存在年级差异,小学阶段学生相比初中阶段学生而言,人际求助较多,但多数学生选择消极逃避,并没有积极寻求帮助。[①]

一、提高认识,关注特别

(一)学生欺凌甄别的困境

学生欺凌通常具有非均衡性、恶意性、伤害性等特征,老师难以及时发现和准确判断学生是否真正遭受欺凌,或是低估了其发生率及危害,从而影响了对欺凌的积极干预。学生欺凌是一个动态、复杂的过程,其受多种因素共同影响,在发展过程中与违纪、越界行为没有明确的界限,给学校和老师在认定和处置上增加了难度。

---

① 梁燕玲,蒙宗宏,潘玉.西部学校校园欺凌的实证研究[J].长安大学学报:社会科学版,2017(6):111-117.

目前,老师对学生欺凌的辨别和认定还存在以下误区:

1. 对学生欺凌的危害认识不足

欺凌行为的发生具有很强的隐蔽性,其起点往往生发于学生间的嬉笑打闹,隐藏在"越界""过分"的行为之中,如果没有足够的意识加以关注,一般情况下很难被觉察,典型欺凌事件一旦发生,后果就已经非常严重了。

面对欺凌,老师说已经解决了问题,但仍有 10.65% 的孩子说没有得到帮助。多数教师认为这是学生之间所谓的"开玩笑",有的甚至在接到学生求助时给予受欺凌学生二次伤害。① 但也有实证调查发现,教师和家长反欺凌意识较强,例如有 71.8% 的教师和家长对学生欺凌持零容忍态度。②

2. 静态的结果性判断

对欺凌的判断,老师更多从已发生的、形成伤害后果的程度进行判断,将欺凌作为一个静态的、"已经发生"的行为来对待。实际上学生欺凌是一个"动态生成"的过程,既成事实的欺凌也可能只是"冰山一角",大量的隐藏于"水面之下"的问题苗头由于尚未显现而容易被忽略。而"水面之下"的那些问题苗头在时刻发生着变化,随时可能长大并露出"水面",演化成真正意义上的欺凌。这种"情节、结果论"容易让我们忽视学生欺凌的起因、被害人自身状况、未成年人群体评价等要素的深度评析。

一个表面上看似刻意孤立的学生欺凌事件,有没有可能是因为被害者人格缺陷而造成的交往障碍,心理异常的缘由是否来源于偏执、敏感的心理疾患,这里的刻意孤立在未成年人群体当中是否成立……只有评判的要素更加丰富与科学,我们才能了解到事物的全貌,进而做出正确的判断。认定学生欺凌仅仅靠一个定义或者概念是远远不够的,应该结合有关欺凌事件的起因、行为主体与对象的主客观方面、未成年人群体的一般性评价而综合判定。

3. 成人化的评判

中小学生与他人交往必然伴随着言语、肢体等方面的冲突,这是未成年人完成社会化蜕变、长大成人的重要过程。可是,我们在评判一个行为或事件是否属于学生欺凌的时候,往往站在成人的角度,用成人的世界观去评判。例如,对未成年人而言,"爱"与"恨"更加分明,大脑前额叶发育成熟的迟缓也决定了他们的情绪往往战胜理智,因此,很有可能出于本能的讨厌而刻意地排斥他人。倘若我们以成人的视角,不分青红皂白地将这类行为评判为欺凌,就未免偏颇。这告诉我们,只有把视野放到未成

---

① 高博,刘晓巍. 我国中小学校园欺凌事件分布差异及其应对策略[J]. 现代中小学教育,2018(2):1-5.
② 薛玲玲,王纬虹,冯啸. 校园欺凌重在多元防控—基于对 C 市中小学校园欺凌现状的调查分析[J]. 教育科学研究,2018(3):24-29.

年人的成长环境与心理环境下,才能看到事情的真相,这也要求我们在评判学生欺凌时必须坚持以未成年人为中心的评判理念。

儿童对于什么是欺凌有着不同于成年人的判断。比如说,小学低年级学生跟别人发生冲突,只要自己吃亏,就会觉得受人欺凌了。可要是冲突因他而起,招惹在先,那么,就算吃亏,也不会感觉受人欺凌。小时候觉得欺凌女生属于恶作剧,是十分光彩的事,到了初中则认为欺凌人是可耻的事,再也不会把不小心伤害人看作欺凌,只把故意伤害才看作欺凌。小学生眼里的欺凌都是可见的身体伤害和物质损失;初中生把直接的精神伤害也看作欺凌;到了高中,才逐渐明白,所谓欺凌,就是把人伤害到无力招架以致陷入自感窝囊和自我贬低的痛苦之中。可见,不同年龄阶段的孩子对欺凌有不同看法,这与老师的判断会有出入。

4. 两难的判断和处置

教师在判断和处置欺凌事件时往往面临着两难的处境,一方面,由于学生欺凌是一个动态发展的过程性事件,同时受多种因素影响,主体不确定,隐蔽性强,情况复杂,标准难以把握等原因,导致学生欺凌判断困难。另一方面,由于当前社会文化中存在对青少年过度保护的倾向,使得学校和社会对于少数学生的欺凌行为缺乏必要的惩戒,家长的强势,导致老师在判定和处置学生欺凌时更加谨慎。

2017年12月教育部等十一部门联合发布的《加强中小学生欺凌综合治理方案》中尽管给出了认定和处置学生欺凌的意见,强调指出,一旦认定为欺凌,就要按程序和规定处置,这促使教师在认定学生欺凌上显得更加谨慎。

在大部分学生事件中,教师普遍认为只是同学间的玩笑,没什么大不了的,"和稀泥"的做法是教师不得不采取的常规方式。由于学生的身份特殊,学生欺凌事件的法律法规界限不清晰,难以定性,而惩治的尺度和力度不易把握,欺凌者与被欺凌者的双方家长各执一词,意见相左,稍有差池教师就会陷入"老师不管,失察失职""老师小题大做,故意针对"的双重指责中。夹在其间的教师左右为难,无所适从,只能本着大事化小、小事化了的息事宁人的态度来处理。特别是当欺凌者与被欺凌者的成绩存在较大差距时,家长便会异常敏感,就算教师尽可能地公平处理事件,仍难以避免会被认为偏袒某一方。

(二)关注特质性学生

大量研究证实,具有欺凌和被欺凌倾向的学生都有偏离常态的生理和心理学特质。老师日常要特别关注这些特质性学生,预防可能发生的欺凌或及时发现已经发生的欺凌。

一般的欺凌事件都有欺凌者、被欺凌者和围观者。欺凌者和被欺凌者都有一个共同的特质,就是他们的归属和尊重需要没有得到满足,同时两者还有不同的潜在特质。

1. 欺凌者的潜在特质

(1)良好的生理特质。一般情况下欺凌者的生理发育良好、高于常态,外表强悍、身高马大,壮实有力。

(2)极端的社会地位。家庭条件特别优越(社会地位、经济地位、文化地位等)或家庭条件特别窘迫。在学校或同伴中有较高或较低的地位(包括非正式群体中的地位)。

(3)特殊的人格特质。倔强固执、粗暴强横,情绪焦虑,冲动易怒,冷酷、敌意、沉闷、气愤、抑郁、攻击、外向。过度自卑或自信,有较强的自尊心、嫉妒心和报复心,易怒易激惹、自私自利、情感冷漠、缺乏同情,不顾他人感受,报复心强、具有攻击性。控制欲强,喜欢掌控他人、支配他人。学习和生活漫无目标(持续不断地变换目标和志向,拥有不切实际的预期,而且在追求目标的过程中缺乏毅力和自律)。

(4)出格的行为方式。喜欢争强好胜、出风头,为引起权力者的关注和认可,喜欢出格的行为,往往表现出目中无人和攻击性。运用暴力谋求地位和价值感。平时常有抽烟、喝酒、打架等不良嗜好和习惯。

根据欺凌的起因,欺凌者可分为主动欺凌者和被动欺凌者。研究显示,欺凌者存在较多心理问题,如性格偏激、冷漠,情绪波动较大等,尤其是在行为上表现为攻击性倾向很强。攻击性行为根据起因分为主动性攻击(proactive aggression)和反应性攻击(reactive aggression)两类。主动性攻击是指未受刺激的情况下主动的、蓄意地攻击别人;反应性攻击是指受到他人攻击或激惹后的防御性攻击行为。[1][2] 基于欺凌的本质是一种攻击性行为,研究欺凌者心理特点时,研究者将欺凌者分为两类,一类是主动性攻击行为的欺凌者(主动欺凌者),一类是反应性攻击行为的欺凌者(被欺凌的欺凌者)。

主动欺凌者。一般情感冷漠,他们将自己的自尊和自我效能感建立在欺凌行为获得的成功和利益上,通过欺凌他人,达到实现自身价值的目的。[3] 他们做事有计划、冷静自制,但冷漠无情,他们的欺凌行为通常是有预谋、故意为之的。这类欺凌者把欺凌作为一种达成目标的工具,即获得奖励、控制力、团体的领导者地位等。他们的控制力强,有谋有略,在团体中常处于领导者的地位,欺凌者将攻击力内化,作为解决问题的

① Deschamps, P. K. , Verhulp, E. E. , de Castro, B. O. , et al. Proactive aggression in early school-aged children with externalizing behavior problems: a longitudinal study on the influence of empathy in response to distress[J]. Am J Orthopsychiatry, 2018, 88(3): 346-353.

② Crick, N. R. , Dodge, K. A. Social information-processing mechanisms in reactive and proactive aggression [J]. Child Dev, 1996, 67(3): 993-1002.

③ Ang, C. S. , Chong, C. P. , Cheong, S. W. , et al. Self-esteem and tendency of bullying among primary school [J]. Rom J Appl Psychol, 2018, 20(1): 11-17.

有效手段,并不会对受害者的遭遇表示同情。[①]

Fite 等人(2009)认为,这种欺凌者的心理特点与其成长环境有关,如有家庭暴力的经历或者物质滥用行为等。[②] 主动欺凌者与青少年犯罪之间存在正相关,即欺凌犯罪者多倾向于表现主动性攻击行为,该类型的欺凌者在学校或者成年后更容易发生犯罪行为。[③]

被欺凌的欺凌者。无法主动控制自己的情绪,容易对外界刺激做出敌意和威胁的推测,即易激惹做出攻击性的反应,但是事后会有懊悔情绪。他们通常自卑或者抑郁,有较低的自我价值感。[④] 他们做事易冲动,在面对外界事物的模糊信息时很容易产生带有攻击性的解读,误解别人的意图从而产生冲动反应性攻击他人,但是在欺凌行为产生后会有懊悔情绪。[⑤] 他们的敌意归因偏差可能是由于认知的缺陷造成,即在人际交往中,反应性攻击特点的欺凌者很难正确地理解他人的想法。[⑥] 他们在社交上难以理解他人观点,带有明显的攻击性信念,容易误解他人。他们本身缺乏沟通技巧,不知道灵活地处理人际关系。因此,他们在群体中往往处于弱势地位,容易受到忽视或者欺凌,只知道用攻击方式来解决问题,但这只会适得其反,变得更加消极和避世。他们有心理与行为问题,是学校生活适应不良的高危人群。[⑦]

2. 被欺凌者的潜在特质

(1)身体发育异常。低于平均水平的体形、力量或协调能力,和同龄人相比显得弱小,长相特别,发育畸形,秃顶、少白发,面部痤疮、雀斑、胎记、天生兔唇、白化病等。吐字不清、口吃,身体异味,年龄相对大或小,上课多动打扰别人,性取向异常等。

(2)身体残疾或长期有病。

(3)出格的穿戴打扮。如,穿着过于质朴或过于邋遢,或喜欢风格独特的穿戴,发型、眼镜、帽子、衣服、装饰等都有别于同学。

(4)特殊的社会身份。家庭条件特别优越(社会地位、经济地位、文化地位等)或家庭条件特别窘迫。特别的社会身份,如,外地生、插班生、留级生等,学习特别好或特

① Dake, J. A., Price, J. H., Telljohann, S. K. The nature and extent of bullying at school[J]. J Sch Health, 2003, 73(5): 173-180.

②⑦ Fite, P. J., Stoppelbein, L., Greening, L., et al. Further validation of a measure of proactive and reactive aggression within a clinical child population[J]. Child Psychiatry Hum Dev, 2009, 40(3): 367-382.

③ 陈魏,黄家裕,王勇等. 未成年人校园欺凌者的干预:一个神经咨询学假说[J]. 教育生物学杂志, 2020(04).

④ Wolke, D., Lereya, S. T. Long-term effects of bullying[J]. Arch Dis Child, 2015, 100(9): 879-885.

⑤ Ireland, J. L. Provictim attitudes and empathy in relation to bullying behaviour among prisoners[J]. Legal Criminol Psychol, 1999, 4(1): 51-66.

⑥ Vitaro, F., Brendgen, M., Tremblay, R. E. Reactively and proactively aggressive children: antecedent and subsequent characteristics[J]. J Child Psychol Psychiatry, 2002, 43(4): 495-505.

别差,学习过于刻苦等。

(5)特殊的人格特质。害羞、抑郁、焦虑、孤僻、不合群,自信度低、自我责备,软弱懦弱、逆来顺受、忍气吞声,孤独少友,缺乏社会性技能、过度依靠成人等。

根据欺凌的起因,被欺凌者可分为被动型被欺凌者和挑衅型被欺凌者。被动型被欺凌者的潜在人格特质。性格内向,胆小怯懦、不安全感高;具有消极的自我认知,他们自尊不强、自信心弱、精神质水平低;具有显著的情绪性、过敏性,他们不善人际交往或对他人言行过分敏感,对周围的人缺少信任;具有抑郁倾向、焦虑不安。

挑衅型被欺凌者的潜在人格特质。抑郁、焦虑,易怒、易躁,容易冲动;做事轻率独断,有过分活跃的特征,喜欢挑衅、出风头、穿戴出格;他们在神经过敏性与精神病维度上的得分很高,在同伴中的地位远远低于其他学生,属于最不受欢迎的一类。这类学生往往是麻烦的制造者,还可能成为欺凌的被欺凌者或被欺凌的欺凌者,教师要特别注意。

二、掌握标准,准确甄别

学生欺凌的甄别存在着过程的复杂性、界限的模糊性和辨识的困难性等特征。

复杂性体现在主体的多样性和不确定性。主体的多样性,一般的欺凌事件都有欺凌者、被欺凌者和围观者。欺凌者又可分为,主动欺凌者、被动欺凌者及被欺凌的欺凌者;被欺凌者又可分为被动性欺凌者、挑衅性欺凌者和欺凌被欺凌者;围观者又可分为,协助助威者、中立旁观者和阻止保护者。主体的不确定性,有的学生欺凌事件是欺凌者确定,被欺凌者不确定;有的学生欺凌事件是欺凌者不确定,被欺凌者确定;有的学生欺凌事件是欺凌者和被欺凌者都确定;有的学生欺凌事件是欺凌者和被欺凌者都不确定。界限模糊性体现在,欺凌与一般的玩闹、违纪行为及校园暴力界限模糊,存在着重叠交叉部分,临界点难以把控,同时辨识标准缺乏又难以掌握,导致了辨识困难。

如何甄别学生间的冲突是同学间的玩笑、嬉闹、捉弄、恶作剧,或是一般的违纪、互怼、吵架、打架还是欺凌。在实际操作层面,教师在甄别判断上存在一定的难度,有的教师误将学生欺凌当成了学生之间的吵架或者玩笑,认为同学闹矛盾或者吵架在所难免,同样的行为有的可能只是同学之间开玩笑或者偶尔吵架。我们在第二章中详细讨论了学生欺凌具有三个必备的辨识性特征:主观恶意、力量失衡和体验到的伤害,这三个特征缺少一个都构不成欺凌。这些特征就是区分学生欺凌与玩闹和一般违纪的依据。

（一）欺凌与玩闹的甄别

区分欺凌与玩闹的标准是看发起方是不是"主观恶意"。同学之间嬉笑打闹、玩笑捉弄是中小学生同伴交往的方式之一，相互取乐是增进彼此感情的助推剂，是彼此在交往过程中不可避免的环节。正常的嬉闹行为是学生日常生活的一种社会化常态。嬉笑玩闹是故意的，但没有恶意。

林进材（2017）认为，辨别欺凌与游戏或打闹主要基于两个关键标准：第一，角色是否可以随时互换；第二，当事人是否自愿参与其中。如果这两个基本标准不能同时满足，那可以初步判断为欺凌行为。[①]

为研究和操作的方便，我们可将玩闹分成两类：一类是双方互悦的玩闹，玩闹双方享受打闹带来的乐趣，不会对双方身体或情感造成伤害；另一类是单方取悦，发起者并未萌生主观恶意，行为没有造成伤害性的后果的恶作剧。一般情况下，几乎每个班都有一两个经常被同学们拿来取笑、捉弄和恶作剧的对象。这种陋习自有学校以来似乎就存在，并且从未绝迹。如果被取笑和捉弄的学生明白同学们并无伤害自己的意图，不过是在拿自己找乐子，他或许会泰然处之。可是，心胸再宽广的孩子也忍受不了同学们长期取笑和捉弄。这类取笑、恶作剧式的玩闹如果不被干涉或制止，就可能演变成冲突，甚至欺凌。当学生在正常嬉闹中出现过分、越界状况时，抑或当身心有特殊情况难被他人接纳而出现同学间的不当行为时，正常嬉闹行为就演变为显性化的矛盾或冲突，嬉闹行为的程度加重或范围扩大，此时就孕育了欺凌的种子。

有时，相同的行为方式因学生行为的意图以及对另一方是否造成伤害而存在本质差别。比如同样是"笨蛋"或"猪"的绰号，如果是一名学生恶意取笑另一名学生，且让另一名学生因此而感到沮丧、自卑，则该学生的行为就构成了欺凌；而如果是关系密切的同学之间，此类称呼是大家心照不宣的昵称，并未给对方造成伤害，那就不属于欺凌。[②]

（二）欺凌与冲突的甄别

区分欺凌与冲突的标准是看双方是否存在"力量失衡"，即一方强势，另一方却无力招架。

欺凌中常见的以大欺小、恃强凌弱、仗熟欺生、倚众欺寡、仗势欺人、欺软怕硬、欺善怕恶本质上都是将身体、个性或社会等方面的优势力量滥用于伤害无辜的弱小，其明显的特点就是双方力量不均等。这可将欺凌与学生当中普通的打架斗殴、互怼相骂、互不理睬之类的冲突区别开来。你打我一拳，我踢一脚；你诅咒我一下，我就骂你

---

① 林进材. 校园欺凌行为的类型与形成及因应策略之探析[J]. 湖南师范大学教育科学学报,2017(1):1-6.
② 黄向阳. 学生中的欺凌与疑似欺凌——校园欺凌的判断标准[J]. 全球教育展望,2020(9):13-24.

两句;你不理我,我也不睬你……这些日常所见的学生冲突大体上都是势均力敌的冲突,或者说是涉事双方自认为势均力敌的冲突。尽管它们属于学校禁止的行为,但老师并不会将其当作学生欺凌事件来处理。

判断冲突双方是否力量不均,直观而简便易行的方法就是只要确认学生冲突之中有一方无法招架或无力有效保护自己,就可以做出较为准确的判断。

学生间的冲突,双方的力量一般会势均力敌,并不存在一方主导控制局面的情况。学生间的冲突尽管存在事先预谋的主观恶意,也有可能造成肢体和心理伤害,但他们势均力敌,并不存在一方强势方持续欺负另一方的情况。比如,两个(伙)学生打架,一方挑起事端,另一方积极应战,双方对于打架的想法大体相同,或者想借此解决问题,或者想借此分出胜负,但他们势均力敌,这不属于学生欺凌。奥维斯(Olweus,2005)就认为,两个势均力敌的学生之间的争吵、打闹行为,不构成欺凌。[①]

现实中,用"力量失衡"来判断学生间的冲突是不是欺凌时,情况比较复杂。有的时候,强势的学生故意伤害弱势的同学也很难划归为欺凌范畴。例如,甲生口无遮拦,甚至惹是生非,激怒了比他强大的乙生,结果被乙生痛打一顿。学校发生的不少学生伤害事件中,受伤害的学生未必无辜。有些学生虽然弱小,势单力薄,却不是省油的灯。他们没心没肺,喜爱招惹同学,或者出言不逊冒犯同学,甚至动手动脚骚扰同学,最终自食其果,遭到同学的反击和报复。这样的事情在中小学屡见不鲜。老师很难把这事认定为一起欺凌事件,而只能把它当作一场普通的打架事件或学生冲突来处理。可是,如果乙生从此以甲生一次挑衅为由,天天为难甲生,或者利用甲生一次小小的冒犯而小题大做,把甲生修理得痛苦不堪,这就构成了欺凌。这类被欺凌者就是我们前文提到的挑衅型被欺凌者。如果说一个孩子因为受到冒犯或挑衅而报复对方在一定程度上算是一种自然反应的话,那么到何种程度的反应才成了欺凌呢?有经验的老师会告诉我们,这要看行为人的动机。就是说,看他纯粹是出于报复的动机,还是以报复为借口故意加害对方,也就是是否是"主观恶意"。[②]

这并不意味着力量不均等的学生冲突或伤害事件就一定构成欺凌,也不意味着其中的挑衅型受害者就是被欺凌者,除非被激惹的强势学生借报复之机故意加害激惹者。

学生间的冲突远比理论想象复杂得多。如果遇到一个性格强悍的小个子学生把一个人高马大性情温和的学生修理得黯然神伤,或者遇到一个高年级学生跟两三个低年级的学生发生冲突,教师是不是可以把它们当作欺凌来处理?这种情况下,用"以大欺小""恃强凌弱""倚众欺寡""欺软怕硬""欺善怕恶"是很难判别冲突双方是否势

① Dan Olweus. Bullying at school[M]. Malden; Blackwell Publishing,2005;71.
② 黄向阳. 学生中的欺凌与疑似欺凌——校园欺凌的判断标准[J]. 全球教育展望,2020(9);13-24.

均力敌的。其实,判断冲突双方是否力量不均等,只需看学生冲突之中是不是有一方无力招架或无法有效保护自己即可。一方无力招架或无法自保乃是认定冲突双方力量不均等的一个操作性标准。

即使有学生滥用自身的优势力量蓄意加害无辜的同学,也未必就能构成欺凌。欺凌不只是一种客观事实,还是一种主观感受。

不是任何力量不均等的学生冲突都可认定为欺凌。如果一个身强力壮的学生匆忙跑动中不小心撞倒一个身体单薄的小个子,即使造成了严重的伤害,也没有哪个老师会把这种事故当作欺凌事件来处理。这意味着欺凌是一种蓄意加害,是有主观恶意的。这条标准不但把欺凌与无意的伤害行为区别开来,也把欺凌与相互取乐的玩笑或打闹行为区别开来。

以上分析表明,我们无法单纯以攻击行为或伤害行为来认定学生欺凌。欺凌并不只是一个动作或一种行为,而是一起完整的事件。完整的学生欺凌事件包含起因、经过和结果。从起因上说,学生欺凌中的受害者并未激惹加害者,无缘无故受到攻击;加害学生有主观恶意,蓄意攻击自己的同学。从过程上说,学生欺凌受害者对加害者的攻击行为无法招架,无力自保。从结果上说,学生欺凌的受害学生因伤害感到精神痛苦,甚至陷入自我贬低和自我否定的苦闷之中。

在认定学生欺凌时,需要结合事件起因、行为人的认知水平、当事人的心理发展状况,综合评价行为人的主观恶性。

下列几种情形时,除了经多次批评教育仍不悔改的,一般不应认定为欺凌:

(1)本能地表达某种正常的情感(喜爱、厌恶等)而出现的错误行为;

(2)因模仿影视作品的情节而产生的行为偏差;

(3)由于身心特点(冲动、从众、敏感、自控力差等)而引发的行为过限。

三、观察变化,发现欺凌

学生的行为反映了其在学校生活的状态,教师可以通过观察学生在学校生活的行为来判断其是否遭受了欺凌。学生受到欺凌后,其生理、心理、行为,个人物品以及同伴关系上会出现某些变化。学生发生下列变化时,表示其可能遭受欺凌或有被欺凌的危险。

教师,尤其是班主任要十分留意班级氛围和特质性学生的变化,特别要关注具有被欺凌者潜在特征学生的突然的心理和行为改变,其身上可能发生了欺凌。

(1)生理上的变化

当学生受到欺凌,尤其是受到肢体欺凌后,往往会表现出生理上的变化,教师很容易从其外显行为或身体上看出其被欺凌过的痕迹。

①身上有难以合理解释的瘀伤(如红肿、瘀青、破皮、擦伤、割伤等),他们常会以不小心碰撞、摔倒和擦伤等为借口掩饰。

②经常以生病、肚子疼、头疼或其他不舒服症状请假不想上学。

③寄宿生睡眠质量下降,出现失眠、噩梦尖叫、食欲下降等异常生理现象。

(2)心理上的变化

当学生受到欺凌,其心理会发生相应的变化,老师细心观察,就会及时发现。

①学习兴趣突然下降,不能集中精力做功课,学习状态变差,学习成绩下滑。

②突然变得神情沮丧、情绪低落、精神恍惚,闷闷不乐,少言寡语,或喜怒无常,总是莫名地悲伤、生气、焦虑,情绪化严重。

③突然变得焦虑、胆小、恐惧、沉默寡言。个别会出现突然的"口吃"。

④变得愠怒,沉默寡言,喜欢逃避,总是说感觉孤独的话。看起来沮丧、悲伤,经常自责,自尊感不强,回避谈论自杀和无助感等话题。

(3)同伴关系上的变化

同伴关系往往表现于学生间存在的"小团体"中,教师可以通过观察班级活动来了解学生间的同伴关系,以便更加准确地掌握班级里每一个学生的班级"关系网络"。学生在遭受欺凌后,在同伴关系上会发生变化。

①突然减少与同学的沟通和交流,不太喜欢与别人讲话,朋友减少。

②下课后常常自己一个人活动,怕与同学相处。

③被同学孤立、排挤、嘲笑。

学生间的关系欺凌在学校班级生活中极其常见,学生间由于"小团体"的存在或学生间的相互嫉妒,很有可能发生孤立和排挤某些学生的情况。此类事件往往隐蔽性较强又对学生心理伤害较大,因此,教师一定要了解学生间的相互关系,并善于观察其变化。

(4)行为上的变化

学生在遭受欺凌后,其在学校的学习和生活行为也往往会发生变化。

①在一段时期内到校时间突然发生变化,如提早到校或经常迟到。

②改变生活习惯或害怕去某个场所。如,不敢上厕所,下课时不敢离开教室,不规律地参与某项(类)活动或经常性地缺席某项(类)活动等。

③刻意改变上下学的路线,不喜欢上学或开始旷课、逃学。

上述生理、心理和行为变化是由害怕、恐慌以及不安造成的,教师千万不要掉以轻心,要通过观察与交流了解学生行为变化的深层次原因,及时发现并处置学生欺凌。

（5）物品上的变化

学生遭受欺凌后往往会伴随有个人财物的损害。

①个人物品的损坏。如，书包、文具和衣服等破损。

②出现经济拮据，有时没钱吃饭。

③个人物品异常丢失。

当老师问及原因时，学生表达含糊不清或不敢回答。

四、介入过程，预防欺凌

学生欺凌事件不是偶发的，是经过深思熟虑的有预谋的过程完整的事件。宋雁慧（2018）等人，将欺凌划分为四个阶段，即，试探期——恶意攻击期——身体攻击期——终止或持续。她认为欺凌的试探阶段，欺凌者往往广撒网对"具有特征"的学生起带有羞辱意味的外号（善意的外号除外，如表示亲密的昵称），观察他们的表现，根据学生的反应进一步采取行动。[①] Thornberg 等人（2013）建构了学生欺凌的过程模型，将欺凌分为四个阶段，即初始攻击、双重羞辱、欺凌行为的退出和欺凌行为的后效应，认为初始攻击时被欺凌者的共同特点是被贴上负面标签。爱尔兰的基思·沙利文（Keith Sullivan，2012）认为，学生欺凌是通过：观察寻找、投石问路、尝试欺凌、策划欺凌、实施欺凌五个环节完成的。[②] 刘芳、吕鹏（2021）认为，学生欺凌是由识别欺凌对象、试探性欺凌、持续欺凌产生三个环节构成的。对被欺凌者污名化是欺凌者的核心策略。[③] 耿申等（2020）认为，学生欺凌行为的形成有一个从小到大、从弱到强、从轻到重的酝酿、发生和发展过程。这个过程可分为欺凌行为生发过程和欺凌后果恶化过程，即，欺凌种子——欺凌初发——欺凌萌芽——标准欺凌——严重欺凌五个发展阶段。[④]

以上学者普遍认为，学生欺凌事件的发生都有孕育、尝试和形成三个阶段。我们认为，除临时起意的单次欺凌外，标准的欺凌事件具有孕育、尝试、形成段和发展（善后）四个阶段。教师应依据学生欺凌事件各发展阶段的特征，及时发现欺凌的萌芽、合理处置，从源头上预防和杜绝欺凌事件的发生（见图6-1）。

---

① 宋雁慧，李志君，陈泽. 同伴互动中的校园欺凌及其过程研究[J]. 社会建设，2018(3)：32-41.

② [爱尔兰]基思·沙利文. 反欺凌手册[M]. 徐维，译. 北京：中国致公出版社，2014：50.

③ 刘芳，吕鹏. 污名化与身份抗争：校园欺凌发生的机制研究—基于四个典型欺凌案例的分析[J]. 中国青年研究，2021(01)：46-53.

④ 耿申，张蕾，王薇. 欺凌生成的阶段特征与实验验证[J]. 教育科学研究，2020(11)：65-74.

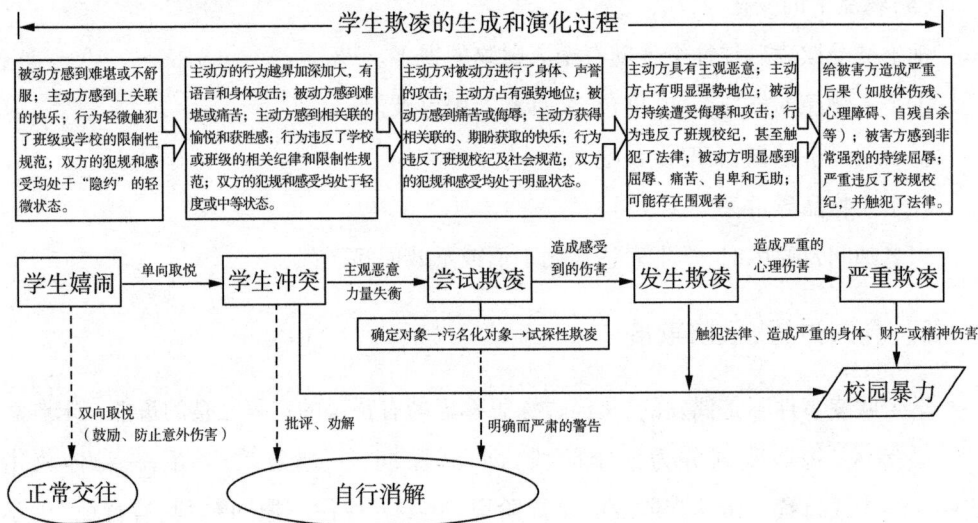

图 6-1 学生欺凌的发生机制

（一）孕育欺凌阶段

学生欺凌是有起因、过程和结果的完整事件。尽管欺凌是有预谋的,但在发展初期往往孕育在无意的嬉闹和偶然的一般冲突之中。同学在嬉闹的过程中,发起者发现自己的行为不仅可以控制他人,还能够在同学间赢得较高地位,这种行为就会被持续强化,最终演变为欺凌行为。[①]

1. 孕育欺凌的前兆征候

（1）孕育欺凌的嬉笑玩闹

同学间的嬉闹是其中小学生人际活动的重要组成部分,也是学生间相互了解和沟通的重要手段。嬉笑玩闹分为双向取悦和单向取悦两类。双向取悦的嬉闹是学生间沟通交往、增进友谊的重要方式,老师不但不应禁止还应予以支持,但要教育学生防止出现意外伤害。对于单向取悦的嬉闹,教师要予以适当的约束和限制,这种隐藏欺凌种子的单向取悦式嬉闹有两种发展路径:一种是在同学或老师的干预下终止;另一种是没被及时发现和终止而偏离常态,过分、越界的嬉闹会引发学生间的冲突。当嬉闹过分、越界,或当某类身心有特殊情况难被他人接纳而出现同学间的不当行为时,正常嬉闹就演变为冲突,此时的嬉闹就孕育了欺凌的种子。

欺凌孕育在每天大量存在于学生间的嬉闹之中,通过对这些信息的辨析和妥善处理是最有效的欺凌预防措施。

———————
① 马笑涵. 从犯罪预防角度浅析校园欺凌的综合治理[J]. 法制与社会,2019(02);152-15.

孕育欺凌的嬉闹有四个基本特征:

①嬉闹行为是单方取悦的,被动方感到难堪或不舒服,主动方感受到与被动方难堪或不舒服相关联的愉悦。

②行为越界,轻微触犯了班级或学校的限定性规范。

③双方难堪或不舒服、快乐的感受和犯规均处于"隐约"的状态。

(2)诱发欺凌的学生冲突

当教师在日常工作中发现某些潜在的欺凌者与同学发生不正常的冲突行为时,教师要予以特别注意。教师要通过与当事学生的交流,了解此类行为发生的原因和经过,进而判定该行为是否具有欺凌萌芽的特征。

当学生间"过分""越界"的嬉闹行为出现了显性化的矛盾或冲突,嬉闹行为的程度加重或范围扩大。这种演变的冲突有三个发展路径:第一个路径,矛盾或冲突在尊重和友善氛围较浓厚的环境中自行消解,或是在第三方(同学、教师、家长)"劝和性"干预下,顺势消解。第二个路径,矛盾或冲突双方势均力敌,问题没有解决,如没有及时地外部干预,冲突会升级,甚至引发校园暴力。第三个路径,经过较量一方明显占上风,另一方明显处于弱势,此时如没有外部干预,冲突就会向欺凌演化。

向欺凌演化倾向的冲突具有四个基本特征:

①一方对另一方的越界行为由试探性逐渐固化,程度有所加深,范围有所扩大,常伴有语言和身体侵犯。

②冲突行为被动方在持续受伤害的过程中感到难受或痛苦;行为主动方感到与对方的难受或痛苦相关联的单方面的"愉悦"。

③冲突行为违反了学校或班级订立的相关纪律和限定性规范。

④双方难受或痛苦、愉悦的感受和犯规的程度均处于"轻度"状态。

2.判断学生冲突演化为欺凌的标准

判断学生间的冲突是否会向欺凌演化可以根据以下两个标准:

(1)单方感受到的身心攻击

有些学生冲突是在双方在生气和愤怒的状态下发生的,教师及时制止双方的冲突并按照学校和班级的纪律进行处置即可。教师需要注意那些对学生带有侮辱性的身心攻击行为,其目的往往不单纯是发泄自己的愤怒,而是通过羞辱对方寻找乐趣和彰显自己的力量。例如,按住同学双手攻击其身体敏感部位,辱骂同学的身体缺陷,起侮辱性外号,不断地往同学身上泼脏东西等。如果发生类似带有侮辱性的学生冲突行为,教师应提高警惕并按欺凌萌芽对学生进行处理。

（2）单方感受到被羞辱

班级里学生间的性格和承受能力存在很大差异。同样的一个学生冲突事件，对当事者造成的影响也未必相同。例如，有的学生认为发泄完了相互认错道歉，事情就过去了。有的学生会怀恨在心，伺机寻求报复。有的学生则可能感觉自己遭受了莫大侮辱，进而形成心理阴影和伤害。因此，被欺凌者自述感受到的心理伤害（这也是判断欺凌的结论性标准），在教师判定事件性质时就变得极其重要。教师应更多地去判断冲突发生及解决后每个学生的心理变化。当冲突事件让当事学生感到非常沮丧和屈辱时，教师就需要按照欺凌萌芽的处理方法来进行干预。

对孕育阶段的及时发现、准确识别和判断，进而采取有效措施予以应对，是终止欺凌进程，防止欺凌发生、遏制欺凌事件出现，在教育实践层面预防学生欺凌的根本性策略。

（二）尝试欺凌阶段

当处于欺凌孕育阶段的行为主体间的矛盾冲突未被发现并加以干预，并且主动方从冲突行为中获得了越来越多、越来越大的快乐，进而开始有意识地追求这种事实上已是建立在对方痛苦基础上的快乐时，冲突便升级为尝试欺凌。在欺凌行为的生成阶段中尝试欺凌是一个关键期和临界点，一旦过了这个关键期，欺凌事件就将形成。

尝试欺凌阶段的试探性行为有两个发展路径：一个是在受到明确而强力的"劝和性"或"警告性"干预下顺势消解，另一个则可能进一步加剧，最终演变为欺凌事件。因此，对处于欺凌生成关键阶段的欺凌萌芽，准确把握其状态对于及时进行干预性处置极其有意义。

尝试欺凌阶段又分为：寻定目标、污名目标和试探欺凌三个过程。

1. 寻定目标

石艳（2017）认为，校园欺凌是一个社会过程，并从身份认同的视角对学生欺凌的发生机制进行剖析，欺凌对象的选择有时候并非偶然，而是对某种拥有特定身份的人进行歧视，欺凌的过程受到个体和群体层面的双重影响。[①]

打算欺凌的人，他们通过观察、搜集、试探，寻找和分辨出容易被欺凌的人和耐欺凌的人，被搜寻的人对自己的处境毫无所知。那些将成为欺凌围观者的人在准欺凌者的试探中会给出信号，表明他们并没有那么容易受到欺凌。准欺凌者在实施欺凌前需要识别潜在的欺凌对象，那些拥有多重"弱势身份"的人便进入了准欺凌者的视线。他们通过嬉闹或冲突过程初步判断筛选"弱势身份"的人作为尝试欺凌的对象。

---

① 石艳. 基于身份认同的校园欺凌的表现形态与发生机制研究[J]. 教育科学研究,2017(10):24-30.

社会上的每个个体都具有多重身份,这些身份的获得与其建立的社会联系密切相关。学生通常有如下身份:(1)个体因自身特征被建构的身份。个体拥有性别身份,宗教身份,民族身份,生理、心理特征身份等。(2)个体因原生家庭被建构的身份。因家庭结构、亲子关系、家庭经济社会地位、社区环境、家庭教育方式等而被建构的身份,如被虐待的孩子、穷人家的孩子、孤儿、留守儿童、没教养的孩子等。(3)个体因学校生活被建构的身份。如,学生因其学习成绩优劣获得"差生""中等生""优秀生";"班干部(当官的)"与普通学生;"不合群的人"与"吃得开的人"的身份等。

学生个体的多重弱势身份耦合后,便形成了"相对弱势体",这些相对弱势体就是欺凌的潜在或现实的目标对象。在学校组织中,被欺凌者具有共同之处,那就是拥有多重"弱势身份"。这些"弱势身份"组合在一起彼此影响,就形成了他人和自我的身份认知。欺凌者搜寻、识别目标对象往往是基于整体性的身份认知。单一的"弱势身份",如成绩差,往往不会成为目标对象,只有多重"弱势身份"集中于同一身的学生上才会成为目标。事实上,那些学习成绩好、在学校受到老师关注、家庭社会资源丰富的学生,即使拥有某些"差异特征"也不可能成为目标。只有那些拥有多重"弱势身份",看起来不太拥有反抗能力的人才会成为欺凌的目标。比如,肥胖的人如果比较幽默、开朗,与同学关系好,能融入集体,家庭条件优越等,就不太可能被贴上负面标签。如果长得胖又内向,又有点矮且跟大众没有共同爱好的人就可能被欺凌。

通过寻找拥有多重"弱势身份"的个体,并将其识别为目标对象后,准欺凌者就会对其实施污名化。

2.污名化目标

准欺凌者在选定目标后,就会利用目标对象的"弱势身份"通过挑起打闹、取笑等方式对其进行集体污名化。欺凌发生之前,准欺凌者倾向挑起嬉闹和冲突,然后扮演"裁判"或"主宰"。他们运用某些规则在群体中建构差异,然后将不符合规则的人或者无法与规则对抗的人贴上负面标签,进行集体污名化。被贴标签的人,在社会中丧失社会身份、信誉和价值,被群体疏远、歧视,这是污名化的结果,也是欺凌的起点。①

(1)建构污名身份

"污名"最早是由美国学者戈夫曼(Erving Goffman)提出的。"污名化指受污者由于拥有贬损特质而在社会中逐渐丧失社会身份、信誉和价值,并因此遭受社会歧视和排斥的过程。"②个体身上具备某些外显特征(如肥胖、残疾、肤色等)或内隐特征(如行为方

---

① 刘芳,吕鹏.污名化与身份抗争:校园欺凌发生的机制研究—基于四个典型欺凌案例的分析[J].中国青年研究,2021(01):46-53.
② 管健.污名研究:基于社会学和心理学的交叉视角分析[J].江淮论坛,2007(5):110-115.

式、言语、性取向等),容易与他人形成异质性差异,这些差异就是污名的载体。对目标对象的污名化是推脱责任的策略,欺凌者在实施欺凌之前,会通过污名化对象进行道德推脱,为自己的不合理行为找到合适的依据。

(2)公众污名

准欺凌者为使自己的尝试性欺凌行为合理化,会污名化欺凌对象,这样可使其逃避道德的谴责。在欺凌过程和同伴话语语境中,受害者往往被社会建构为"奇怪的""与众不同的""偏离的"或不"适合"的人,[1]然后用构造的"不同"或"偏差"来证明欺凌是合理的。[2] 当个体遭遇公众污名,被贴上标签,也就默许了准欺凌者的识别。受害者的负面声誉被建构并在校园内进一步传播,即使是那些不积极参与欺凌的人也会因为迫于社会压力而不与受害者交往。[3]

一个人被贴上污名化标签时,就会被判定为"他人","他人"被认为是不符合群体规范的人,具有危险性。"常人"群体往往是占据优势资源的一方,垄断了群体的机会与资源。而被判定为"他人"的个体,则会受到来自群体的各种排斥、歧视。欺凌者传达的信息是,被污名化的人已经被完全拒绝,不再拥有任何内部群体的权利。[4] 他们以"正义"的一方,行使群体内的规则,从而对被欺凌者实施侵害。

3. 试探性欺凌

准欺凌者在对目标对象污名化之后,其行为如果没有被阻止,并从中获得快乐和成就体验,他们便进行尝试性欺凌,用一些动作较小的方式来激活欺凌。如,故意碰撞受害者、当众取笑、发动同伙捉弄目标对象。这些行动具有试探性和象征性,用来测试潜在受害者的反应。如果他的抗争反应很软弱或无力抗争并内化了污名,欺凌就会发生。(如果他成功地反击了,那么他会走出潜在受害者的队伍并被主要的队伍所接受)。

试探性欺凌是否发展成欺凌,除外力的强力介入外,主要取决于被污名者的身份抗争结果。被污名化的个体也有不同的易感性,他们可能以夸张的方式对压力源做出反应,也可能冷漠回应或者做出其他反应。Watson&Larson(2006)认为,个体被污名化会产生三种行为反应,即自尊和自我效能丧失、义愤和赋权、漠不关心。[5] 戈夫曼

---

① Bibou-Nakou,I.,Tsiantis,J.,Assimopoulos,H.,et al. School factors related to bullying: A qualitative study of early adolescent students[J]. Social psychology of education,2012,15(2):125-145.

② Lahelma,E. Tolerance and understanding? Students and teachers reflect on differences at school[J]. Educational Research and Evaluation,2004,10(1):3-19.

③ Hamarus,P.,Kaikkonen,P. School bullying as a creator of pupil peer pressure[J]. Educational research,2008,50(4): 333-345.

④ Huggins,M. Stigma is the origin of bullying[J]. Journal of catholic education,2016,19(3): 166-196.

⑤ Watson,A.C.,Larson,J.E. Personal responses to disability stigma:From self-stigma to empowerment[J]. Rehabilitation Education,2006,20(4): 235-246.

(2009)则认为,个体遭遇污名化后,会直接或间接改变现有特征。[①]

个体对污名的反应实质上是反污名的过程,也是摆脱欺凌的重要举措。刘芳、吕鹏(2021)将个体进行污名身份抗争分为五种类型:回避型抗争。个体受到公众污名后,表现出低自尊和低效能感、产生社会回避以及丧失生活目标和动力;漠视型抗争。个体出现替代性反应如不为所动,漠不关心等;暴力型抗争。表现出对抗污名的愤怒,甚至直接采取暴力手段反击;转移型抗争。为避免特殊对待,蒙受污名者会尝试直接改变现有特征,如残疾人去整形,胖子努力瘦身减肥等。此外,蒙受污名者还可能通过间接的方式,掌握某种技艺来弥补缺陷,比如残疾人学习舞蹈、游泳等,用一种非常规的方式来为自己"正名";联合型抗争。联合型抗争主要指个体联合家长、老师或者其他能帮助自己摆脱污名身份的人,对抗欺凌者。[②]

尝试欺凌阶段有六个基本特征:

①攻击一方通过肢体、语言或网络对另一方实施了身体、声誉的攻击,并对其污名化。

②攻击一方比被攻击一方占据明显强势地位。

③被攻击的一方感受到痛苦或侮辱,而攻击一方感受到与对方的精神痛苦相关联的愉快,并期盼重复获取此种快乐。

④行为违反了学校或班级的相关限定性言行规范,且有可能违反了社会规范甚至法规。

⑤双方痛苦、愉快的感受和犯规的言行均处于"明显"状态。

⑥攻击行为未达到欺凌特征所显示出的身心伤害程度。

(三)欺凌发生阶段

当处于尝试欺凌阶段的矛盾冲突未被识别并及时"掐断",就会发展成具备欺凌定义基本特征的欺凌事件。

欺凌事件的构成有四个辨识性核心要素、三个次级伴随要素和两个附加条件要素。

核心要素:发生在学生之间;一方恶意发起;另一方体验到"精神痛苦";双方力量不平衡,一方强势,另一方无法招架。

次级要素:被迫接受;形式隐蔽;重复实施。

附加要素:可能存在"围观者";发生在"校园内"或"校园周边"。

① 欧文·戈夫曼. 污名—受损身份管理札记 [M]. 宋立宏,译. 北京:商务印书馆,2009:11-13.
② 刘芳,吕鹏. 污名化与身份抗争:校园欺凌发生的机制研究——基于四个典型欺凌案例的分析[J]. 中国青年研究,2021(01):46-53.

将欺凌的要素分层,意在为教师准确判断某个行为或事件是否属于欺凌提供操作性帮助。

欺凌有六个基本特征:

①发起方的主观加害意愿明显,表现为主观蓄意(恶意)性。

②被动方明显感到精神屈辱、痛苦、自卑和无助。

③双方的力量相差悬殊,主动一方占明显强势地位,被动方无力自保或反击。

④存在重复发生的可能性,被动方持续遭受侮辱和攻击。

⑤可能存在围观者。

⑥违反了班级或学校的相关限定性规定,甚或触犯社会规范或法律。

欺凌事件是由欺凌主体(欺凌者、被欺凌者、有的有围观者)、地点(学校内外)、缘由(欺凌者的主观恶意)、手段(通过肢体、语言或网络)、特征(双方力量失衡)、结果(造成被害者感受到的伤害)构成的事件。学生欺凌事件的最终认定是要看被欺凌者体验到的伤害(主要是心理伤害)程度,也就是看,被欺凌者被污名化的内化程度,即自我贬低、自卑程度。公众污名与自我污名的深度耦合,身份抗争并非都有效果,当身份抗争失败,就会强化内群体对污名者的歧视,个体自我污名也会形成。显然,欺凌者对被欺凌者的"实力"已然知晓,欺凌者会更加大胆、持续地实施欺凌,对被欺凌者造成严重的影响。

从污名内化的过程看,被欺凌者的自我污名内化经过反抗无效后的歧视强化和自我污名的内化生成两个过程。

1. 反抗无效后的歧视强化

试探性欺凌发生后,被欺凌者进行身份抗争,一旦失败,"常人"群体就会强化歧视。

一方面,被欺凌者采取消极防御措施,不主动寻求帮助,仅仅靠自身来抵抗欺凌,结果要么是强势逆袭,要么是陷入更加绝望的怪圈。被欺凌者不希望同学看到自己最懦弱的一面,在被欺凌后忍气吞声,通过减少与欺凌者或者其他同学的互动,回避社交来获得一种自我保护。通常被欺凌者也不会主动告诉老师和家长来寻求帮助,在他们看来,报告家长和老师,如果不能获得有效帮助,反而会激怒欺凌者,给自己带来更严重的报复和持续欺凌。

另一方面,被欺凌者进行联合型抗争后,欺凌问题仍得不到有效解决。权力拥有者(学校、老师、家长)如果对学生欺凌重视度不够,阻断不及时,惩戒不力,被欺凌者会产生无助感甚至自我怀疑,污名身份就会进一步深化,这就变相地强化了歧视和排挤。

被欺凌者的身份抗争往往面临着风险,一旦失败,就会强化"常人"群体对自己的歧视和集体污名化,导致学生群体之间默认了欺凌的合法性,可能形成欺凌者不确定的群体性欺凌。

2. 自我污名的内化生成

每个人都会有自我身份认同意识和群体归属意识,生活在社会关系中的个体,时刻都会面临"内群体"与"外群体"的选择与区隔,被污名化的个体遭到欺凌而又无能为力时,会在不断的否定中开始出现自我身份认同,公众污名会对自我意识产生负面影响。[①] 当个体一再受到欺凌,即使欺凌者不在场,被欺凌者也可能产生内部伤害,如自卑、抑郁、焦虑,甚至产生轻生念头。被欺凌者会将公众污名进行内化,让自己陷入更加无助的境遇。在传统污名中,公众污名和自我污名是个连续统一体。[②] 当自我污名变成个体思维习惯,被欺凌者会认为任何的排斥、歧视是自己的错,持续欺凌就会变成理所当然的正义行为,并对被欺凌者产生长期的、深刻的影响,严重者甚至以结束生命为代价。

学生欺凌在现实生活中大量存在且危害日渐凸显的事实提示我们,必须对学生欺凌存在的普遍性加以正视,必须对其可能变化的严重趋势加以防范。若不然,欺凌就很容易恶化,乃至滑向严重欺凌。

(四)严重欺凌

当欺凌事件未得到有效遏制,就可能升级并引发"严重后果",成为"严重欺凌"事件。

"严重后果"包含:欺凌给被欺凌者造成了严重的身心障碍或损伤,极端者会造成被欺凌者的自残或自杀;欺凌者触犯社会公德和法律,给社会带来负面影响。欺凌事件除去给被欺凌者造成严重伤害外,还造成了学校、家庭的严重混乱状态,形成社会关注的焦点问题。

严重欺凌事件一定是给被欺凌者造成严重伤害的事件,但同时,也是给欺凌者甚至围观者造成严重的长期负面影响(影响其一生)的事件。引起一个地区或国家关注的欺凌事件,一般都属于"严重欺凌"事件。严重欺凌事件通常带有"划时代"的标志性特征,比如,引发社会舆论热潮,导致国家和地方出台相关政策法规,成为学术研究、法律研究或教育政策乃至社会政策研究的经典案例等。

严重欺凌事件有五个基本特征:

①攻击行为已引发严重后果(如,肢体伤残,心理障碍、精神疾病、自残甚至自杀)。

---

① Corrigan,P. W.,Kerr,A.,Knudsen,L. The stigma of mental illness:Explanatory models and methods for change[J]. Applied and Preventive Psychology,2005,11(3):179-190.

② 苗大雷,王舒厅."绿茶婊"背后的泛污名化现象及其社会心理透视[J]. 当代青年研究,2015(1):33-39.

②被攻击方精神上感受到非常强烈和持续的屈辱。

③严重违反校规校纪,并涉及破坏社会秩序和触犯法律法规。

④攻击者的主观恶意强烈,目的在于在精神上"置人死地",伤害对方只是其实现目的的手段。

⑤被攻击方身体或财物受到损伤只是其精神遭受伤害的"附带品",感到刻骨铭心的耻辱和痛苦才是最致命的。因此,精神(心理)上的严重伤害远比物质上的严重伤害要深刻且久远得多。

五、把握特征,临界辨识

欺凌生成各阶段的临界标志特征需要通过一系列要素进行识别,进而构成"发现"临界特征的完整机制。识别要素在不同类型的欺凌事件中有不同的反映,也有轻重不同、典型性不同的区别。

学生欺凌四个发展阶段临界特征的识别要素主要有:主体、动因、目的、力量对比、性质、伤害、频次和方式等。

1. 主体。学生欺凌是发生在学生之间的,欺凌者和被欺凌者在欺凌的不同发展阶段,存在主体的性质和数量的不同。

2. 动因。动因是指欺凌者的主观意图。欺凌的不同发展阶段,欺凌者的主观意图和强度也不同。这也是判断欺凌事件是否形成的前提要素。

3. 目的。目的是指欺凌者通过欺凌要实现的目标。欺凌的不同发展阶段,欺凌者要达到的目标也不同。

4. 力量对比。力量对比是欺凌双方在地位、权力、体力等力量上的比较。欺凌的不同发展阶段,双方的力量对比会发生变化。这也是衡量欺凌是否发生的核心要素。

5. 性质。性质是指行为或事件是合规还是违规违法。

6. 伤害。伤害是指行为或事件对接受方的身心造成的伤害,核心是感受到的心理(精神)伤害。这也是判断欺凌事件的结论性要素。

7. 频次。单位时间内某种行为(或事件)发生周期性变化的次数,是表征某种行为(或事件)发生频繁程度的量。在欺凌生成发展的各阶段中,频率由低到高,如偶尔、经常、一周一次、一周三次、频繁出现等。

8. 场景。在一定时空里发生的某种行为(或事件)与人物关系所构成的具体状况。在欺凌生成发展的各阶段中,场景由单一到多元,如课堂、课间、食堂、操场、厕所、放学路上等,由公开到隐蔽。

9. 方式。某种行为(或事件)所采用(或展示出)的方法或行为(或事件)的样态。

我们依据上述的 9 个识别要素对学生欺凌各发展阶段的临界特征进行比较(见表 6-1),便于教师区分和把握学生欺凌各发展阶段的临界特征,进而及时发现欺凌的萌芽,阻断欺凌发展的链条,从根源上防止或减少学生欺凌的发生。

表 6-1 学生欺凌发生阶段临界特征比较

比较维度	嬉笑玩闹	一般冲突	尝试欺凌	欺凌事件	严重欺凌
主体	发起者不确定	双方确定	选择接受方	被欺凌者确定	欺凌和被欺凌者都确定
动因	临时起意	临时起意或故意	主观故意	有预谋的恶意	有预谋的敌意
目的	取乐	分出胜负	尝试伤害对方	让对方感到痛苦,并获得权力和尊重	使对方的身心受到严重伤害
力量	双方力量对等或相近	双方力量对等或相近	一方明显强势	一方强势,一方无力反抗	一方强势,一方无力反抗
性质	不违纪或轻微违纪	违纪或违法	违纪	违纪	违纪和违法
伤害	愉快或感到不适,不造成伤害	造成伤害,主要是身体或财物损伤	造成轻微的身体、财物、关系和心理伤害	造成持续或严重的心理伤害	造成严重的身体和精神伤害或持续严重的心理损伤
频次	偶发性	偶发或少量	少量	持续多次	单次或少量
场景	公开、参与人数多	公开、参与人数少(打群架除外)	公开或隐蔽,参与人固定,数量少	以隐蔽为主,参与人和数量不固定	隐蔽但有围观者,参与人固定,数量少
方式	打闹、玩乐	语言和肢体的直接攻击	肢体或语言的直接或间接攻击	肢体或语言的直接或间接攻击,以间接攻击为主	严重的肢体、语言的直接或间接攻击,以直接攻击为主

第四节　学生欺凌的技术甄别

学生欺凌是一个严重的公共卫生问题,[①]对卷入其中的欺凌者、被欺凌者、和围观者都会产生短期和长期的消极影响。[②③④] 准确测量和甄别欺凌,对预防和干预至关重要。

一、学生欺凌的量表甄别[⑤]

为研究和甄别学生欺凌,国内外研究者经过不懈努力,开发了大量欺凌测量工具,为研究和实践甄别提供了技术支持。

(一)多维视角的欺凌量表

1. 基于欺凌标准研发的量表

奥维斯(Olweus)(2013)将校园欺凌界定为一个或多个学生持续对不容易进行自我保护的学生实施的有意攻击。[⑥] 校园欺凌包含重复性、力量的不平衡和伤害意图或攻击性3个标准。但只有少数测量工具囊括了所有这些标准,比如奥维斯(Olweus,1996)的欺凌/受害问卷(修订),[⑦]RAIN 等人(2006)的反应性——主动性攻击问卷及雷诺兹欺凌侵害量表等。[⑧⑨]

但奥维斯(Olweus)的界定和标准受到了质疑。有研究指出,学生并不认为重复

① COPELAND,W. E. ,WOLKE,D. ,ANGOLD,A. , et al. Adult psychiatric outcomes of bullying and being bullied by peers in childhood and adolescence[J]. JAMA Psychiatry,2013(4):419-426.

② HAMBURGER,M. E. , BASILE,K. C. , VIVOLO,A. M. Measuring bullying victimization,perpetration,and bystander experiences:A compendium of assessment tools[M]. ATLANTA,G A:Centers for Disease Control and Prevention,National Center for Injury Prevention and Control,2011.

③ HEMPHILL,S. A. , KOTEVSKI,A. , HERRENKOHL,T. I. , et al. Longitudinal consequences of adolescent bullying perpetration and victimisation:A study of students in Victoria,Australia[J]. Criminal behavior and mental health,2011(2):107-116.

④ TAKIZAWA,R. ,MAUGHAN,B. ,ARSENEAUL,T. L. Adult health outcomes of childhood bullying victimization:Evidence from a five-decade longitudinal British birth cohort[J]. American journal of psychiatry,2014(7):777-784.

⑤ 赵永萍,赵王芳,黎岳庭.校园欺凌测量工具的多视角分析与选用[J].西南大学学校:社会科学版,2019(4):118-122.

⑥ OLWEUS,D. School bullying:Development and some important challenges[J]. Annual review clinic psychology,2013(9):751-780.

⑦ OLWEUS,D. The revised Olweus bully victim questionnaire[M]. Bergen,Norway:Research Center for Health Promotion,University of Bergen,1996.

⑧ RAINE,A. , DODGE,K. , LOEBER,R. , et al. The reactive-proactive aggression questionnaire:Differential correlates of reactive and proactive aggression in adolescent boys[J]. Aggressive behavior,2006(2):159-171.

⑨ PETERS,M. P. , BAIN,S. K. Bullying and victimization rates among gifted and high-achieving students[J]. Journal for the education of the gifted,2011(4):624-643.

是界定欺凌的重要标准。[1][2] 比如,上传一张令人难堪的图片到网络,可能长时间被多人看到而导致对受害者持续的嘲笑和羞辱。尽管这种攻击行为并没有被重复,但它导致的伤害却随着持续的嘲笑和羞辱而反复被体验。[3] Cerezo(2005)的欺凌问卷和DOOLEY等人的同班同学提名量表就未测量欺凌的重复标准。[4][5] 更为重要的是,大多数测量工具常把欺凌视作攻击的一种次级类型,往往没有测量力量的不平衡标准,比如欺凌行为和同伴侵害量表、[6]环太平洋地区欺凌测量量表等。[7]

2. 基于欺凌类型研发的量表

学生欺凌包含多种类型,比如身体、语言、关系、社会、网络、性欺凌和公开欺凌,直接或间接攻击,主动性攻击或反应性攻击。[8][9] 测量单一欺凌类型的量表较少,比如社会欺凌卷入量表[10]和希腊网络欺凌/受害经历问卷[11]仅测量了社会欺凌和网络欺凌;涉及多种欺凌类型的量表居多,比如伊利诺伊欺凌量表。[12] 但大多数工具没能评估欺凌的所有类型,可能会低估欺凌率或受害率。[13] 比如,网络欺凌行为在青少年群体中与日俱增,[14]但网络欺凌经常未被测量;性欺凌是同性恋、双性恋群体经常遇到的问题,但性欺凌更少被

---

① CUADRADO-GORDILLO,I. Repetition,power imbalanc,and intentionality[J]. Journal of interpersonal violence,2012(10):1889-1910.

② GUERIN,S. , HENNESSY, E. Pupils'definitions of bullying[J]. European journal of psychology of education,2002(3):249-261.

③ DOOLEY,J. J. , ALSKI,J. P. , CROSS,D. Cyberbullying versus face-to-face bullying:A theoretical and conceptual review [J]. Journal of psychology,2009(4):182-188.

④ OLWEUS,D. School bullying:Development and some important challenges[J]. Annual review clinic psychology,2013(9):751-780.

⑤ CEREZO,F. , ATO,M. Bullying in Spanish and English pupils:A sociometric perspective using the Bull-Squestionnaire[J]. Educational psychology,2005(4):353-367.

⑥ AUSTIN,S. , JOSEPH,S. Assessment of bully/victim problems in 8 to 11 year-olds[J]. British journal of educational psychology, 1996(4):447-456.

⑦ KONISHI,C. , HYMEL,S. Bullying and stress in early adolescence:The role of coping and social support[J]. Journal of early adolescence,2009(3):333-356.

⑧ OLWEUS,D. School bullying:Development and some important challenges[J]. Annual review clinic psychology,2013(9):751-780.

⑨ GOODMAN,J. , MEDARIS,J. , VERITY,K. , et al. A synthesis of international school-based bullying interventions[J]. Journal of special education apprenticeship,2013(2):1-18.

⑩ FITZPATRICK,S. , BUSSEY,K. The development of the social bullying in volvement scales[J]. Aggressive behavior,2011(2):177-192.

⑪ ANTONIADOU,N. , KOKKINOS,C. M. , MARKOS,A. Development,construct validation and measurement in variance of the greek cyberbullying/victimization experiences questionnaire(CBVEQ-G)[J]. Computers in human behavior,2016(65):380-390.

⑫ ESPELAGE,D. L. , HOLT,M. K. Bullying and victimization during early adolescence:Peer influences and psychosocial correlates[J]. Journal of emotional abuse,2001(2):123-142.

⑬ HALL,W. J. Initial development and validation of the bully harm:The bullying,harassment,and aggression receipt measure[J]. Psychology school,2016(9):984-1000.

⑭ KOWALSKI,R. M. , GIUMETTI,G. W. , SCHROEDER,A. N. , et al. Bullying in the digital age:A critical review and meta-analysis of cyberbullying research among youth[J]. Psychology bulletin,2014(4):1073-1137.

包含在量表里,①②需要通过多个量表实现对欺凌的整体评价。另外,有的研究只用一个题项评估欺凌率或受害率,不涉及任何类型,无法对欺凌行为提供深入的理解。③

3. 基于欺凌角色研发的量表

学生欺凌是一个人际互动现象,卷入其中的人被划分为欺凌者、受害者、欺凌支持者、旁观者、可能的防御者和防御者,④或者欺凌者、受害者、欺凌支持者、欺凌强化者、受害者的防御者和局外人⑤多种角色。不同角色会对欺凌的产生起到不同作用,⑥所以研究者越来越重视欺凌行为中涉及的多个角色。参与角色问卷⑦就评估了欺凌者、欺凌支持者、强化者、防御者和旁观者;加利福尼亚欺凌侵害量表,⑧伊利诺伊欺凌量表⑨同时测量欺凌者和受害者;仅关注欺凌者或者受害者的量表不多,比如反应性——主动性攻击问卷⑩仅测量欺凌者。

4. 基于测量方法研发的量表

为了更为准确地评估学生欺凌,研究者可能会采用多种不同的测量方法。比如,学生自我报告、同伴评估、父母和教师评定。⑪ 不同的测量方法各有优缺点,测量是否准确不存在绝对的"金标准"。⑫ 但学生自我报告使用效率最高,⑬比如儿童——青少

① HAMBURGER,M. E. , BASILE,K. C. , VIVOLO,A. M. Measuring bullying victimization,perpetration,and bystander experiences:A compendium of assessment tools[M]. ATLANTA,G A:Centers for Disease Control and Prevention, National Center for Injury Prevention and Control,2011.

② VIVOLO-KANTOR,A. M. , MARTELL,B. N. , HOLLAND,K. M. , et al. A systematic review and content analysis of bullying and cyberbullying measurement strategies[J]. Aggression and violent behavior,2014(4): 423-434.

③ AZAGBA,S. School bullying and susceptibility to smoking among never-tried cigarette smoking students[J]. Preventive medicine, 2016(85): 69-73.

④ OLWEUS, D. Bullying at school:What we know and what we can do[M]. Oxford,UK: Blackwell,1993.

⑤ SALMIVALLI,C. , LAGERSPETZ,K. , BJRKQVIST,K. , et al. Bullying as a group process:Participant roles and their relations to social status within the group[J]. Aggressive behavior,1996(1): 1-15.

⑥ HAMBURGER,M. E. , BASILE,K. C. , VIVOLO,A. M. Measuring bullying victimization,perpetration,and bystander experiences:A compendium of assessment tools[M]. ATLANTA,G A:Centers for Disease Control and Prevention, National Center for Injury Prevention and Control,2011.

⑦ SALMIVALLI,C. , LAGERSPETZ,K. , BJRKQVIST,K. , et al. Bullying as a group process:Participant roles and their relations to social status within the group[J]. Aggressive behavior,1996(1): 1-15.

⑧ FELIX,E. D. , SHARKEY,J. D. , GREEN,J. G. , et al. Getting precise and pragmatic about the assessment of bullying:The development of the California bullying victimization scale[J]. Aggressive behavior,2011(3): 234-247.

⑨ ESPELAGE,D. L. ,HOLT,M. K. Bullying and victimization during early adolescence:Peer influences and psychosocial correlates[J]. Journal of emotional abuse,2001(2): 123-142.

⑩ RAINE,A. , DODGE,K. , LOEBER,R. , et al. The reactive-proactive aggression questionnaire:Differential correlates of reactive and proactive aggression in adolescent boys[J]. Aggressive behavior,2006(2): 159-171.

⑪ HARTUNG,C. M. , LITTLE,C. S. , ALLEN,E. K. , et al. A psychometric comparison of two self-report measures of bullying and victimization: Differences by sex and grade[J]. School mental health,2011(1): 44-57.

⑫ HYMEL,S. , SWEARER,S. M. Four decades of research on school bullying:an introduction[J]. American psychologist,2015(4): 293-299.

⑬ BOUMAN,T. , vander MEULEN,M. , GOOSSENS,F. A. , et al. Peer and self-reports of victimization and bullying:Their differential association with internalizing problems and social adjustment[J]. Journal school psychology2012 (6): 759-774.

年嘲弄量表;①同伴评估则其次,比如同班同学提名量表和同伴关系量表;②③可同时采用自我报告和同伴评估的量表很少,比如学校欺凌风气量表。④

为确保欺凌评估的准确性,测量工具的心理测量属性至关重要。Vessey 等人(2014)

采用多个指标评估了工具的测量可靠性,包括重测信度、内部一致性信度、项目和总分的相关以及内容效度、结构效度、预测效度、地板——天花板效应等。⑤ 结果发现测量工具通常缺乏成熟度,很多量表具有不足的测量学指标,也即信度资料通常较好,而效度资料经常不足。其他相关研究也显示,15%的测量没有报告内部一致性系数,68%没有提交内容效度的证据。⑥⑦

5. 基于测量的有效性研发的量表(表6-2)

为了给欺凌研究者和实践者提供可选择的量表,基于以上分析,表6-2列举了20世纪90年代以来囊括了欺凌三标准、通过一定的信效度评估、采用学生自我报告和同伴评估两种测量方法、适用于测量欺凌行为的部分量表,并对量表涉及的欺凌类型、欺凌角色、题项数等相关内容进行了梳理。

表6-2 学生欺凌研究量表

量表名	欺凌类型及题量
A1. 反应性-主动性攻击问卷(Reactive-Proactive Aggression Questionnaire,RPAQ)	评估欺凌,反应性攻击11题,主动性攻击12题,涉及身体、语言、财物欺凌
B1. 儿童—青少年嘲弄量表(Child—Adolescent Teasing Scale)	评估人格和行为嘲弄14题、家庭和环境嘲弄7题、学校相关嘲弄9题、身体嘲弄2题
C1. 奥维斯欺凌/受害问卷(修订)(Revised Olweus Bully/Victim Questionnaire)	评估欺凌行为和受害经历,包括语言、身体、间接欺凌,发生地点和他人反应,36题

① VESSEY,J. A. , DIFAZIO,R. L. , STROUT,T. D. Increasing meaning in measurement:A rasch analysis of the child-adolescent teasing scale[J]. Nurse research,2012(3):159-170.

② GOTTHEIL,N. F. , DUBOW, E. F. The interrelationships of behavioral indices of bully and victim behavior [J]. Journal of emotional abuse,2001(2):75-93.

③ CHO,J. I. , HENDRICKSON,J. , MOCK, D. R. Bullying status and behavior patterns of preadolescents and adolescents with behavioral disorders[J]. Education&treatment of children,2009(4):655-671.

④ CORNELL,D. Research summary for the Authoritative School Climate Survey[M]. Charlottesville,Virginia:Curry School of Education,University of Virginia,2017.

⑤ VESSEY,J. , STROUT,T. D. , DIFAZIO,R. L. , et al. Measuring the youth bullying experience:A systematic review of the psychometric properties of available instruments[J]. Journal of school health,2014(12):819-843.

⑥ OLWEUS,D. Bullying at school:What we know and what we can do[M]. Oxford,UK:Blackwell,1993.

⑦ SALMIVALLI,C. , LAGERSPETZ,K. , BJRKQVIST,K. , et al. Bullying as a group process:Participant roles and their relations to social status within the group[J]. Aggressive behavior,1996(1):1-15.

续表

量表名	欺凌类型及题量
C2. 美国大学妇女协会性骚扰量表（AAUW Sexual Harassment Survey）	评估语言/非身体或身体性骚扰的频次，同时作为欺凌者和受害者，2个分量表，各14题。并测量了欺凌者的多少、受害地点、伴随的情绪（受害者分量表）；欺凌的对象、原因（欺凌者分量表）
C3. 伊利诺伊欺凌量表（Illinois Bully Scale）	评估欺凌行为9题、打架5题和被同伴欺凌4题的频次，涉及语言、身体和关系欺凌
C4. 雷诺兹欺凌侵害量表（Reynolds'Bully Victimization Scale）	评估欺凌和受害的频次，也可鉴别欺凌/受害者，46题。涉及身体、语言、公开和关系欺凌
C5. 欺凌类型量表（Forms of Bullying Scale）	评估欺凌者和受害者，2个分量表20题，包括语言、威胁、身体、关系和社会欺凌（包括面对面和网络欺凌两种形式）
C6. 希腊网络欺凌/受害经历问卷（the Greek cyber-bullying/Victimization experiences questionnaire）（CBVEQ-G）	两个分量表，每个分量表12题，评估直接和间接欺凌/受害。对于自评卷入了欺凌/受害事件的个体，另外分别有6题进行进一步角色的确认
C7. 加利福尼亚欺凌侵害量表（California Bully Victimization Scale）	评估欺凌和受害经历，涉及语言、谣言、社会、身体、威胁、网络、财产欺凌和性欺凌8种欺凌，其中性欺凌只用于中学生。还有1题测力量的不平衡，1题作为效度题，共19题
D1. 斯维尔欺凌问卷（Swearer Bully Survey）	评估作为欺凌者、受害者、旁观者的经历和对欺凌的态度，4个部分，每个部分11题（语言欺凌7题，身体欺凌4题）
D2. 学生学校问卷（Student School Survey）	评估欺凌施害4题，欺凌受害4题，欺凌旁观行为8题，社会凝聚力和信任7题，学校风气9题，欺凌在学校被知觉为问题6题，被知觉的同伴支持6题，自尊8题，发生欺凌时大部分学生和教职员工会制止的情况9题。涉及身体、语言、公开、社会等欺凌类型
D3*. 学校欺凌风气量表（School Climate Bullying Survey）	评估欺凌者、欺凌受害者和目击者。在身体、语言、财产、社会和网络欺凌方面，性骚扰指数，以及欺凌态度、地点、被欺凌告诉谁、学校气氛等，3-5年级27题，6-12年级88题

（二）测量工具的本土研发

尽管目前开发出的欺凌测量工具已非常丰富,但多基于西方文化背景,多基于奥维斯（Olweus）的欺凌定义而编制,存在着文化和地域的差别。

1. 目前关于学生欺凌的量表测量的存在问题

（1）不同的测量工具采用了不同的术语描述欺凌行为。比如反应性——主动性攻击问卷、多维同伴侵害和多维同伴欺凌量表、学校欺凌量表等。同伴攻击和同伴侵害经常被研究者用来指代欺凌行为,比如 Vivolo-Kantor（2014）等人对欺凌测量工具进行系统综述,析出的 41 篇文献中,有 14 篇使用了同伴侵害、12 篇使用了同伴攻击去描述欺凌行为。[1] 这使得研究者和实践者在选用量表时可能产生混淆,不确定该量表是否有效测量了欺凌行为。

（2）多数测量工具并未对欺凌行为进行界定,未全部纳入欺凌的三个标准。比如,Cerezo（2016）的欺凌问卷仅测量了欺凌的攻击性标准,使得欺凌与攻击无法得以区分。[2]

（3）这两项系统综述研究和评估工具汇编主要聚焦于量表的心理测量属性和内容分析,未能对量表进行多角度分析,不利于研究者选择适合自己所需的量表。比如测量工具大多是多题项多类型工具,而实际研究中使用单题单类型测量欺凌的研究却不少见,[1]从类型角度分析欺凌就是有价值的。

（4）大多数测量工具开发的时间较早,经常未纳入网络欺凌和性欺凌,[3]比如使用最广的奥维斯欺凌/受害问卷。[4]

（5）由于文化、翻译等差异,使得跨文化欺凌率的比较变得困难,进而也会影响干预的有效性。比如,奥维斯（Olweus）编制的欺凌/受害量表被广泛使用,Eslea 等人（2003）比较了 7 个国家使用这一量表测量的欺凌率和受害率,结果发现了从 2%（中国）到 16.9%（西班牙）非常不同的欺凌率;[5]从 5%（爱尔兰）到 25.6%（意大利）非常不同的受害率。不清楚这种差异是不同国家学生欺凌行为的真实差异还是问卷翻译

① VIVOLO-KANTOR,A. M. , MARTELL,B. N. , HOLLAND,K. M. , et al. A systematic review and content analysis of bullying and cyberbullying measurement strategies[J]. Aggression and violent behavior,2014(4）: 423-434.

② AZAGBA,S. School bullying and susceptibility to smoking among never-tried cigarette smoking students[J]. Preventive medicine, 2016(85）: 69-73.

③ HAMBURGER,M. E. , BASILE,K. C. , VIVOLO,A. M. Measuring bullying victimization,perpetration,and bystander experiences:A compendium of assessment tools[M]. ATLANTA,G A:Centers for Disease Control and Prevention, National Center for Injury Prevention and Control,2011.

④ OLWEUS,D. The revised Olweus bully victim questionnaire[M]. Bergen,Norway: Research Center for Health Promotion,University of Bergen,1996.

⑤ ESLEA,M. , MENESINI,E. , MORITA,Y. , et al. Friendship and loneliness among bullies and victims: Data from seven countries[J]. Aggressive behavior,2003(1）: 71-83.

导致的。不同国家的学生对 bullying 这个词的理解有所不同,从而影响对欺凌率的确定。比如,一项对 14 个国家的跨文化研究显示,中国孩子会使用欺凌、凌辱、欺负、欺侮、欺压、侮辱来解释 bullying,而英国的孩子则使用欺凌、骚扰、嘲弄、恐吓、折磨、欺负来解释 bullying。① 另外,同一问卷在不同国家可能存在不同的结构。比如儿童欺凌自我报告量表在澳大利亚、加拿大、日本、韩国和美国的跨文化调查中就显示出了结构不等值的情况。②

2. 中国的学生欺凌测量工具的开发

基于以上分析,开发出适用于中国文化的和教育特质的学生欺凌测量工具,势在必行。

(1)以我国的学生欺凌定义研发测量工具。考虑中国特有的欺凌类型,比如班干部欺凌。测量工具的力量不平衡标准可纳入特权判断、类型可纳入班干部欺凌。

(2)开发本土化的学生欺凌量表要考虑欺凌事件的形成和发展过程。

(3)开发本土化的欺凌多角色量表。欺凌支持者、欺凌强化者、被害者的防御者是否会存在一些有别于国外的表现不得而知,需要有针对性的多角色量表加以测量。从欺凌者、被欺凌者的特质入手开发欺凌多角色量表,如,主动型欺凌者、反击型欺凌者、被欺凌欺凌者;被动型被欺凌者、挑衅型被欺凌者、欺凌被欺凌者;协助助威者、旁观中立者、阻止帮助者等。

(4)开发配套的教师和家长评估工具。中国的高考制度使教师和家长对智力教育异常重视,可能使他们对成绩优秀学生的欺凌行为产生忽视,而对成绩落后学生的欺凌行为产生刻板印象。他们会如何界定欺凌、评估欺凌的严重性不得而知,相应的测量工具尚未开发。目前,国内有学者开发出了一些测量工具,比如学校欺凌、受害和目击者量表、③学校欺凌严重性知觉量表,④也有对国外量表的修订,比如对奥维斯(Olweus)欺凌/受害量表的修订等,⑤但这项工作任重而道远。

(5)利用现代技术开发和使用学生欺凌测量工具。现代信息技术已经广泛应有于人们生活的各个方面,我们可以利用智能软件、大数据进行学生欺凌测量工具的开发和使用。

---

① SMITH,P. K. , COWIE,H. , OLAFSSON,R. F. , et al. Definitions of bullying:A comparison of terms used,and age and gender differences,in a fourteen-country international comparison[J]. Child development,2002(4):1119-1133.

② KONISHI,C. , HYMEL,S. , ZUMBO,B. D. , et al. Investigating the comparability of a self-report measure of childhood bullying across countries[J]. Canadian journal of school psychology,2002(1): 82-93.

③ CHENG,Y. , CHENL,LIU. K. , et al. Development and psychometric evaluation of the school bullying scales:A rasch measurement approach [J]. Educational and psychological measurement,2011(1): 200-216.

④ CHEN,L. M. , LIU,K. S. , CHENG, Y. Y. Validation of the perceived school bullying severity scale[J]. Educational psychology,2012(2): 169-182.

⑤ 张文新,武建芬,Jones, K. Olweus 儿童欺负问卷中文版的修订[J]. 心理发展与教育,1999(2): 8-12.

(三)课题组研发的测量工具

课题组根据欺凌的辨识特征、影响因素和类型研发的、供科学研究和教师、家长、学生自查的潜在欺凌、被欺凌者量表——《中学生校园欺凌预测问卷》,经实践验证这些量表的信效度良好,综合使用效果更佳。由于学生的年龄差异、家长的文化差异,我们在编制量表时尽量使用符合中国文化特点的通俗易懂、没有歧义的语言。尽量将学术语言转化为通俗语言。没能转化的学术用语,在表内或表外作好注释。同时,注意到学生和家长的感受,表述尽量委婉,避免使用带有道德评价性的语言。

1. 设计思路

学生欺凌问卷的访谈提纲是在文献研究的基础上设计的,访谈部分被试,并在访谈的过程中根据被试的回答对访谈内容进行修改和补充。访谈控制在 30 分钟之内。访谈内容包括:校园欺凌的内涵、表现形式、对欺凌的态度以及不同行为背后的原因探讨等。本研究共访谈 18 名学生、8 名老师和 3 名学生家长。最后根据访谈条目和结果,初步确定了中学生欺凌开放式问卷的条目,然后对 200 名中学生进行问卷调查,调查内容如下:"你周围有出现过校园欺凌的现象吗?是什么形式的欺凌呢?如果发生在你的身上你会如何解决?你对校园欺凌有什么看法?"最后根据学生列出的条目和文献查阅确定初测问卷条目。根据以往研究得出,学生欺凌分为欺凌行为和受欺凌行为,因此构想问卷中包括两量表:欺凌量表和受欺凌量表,并分为分别含有四个因子,分别身体(受)欺凌、语言(受)欺凌、关系(受)欺凌、网络(受)欺凌。问卷结构构想图如下图 6-3 所示:通过个别访谈和发放开放式问卷来编制初稿题目,根据访谈结果和问卷分析,问卷预设了 42 个项目,分问卷各 21 个项目,在经过 3 名心理学专家和 10 位心理学硕士研究生对项目的评估,再做修改,尽量做到使问卷题目简明易懂,保证问卷的内容效度,由此共确定 36 个项目,分问卷各 18 题,形成预测问卷。要求被试采用 4 点计分法(从来没有,一周一次,一周数次,总是)进行评定。随后对《中学生校园欺凌问卷》的初始问卷进行修订问卷实施方法采取自评式,由研究者将问卷发放给 500 名被试,请他们按照指导语进行答卷,答卷结束后立即收回。

2. 问卷属性

问卷是针对 12~15 岁初中生的自评问卷。信度为 0.891,效度均达到 0.70 的理想标准,这表明这些因素概念的聚敛效度良好。

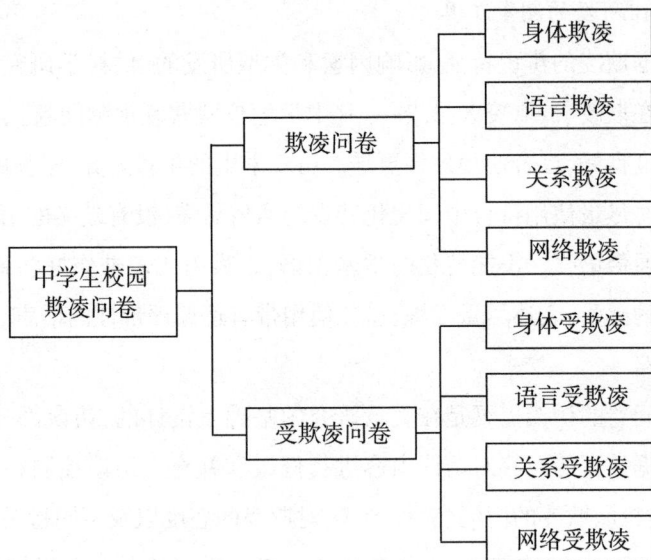

图6-3　中学生校园欺凌问卷结构构想

3.问卷:中学生校园欺凌预测问卷

这是一个了解大家学校生活状况的问卷,请结合自身的实际情况,仔细阅读每一条题目,在符合自己的程度分数下打"√"。1＝从来没有,2＝一周一次,3＝一周数次,4＝总是

序号	自上中学以来,你遇到过如下情况吗?	从来没有	一周一次	一周数次	总是
1	同学当众说我的坏话	1	2	3	4
2	因自己的体型、长相、口音等被同学嘲笑讽刺	1	2	3	4
3	同学给我起侮辱性的外号	1	2	3	4
4	同学用脏话骂我	1	2	3	4
5	同学故意推挤或者将我绊倒	1	2	3	4
6	自己的书或其他私人物品被破坏	1	2	3	4
7	同学打骂或者扯我头发等	1	2	3	4
8	同学排挤或者孤立我,限制我参加活动	1	2	3	4
9	同学故意使我遭遇麻烦或招致处分	1	2	3	4
10	他人威胁我做不愿意做的事情,被迫听从他人命令	1	2	3	4
11	同学造谣或者传播我的消极信息	1	2	3	4
12	他人阻挠我与同学的正常交往	1	2	3	4
13	同学打小报告使我难堪	1	2	3	4

序号	自上中学以来,你遇到过如下情况吗?	从来没有	一周一次	一周数次	总是
14	我曾收到匿名的恐吓短信或信息	1	2	3	4
15	曾有人未经我的允许将我发给他的短信或留言公开	1	2	3	4
16	我曾被"踢出"聊天室、QQ群或者微信群	1	2	3	4
17	曾有人在网上散布关于我的谣言	1	2	3	4
18	我曾在聊天室、QQ群或者微信群里被辱骂	1	2	3	4
序号	自上中学以来,你有过如下行为吗?	从来没有	一周一次	一周数次	总是
1	当众说同学的坏话	1	2	3	4
2	嘲笑或讽刺其他同学的体型、长相、口音等	1	2	3	4
3	给其他同学起侮辱性的绰号	1	2	3	4
4	用脏话骂过其他同学	1	2	3	4
5	故意推挤或者绊倒其他同学	1	2	3	4
6	破坏同学的书或其他私人物品	1	2	3	4
7	对他人进行拳打脚踢或拉扯头发等肢体行为	1	2	3	4
8	结合其他同学排挤或者孤立别人,不允许他参加活动	1	2	3	4
9	故意使其他同学遭遇麻烦或者招致处分	1	2	3	4
10	威胁他人做自己不愿做的事情,使他人听从自己命令	1	2	3	4
11	造谣或者传播同学的消极信息	1	2	3	4
12	破坏他人友谊	1	2	3	4
13	向老师打小报告使同学难堪	1	2	3	4
14	我曾发送匿名短信恐吓或威胁别人	1	2	3	4
15	未经允许公开对方发送的短信或留言	1	2	3	4
16	将某人"踢出"聊天室、QQ群或者微信群	1	2	3	4
17	我曾在网上散布某人的谣言	1	2	3	4
18	在聊天室、QQ群或者微信群里辱骂某人	1	2	3	4

二、学生欺凌的大数据甄别

现代科技高速发展,以大数据、人工智能、区块链、虚拟现实为代表的现代信息技术在给人们生活带来了便利的同时,也给人们的学习、工作和生活带来冲击和挑战,会进一步颠覆人们传统的学习方式、生活方式、工作方式和管理方式,也将深刻影响和改变学校教育。

2015 年 8 月 31 日,国务院印发了《关于促进大数据行动纲要的通知》,其中明确要求加大数据技术在教育领域的应用。当前学术界对大数据的内涵尚未形成统一的界定。第一个对大数据的概念进行界定的是麦美国肯锡公司,其对大数据的定义为:大数据是指包含数据搜寻、保存、管理和分析等环节在内的动态的数据集合。①

(一)大数据为精准甄别学生欺凌提供了技术支持

1. 大数据的定义

美国国家标准技术研究院(NIST)给出的定义是:大数据是数量大、获取速度快或形态多样的数据,难以用传统关系型数据分析方法进行有效分析,或者需要大规模的水平扩展才能高效处理。①大数据技术和传统数据管理技术不同,大数据以动态为主,传统数据以静态为主。见表(6-3)

表 6-3　传统数据与大数据比较

维度	大数据	传统数据
数据性质	实时产生的大量结构化及非结构化数据	一段时间里已知范围内的易于理解的数据
处理要求	实时处理数据	要求高效、高吞吐处理数据,并未有严格的时限要求
数据算法	建立算法模型,基于实时数据不断优化	管理统计分析主题关系早确立且不变
已知关系	未知为主,探究的是已知之外的关联程度	已知为主,探究的是基于已知下的数量关系

---

① 维克托·迈尔·舍恩伯格,肯尼斯·库克耶.大数据时代[M].周涛,译.杭州:浙江人民出版社,2012.

2. 大数据的特征

大数据具有"4V"的特征

（1）容量（Volume）。数据体量巨大，从 TB 增长到 PB，指非结构化数据的模型和增长速度。

非结构化数据占总数据量的 80%~90%，比结构化数据增长快 10~50 倍，数据量是传统数据库的 10~50 倍。非结构化数据，是数据结构不规则或不完整，没有预定义的数据模型，不方便用数据库二维逻辑表来表现的数据。包括所有格式的办公文档、文本、图片、XML，HTML、各类报表、图像和音频/视频信息等等。结构化数据，简单来说就是数据库。数据基本单位：bit、Byte、KB、MB、GB、TB、PB、EB、ZB、YB、BB、NB、DB。相邻单位之间差 1024 倍，如 TB = 1024GB，PB = 1024TB。

（2）多样化（Variety）。指数据的异构和多样性，数据多种不同形式，如文本、图像、视频、机器数据，数据无模式或者模式不明显。

①数据来源多，微博、传感器、社交网站。

②数据的种类多，非结构化数据多，视频、模型、音频、文档、连接信息。

③关联性强，譬如旅行图片和日志，就能推测出你的位置和行程是怎么样的。

（3）价值（Value）。体现在大量的不相关信息，价值密度低，需要通过深度复杂分析才可以对未来趋势与模式进行预测；价值密度低，从海量数据中挖掘稀有并珍贵的信息才是大数据的核心。

（4）高效（Velocity）。实现实时分析，实时呈现分析结果。能否实现实时的数据流处理是区别大数据应用和传统数据仓库技术–BI 的关键差别之一。

3. 大数据的意义

大数据可帮助学校管理者（包括教师）利用海量数据资产实时、精确地洞察未知逻辑领域的动态变化，并快速重塑管理流程、教育、教学流程的新型数据管理技术，它能以颠覆性优势构建新的管理思维和管理模式。

（1）洞察未知。学校管理者（包括教师）可以利用更为广泛的多样化的数据，支撑学校从更多维度分析学生的需求，并精准预测学生的行为，而不再局限于对已知事实的分析，进而增加战略洞察力和判断力。

（2）优化流程。动态的分析变化可以使学校管理者（包括教师）实时监测分析工作流程的不足，进而不断优化工作流程。

（3）实时响应。大数据可实时访问和分析，加速了学校管理者（包括教师）获取信息及分析的速度，进而能更加灵敏地应对学生的变化和发展需求。

4.大数据的技术支撑

(1)存储。随着智慧校园的建设,大数据存储成本也随之下降,这促使学校管理者(包括教师)更加愿意把1年、2年甚至更久远的历史数据保存下来,有了历史数据的沉淀,才可以通过对比,发现数据之间的关联和价值。正是由于存储成本的下降,才能为大数据搭建最好的基础设施。

(2)计算。随着互联网技术的发展,数据运算速度越来越快,海量数据从原始数据源到产生价值,其间会经过存储、清洗、挖掘、分析等多个环节,如果计算速度不够快,很多事情是无法实现的。

(3)智能。随着人工智能的发展,机器拥有了理解数据的能力,大数据带来的最大价值就是"智慧",大数据让机器变得有智慧,同时人工智能进一步提升了处理和理解数据的能力。

5.大数据的常用功能

(1)追踪。互联网和物联网无时无刻不在记录数据,大数据可以追踪、追溯任何一个记录,形成真实的历史轨迹。追踪是许多大数据应用的起点,包括学生的学习行为、生活行为、人际行为、心理行为、搜索和浏览历史、位置信息等。

(2)识别。在对各种因素全面追踪的基础上,通过定位、比对、筛选,可以实现精准识别,尤其是对语音、图像、视频进行识别,使可分析内容大大丰富,得到的结果更为精准。

(3)画像。通过对同一主体不同数据源的追踪、识别、匹配,形成更立体的刻画和更全面的认识。根据大数据通过模型对比对学生画像,可以精准预测学生的学习、行为、欺凌等倾向,作出预警提示,准确判断其面临的风险,并精准推送教育者、教育内容和方案。

(4)提示。在历史轨迹、识别和画像基础上,对未来趋势及重复出现的可能性进行预测,当某些指标出现预期变化或超预期变化时给予提示、预警。以前也有基于统计的预测,大数据大大丰富了预测手段,对建立风险控制模型有深刻意义。

(5)匹配。在海量信息中精准追踪和识别,利用相关性、接近性等进行筛选比对,精准地甄别出潜在目标对象。

(6)优化。按距离最短、成本最低等给定的原则,通过各种算法对路径、资源等进行优化配置。

(二)搭建学生欺凌预测甄别的大数据平台

针对新时代中学生需求多元化、学业水平差异化、信息获取多渠道化及网络原住民特征等实际情况,我们依托大数据技术构建了由数据搜集、存储处理、画像预警、精准匹配、效果评估五大模块组成的教育资源精准匹配结构模型和大数据分析评价系统。

1. 数据搜集

数据搜集包括基础性数据(人口学信息),过程性数据(行为:学习、生活、消费、交往信息)和结果性数据(心理测评、考试成绩、教师评价、奖励等信息)等线上线下的显性隐性大数据。

2. 存储处理

利用统计、聚类、相关性和社会网络分析对庞杂的数据进行甄别筛选、分类整理和分析预测。

3. 画像预警

根据处理、分析的存储数据,分析中学生思想政治观念、心理状况、预测其行为表征和心理需求,根据欺凌、被欺凌心理和行为模型对其进行画像和预警。画像描述包括:思想观念层(思想品德、政治面貌、身心健康、心理特征、兴趣特长、信仰倾向等维度)和行为表征层(学业结果、学习习惯、学业负担、交友倾向、行为习惯等维度);偏离预警层(学习预警、心理健康预警、欺凌行为预警)。

4. 精准匹配

根据精确的学生画像和预警,针对其心理需求甄选与之相匹配的教育者,同辈伙伴,针对性的教育内容、形式、载体和推送主体,通过"集体配送""私人订制"的形式和主动获取来满足学生个性化成长和发展需求,将欺凌消除在萌芽或未发阶段。

第七章　学生欺凌防治的世界经验

学生欺凌是一个世界性的存在,为促进儿童的健康发展,世界各国都普遍重视在校学生欺凌问题。2018 年,联合国向各成员国提议,面对学生欺凌这样一个全球社会公共危机,各国应该认识到,学生欺凌是可防可治的,因此应加强对欺凌防治的投入和研究,同时应积极学习来自他国的"最佳防治经验"。[①] 研究和梳理国外校园欺凌的研究和防治经验,我们发现,凡是校园欺凌防治有成效的国家都制定了相应的法律制度,建立了政府、社会、家庭、学校共同参与的综合防治体系,建立了以学校为主体的学生欺凌防治机制。

第一节　健全的法律制度设计

完善的法律体系建设是防治校园欺凌的根本保障,在相应的法律法规框架下,制定相应政策措施是治理校园欺凌的有效途径。由于各国政治体制、立法程序有各自的特点和限制,只有部分国家在国家层面出台了反校园欺凌的法律,部分联邦国家在州(省)层面出台了反校园欺凌法案,并推出了相关校园欺凌防治规程、项目和计划。

一、国家层面的专门法律制度设计

一些相对重视校园欺凌防范与治理的国家,在国家层面出台了相应法律和制度。具有代表性的有北欧的挪威、亚洲的韩国和日本。

作为最早研究和治理校园欺凌的国家挪威,在 2002 年 9 月,政府联合社会团体共同签署发布了面向全社会的《反欺凌宣言》(The Norwegian Manifesto against Bullying),第一次面向全社会指出欺凌是对社会公共健康、安全和社会道德准则的威胁,是整个社会的问题,并提出了对校园欺凌零容忍的治理愿景,表达了国家对校园欺凌彻底防治的决心,并向全社会发出了反欺凌的号召。2003 年 4 月挪威颁布了《校园环境法案》,建立欺凌防治工作的责任体系和问责机制,打造校园欺凌防治的国家法治系统。

---

① 联合国大会第七十三届会议第三委员会议程项目:保护儿童免遭欺凌[EB/OL].[2018-06-30].https://www.un.org/zh/documents/view_doc.asp? symbol=A/RES/73/154,2018.

《校园环境法案》以专项立法的形式规范了个案的处置程序,明确了不同层级主体在欺凌防治工作中的法律责任,建立了校园欺凌防治的协同治理工作机制。

韩国是亚洲颁布校园欺凌专门法律最早的国家。韩国早在 2004 年就颁布了《校园暴力预防及对策法》,该法自 2004 年 7 月 30 日生效以来至今,经历了 18 次修订。同时颁布和生效的还有具体的"同法施行令"。① 2012 年 2 月 6 日,以构建"零暴力"校园为目标,韩国政府发布了《根治校园暴力综合对策》,通过明确校长与教师责任;改善校园暴力申告与调查体系;深入开展校园暴力预防教育;深化父母教育;完善人性教育;加强学校、社会、家庭合作;抵制暴力网络游戏七大措施。这在一定程度上改善了校园暴力事件频发的现状。② 2013 年 7 月和 2014 年 3 月,由韩国总理室、企划财政部、教育部、未来创造科学部、法务部等 20 个政府部门共同参与制定并发布了《"以学校现场为中心"校园暴力应对政策》《2014 年度"以学校现场为中心"校园暴力应对政策的促进计划》,旨在彻底根除校园暴力事件的发生。③ 2017 年 12 月,韩国政府发布《校园内外青少年暴力对策》,采纳某些专家学者的意见,提高了自治委员会的专业性,在自治委员会中增加从事青少年教育活动的外部专家的数量,将委员会中家长代表的比例从原来的不低于一半降低到三分之一。④

日本以"零容忍"的基本态度与立场针对校园欺凌问题,日本先后颁布了《加强关于中小学欺凌问题指导的通知》以及其他行政法规。事实证明,这样的对策并不能有效地减少校园欺凌的发生,反而出现了更多恶性案件,于是在 2013 年 6 月,日本政府颁布了《校园欺凌预防对策推进法》。日本政府这次重大的法治应对举措,表明了其对校园欺凌行为零容忍的态度和决心。⑤ 该法案首次以上位法的形式明确了防治校园欺凌的基本准则和法律主体间的关系,提出国家、教育行政管理部门、社会团体、教育委员会、法务部门、学校要建立合作关系,成立相应的联合会,为防治校园欺凌提供法律保障。《校园欺凌预防对策推进法》不仅对国家、社会、学校、监护人的责任进行了分配部署,还对校园欺凌发生后的应对措施作出了指导。而在此之前,校园欺凌防治工作主要是根据文部科学省发布的一些通知或指南来进行的。⑥《校园欺凌预防对策推进法》与《少年法》《学校教育法》等相关法律一起构成了一个整体形态的防治校园欺凌的法律体系。日本文部科学省为了能顺利推进实施上述法律,及时研究制定了

---

① 驻韩国大使馆教育处.韩国:法律先行,全员重视[J].人民教育,2016(11):28-30.
② 조종태.학교폭력에 대한 효율적 대처 방안[J].저스티스,2013(134-3):141-160.
③ 吕君.韩国"以学校现场为中心"校园暴力应对政策述评[J].比较教育研究,2016(1):84-89.
④ 연지안. 교안팎 청소년 폭력대책 발표[EB/OL]. [2017-12-22]. http://www.fnnews.com/news/201712220831227690.
⑤ 刘瑾,杜颖.校园欺凌防治比较研究——以美国、日本为例[J].法制与社会,2018(31):156-157.
⑥ [日]小林美津.江いじめ防止対策推進法の成立[J].立法と調査,2013(344):24-35.

《防止校园欺凌基本方针》,进一步明确了国家、社会、学校应对校园欺凌的责任与义务。

二、国家层面的相关法律制度设计

世界多数国家没有制定专门的防治校园欺凌的法律。防治校园欺凌的相关内容包含在更大范围的法律框架之中。有的国家没有制定国家层面防治欺凌的专门法律,但地方(州)政府制定了专门的法律制度,如美国、加拿大等;有的国家没有制定国家层面防治欺凌的专门法律,但国家主管机构或地方政府出台了专门的政策,如,英国、法国、新西兰、爱尔兰、芬兰、澳大利亚等。

(一)以地方(州)政府为主的专门法律制度设计

美国、加拿大等国家没有制定国家层面防治校园欺凌的专门法律,但地方(州)政府制定了专门的法律制度,这主要是因为,一方面是政府认为相关规定已经包含在其他相关法律内,国家没必要颁布专门的法律;另一方面受一些国家政治体制和立法程序所限,国家层面立法需要政府提请国会、议会进行审议,最后往往无疾而终。例如,美国联邦政府曾与 2004 年和 2009 年两次向联邦众议院、参议院提交防治校园欺凌的法案,但都没有获得通过。①

2010 年以后,美国联邦教育部、公共与卫生服务部、农业部与司法部定期在首都华盛顿举办联邦反校园欺凌峰会,②讨论国家层面的反校园欺凌对策和立法,美国在联邦政府层面至今仍未制定专门针对校园欺凌的法律。③ 美国尽管没有专门的反校园欺凌相关法案,但从《联邦宪法》《初等与中等教育法》《学校安全法案》《安全、无毒品的学校和社区法案》《学校禁枪案》《保护我们的孩子:行动指南》《早期预警、及时应对,校园安全指南》到《让每个学生都成功》这一系列联邦法都对校园欺凌进行了规制。美国的反校园欺凌立法主要以州为单位,出台州层面的校园欺凌防治法案。如1999 年佐治亚州率先出台了《佐治亚州反欺凌法》,成为全美第一个拥有反欺凌法案的州。④ 随后其他各州也相继出台反欺凌法。如,新泽西州的《新泽西州反欺凌法案》(该法案是美国历史上最为严厉的欺凌法案),马里兰州的《安全学校报告法》等都为校园欺凌的预防和干预提供了一系列专业指导。直至今日,通过政府、校方、社会、家

---

① 张倩,孟繁华,刘电.校园欺凌的综合治理何以实现——来自现代校园欺凌研究发源地挪威的探索[J].教育研究,2020(11):70-82.

② 2016 Federal Bullying Prevention Summit Explores Themes of Tolerance and Inclusion[EB/OL]. (2016-09-27)[2020-02-14]. https://www. stopbullying. gov/blog/2016/09/27/2016-federal-bullyingprevention-summit-explores-themes-tolerance-andinclusion.

③ 孟凡壮,俞伟.美国校园欺凌法律规制体系的建构探析[J].比较教育研究,2017(6):43-49.

④ 马焕灵,杨婕.美国校园欺凌立法:理念、路径与内容[J].比较教育研究,2016(11):21-27.

庭等多方努力,全美 50 个州均通过了反校园欺凌法案。

加拿大尽管没在国家层面为反校园欺凌立法,但各地方政府都出台了相应的针对性法律和配套政策,并给予财政支持。如,安大略省先后出台、修订了包括《反种族主义和民族平等法案》《儿童暨家庭服务法案》《教育法》《安大略人权法案》《安大略学校行为准则》《警局与教育局草案》《安全学校法》《非暴力学校政策》《青少年犯罪法》等法律法规。以《安全学校法》为例,安大略省教育部修订了安全学校法的部分规定,安全学校法在全省范围内实施的标准一致,明确地规定了各方(主要是校长、教师、学生和家长)的权利和义务,在省级行为规范里设置了明确的行为标准。扩大了对欺凌者停课、开除需要考虑的缓和因素列表(如年龄、年级、语言、语言理解力等),只有校长和副校长有权对欺凌者进行停课处罚,学生有权利申诉进入另一所学校等内容。安大略省教育部授权安全校园行动小组于 2005 年 11 月首次提交《构建安全校园:欺凌预防行动计划》,时隔一年,安全校园行动小组在广泛咨询全省反馈意见的基础上再次提交《学校安全政策与实践:一项行动议程》(Safe Schools Policy and Practice:An Agenda for Action)。2008 年提出更加具体的《塑造尊重的校园文化:促进安全健康的人际关系》(Shaping A Culture of Respect in Our Schools:Promoting Safe and Healthy Relationshios),[①]此后,每年都制订校园欺凌预防计划。为确保计划的执行,安大略省政府统筹专项资金,按需划拨保证了该计划能够持续多年的良好运行。[②]

(二)以国家主管部门为主的专项制度设计

世界多数国家关于校园欺凌的规制内容包含在更大的法律框架内,没有设置专门的国家和地方法案,但政府主管部门都设置了反欺凌专项制度和政策。

英国相关法律框架下设置了专项制度和配套方案。2003 年 11 月,英国教育与技能部推出了《反欺凌行动宪章》(Anti-Bullying Charter for Action),同年,英国教育标准局(Office for Standard in Education,Ofsted)根据相关法律与政策颁发了《欺凌:中学的有效行动》(Bullying:Effective Action in Secondary Schools)。2009 年,英国儿童、学校及家庭部(Department for Children,Schools and Family,DCSF)出台的指导性文件《安全学习:将反欺凌工作嵌入学校》(Safe to Learn:Embedding anti-bullying work in schools),2010 年,英国教育部制定《教育(独立学校标准)法规》(The Education (Independent School Standards) Regulations 2010)。2012 年,教育部发布《教育(独立学校标

① Shaping A Culture of Respect in Our Schools:Promoting Safe and Healthy Relationships [EB/OL]. [2015-12-14] http://www.edu.gov.on.ca/eng/safe schools/publications. Html.
② 孟佳妮.加拿大校园欺凌预防项目述评——以国家预防犯罪中心项目为例[J].世界教育信息 2018 (18):68-73.

准)法规》(The Education(Independent School Standard)(England)(Amendment) Regulations 2012),规定学校必须制定并实施反校园欺凌的有效策略。2014 年,英国教育部出台反欺凌指南《预防和应对欺凌—给班主任、教职工和管理机构的建议》(Preventing and tackling bullying Advice for headteachers,staff and governing bodies)指出,学校应从欺凌政策、法律责任以及解决方式等三方面入手,对教职工进行反欺凌培训。英国教育部(Department For Education)在 2017 年 7 月再次更新了这一指南,在《预防和处理欺凌—为校长,员工和理事机构提供建议》(Preventing and tackling bullying:Advice for headteachers,staff and governing bodies)中进一步明确了学校作为预防欺凌主体,承担的各类反欺凌职责。

法国在相关法律框架内设置了专项防治规划和处置流程。法国政府于 2013 年 7 月 8 日出台了《重建共和国学校的方向与规划法》(loid'orientation et de programmation pour la refondation de l'école de la république),该法指出,反对所有形式的欺凌行为是各个学校的工作重点,各基础教育机构需开展校园欺凌专项治理工作。其中特别强调要在所有学校中维持平和的校园氛围,表达了通过改善校园氛围来治理校园欺凌问题的中心思想。法国的《教育法》要求各学区出台《省级校内规范制定办法》(le règlement type départemental),供地方幼儿园和小学参考制定包括"校园欺凌治理"相关内容的校内纪律准则(le règlement intérieur),公立初中和高中相关校内规定则由校管理委员会主持制定。法国教育部出台的《地方公共教育机构中欺凌情况的处理流程》(Protocole de traitement dessituations de harcèlement dans lesécoles et lesétablissements publics locauxd'enseignement)明确指出,学生欺凌事件的相关人员责任及事件处理流程。各中小学依据法国教育部颁布的《实施全国的防治规划》和《学校、学院和高中的防治规划》两份文件,并结合学校自身实际情况制定具体的反校园欺凌政策。[①]

新西兰在相应法律框架内设置了专门的反欺凌框架和配套的政策指南。新西兰先后出台了《1989 年教育法》(Education Act 1989)《1995 年家庭暴力法》(Domestic Violence Act 1995)《1997 年骚扰法》(Harassment Act 1997)《2002 年受害者权利法》(Victims' Rights Act 2002)《2015 年不良数字通信法》(Harmful Digital Communications Act 2015)等诸多维护学生权益,保障学生安全的法律。其中,在《1995 年家庭暴力法》中涉及了学生的生活条件,以及如何在学校环境中做出最好的回应,以确保他们的安全。《2015 年不良数字通信法》则剑指网络欺凌,明确指出在网络空间发布造成

---

① 谷纳海.法国校园欺凌的治理.外国教育研究.2020(02):70-83.

严重情绪困扰的信息实属违法行为,最高可被判处两年监禁,个人罚款高达五万美元,公司罚款高达二十万美元。在此背景下,新西兰政府颁布了《学习积极行为》(Positive Behaviour for Learning,B4L)《新西兰零校园欺凌框架》(The Bullying-Free NZ School Framework)以及《预防和应对欺凌:学校指南》等多项以打造零欺凌校园为目标的政策。与此同时,新西兰中学教师协会(the New Zeal and Post Primary Teachers' Association,PPTA)在新西兰政府的支持下制定了《学校反暴力工具包》(School Anti-violence Toolkit),为学校制定反暴力政策和实施程序,提供包括处理欺凌、骚扰和攻击行为等多维资源。①

爱尔兰在教育法框架下制定了《中小学反欺凌规程》。爱尔兰在《1998 年教育法》(Education Act,1998)第二十九条规定:在教育部秘书长和审查委员会的审批下,学校管理委员会有权驱逐行为严重失当的学生,也可对学生采取停课、禁止入校等惩罚措施。② 依据此法,爱尔兰教育部 2013 年出台的反欺凌专门性文件《中小学反欺凌规程》(Anti-Bullying Procedures For Primary And Post-Primary Schools),为爱尔兰中小学制定欺凌防治策略及处理欺凌事件提供了理念指导、程序规范和行动准绳。为全国中小学提供了"依法办事、有章可循、科学有效"的治理欺凌事件的程序机制,使利益相关方知晓"做什么"和"怎么做"。

芬兰在基础教育法案框架下,制订反欺凌专项计划和项目。芬兰 1998 年颁布的《芬兰基础教育法案》在 2003 将相关内容进一步修订为:"教育提供者应在课程设计方面制定并执行相应计划,保护学生免遭暴力、欺凌和骚扰,并监督该计划的遵守和执行情况。"规定教育提供者有责任"保护学生,以防暴力、欺凌和骚扰发生"。芬兰教育部于 2005 年任命了一个学校委员会,调查得知校园欺凌的频繁发生严重影响了学生在学校的幸福度,随之委员会建议在芬兰制订一个校园反欺凌计划。2007 年,由芬兰教育和文化部赞助的反欺凌计划应运而生,并于 2010 年在图尔库大学心理学系和学习研究中心的通力合作下完成研制和实践,Kiva 项目近几年来在世界各国得到了较大的推广和普及。③

澳大利亚在相关法律框架下,制定了国家安全学校框架,在此框架下各州都做了专项制度安排。澳大利亚联邦政府自 20 世纪就已将儿童的身心健康置于重要位置,为儿童免受欺凌、歧视、骚扰以及暴力的侵害,数年来多次出台保障儿童健康发展的重

① New Zeal and Post Primary Teachers' Association. School Anti-violence Toolkit[EB/OL].[2018-02-04]. http://ppta. org. nz/dmsdocument/65.
② Ireland. EducationAct,1999[EB/OL].(1998-12-23)[2020-02-19]. https://data. oireachtas. ie/ie/oireach-tas/act/1998/51/eng/enacted/a5198. pdf.
③ 芬兰教育与文化部网站.[EB/OL].[2020-02-16]. http://www. Minedu. fi/OPM/.

要法案。澳大利亚针对中小学校园安全问题,于 2003 年颁布的《国家安全学校框架》以澳大利亚所有学校都能促进学生幸福、保障学生安全、尊重教学和学习为愿景,对澳大利亚学校进行校园反欺凌治理政策的制定提出要求,经历了 2010 年和 2013 年两次修改,已成为澳大利亚进行校园欺凌治理的指导性文件。澳大利亚采取国家统一指导,促使地方出台政策的方式进行治理,全国各地一系列的防止校园欺凌的举措应运而生,澳大利亚 39 个州已经提出了应对校园欺凌的重要举措。[①] 另外有 23 个州已经通过了反欺凌法来明确禁止校园欺凌行为,以此来构建安全的校园环境。例如,在南澳大利亚州,教育和学生发展部(the Department for Education and Child Development)颁布了《学校纪律政策》(School Discipline Policy)《儿童和学生健康:欺凌》(Child and Student Wellbeing:Bullying)《安全学校》(Safer DECD Schools)以及《网络欺凌和网络犯罪》(Cyberbullying and E-crime)等一系列关于治理校园欺凌的文件,明确了辖区内中小学校的领导、教师、父母、旁观者的角色和应担任的责任,提出了预防校园欺凌的具体措施和处理办法。昆士兰州颁布了《安全支持有纪律的学校环境》(Safe,Supportive and Disciplined School Environment)《对学生负责的行为计划》(Responsible behavior plan for students)《学校行为准则》(Code of School Behavior)《确保昆士兰州学生安全》(Keep Queensland Schools Safe)等有关反校园欺凌的文件,明确了促进学生发展的准则,教师、学生和家长在校园欺凌治理中的角色和职责等。新南威尔士州颁布了《校园欺凌预防和应对政策》(Bullying:Preventing and Responding to Student Bullying in Schools Policy),指导本州中小学校园欺凌治理策略的实施。[②]

以上这些国家的法律和制度设计从四个方面给出了较为完善的构想:首先,规划概念明晰的综合法律体系,将厘清校园欺凌的概念作为划定相关主体法律责任、建构有效防治机制的前提;其次,构建权责明确的协同治理机制,将政府、学校、家庭和社会都纳入治理主体之列;再次,制定凸显学校角色的防治策略,将学校作为校园欺凌的主阵地;最后,设计“零容忍”的严厉惩罚条款,加大对欺凌行为的处罚力度。[③]

总体来说,时机成熟时,出台国家层面的反校园欺凌法律是必要的,它不仅预示着政府重视治理校园欺凌,而且在处理校园欺凌案件时可以有法可依。特别是校园欺凌的当事人在追究相关人员与学校的法律责任时,法院审理案件可以有明确的法律依

① Furlong,M. , Morrison,G. The school in school violence:definitions and facts[J]. Journal of Emotional and Behavioral Disorders,(2000).8(2),71-82.

② NSW Department of Education. Bullying:Preventing and Responding to Student Bullying in Schools Policy[EB/OL]. [2017-07-10]. https://education. nsw. gov. au/policy-library/policies/bullying-preventing-and-responding-to-student-bullying-in-schools-policy.

③ 张斌. 我国反校园欺凌立法问题检视[J]. 当代教育科学,2018(02):79-82.

据,避免把校园欺凌简单地按照庭下和解、行政复议等方式处理,进而充分保护校园欺凌当事人的权利。

第二节 完善的综合防治体系

坚持多元治理,构建全社会治理学生欺凌和暴力的共同机制是世界各国的共识。防止青少年遭受欺凌是社会每个组织和个人的责任。我们社会中的每一方面都应对学生欺凌和暴力负责,枪支制造商、电影制造商、教育者、父母、警察、健康供应者(healthy providers)、立法者以及媒介,谁都不能逃脱这一挑战,我们中的每一个人都要为挽救儿童负责。[①]

近些年,面对日益严重的学生欺凌,各国政府纷纷采取措施,积极开展欺凌防治行动,从各个方面寻求有效的防治途径,努力打造零欺凌的安全校园。

一、建立政府主导的多元共治防治体系

防治学生欺凌建立政府主导的多元共治防治体系是各国共同的成功经验。

挪威作为最早治理校园欺凌的国家,在防治校园欺凌上,构建了政府主导、社会参与协同治理的基本框架,建立了中央政府—郡长—学校业主(郡、市政府)—校长—教职工一体的五级防治责任体系。挪威2003年4月颁布的《校园环境法案》,要求建立欺凌防治工作的责任体系和问责机制,明确了不同层级主体在欺凌防治工作中的法律责任,确定了校长主责、地方政府主导、郡长主管的权责分配方案,铸造了中央政府—郡长—学校业主(郡、市政府)—校长—教职工的清晰的五级责任链条,以及从地方最高行政长官到地方政府再到学校的三级问责机制,建立了校园欺凌防治的协同治理工作机制。挪威政府的《反欺凌宣言》提出了校园欺凌"零容忍"的治理愿景,搭建起了政府主导、学校主责、社会共同参与的校园欺凌协同治理的框架,并借此明确了全国关于欺凌防治的统一纲领,在一定程度上实现了统一认识、统一目标、统一战线的功能。

美国建立了政府带头各个部门协调合作发挥各自优势的校园欺凌防治体系。美国各学校也在不断探索多样化的校园欺凌防治的干预模式及策略。[②]其中,最有成效的还属学校、同侪、教师、家庭共同参与的策略。[②]美国各州普遍建立了校园欺凌预防机制,各级学校定期对教职工、学生、家长和社区人员进行反校园欺凌知识的宣传教育。例如,新

---

① Kerns, S. E. , Prinz, R. J. Critical Issues in the Prevention of Violence-related Behavior in Youth[C]. Clinical Child and Family Psychology Review,(5),2002:133-160.

② 赵茜,苏春景.美国以学校为基础的欺凌干预体系探析[J].外国教育研究,2018,45(01):106-116.

泽西州规定学校每年应面对学校职员、学生、志愿者、社区成员开展反欺凌宣传教育活动,并且活动经费可向教育行政部门申请。① 学校还邀请警察、律师、检察官举行校园安全教育与普法活动。亚拉巴马州还规定州内学校应将反欺凌教育纳入学校的公民品德课程。美国联邦教育部于 2012 年 3 月 30 日重建了"制止欺凌"(www. Stop bullying. gov)网站,该网站给出学生、家长、教育者和社区成员防止和阻止校园欺凌的具体步骤,网站的重建是对 2011 年 3 月"防止欺凌"白宫会议和 2011 年 9 月"防止欺凌"联邦峰会提出的"只是意识不能防止欺凌"观念的实践行动。② 美国各州还为学生欺凌提供专家心理援助。

英国建立了政府主管学校主抓,相关各方参与的校园欺凌防治体系。针对防治中小学校园欺凌问题,英国政府专门设置了英国教育标准局,并于 2005 年 3 月,任命了首位独立专员负责包括欺凌在内的青少年事务。英国教育标准局负责公布防治校园欺凌规范,不定时派视察员赴各级各类学校视察,如发现有欺凌现象或管教不当,立即通报相关单位处理,以确保校园安全。③ 英国政府 2006 年颁布的《英国教育及监督法》详细规定了校管会、校长、教职工在管教学生政策架构中的责任。此外,为了提高全社会对于校园欺凌危害性的认识,减少校园欺凌的发生,从 2005 年起,政府开始在每年的 11 月份举办全国性的反欺凌周活动,集中开展各种宣传活动,包括举办以反欺凌为主题的全国中小学生诗歌竞赛等活动,以广泛宣传校园欺凌的危害性。英国政府与非营利性组织、企业、私立学校合作,在多数地区举办了"短期学校"(Short Stay Schools),为受欺凌行为长期影响的欺凌者和受害者提供特殊教育,旨在通过专业性更强的监测、指导和支持,促进欺凌者和受害者身心恢复。英国政府将每年 11 月的第三个星期定为"反欺凌周"(Anti-bullying Week),通过不同主题和活动,提高学生和青年对于欺凌行为的识别、防范与应对能力。④

法国建立了国家、省、学区三级校园欺凌监控和防治体系和多主体共同参与、协同合作的防治机制。2011 年起法国政府在国家、省、学区三个层级分别采取了相应的应对校园欺凌措施。政府聘用了 500 名安全预防协助人员(APS),深入校园暴力与欺凌问题严重的"重灾"学校帮助治理维持校园安全。同时邀请校园欺凌相关研究专家组成教育部专项治理团队,结合专业知识,在安全预防协助人员的管理中发挥组织、培训、咨询等功

① 孟凡壮,俞伟.美国校园欺凌法律规制体系的建构探析[J].比较教育研究,2017(6):43-49.
② 宋庆清.美国重建"制止欺凌"网站[J].世界教育信息,2012(5).
③ Ofsted. Ofsted Safeguarding Policy[EB/OL].[2019-03-01]. http://www. Ofsted. gov. uk /resources/ofsted-safeguarding-policy-and-procedures.
④ Anti-Bullying Alliance. About Anti-Bullying Week 2017[EB/OL].[2017-05-30]. https://www. anti-bullying alliance. org. uk/anti-bullying-week/about-anti-bullying-week-2017.

能。法国教育部出台了《地方公共教育机构中欺凌情况的处理流程》(Protocole de traite-ment des situations de harcèlement dans lesécoles et lesétablissements publics locaux d'enseignement),明确规定了校园欺凌的防治依托多主体共同参与、协同合作的机制。家长、学生应及时向校长、学区区长、警察局等有关人员和单位反应发生的欺凌问题。法国教育部还设立了"对校园骚扰说不"网站("www. no nauharcelement. education. gouv. fr"),一同建立的还有全国绿色3020热线为校园欺凌事件受害者提供免费咨询与帮助。自2015年起,法国把每年十一月的第一个周四被定为"全国反校园欺凌日",各学校在当日都会举办与特定主题相关的活动,普及校园欺凌相关知识。①

爱尔兰创建了以学校为核心、各利益相关方协作的反欺凌共同体。爱尔兰的全国反欺凌联盟(National Anti-bullying Coalition)、爱尔兰全国青年理事会(National Youth Council of Ireland)、儿童心理健康联盟(Children's Mental Health Coalition)、爱尔兰移民委员会(Immigrant Council of Ireland)、网络智青联盟等,均关注了校园欺凌现象,并为学校反欺凌行动提供了支持和帮助。儿童心理健康联盟专门为学校研制的"小学生心理健康服务课程",旨在帮助学校有效地引导儿童形成倾诉心情、与他人友爱互动、控制情绪、同情他人等健康的心理,从源头上遏制儿童欺凌行为的发生。网络智青联盟除了建立网站分享反欺凌工具和信息外,每年4月还会走进学校,通过与学生互动和手绘海报来宣传网络欺凌的危害,并通过微电影向师生展示防治网络欺凌的有效措施。② 为了进一步提升家长反欺凌能力的专业性,全国小学家长委员会(National Parents Council Primary)和全国中学家长委员会(National Parents Council Post Primary)联合举办了"反欺凌家长培训项目",为家长开设105项培训课程。③ 爱尔兰政府推行"网上安全行动计划",并设立安全互联网日,将打击欺凌行为提升到国家层面,从而提高全民对网络欺凌行为的重视。

加拿大建立了反欺凌机构或委员会。例如,设立有关欺凌预防的专门会议委员会,有助于确保会议内容和方向的正确性,提高学校、学生、社区等对于校园欺凌问题的重视;设立校园反欺凌机构,可为教师处理校园欺凌问题提供指导,为学生提供认识校园欺凌预防的平台。反欺凌机构作为专门针对校园欺凌问题的组织,其专业性和独特性十分明显。这些机构的建立是预防欺凌活动和项目的重要组成部分。加拿大建立了地方政

① 谷纳海.法国校园欺凌的治理.外国教育研究.2020(02):70-83.

② Webwise Youth. Anti-Cyber Bullying Month in Limerick [EB/OL]. (2014-05-28) [2018-05-21]. http://www. watchyourspace. ie/anti-cyber-bullying-month-in-limerick/.

③ Minister for Education and Skills. Ministero' Sullivan announces 55,000 in funding for anti-bullying training for parents[EB/OL]. (2014-09-11) [2018-05-18]. https://www. education. ie/en/Press-Events/Press-Releases/2014-Press-Releases/PR14-09-11. html.

府主导,多部门协作的防治校园欺凌的工作机制。加拿大安大略省政实施了预防校园欺凌计划。预防校园欺凌项目在教育部门、教育局和学校必须优先执行,为确保执行效率,每一个教育局都建立了校园预防欺凌相应的法律法规;职业培训部门、学院和大学鼓励教育学院开设有关安全校园的教师职前培训;社区安全部门和劳教所鼓励警察训练课程中涉及关于校园预防欺凌的内容。旅游和娱乐主管部门也使校园预防欺凌计划传达到各从业者和提供商;儿童和青少年服务机构、社会福利事业、健康和护理部门鼓励利益相关者积极参与到社区欺凌预防中。政府和各部门的良好协作,使得校园预防欺凌计划在学校和社会得到广泛的关注,引起公众对该计划的高度重视。①

澳大利亚建立了政府主导、多元主体协同参与的校园欺凌防治体系。澳大利亚多主体校园欺凌治理体系的形成,是在澳大利亚多元文化的国情背景下,有效提高校园欺凌治理成效的必由之路。在纵向上,澳大利亚形成了联邦政府、州政府和各中小学校三位一体的三级欺凌治理体系;从横向上,融合了校长、教师、学生、家长、旁观者和其他社会力量等多元主体的参与。澳大利亚政府联合学校、家庭和社区成立专门的防治校园欺凌共同合作小组,旨在形成多方联动、综合治理的欺凌防治合作机制,并明确强调学校的领导者、教师、学生及其父母和其他社会成员各自在校园欺凌防治中的重要作用,以通力合作共同防治校园欺凌,他们还通过这些机构开展反欺凌活动、创建反欺凌论坛网站以期降低校园欺凌率。② 澳大利亚设置的"国家反欺凌和暴力行动日"(The National Day of Action against Bullying and Violence)是由安全与支持性校园工作小组(The Safe and Supportive School Communities Working Group)负责展开的涵盖澳大利亚所有教育机构的反欺凌行动。每年五月的第三个星期五为澳大利亚的国家反欺凌和暴力行动日,并且每年的反欺凌行动日都会确定一个主题。

韩国建立了"以学校为中心、全民共同协助"的校园暴力治理体系。③ 韩国《校园欺凌预防及对策法》要求,在学校内部设立"校园欺凌自治委员会"和"校园欺凌专职机构"。④ "校园欺凌自治委员会"负责制定保护学生的校本措施;讨论并公布对加害学生的处罚决定;调节被害人与加害人之间的矛盾纠纷。该机构委员主要包括学校教师、家长、法律界人士、警察界人士、医生等。各学校还要成立专门负责此类事件的专职机构。专职机构的负责人由校监(韩国的校监类似于副校长,负责学校具体事务的

① 孟佳妮.加拿大校园欺凌预防项目述评——以国家预防犯罪中心项目为例[J].世界教育信息 2018 (18):68-73.
② 陈琪,李延平.澳大利亚中小学校园欺凌治理研究[J].外国教育研究,2018(08):91-104.
③ 吕君.韩国《"以学校现场为中心"校园暴力应对政策》述评[J].比较教育研究,2016(1):84-89.
④ 교육부.학교폭력예방 및 대해에관한법률(법률제 15044 호)[EB/OL].(2019-08-20)[2020-02-12]. http://www.law.go.kr/ls Info Pdo? lsi S. eq=199081&ef Yd=20171128#0000.

管理和执行)担任,全面负责该机构的运行。在校监的领导下,机构主要成员由欺凌事件担当教师、卫生保健教师和专业心理咨询师构成。[①] 韩国构建了以教育部、各地教育厅、学校及相关部处四位一体的被害学生综合救助体系,包括在全国建立 21 个被害学生诊断中心,并针对不同类型及程度的校园暴力被害者建立"预防""短期"(2 周以上)"长期"(3 个月以上)等不同等级的治疗中心,以加强对被害学生的诊断及治愈。

日本建立了政府、学校、家庭和社会"四位一体"的协作防治校园欺凌体系。日本地方的公共团体联合教育委员会、心理咨询中心、警察局、法院、学校等部门合作建立"校园欺凌对策联络协议会",从事前预防、早期发现、及时处理等三个方面负责该地区校园欺凌预防和治理工作。文部科学省组建了"防止欺凌对策协议会",旨在了解《欺凌防止对策推进法》的推行情况,并组织各相关团体和学校共同参与校园欺凌防治,强化各相关机构的合作。定期对校园欺凌治理成果进行评价,根据评价结果调整相应的治理方案和程序。各都道府县的警察厅设有专门的少年谈话窗口,并提供热线电话、电子邮箱。学校以及教师联合在校生监护人、地方居民、儿童咨询所的相关人员,共同防止并应对校园欺凌。儿童咨询所等福祉机构、医院、地方人才和团体也共同加入到校园欺凌应对体制中。[②] 欺凌对策组织根据学校情况确切选任组织成员,不仅应当包括学校教师和管理者,还有必要从心理学家、福祉学家、医师、律师、警察中选任,要确保与学生接触最多的班主任和任课教师在一定期间内参加欺凌对策组织,提高防患未然、早期发现的效果。[③] 2006 年,文部科学省以地方教育委员会为主体,推出了为学生提供 24 小时咨询服务的 SOS 免费电话对策,从 2018 年开始,在全国 25 个地方政府逐步构建 SNS 欺凌咨询机制。文部科学省成立了"构筑 SNS 咨询体制工作小组",负责对 SNS 欺凌咨询体制如何构建以及注意的问题进行研究。2018 年 2 月,出台了《SNS 咨询体制构筑事业实施要领》,明确了实施主体、业务内容、事业计划书的提供方式、国家补助金支付方法、咨询业务委托注意事项等。[④]

校园欺凌的防治是需要在国家的主导下各利益相关方共同参与的系统工程,不仅需要学校、教师、学生参与其中,更需要家长、社会团体、科研机构等相互协作。

---

① 凌磊. 政府、学校、社会共同参与:韩国校园暴力应对策略研究[J]. 比较教育研究,2019(10):83-88.
② 罗喆. 日本校园欺凌问题的防治经验及其启示[J]. 教学与管理. 2020(36):122-124.
③ 陶建国,马鹏程. 日本校园欺凌预防对策的新近发展及启示[J]. 石家庄学院学报,2019(3):146-151.
④ 张倩,孟繁华,刘电. 校园欺凌的综合治理何以实现——来自现代校园欺凌研究发源地挪威的探索[J]. 教育研究,2020(11):70-82.

二、建设完善的监督评估机制

为使学生欺凌的防治工作落地,各国纷纷建立了完善监测评估和绩效保障机制,建设数据采集平台,为教育行政部门开展绩效督导与问责提供依据。其中以挪威和法国最具有代表性。

挪威政府通过一系列的政策和措施,建立起了公民监督与政府问责相结合的绩效保障机制。全国欺凌调查的结果也为各干预项目的绩效评估和不断完善提供了实证依据。其中,主要绩效监督和项目评估所反馈的数据和问题,为挪威政府更新和修订相关欺凌治理法案和防治政策提供了证据支持。[①] 挪威校园欺凌治理体系中的绩效监督和保障,是国家教育行政部门通过第三方监测全国的校园欺凌现象,收集各地方各学校的欺凌干预的绩效数据,并据此对基层欺凌防治工作进行业务督导和资源支持。为监测全国欺凌防治工作的绩效,及时纠偏扬长,挪威政府于 2007 年委托挪威科技大学的研究中心进行全国中小学生在线问卷调查,定期收集全国中小学的欺凌防治的原始绩效数据。此后,每年 2 月在挪威教育部门的门户网站(www. schoolportal. no)公布当年关于七年级、十年级和十一年级学生的调查结果。挪威教育部每年会根据这些问卷调查结果对全国欺凌防治工作进行绩效分析,以便及时调整相关政策,科学分配资源,对薄弱地区、学校和薄弱环节重点监督和扶持。同时,挪威教育部也要求所有地区和学校必须将本地和本校当年的学生问卷调查统计结果在相关网站公开,邀请社会各界对其欺凌防治工作进行绩效监督。学校应及时就相关问题与家长沟通,邀请他们和教师一起讨论和设定学校欺凌防治工作的后续目标和绩效改进措施。[②]

法国为监督校园欺凌的治理情况,建立了国家信息平台和预警系统。法国校园欺凌的治理建立在"校园骚扰"概念基础之上,政府一方面通过"校园安全信息与警觉系统"在线调查,每年从校长的视角追踪校园欺凌与校园氛围的发展动态;另一方面,运用"全国校园氛围与受害情况调查",定期从初中或高中学生视角获取校园欺凌与校园氛围的一手信息。法国在出台针对性政策《学校的重建方向和规划报告》和《实施全国的防治规划》之外,还使用专门软件 SIVIS 对校园欺凌进行监测,实时更新校园欺凌数据,从而调整校园欺凌治理策略,使治理更具针对性。[③] 法国政府 2001 年开发名为"西尼亚"(SIGNA)的软件,首次利用网络信息技术搭建平台、构建校园暴力排查系

① 张倩,孟繁华,刘电. 校园欺凌的综合治理何以实现——来自现代校园欺凌研究发源地挪威的探索[J]. 教育研究,2020(11):70-82.

② Utddannings Direcktoratet. School Environment Measures-Investigate[EB/OL]. [2019-07-12]. https://www. udir. no/laring-og-trivsel/mobbing/2019.

③ 冯帮. 法国中小学欺凌治理政策探析[J]. 比较教育研究,2017(10):33-39.

统,首次利用网络信息技术搭建平台,每年对全法公立中小学内所发生的"严重事件(l'incident grave)"进行调查,记录刑事案件、受到举报的校园暴力事件和在学校造成重大影响的事件。[①] 2005 年,SIVIS 系统取代了 SIGNA,每年调查全法公立中学中的暴力与欺凌状况。[②] 基于校园欺凌与校园氛围的相关性,SIVIS 也对学校"校园氛围"(le climat scolaire)进行调查,并结合其结果对校园欺凌状况进行评估。(Ministère de l'éducation nationale et de la jeunesse. Documentation de)自 2011 年起,法国把校园欺凌纳入校园暴力在全国进行调查。调查以公立中学校长为对象、基于网络的"校园安全信息与警觉系统"(systèmed'information et de vigilance sur la sécuritéscolaire,简称 SIV-IS)和以公立中学生为对象的"全国校园氛围与受害情况调查问卷"(enquête nationale de climat scolaire et de victimation)。

英国政府针对防治中小学校园欺凌问题专门设置了教育标准局。英国教育标准局负责公布防治校园欺凌规范,并不定期派视察员赴各级各类学校视察,如发现有欺凌现象或管教不当,立即通报相关单位处理,以确保校园安全。[③] 教育标准局派视察员视察相关学校和机构,如公立中小学、私立中小学、学习与技能培训机构、儿童中心、儿童照顾所、日间看护幼儿所、儿童社会关怀机构、社会学校和特殊教育学校。英国通过教育标准局视察学校欺凌问题,让学校主动采取措施来预防和解决其欺凌问题。[④]英国教育部委托伦敦大学教育学院(Institute of Education,University of London)对英国儿童与青少年身心状况进行追踪调查和研究。英国受虐儿童防治协会(National Society for the Prevention of Cruelty to Children)每年公布儿童与青少年欺凌的调查报告。

新西兰教育评估办公室(The Education Review Office,ERO)负责对校园欺凌防治工作及成效的可持续监测和评估。教育评估办公室在 2003 年首先提出了评估指标,并在 2010 年对其进行了修订。根据《1989 年教育法》规定,所有学校都要参与循环评估和调查过程。通过年度报告程序,学校需要报告学生的成绩、改进的优先顺序和学校计划采取的行动。新西兰评估方法的一个主要特点是内部和外部评估的整体评估,不仅需要国家层面的评估,而且需要学校内部的自我评估。[⑤] 预防校园欺凌计划需要定期监督和报告学校领导、董事会和学校社区的进展情况。该计划需每年审查一次,

① Romano,H. Harcèlement en milieu scolaire. Victimes,auteurs: que faire? [M]. Paris:Dunod,2015:24-34,79-86,46,47,54.
② 冯帮.法国中小学欺凌治理政策探析[J].比较教育研究,2017(10):33-39.
③ Ofsted. Ofsted Safeguarding Policy[EB/OL].[2019-03-01]. http://www.ofsted.gov.uk/resources/ofsted-Safeguarding-policy-and-procedures.
④ 高露,李彬.英国中小学校园欺凌治理政策与实践路径[J].中国人民大学教育学刊 2019(6):20-34.
⑤ Education Review Office. School Evaluation Indicators[EB/OL].[2018-02-04]. http://www.ero.govt.nz/publications/school-evaluation-indicators/.

每 3~5 年进行一次重大审查,以确保实施活动的长期有效性。①

爱尔兰的《中小学反欺凌规程》为校园欺凌防治构建了欺凌信息的报告体系,依次上报的层级为反欺凌专项小组、学校管理委员会、督察办公室、教育和技能部(如表7-1所示)。报告体系记录每一年各学校的欺凌事件总数及各个案件的详细信息,如欺凌发生的时间、地点、环境,欺凌类型,学生的基本信息,欺凌过程,反欺凌的措施等。这些数据有助于政府及社会了解各学校欺凌的防治情况,有利于对宏观政策的修订、对校本反欺凌政策的评价与完善,同样有利于学校和家庭针对性地调整反欺凌措施。

表 7-1　爱尔兰反校园欺凌国家报告体系②

层级	报告职责
反欺凌专项小组	每个学期至少一次以文本形式向管理委员会报告学校欺凌事件总数、所涉学生的信息、欺凌过程处理及援助措施等。
管理委员会	评价校本反欺凌政策的执行情况,整理一年内的欺凌事件报告,建立资料库,将资料库的副本呈递给督察办公室。
督察办公室	督察评估中小学反欺凌行动,结合欺凌事件报告文件,对各学校反欺凌政策提出改善建议;将评估报告和欺凌事件报告一并提交给教育和技能部。
教育和技能部	监督评价评估报告和欺凌事件报告,构建反欺凌信息库,向国家教育委员会提交一份综合性报告,并在每年度"国家儿童状况报告"(State of the Nation's' Children)中刊出。另外通过网站向大众公示年度校园欺凌情况(不得公示学生的基本信息)。

加拿大政府建立了第三方机构评估校园欺凌的评估监督模式。第三方评价具有中立性、专业性和市场化的特征能有效克服政府(第一方)和学校(第二方)自我评价的局限,专业的第三方机构提高了评价的客观性和公正性。安大略省政府引入第三方——安全校园行动小组,促进了"官""办"与"评"的相对分离,对客观地评估基础教育校园欺凌现状、更科学地发现存在的核心问题,校园欺凌现象有了很大程度改观。③

---

① 李睿,俞凌云,马早明.打造零欺凌校园:新西兰预防校园欺凌政策研究[J].现代教育论坛,2018(50):68-75.

② 数据来源:Minister for Education and Skills. Anti-Bullying Procedures For Primary And Post-Primary Schools [EB/OL].(2013-09-11)[2018-02-24]. https://www. education. ie/en/Publications/Policy-Reports/Anti-Bullying-Procedures-for-Primary-and-Post-Primary-Schools. pdf.

③ 孟佳妮.加拿大校园欺凌预防项目述评——以国家预防犯罪中心项目为例[J].世界教育信息 2018 (18):68-73.

韩国政府收集常规数据以监测校园暴力和欺凌及解决方案的执行情况。自 2012 年以来,韩国每年进行一次关于学生对学校暴力和欺凌的看法和经历的全国调查。

针对较为严重的"校园欺凌"现象,日本政府与其文部科学省大力强化相关的数据统计与调查,广泛收集数据,及时把握事态的发展情况,为校园欺凌防治提供坚实的依据和支撑,并依此制定更有效、更贴切的应对处理办法与措施。自 1985 年以来,日本政府每年都会就上一年度关于"校园欺凌"的调查分析报告进行公示,该数据由地方教育委员会、教育机构、教育组织等地方性单位统计整理后层级上报,并通过独立的问卷调查等形式对数据情况进行核查,惩戒虚假上报的行为与主体,同时透过新闻来依托公众、媒体工作者、公共团体等进行第三方社会监督。在保证数据收集全面真实的情况下,吸收社会公众的声音,为"校园欺凌"的治理提供可靠的数据资料保障。[①]为了保证此类报告的权威性和科学性,政府会对各地方统计的过程进行规范,并对提供的数据进行严格的评估和验证。与此同时,日本政府选择将统计数据向社会公开,接受社会各界的监督。[②]

第三节　学校核心的防治机制

各国政府在校园欺凌治理中都发挥了主导作用,包括积极出台全国性校园欺凌防治法规、建立校园欺凌治理中心、加强与研究机构的合作等,建立了以学校为中心、全民共同协助的治理体系,让所有利益相关者都参与到学校反欺凌共同体中来也是各国的共同做法。

一、以学校为核心的综合防治

为有效应对校园欺凌世界各国纷纷成立了以学校为核心的反欺凌联合共同体或委员会。

(一)建立以学校为核心的反欺凌共同体

美国中小学都成立了欺凌预防协调委员会,委员会通常由 8~13 名成员组成,其中包括校长、校长指定的负责处理欺凌事件的工作人员、每年级的教师代表、医疗卫生人员、家长、非教学人员(例如公共汽车司机、食堂工作人员、操场管理人员等)、社区代表等。

建立了学校与司法机关的联系系统。学校的管理系统和刑事司法系统分别独立

---

① 张子豪.美日关于"校园霸凌"问题处理的现实性启示[J].湖北第二师范学院学报,2018(3):90-94.
② 任海涛,等.日本中小学校园欺凌治理经验镜鉴[J].复旦教育论坛,2016(6).

地监控校园欺凌。首先,美国学校在校园或学区设立了负责学校安全的司法机构,例如学校警察局和学校资源官(School Resource Officers)等。学校资源官往往是市或县的司法人员被委派进入一个或多个学校,职责通常包括执法、指导教室管理以及进行涉及法律和行为方面的咨询等。其次,美国学校还建立了校园犯罪上报机制,严重的欺凌行为不仅要受到学校的纪律处罚,更要上报警局,接受刑事指控。

挪威的奥维斯(Olweus)欺凌预防项目(Olweus Bullying Prevention Program,简称OBPP)要求学校组建由学生个体、家庭、班级、教职工组成的学校内干预系统和由地方教育行政系统、社会福利系统、大众传媒、国家司法部门、社会团体组织、教师教育等组成的外干预系统。OBPP 项目采取全校全员的干预方案,制定系列针对整个校园生态系统的干预措施,主要在学校、班级和个体三个层次展开:学校层次的措施包括制定和宣传反欺凌的行为准则,成立由学生、家长和教职工三方代表组成的学校欺凌干预协调委员会,加强对学生行为的监督,鼓励家长参与学校的反欺凌活动等;班级层次的措施主要包括制定具体的班级规章制度,定期召开班会讨论欺凌相关问题,召开家长会等;个体层次的措施则包括要求所有教职工在欺凌事件发生时进行即时干预,对欺凌者和被欺凌者进行针对性的行为干预和辅导,与涉事学生的家长进行沟通等。

英国政府给予学校自主管理的空间,主管机构通过行政规则或行政指导建议学校可采取或应采取的措施,但是在执行过程中,英国政府会尊重学校的决策。根据相关法令,英国教育部公布行政规则或行政指导,建议学校制定自主管理措施,这些措施应该包括:在校内规章或章程中明确制定该校的处理流程、操作办法与惩处标准;要求学校必须设置管理特定事项的人员;招聘有关专业人士,或是必须提供教职员有关的培训课程;学校也必须定期进行自我检讨与修正。[①] 然而,即使英国政府未规定统一的法律规范,也会给学校相当大的自主管理空间,英国教育部或相关主管机构仍可以通过预算的编列、评鉴机制以及个案申诉等渠道,达到监督学校切实履行维护校园安全政策的目的。[②]

法国政府应用"西维斯"(SIVIS)软件监测校园欺凌,要求学校、教师、家长等协同参与校园欺凌治理工作。校长要重视校园欺凌政策的落实,开展预防校园欺凌的各项活动。教师则重点关注学生的在校行为,校园欺凌发生后及时向反校园欺凌小组报告。教师要详细记录校园欺凌事件发生的经过,保护被害学生,并进行必要的心理干预和辅导。家长需要关注学生在学校以外的生活,配合学校治理校园欺凌行为。决策

---

① UK Department for Education. Keeping Children Safe in Education: Statutory Guidance for Schools and Colleges [EB/OL]. [2019-03-10]. https://www.gov.uk/Government /publications/keeping-children-safe-in-education.

② 高露,李彬.英国中小学校园欺凌治理政策与实践路径[J].中国人民大学教育学刊,2019(6):20-34.

者建议大部分重心应该放在普遍的方法上,如图 7-1 的"干预三角"(intervention triangle)所示。

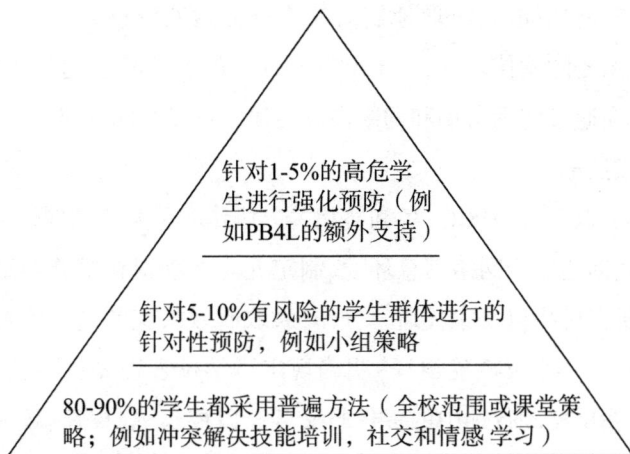

图 7-1　干预三角[1]

新西兰政府制定的《新西兰零校园欺凌框架》(The Bullying‐Free NZ School Framework)提出的构建零欺凌校园的核心要素是学校层面的宏观支持、具体措施的细致保障及多主体的共同参与。学校层面的宏观支持是零欺凌校园框架得以建构的先决条件。包括强有力的领导支持(Strong leadership support)、有效和支持性的政策(Effective and supportive policies)以及全校专业学习与发展(School‐wide professional learning and development)三个核心要素。在构建零欺凌校园的实践中,学校需在学校中建立反对欺凌的共识,形成有效的支持性政策,确保预防校园欺凌政策能够在学校强大的领导力与支持力下落到实处。

1998 年,芬兰政府颁布的《芬兰基础教育法案》明确了学校在校园欺凌治理中的主体身份和事权,也规定了所有中小学都必须建立包含学生、家长、学校教职工、学校管理层和地方政府等利益相关者为代表的学校环境委员会,主张政府、学校和家庭多位一体协同治理校园欺凌。芬兰开发的 KiVa 欺凌预防项目由大学机构负责研发、由政府主导推行、由学校负责实施、由家长保障配合,形成多位一体的共享机制,整合力量共同应对与解决校园欺凌问题。每一所实施 KiVa 项目的学校,要成立由 3 名教职工与课程教师组成的校园反欺凌小组来处理已经发生的欺凌事件。[2] 校园反欺凌小组,首先通过资料讨论决定这一行为是否构成了真正意义上的欺凌;其次和受害人进

① 资料来源:New Zealand Council for Educational. Wellbeing@ School:Building a safe and caring school climate that deters bullying Overview paper[EB/OL].[2018‐02‐03]. http://www. nzcer. org. nz/system/files/wellbeing‐at‐school‐booklet. pdf.
② 王等等,于莉莉.芬兰校园反欺凌计划及其对我国的启示[J]. 现代教育科学 2017(12):151‐156.

行讨论和交流,了解情况;之后和欺凌者进行交流,了解他们的施暴动机;最后讨论决定解决欺凌事件的具体措施。在决定最后的措施阶段,可以组织会见那些选择支持受害人的社会地位较高的同学,听取他们对欺凌行为的处理意见。① 对家长进行指导。家长作为孩子最亲密的伙伴之一,对于反欺凌计划的有效实施起到非常重要的作用,因此学校每年都会通过演示文稿和网络向其传输一些相关的欺凌知识和预防、减少欺凌行为的指导信息。②

爱尔兰创建了以学校为核心、各利益相关方协作的反欺凌共同体。爱尔兰通过建立早期预警机制、创建安全网络信息环境、制定儿童专项保护措施等策略,促使政府、中小学校、社会研究机构以及家长通力合作,采取有效措施共同防治校园欺凌事件的发生。爱尔兰的《中小学反欺凌规程》明确规定了学校管理委员会、反欺凌专项小组和家长三大主体在反欺凌行动中的责任与义务。以校长、副校长、教师、学校职员、家长为代表的学校管理委员会负责制定学校的反校园欺凌政策,协调组建反欺凌专项小组,定期总结与反思反欺凌工作,宣传校园欺凌的危害,创建和谐文明的校园文化。反欺凌专项小组主要由主管校园欺凌的副校长、教师和学校职员构成,负责制订学校的预防校园欺凌方案,处理、记录校园欺凌事件发生的时间、地点和经过,并定期向学校管理委员会汇报。③

加拿大防治校园欺凌注重学校、社区、家庭的合作,设立了预防欺凌的专门会议委员会和校园反欺凌机构,为教师处理校园欺凌事件提供指导,为学生提供认识校园欺凌预防的平台。这些机构的建立是预防欺凌活动和项目的重要组成部分。学校开展有关反欺凌的展示或者讨论,运用游戏、视频等反欺凌产品和资源,为学生提供戏剧角色扮演的机会,组织相关会议活动,加强学校与家庭之间的联系、学校与社区之间的联系,甚至三方的密切配合。学校的安全行动小组的负责人是安全和矫正服务部门领导,小组成员由加拿大网络安全学校,成瘾和心理健康中心的研究人员以及部分大学相关学科的教授组成。学校安全行动小组在调查过程中享有大量资源的优先使用权。④ 安全行动小组在审视校园预防欺凌计划在不同辖区实际运行的状况,对校园预防欺凌计划含有的要素进行分析。系统的行动计划与关键领域的确认,有助于政府部门决策和具体地方教育部门及学校校长在预防校园欺凌时及时定

① Claire,F. , Garandeau, Annina Vartio, Elisa Poskiparta and Christina Salmivalli. School Bullies' Intention to Change Behavior Following Teacher Interventions: Effects of Empathy Arousal,Condemning of Bullying, and Blaming of the Perpetrator[EB/OL]. [2019-06-21]. http: // Springerlink. com.

② KiVa International[EB/OL]. [2019-03-01]. http://www. Kiva-program. net.

③ 刘杨,李高峰. 爱尔兰反校园欺凌行动探析[J]. 比较教育研究,2019(2):98-112.

④ 孟佳妮. 加拿大校园欺凌预防项目述评——以国家预防犯罪中心项目为例[J]. 世界教育信息. 2018(18):68-73.

位优先领域,有利于校园预防欺凌的高效运行。在学校之外,广泛的社区起到很重要的作用,所有社会的成年人对学生起到了模范作用,社区参与评估学校环境安全也很重要。①

澳大利亚校园欺凌治理的外部途径是凝聚社会团体、组织机构和社区的力量,形成了浓厚的反欺凌社会氛围和保障环境,对欺凌采取零容忍的态度。内部治理途径主要是中小学校通过颁布本校的反欺凌治理政策,制定本校校园欺凌问题的解决方案,加强和规范欺凌治理的制度建设,明确欺凌者在欺凌事件中应该承担的责任和具体的惩戒措施。② 澳大利亚政府为解决学校欺凌成立了共同合作小组(School-Family-Community Partnerships)。共同合作小组是由学校、家庭和社区三方组成,旨在形成多方联动、聚力攻坚的反欺凌合作机制。澳大利亚大多数中小学校在《国家安全学校框架》和州政府反欺凌政策的基础上,制定适合本校的反校园欺凌政策和方案。澳大利亚建立了"举报制度"(reporting system)。学生可以通过匿名的方式将有关欺凌事件的信息发送到学校专门指定的邮箱,或者直接向负责该问题的教师汇报。澳大利亚开设了多个反校园欺凌的免费求助热线,如儿童求助热线(Kids Helpline)、父母求助热线(Parent Helpline)等,任何人无论在校外还是校内,但凡遇到学生欺凌事件发生,都可以通过拨打热线反映和寻求帮助。② 为了推进家庭与学校之间的密切交流和有效合作,政府成立了澳大利亚州学校组织委员会(Australian Council of State School Organizations)、澳大利亚家长委员会(Australian Parents Council)和被排斥儿童家长协会(Isolated Children's Parents' Association of Australia)等组织。澳大利亚政府建立了多个全国性的应对校园欺凌的专门组织和机构,创建了反校园欺凌活动日。2010年成立的"澳大利亚安全学校联盟"(Safe Schools Coalition Australia)特别强调对欺凌同性恋学生的不良行为问题的治理,认为应该对不同性别取向的学生、教师工作者和家庭给予包容的态度。目前,澳大利亚已有500多所中小学加入"安全学校联盟",通过多种途径帮助数千名学生减轻了心理压力和负担,缓解了校园欺凌对该群体的心理伤害和学习成绩的影响。③ 澳大利亚还建立了不同性质和功能的反校园欺凌服务网站。这些网站有国家层面的,如"欺凌零容忍"(Bullying. No Way)、"学生健康中心"网站(Student wellbeing hub)、"心智问题"(Mind Matters)等。各个州也建立了服务家长、学生、教师的反校园欺凌网站,如维多利亚州的"欺凌终止者"(Bully Stoppers)、新南威

---

① 杨廷乾,接园,高文涛.加拿大安大略省校园预防欺凌计划研究[J].比较教育研究,2016(4):625-65.

② 陈琪,李延平.澳大利亚中小学校园欺凌治理研究[J].外国教育研究,2018(08):91-104.

③ Australian Government Department of Education and Training. Review of Appropriateness and Efficacy of the Safe Schools Coalition Australia Program Resources[EB/OL].[2017-06-18]. http://www. education. gov. au/student-resilience-and-resilience-and-Wellbeing? resource=.

尔士州的"绝不偏见"(Prejudice. No way)和"绝不种族歧视"(Racism. Noway)等。澳大利亚政府为了加强儿童网络安全工作,在2015年创建了专门的针对"儿童网络安全专员办公室"(Office of the Children's e Safety Commissioner)。①

韩国的《学校暴力预防及对策法》规定,各学校要成立暴力对策自治委员会(以下简称"自治委员会"),负责审议预防校园暴力的学校体制构建事项、受害学生保护事项、加害学生的劝导和惩戒事项、受害学生与加害学生的纠纷调解事项、大总统令规定的其他事项等。自治委员会由包括1名委员长在内的5~10人组成,成员从家长代表、教师、警察、大学教授以及青少年保护有关的专家中产生。自治委员会一般调解本校学生间的暴力纠纷,市、道教育厅所属的不同学校的学生之间发生纠纷的,受害学生所在地的教育督察可以与加害学生所在地的教育督察及自治委员会委员长协商后直接调解纠纷。② 学校暴力SOS支援团是2007年由韩国教育科学技术部与青少年暴力预防财团共同成立的机构,在全国开展校园暴力预防、咨询、调解等支援活动。为了对校园暴力调解提供实质性支援和实现恢复当事人关系的目的,韩国京畿道于2018年3月率先在韩国成立"校园暴力纠纷调解咨询团"(학교폭력갈등조정자문단),并在下辖的25个教育厅设置这一机构。校园暴力纠纷调解咨询团是专门支援校园暴力调解的组织,由精神医学专家、律师、警察、大学教授、中小学教师组成,一般为10~20人。自治委员会调解纠纷时,可以向纠纷调解咨询团寻求专业帮助,该咨询团可以在事实把握、促进和解或调解、提供法律咨询、提供医疗咨询服务等方面提供帮助。

日本建立了以预防为主的防治机制。各校成立"欺凌应对委员会",委员会由教职工,具备心理、社会服务等相关专业知识的工作人员,及其他有关人员组成。各校在《欺凌防止对策推进法》及文部科学省相关政策的指导下,结合学校实际制定符合自身特色的欺凌预防和处置机制。如制定重大欺凌事件应对机制,完善校长对校园欺凌开展定期调查和谈话的制度,开设校内"生命课堂"等。部分学校向教职工发放由地方教育部门或学校制定的《校园欺凌事例应对手册》,指导教职工做好校园欺凌的早期预防。③ 日本校园欺凌的防治,以预防为主。学校的学生欺凌预防对策组织是按照相关立法及国家基本方针的要求建立的有效应对欺凌的未然防止、早期发现、及时应对的组织,同时,附设校园欺凌防治的第三方机构,开展校园欺凌调停、审查、咨询工作。学校为学生开设"尊重生命教育课程",设立学校内部的校园欺凌咨询部门,旨在

---

① Bullying. No Way! Participating schools[EB/OL]. [2017-06-18]. https://bullyingnoway. gov. au/National Day/Pages/Participating-schools. aspx.
② 陶建国,唐泽东. 韩国中小学校园暴力事件的校内调解及启示[J]. 少年儿童研究,2020(11):6-12.
③ 罗喆. 日本校园欺凌问题的防治经验及其启示[J]. 教学与管理. 2020(36):122-124.

完善学校的校园欺凌防治体系。学校内部的校园欺凌防治机构还定期收集、记录和分析相关数据,并公开分享调研结果。[①]

(二)营造反欺凌的学校氛围

为了有效遏制校园欺凌,通过建立早期预警机制、创建安全网络信息环境、制定儿童专项保护措施,促使政府、中小学校、社会研究机构以及家长通力合作,采取有效措施共同防治校园欺凌事件的发生,是世界各国的共识。

挪威政府借助媒体和社会团体力量展开普及教育,唤醒全民反欺凌意识,为学校的欺凌防治工作营造舆论基础。挪威政府联合宣言伙伴通过官方和非官方两种途径传递关于欺凌防治的信息与知识,以唤醒全社会反欺凌意识,普及反欺凌知识。其中,官方途径主要是敦促地方政府签署和发布当地的反欺凌宣言,以强化反欺凌的社会价值观和明确当地的欺凌防治工作计划。期间,全国有 19 个郡以及 113 个市(全国共428 个市)签署了地方反欺凌宣言。[②] 非官方途径则主要通过各地媒体对群众、家长和学校的宣传教育,以及宣言伙伴等社会团体面向家长和社区所组织的欺凌防治的讲座和研讨会等。

美国学校依法建立的反欺凌校园政策包括如下共同点:宣称对抗欺凌的基本立场,如"零容忍"等;简洁明了的欺凌的定义;学校共同体中个体的基本权利,包括学生、教师、其他工作人员和家长等,都有权免于欺凌侵害;欺凌围观者有帮助或停止欺凌的责任,如向老师汇报欺凌;鼓励所有成员向学校负责人员汇报任何欺凌行为;明确欺凌行为相应的后果等。[③] 美国学校通过各种具体的方式和措施落实、推广和强化反欺凌政策,例如通过校园广播、视频等方式进行反欺凌宣传;设立具体的行为规范,对适当行为和不当行为进行奖惩强化;在教室课程中融入反欺凌内容,设立学校安全部门和校园警察,建立完善的欺凌报告和记录步骤等。校园反欺凌政策将奠定校园欺凌干预的整体基调,不同的政策决定学校对待欺凌的不同态度和策略。

爱尔兰学校构建了完善的家校交流体系,通过家长手册、电子邮件、家长问卷、反欺凌论坛等形式与家长共商制定学校反欺凌政策、交流欺凌行为的特征与起因、探讨防治欺凌的措施等,帮助家长提升反欺凌意识。例如,黑石学院(Blackrock College)定期开展"反欺凌日"活动,邀请家长讨论欺凌的概念、危害、预防等;罗克福德庄园中学

① 凌磊. 国际视野下校园欺凌治理机制构建[J]. 比较教育研究,2020(12):93-99.
② Tikkanen,T. & Junge,A. Realising a Bullying Free Educational Environment for Children and Youth-Final Report to the Evaluation of the Manifesto Against Bullying2002-2004[EB/OL]. [2017-06-18]. http://www. rf. no/Internet/Mobbemanifest. nsf. 2005.
③ Jimerson,S. R. , et al. Handbook of School Violence and School Safety[M]. New York:Routledge,2012:357-368,397-407.

为家长编写了防治网络欺凌手册,帮助他们了解网络欺凌,鼓励家长与学校合作解决学生的网络欺凌问题。

为了减少校园欺凌行为的发生,澳大利亚政府主张构建安全的校园环境,营造包容的校园文化氛围,使不同文化背景、性取向或身体残疾等弱势学生的身心安全都能够得到保障。为此,着重做了两方面的工作:一是加强校园环境建设。支持和安全的校园环境往往有助于促进学生的学习,鼓励师生之间形成积极的互动。据研究揭示,如果学校环境中有涂鸦、田园护理、完善的教室布置等情形,那么,学生和学校之间的联系更加紧密,心理健康也能得到很大的改善,欺凌行为也会随之减少。[①] 二是校园文化建设。澳大利亚中小学校的校园文化建设由学校领导、教师、学生、家长等共同参与,通过开展多样性的校园文化活动,在全校范围内倡导信任和公平,强调包容和尊重不同民族的文化和习俗,接纳具有不同行为或特征的学生,以此促进同伴间形成友爱、互助、团结的浓厚氛围,以避免"高大罂粟花综合症"心理造成校园欺凌行为的发生。[②]

二、以项目为载体的科学防治

实施基于成效的校本项目和干预措施,强调科学治理,提高校园欺凌防治的科学化水平是各国中小学欺凌防治理的主要经验之一。

世界上实施最早,推广国家最多的反欺凌项目是奥维斯(Olweus)欺凌防治项目(Olewus Bullying Prevention Program,以下简称 OBPP)。OBPP 项目是专门为学校设计,旨在预防和减少校园欺凌事件,建设安全且积极的校园环境。

OBPP 项目采取全校全员的干预方案,制定了一系列针对整个校园生态系统的干预措施,主要在学校、班级和个体三个层次展开:学校层次的措施包括制定和宣传反欺凌的行为准则,成立由学生、家长和教职工三方代表组成的学校欺凌干预协调委员会,加强对学生行为的监督,鼓励家长参与学校的反欺凌活动等;班级层次的措施主要包括制定具体的班级规章制度,定期召开班会讨论欺凌相关问题,召开家长会等;个体层次的措施则包括要求所有教职工在欺凌事件发生时进行即时干预,对欺凌者和被欺凌者进行针对性的行为干预和辅导,与涉事学生的家长进行沟通等。挪威政府在向全国学校推荐 OBPP 项目的同时委托 CBR 开发和推行一个新的全国性的反欺凌"零容忍方案",该方案和 OBPP 的理论框架和设计思路基本一致,是全校全员的多水平干预的综合防治方案,并且都强调基于证据的干预。"零容忍方案"2003 年秋天开始在挪威

---

① Friendly Schools. component 5: protective physical environment [EB/OL]. [2017 - 06 - 20]. http://friendly schools. com. au/fsp/component-5-protective-physical-environment/.

② 陈琪,李延平.澳大利亚中小学校园欺凌治理研究[J].外国教育研究,2018(08).

的 180 所中小学实施,到 2004 年后测时,这些学校的欺凌者数量已经平均减少了 25%。2004 年秋,OBPP 和"零容忍方案"已覆盖了全国约四分之一的学校(近 800 所)。[①] 挪威对校园欺凌的大规模干预防治的经验已经累积了近 40 年,研究史更是长达近 50 年。近年来,挪威的欺凌治理经验和干预项目陆续在美国、英国、德国、加拿大、克罗地亚、冰岛、瑞典和智利等国得到传播和实施,并且也都在当地取得了复制性的成功。[②]

美国是实际上是推广反欺凌项目最多的国家。为有效预防校园欺凌美国各州、大学和学校积极引进和开发反欺凌项目,这些项目包括学校、社区、家长、教师和学生各层面。美国的 Garrity 和她的同事在挪威 OBPP(Olweus Bullying Prevention Program,OBPP)基础上,结合本土实际改编了校园欺凌干预项目,并于 1995 年在科罗拉多州恩格尔伍德的一所郊区小学首次实施,历时三年,由于效果显著,1999 年科罗拉多州作为公共项目给各级公立学校提供,即"欺凌防控项目"(Bully Proofing Your School,BPYS)。在美国克莱姆森大学的"家庭与邻里生活研究所"的努力下,该项目在美国 500 多所学校推广。美国各州还提供社区反欺凌项目。如,"构建尊重"项目(Operation Respect)是"彼得、保罗和玛丽演唱团"的亚罗(P. Yarrow)创立的社区层面的项目,旨在积极改变教育政策与实践,保证儿童和青少年享有在安全、受尊重、受关怀的社区环境里学习的权利,远离欺凌、嘲弄和暴力,促进青少年学业、社会和情感教育的发展。"构建尊重"项目提供"不要嘲笑我"(Don't Laugh at Me)课程。"不要嘲笑我"课程基于亚罗的歌曲改编,教材由勒尔德恩(L. Roerden)于 2000 年首次出版,2016 年再次进行了修订。[③] 和平缔造者方案(Peace Builders)是一项基于科学实践的暴力预防课程,为学前至 K1-12 年级的学生提供专业的发展计划。它由塔克森(Tucson)和亚里桑娜(Arizona)提出并于 1992 年开始实施,后经华盛顿、西雅图、年轻淑女与年轻绅士俱乐部(Young Ladies and Young Gentlemen Club)改进,发展为一个成熟完善的校园欺凌干预体系。和平缔造者方案在世界卫生组织(WHO)开展的安全社区运动中被誉为"营造安全的社区环境和团体氛围,实现了 WHO 倡导的促进学校和城市精神健康运动的目标",获得国际"最佳安全学校实施方案"的殊荣,[④]得到了白宫、美国教育部、少年司法预防犯罪和疾病控制中心的高度认可。"和平积极应对暴力"项目(Re-

① Roland,E. The Broken Curve: Effects of the Norwegian Manifesto Against Bullying[J]. International Journal of Behavioral Development,2011,(5).

② Stephens,P. Preventing and Confronting School Bullying: A Comparative Study of Two National Programs in Norway[R]. University of Stavanger,2012.

③ Vanderheiden,M. A Social Justice Perspective in Anti-Bullying Program Implementation [D]. University of Nevada,2013:1-41.

④ 许燕. 初中校园欺侮问题及其对策研究[D]. 上海:上海师范大学,2008:31.

sponding in Peaceful and Positive Way,RIPP)是一个旨在减少城市少年暴力的校本预防项目,它关注情景与关系暴力,目的在于教授学生应对冲突的技能,提高青少年积极回应挑战的意愿和能力,促进学生获得社会交往能力,积极承担个体责任。"第二步暴力预防项目"(Second Step Violence Prevention Program)是以课堂为主的项目,它通过发展学生在观点选择、解决社会问题、冲动控制、愤怒管理等领域的技能,提高学生的社会能力和情感学习,传授决策、交流等生活技能,帮助年轻人化解同伴压力。到2012年,美国32000所学校的80多万学生参与了"第二步暴力预防项目"。①

加拿大国家预防犯罪中心与相关团体和伙伴合作,将预防校园欺凌作为首要任务,并为校园欺凌预防项目提供必要的支持,以通过项目的实施完善适用于全国各学校的反欺凌方法和资源。加拿大的中小学校园欺凌治理大多是各个省通过自己制定的反欺凌项目来实现的。如,纽芬兰省的"打击欺凌者"项目(Beat the Bully),魁北克省的"盖阿庞游戏"项目(Guets-Apens)、"预防暴力和药物滥用研讨会"项目,安大略省的"生活技能:在课堂中解决应用问题"项目(The Life Skills:Applied Problem Solving in the Class-room)、"我们一起照亮前路"项目(Together We Light the Way)、"停止欺凌"项目(Put the Brakes on Bullying)、《构建安全校园:欺凌预防行动计划》(Shaping Safer Schools:A Bullying Prevention Action Plan),不列颠哥伦比亚省"里纳"项目(Reena),爱德华王子岛省"安全校园"项目(Safe Schools),育空(Yukon)地区的"欺凌预防:社区的责任——会议"项目(Prevention of Bullying:A Community Responsibility-Conference),阿尔伯塔省"北部中央走廊倡议"项目(North Central Corridor Initiative),坎莫尔学校(Canmore School)和社区"欣赏多样性和培养包容心倡议"项目(Initiative for Appreciating Diversity and Building Tolerance)等。②

2010年,新西兰教育部制定了《学习积极行为》(Positive Behaviour for Learning,PB4L)的政策。该政策旨在帮助家长、教师、学校(包括幼儿园)解决问题行为,增进儿童的幸福感,提高儿童的学习成绩。③《学习积极行为》中囊括了《惊奇岁月之教师项目》(the Incredible Years Teacher Programme)、《惊奇岁月之家长项目》(the Incredible Years Parent Programme)以及《起亚卡哈项目》(Kia Kaha)三个主要的预防欺凌项目。这三个项目是为不同主体(教师、家长及社会)定制的,通过这种有针对性的项目

① UNESCO. School Violence and Bullying[M]. United Nations Educational,Scientific and Cultural Organization,2017:1-56,1-56.
② 孟佳妮.加拿大校园欺凌预防项目述评——以国家预防犯罪中心项目为例[J].世界教育信息 2018(18):68-73.
③ Ministry of Education(New Zealand). PB4L School-Wide[EB/OL]. [2018-02-05]. http://pb4l.tki.org.nz/PB4L-School-Wide.

帮助不同主体明晰其自身的责任。

2005 年,芬兰教育部任命了学校福利委员会,该委员会在例行报告中考虑将制定一项国家反欺凌项目。2006 年芬兰教育部委托以萨尔米瓦利教授(Salmivalli)为首的图尔库大学(University of Turku)心理学研究团队,开始三年的项目开发合同。Kiva 项目主要为芬兰 1~9 年级提供综合教育的学校提供、制定和初步评估一项反欺凌方案,该项目即 KiVa 反欺凌项目,以期降低校园欺凌的发生率。"KiVa"是芬兰语"Kiusaam-sta Vastaan"的缩写,意为反对欺凌。单词"kiva"则意为友好,该项目的愿景是制定一项适合在芬兰全国实施的反欺凌方案。项目于 2009 年开始在全国推广实行,目前芬兰 90%的综合性学校都注册实施了这项计划。

英国教育与技能部(DFES,当时名为教育部)于 1991-1994 年资助了谢菲尔德反欺凌计划。当时在谢菲尔德大学的心理学教授 Peter Smith 接受委托,组织开展了谢菲尔德反欺凌干预项目,在此基础上,与教育部合作共同发布了《欺凌:别在沉默中容忍——反校园欺凌资料集》(Don't Suffer in Silence-an Anti-bullying Pack for Schools),该文本成为英国反校园欺凌指南。

韩国在 2016 年推出了《人性教育五年综合计划》,旨在培育未来社会所需的具有良好人性的市民。通过人性教育为基础的校园暴力预防教育,有效加强了预防及应对的力量。其中包括开发及使用的国家级"防校园暴力项目"和"同伴学校"项目。2013 年,运营"同伴学校"的学校为 1000 所,而 2017 年则扩大为 4129 所。2013 年推行"互动项目",被称作韩国型的"KiVa 项目",为了提高教师与学生对校园暴力的认识、应对及共感能力而实行的体验型校园暴力预防教育活动。韩国的同伴调解由韩国教育部、青少年政策研究院、女性家族部等多个部门合作推出,最早于京畿道教育厅管辖的 10 所中小学校试行,2012 年在韩国 76 所学校正式实施,2013 年扩大到 100 多所中小学校。[①] 韩国教育部在 2018 年 3 月发布的《2018 年学校暴力预防教育推进计划》中规定,今后在校园暴力预防教育中,继续推进同伴调解项目的实施,选拔优秀事例与其他学校共享,推广先进经验,推动实施符合学校实际情况的同伴调解项目。韩国的"We+Education+Emotional"项目为校园暴力和欺凌的受害者和施暴者提供诊断、治疗和咨询。[②]

日本同伴支持计划(JPSP)由两部分组成。第一部分是儿童基本社会技能的培养,促进他们与他人互动的动机,学校为大龄儿童举办活动,促使其学习帮助他人。第二部分是学生社会能力培养的主要过程。第一部分的训练是第二部分的准备或热身。为了减少问题行为,JPSP 开发了相关教育及训练内容,重视修补同龄人群体的缺失体

---

① 陶建国,唐泽东.韩国中小学校园暴力事件的校内调解及启示[J].少年儿童研究,2020(11):6-12.
② 张静.UNESCO《数字背后:终结校园暴力与欺凌》报告述评[J].世纪教育信息,2020(1):18-23.

验,强化社会技能训练;重建日本传统活动,对儿童获得效能感产生影响。通过两部分激发儿童动力和能力,学习人际互动,改善与他人的关系,远离问题行为。①

三、以学生为主体的课程开发

开展多渠道不同层次的欺凌防治专业培训,为各地各校反欺凌工作的开展提供专家队伍和人力支持,鼓励中小学校制定校园欺凌防治计划,开发相关校本课程是各国落实反欺凌计划,推广反欺凌项目的共同举措。

(一)以提升教师预防欺凌能力为目标的教师培训

培训教师实施国家应对校园暴力和欺凌的政策和计划中规定的措施是所有案例国家共同的做法之一。培训强调提高教师对校园暴力和欺凌的理解的重要性,并确保他们具备预防、识别和应对欺凌事件所需的技能。

为更有效地支持欺凌防治工作,挪威政府于2000—2002年启动实施了“国家能力建设项目”。该项目为全国中小学的校长以及各地的教育心理服务团队,共4 500名骨干人员进行了专业培训,帮助他们了解更多关于校园欺凌的发生机制、预防和干预的知识,以及学校与地方的教育心理服务团队之间如何合作开展欺凌的防治工作。②此外,在OBPP和“零容忍方案”的实施过程中也包含了骨干培训的环节,只是这个渠道只能覆盖项目学校和部分骨干教师。为加大力度,挪威政府从2004年开始在职前教育和在职培训中全面加入欺凌防治的知识和技能,务求为学校反欺凌实践提供源源不断的人力支持。③为保证项目效果,OBPP项目集中培训和认证了一批培训师,他们的任务是对项目学校的核心成员进行培训,确保项目在学校能够得到有效实施。

美国制定了教师层面的“欺凌终结者”项目(Bullying Busters)。④“欺凌终结者”项目关注对教师的反欺凌教育,向教师提供在课堂和学校中反欺凌所必需的技能。美国密歇根州于2016年率先推出“美国密歇根州中小学教师反欺凌计划”,共有40名教师通过资格审查自愿参与到这个项目中,教师的取样范围遍及所有10个学校。

为提供项目服务和各类培训,爱尔兰教育技能部在2018年推出教师专业发展服务项(PDST)。该项目向教师和学生详细介绍互联网使用及其工作原理,帮助他们解

---

① 杨岭,方艺霖,毕宪顺.日本校园欺凌的问题、防治及其经验启示[J].中国青年社会科学 2020(6):128-135.

② Lie,T. Evaluation of a Program for Competence Training of the Educational Psychological Service and School Leaders(Report RF-2003/246)[R]. Stavanger,Norway: Rogalandsforskning,2003.

③ Tikkanen,T. , Junge,A. Realising aBullying Free Educational Environment for Children and Youth-Final Report to the Evaluation of the Manifesto Against Bullying2002-2004[EB/OL]. [2019-06-30]. http://www. rf. no/Internet/Mobbemanifest. nsf. 2005 .

④ Robbins,R. Anti-Bullying Policies and Practices in Texas Middle Schools[D]. University of North Texas, 2011:1-126,1-126,1-126.

决关键的互联网安全问题和设备使用问题,并推出安全上网计划,支持中小学教师和学生学习如何安全可靠地使用互联网。从 2019 年 2 月 5 日起,该项目所提供的各类资源可以通过 webwise. ie/html-heroes 网站免费访问,以帮助人们了解更多有关网络欺凌的内容和防治措施。[1] 爱尔兰政府在校园欺凌防治中还非常注重对包括教师、家长和学生在内的相关人员进行专门培训。新西兰教育部设计了一系列专业发展学习班,以支持学校制定政策或审查欺凌行为。专业支持学习可以帮助学校领导、教师和工作人员提高对欺凌行为的反应和对预防欺凌工作的理解和技能。[2]

为了保障反欺凌项目的实施效果,KiVa 项目的开发团队会定期对项目实施学校进行项目培训。除了项目导入前针对教职工组织的两天面对面培训之外,还通过建立线上校园小组、构建校际网络等方式对项目进行支持。每个线上校园小组由三所学校组成,线上小组成员每学年与 KiVa 项目专家进行三次线上会议。定期召开会议既可以激励网络成员实施 KiVa 项目,又能辅助学校解决项目实施过程中可能遇到的障碍。

澳大利亚为提高教师解决欺凌问题能力,制定了教师培训课程。澳大利亚政府关于教师反校园欺凌的培训"有正式和非正式两种形式;网络培训和线下学习交叉进行;职前和在职培训双管齐下。"[3]

培训内容模块主要包括:

(1)知识模块。

(2)政策法规模块。

(3)能力模块。[4]

韩国的同伴调解制度(项目)要求学校必须为学生配备专门的指导教师,其主要工作是负责调解组织的运行和管理,开展学生培训,对有效的调解方法进行研究等,但该教师并不直接参与调解活动。此外,学校为同伴调解提供专门空间,创造有利于调解顺利实施的环境。学校从不同班级中选出一定数量的学生担任调解员,并组成同伴调解委员会,高年级和低年级可以各自组建调解委员会,学校以及校外机构共同对调解委员进行培训,负责组织和管理同伴调解委员会的老师也必须接受培训。韩国教育部要求对指导教师的培训不低于 15 小时。培训的内容主要是对纠纷解决的理解,纠

①　Minister for Education and Skills. Webwise reports 25% increase in use of its resources by schools and parents as new resources launched for younger pupils[EB/OL]. [2017-06-19]. https://www. education. ie/en/Press-Events/Press-Releases/2019-press- releases/PR19-02-04. html.

②　Ministry of Education(New Zealand). Ten workshops to support schools develop or review their policies[EB/OL]. [2018-02-04]. https://www. bullyingfree. nz/schools/professional-learning-and-development/#workshop_8.

③　Bullying. No Way! Educators[EB/OL]. [2017-06-20]. https://bullyingnoway. gov. au/Your Role/Pages/For-Educators. aspx.

④　陈琪,李延平.澳大利亚中小学校园欺凌治理研究[J].外国教育研究,2018(08):91-104.

纷调解的程序及方法、技巧,对话方法及对话练习,不同类型纠纷的解决办法,问题解决的练习等。①

(二)以提升学生应对欺凌能力为目标的学生培训

奥维斯(Olweus)欺凌防范项目是专门为学校设计的,旨在防范并减少校园欺凌事件的发生,改善同伴间关系,建设安全、积极的学校环境。该项目可以具体应用在学校、班级以及个人层面,并包含了获得家长及社区成员参与并支持的策略方法。奥维斯(Olweus)欺凌防范项目主要有三个具体目标:减少学生中的已有欺凌问题;预防新欺凌问题的产生;在学校中形成更和谐的同学关系。项目的针对群体主要是5~15岁的学生,适用于小学、初中以及高中低年级的学生。所有学生均可以参与到项目中,对于有欺凌行为或被欺凌的学生将额外获得有针对性的行为干预和矫正。项目力求在短期内改进学校、班级的气氛,提高青少年的社交能力,培养其对社会的积极态度,并提高社会对欺凌问题的认识和支持力度。其长期目标就是显著地减少青少年的反社会行为。

美国是通过面向学生的支持项目对学生进行反欺凌培训。社会和情感学习(Social and Emotional Learning)项目建立在支持性的关系基础上,旨在发展学生的社会和情感能力。"迈向敬重项目"(The Steps to Respect Program)是一个针对旁观者的项目,意在改变旁观者的行为,帮助受害者建立积极的关系,减少校园欺凌。构建尊重项目(Operation Respect)是"彼得、保罗和玛丽演唱团"的亚罗(P. Yarrow)创立的社区层面的项目,旨在积极改变教育政策与实践,保证儿童和青少年享有在安全、受尊重、受关怀的社区环境里学习的权利,远离欺凌、嘲弄和暴力,促进青少年学业、社会和情感教育的发展。

爱尔兰预防校园欺凌的核心措施是在学校开设一系列的预防课程,引导学生提升自我管理能力、社交能力、参与贡献的意识,养成良好的价值观念,从而远离欺凌行为、暴力行为。预防课程包括常规课程、专项课程,以及社会服务课程。在常规课程中,教师主要借助课程素材引导学生养成良好的人格品质。如在公民、社会和政治教育(Civil, Social and Political Education)中,教师通过强调地方、国家和国际人民的相互依赖性培养学生之间互帮互助的意识;在地理和历史教学中,教师通过探讨殖民化、剥削和独裁向学生阐明侵犯行为的消极影响,以引导学生养成积极向善的价值观念。同时,爱尔兰学校开设了反欺凌的专项课程,如社会、个人健康教育(Social, Personal, Health Education)课程讲授了欺凌的预防技能,如何沟通、如何建立友谊、如何处理矛

---

① 陶建国,唐泽东.韩国中小学校园暴力事件的校内调解及启示[J].少年儿童研究,2020(11):6-12.

盾等;①关系与性教育(Relationship and Sexuality Education)课程探讨了人类性行为和人际关系等领域的知识,引导学生正确对待LGBT(性少数群体)。②

芬兰各学校面向全体学生开发了预防欺凌的课程。芬兰KiVa学校学生课程主要目标有三个:一是改变围观者的角色;二是移情理解与支持被欺凌者;三是目睹欺凌时能向被欺凌者提供帮助。课堂教学过程中教师引导学生了解欺凌,坚定学生反欺凌的态度。学生通过小组讨论、观看视频与角色扮演等方式,了解欺凌的危害,掌握预防与制止欺凌的策略。KiVa项目除了设置课程和学习主题外,还研发了反欺凌电脑游戏,这是一种虚拟学习系统,旨在通过玩游戏的方式让学生体验欺凌行为,并引导学生对欺凌行为作出积极的回应,从而发挥停止欺凌事件的作用。

新西兰在明确欺凌的定义与欺凌的不同行为表现的基础上,搭建预防框架,开设指导课程。《新西兰零校园欺凌框架》(The Bullying-Free NZ School Framework)进一步细化了新西兰预防校园欺凌的核心理念,强调基于全校预防与应对校园欺凌的方法——九个核心要素(The nine elements of an effective whole-school approach to preventing and responding to bullying)。这九大核心要素体现在:学校层面的宏观支持,具体措施的细致保障,多主体的共同参与三个方面。学校层面的宏观支持是零欺凌校园框架得以建构的先决条件。其包括强有力的领导支持(Strong leadership support)、有效和支持性的政策(Effective and supportive policies)以及全校专业学习与发展(School-wide professional learning and development)三个核心要素。

韩国中小学从不同班级中选出一定数量的学生担任调解员,并组成同伴调解委员会,高年级和低年级可以各自组建调解委员会,学校以及校外机构共同对调解委员进行培训,负责组织和管理同伴调解委员会的老师也必须接受培训。为了让学生知晓学校存在同伴调解机制,学校进行广泛宣传,有的学校还将调解员的照片张贴到学校的宣传栏,并告知学生同伴调解的意义。在调解过程中,调解员必须保持中立,保护当事人的个人隐私。为了支援学生调解,韩国一些民间纠纷处理组织为学校的同伴调解组织成员提供帮助或培训。韩国教育部要求对学生进行不低于24小时的培训,培训的内容主要是对纠纷解决的理解,纠纷调解的程序及方法、技巧,对话方法及对话练习,

---

① Minister for Education and Skills. Social,Personal and Health Education(SPHE): Best Practice Guidelines for Primary Schools[EB/OL]. (2010-03-01)[2018-05-03]. https://www. education. ie/en/Circulars-and-Forms/Active-Circulars/cl0022_2010. pdf.

② Minister for Education and Skills. Minister Bruton starts major update of Relationships and Sexuality Education [EB/OL]. (2018-04-03)[2018-05-08]. https://www.education. ie/en/Press-Events/Press-Releases/2018-press-releases/PR2018-04-03. html.

不同类型纠纷的解决办法,问题解决的练习等。[①]

日本开设预防课程,推行同伴支持计划。日本文部科学省针对中小学现有的道德课没有统一教材、教师授课不规范、课程效果不理想等问题,要求中小学的道德课必须被列为正式的教学科目,并将其提高到与国语、数学等学科一样的地位。与此同时,学校配备统一的教科书,教师的教学也被规范和考评。针对国家的呼吁,包括东京书籍、光村图书等在内的日本 8 家出版社编制 48 本道德教科书,并得到了国家的使用许可,比如《新道德》《光辉的未来》等。[②] 所有中小学校每年都要组织 35 节德育课(小学每节课 45 分钟,初中每节课 50 分钟)。德育涵盖 4 方面内容:一是自我意识,包括热爱真理、真诚、自强、勇气等;二是与他人的关系,包括礼貌、尊重、友谊等;三是与群体、社会的关系,比如群体参与、责任、尊重家庭、尊重教师、尊重传统、尊重其他文化、热爱国家等;四是与自然和宇宙的关系,如尊重自然、尊重生命、审美敏感性等。

四、以规范为前提的过程防治

建立预防、发现、干预、处置的事前、事中和事后处置流程是世界各国中小学防治校园欺凌的成功经验。

挪威 2003 年 4 月颁布的《校园环境法案》详细地规定了从预防、发现、干预到处置校园欺凌的全过程规范和要求,确保了校园欺凌防治有法可依和有章可循,使校园欺凌的防治工作法治化、制度化和常态化。奥维斯(Olweus)欺凌防范项目作为一个成熟完善的校园反欺凌措施具有科学、严谨的操作流程,从项目的前期准备、项目实施过程的每个步骤,到项目预计要完成的长/短期目标,均有详细、明确的设计,对实施过程中人员的分工、权责都做了清晰的规定。

美国建立了渐进的分级干预体系。美国在学校中建立起科学的、整体的、制度化的欺凌干预模式,统合学校中的各个要素,以确保欺凌干预体系正常运行。目前,美国最具代表性的学校欺凌干预模式是"全校性积极行为干预与支持"(School-Wide Positive Behavioral Interventions and Supports,简称 SWPBIS)。SWPBIS 是一种运用教育和系统改变的方法,创造积极校园环境,促进适当行为,最大程度防止问题行为。[③] 1997年,SWPBIS 作为唯一的问题行为干预方法被写入《障碍者教育法》(Individuals with Disabilities Education Act,简称 IDEA),并且这一内容在 2004 年的 IDEA 修正案中仍予

---

① 陶建国,唐泽东.韩国中小学校园暴力事件的校内调解及启示[J].少年儿童研究,2020(11):6-12.
② 那乐.基于应对校园欺凌问题的日本小学道德教科书改革新进展[J].外国教育研究,2018(8).
③ Turnbull, A., Edmonson, H., Griggs, P., et al. A blueprint for school wide positive behavior support:Implementation of three components[J]. Exceptional Children,2002,68(3): 377-402.

以保留。① SWPBIS 已被全美三十多个州的超过两万所学校采用。依据此模式佐治亚州教育厅规定了校园欺凌事件干预的具体程序:(1)报告,将事件上报给校园反欺凌部门。(2)调查,收到欺凌报告后,学校应立即组织有关人员进行调查。调查内容可能包括:与被指控的肇事者和受害者、确定的证人、教师、工作人员进行面谈,审查视频监控等。校警、学校辅导员、学校社会工作者或其他协助人员可以根据其专长来确定事件的性质。(3)通知,在调查期间或之后的适当时间,必须通知被告和受害人的家长或监护人。如果事故涉及伤害或类似情况,应当提供适当的医疗照顾,并立即通知家长或监护人。(4)后果,在确认发生欺凌的情况下,被告应受到欺凌指控,并给予符合其年龄的适当处罚,包括在最低限度和非限制的情况下,酌情采取纪律处分或单独辅导谈话。学校应与各方沟通,并明确告知各方严禁报复行为,否则将面临严重的处罚。(5)跟进。通过有计划的事后关注和跟进来关注欺凌事件中双方的需要。在这一阶段要重申之前的禁止任何类型的报复政策。②

美国建立了连续渐进的分级干预体系。分级干预是指从公共卫生的视角,在学校中建立反欺凌的三级干预连续体(参见图 6-2),包括初级(Primary)、二级(Secondary)和三级(Tertiary)干预,均是一系列具体的欺凌预防与干预策略的集合。

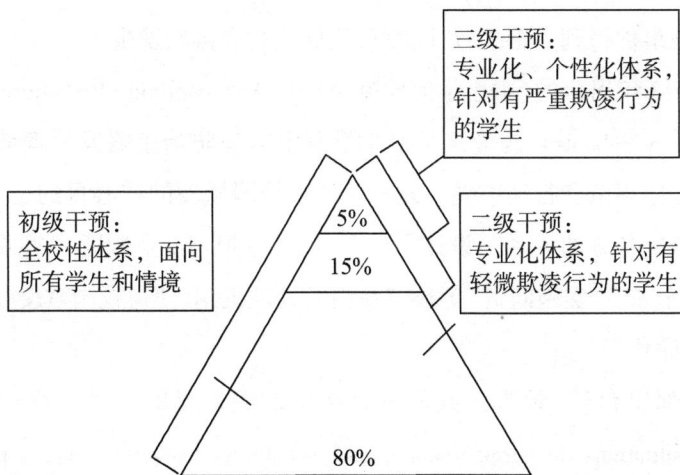

图 7-2　学校欺凌三级干预连续体③

———————————

　　① OSEP Technical Assistance Center on Positive Behavioral Interventions and Supports. PBIS and the law[EB/OL].[2017-04-02]. http://www.pbis.org/school/pbis-and-the-law.

　　② Bullying[EB/OL].(2016-08-01)[2017-07-12]. http://www.gadoe.org/sites/Search Center/Pages/Results.

　　③ Sugai G., Homer,R.. A promising approach for expanding and sustaining school-wide positive behavior support[J]. School psychology review, 2006, 35(2):245-259.

芬兰在全国实施的 KiVa 项目规定,项目执行学校的由 3 名教职工与课程教师组成的小组按以下程序共同应对和处理欺凌事件。

(1)筛查案例。干预小组根据项目的"筛选标准"对报告的案例进行筛查,属于欺凌事件的由学校干预团队处理,其他的争端由班级教师处理。

(2)组织讨论。干预小组教师通过倾听来了解被欺凌的过程,并对被欺凌者的遭遇表示同情与理解,并承诺终结欺凌行为,增加被欺凌者的安全感。

(3)与欺凌者对峙。欺凌者通常以小团伙的形式存在,为全面真实了解欺凌事件,干预小组分别与欺凌者进行交谈,防止他们就欺凌事件编造借口或统一口径隐瞒事情真相。

(4)探讨协商。干预小组再次与欺凌者会面,通过调停、和解、教育等方式,修复学生间的关系,就欺凌事件达成共识,预防新问题的发生。

(5)跟踪安抚。干预小组为被欺凌者提供心理辅导,同时约谈班级同龄人鼓励、关心被欺凌者,为被欺凌者提供后续情感支持与社交技能辅导,帮助被欺凌者恢复与重建自信。

(6)防范再现。在跟踪安抚一段时间之后,干预小组与欺凌事件参与者再次交谈,以确保欺凌事件得到妥善处置,同时防范欺凌行为再次发生。

爱尔兰 2013 年出台的《中小学反欺凌规程》(Anti-Bullying Procedures For Primary And Post-Primary Schools),为爱尔兰中小学制定欺凌防治策略及处理欺凌事件提供了理念指导、程序规范和行动准绳。爱尔兰处理校园欺凌的核心目的是"按程序解决问题,尽可能恢复各方的关系",设计了包含"鼓励举报与专业判断""客观调查与翔实记录""干预与转交""实施问责"等环节在内的处理机制,使得校园欺凌处理工作标准化、规范化、程序化。[1][2]

法国教育部出台的《地方公共教育机构中欺凌情况的处理流程》(Protocole de traitement des situations de harcèlement dans lesécoles et lesétablissements publics locaux d'enseignement)明确规定了处置学生欺凌的相关人员职责及事件处理流程。

在第一时间上报相关事件之后,校长应在校内指派专员进行处理,具体处理过程分为以下四步。

第一步,调查取证。校长指派专人(或与安全预防助理、大学区安全巡视组一起)

---

① 安玉,齐军.爱尔兰校园欺凌防治经验及对我国的启示[J].少年儿童研究,2020(11):13-19.

② Minister for Education and Skills. Anti-Bullying Procedures For Primary And Post-Primary Schools[EB/OL]. (2013-09-11)[2018-02-24]. https://www.education.ie/en/Publications/Policy-Reports/Anti-Bullying-Procedures-for-Primary-and-Post-Primary-Schools.pdf.

对欺凌事实进行证据收集。

第二步,动机调查。组织专人对受害者、欺凌者、围观者及所有相关学生家长进行专业化访谈,调查事件原委。

第三步,采取措施。学校负责人应组织建立多元化的团队参与应对措施的制定,学校可与安全预防助理、大学区安全巡视组合作,或联络校外相关协会或社团寻求帮助。

第四步,事后追踪。学校应为欺凌者和受害者设立专门的疏导场所。即使事件处理结束,学校也需持续追踪处理效果,与相关学生家长保持沟通,以便及时跟进解决后续存在的任何问题。[1]

新西兰从实践出发规划了应对校园欺凌的五大程序。[2]

(1)准备和计划(Prepare and plan),即规划和建立基础设施,以支持实施预防欺凌计划。准备和计划要求在准备和计划中要具备强大的领导力,且建立一个专门的反欺凌校园团队。[3]

(2)收集数据(Gather evidence),确保全面了解学校的欺凌行为,确定欺凌的程度和类型以及何处运作良好,何处需要改进。其中包括调查学生和工作人员、咨询家长、了解学校和周边环境中可能威胁学生安全的因素。

(3)计划行动(Plan action)。为保障行动的有效性,行动计划需经历制定、咨询与批准三个阶段的动态发展过程。制定行动计划(Developing an action plan),即利用收集的数据,规划学校预防欺凌行动计划。

(4)采取行动(Take action),将行动计划付诸实践。实践计划的过程需贯穿《新西兰零校园欺凌框架》中的核心要素,在计划的实施阶段需具有一定的灵活性。

(5)审查和保持(Review and sustain),建立规程,定期检查和审查行动及结果。学校在自我评估过程开始时收集的数据可以形成一个基准,以便对未来的变化进行衡量。[4]

学校对欺凌事件的干预主要涉及举报与回应、调查与评估、干预与转交、问责与再教育、媒体采访与发言等工作流程。

(1)举报与回应。及时了解欺凌事件,创建支持、鼓励学生说出和讨论欺凌行为

① 谷纳海.法国校园欺凌的治理[J].外国教育研究,2020(02):70-83.
② Ministry of Education(New Zealand). A roadmap to preventing bullying[EB/OL]. [2018-02-02]. https://www.bullyingfree.nz/preventing-bullying/planning-to-prevent-bullying-within-a-whole-school-approach/.
③ Ministry of Education(New Zealand). Steps to tackle bullying:a roadmap for schools[EB/OL]. [2018-01-28]. https://www.bullyingfree.nz/preventing-bullying/planning-to-prevent-bullying-within-a-whole-school-approach/.
④ 李睿,俞凌云,马早明.打造零欺凌校园:新西兰预防校园欺凌政策研究[J].现代教育论坛,2018(5):68-75.

的校园氛围非常重要。

（2）调查与评估。新西兰各中小学组建了反欺凌专项小组，专门负责治理欺凌事件，主要由校长、教师、非教学员工和家长组成。欺凌事件发生后，反欺凌专项小组会迅速作出反应，开展调查工作。

（3）干预与转交。新西兰中小学对欺凌事件的严重程度进行评估后，会根据评估等级制定干预措施。若评估为轻度的黄色等级，学校内部会启动"恢复性实践（Restorative practice）"计划，强调所涉学生要进行社交和情感学习，以建立和恢复关系。若评估为红色的重度等级，学校则转交于社会相关机构进行专业治愈。例如，将受害者转交于儿童、青少年与家庭福利部门进行身心治疗；如果涉及网络欺凌，还需网络安全组织 Net Safe 的参与。

（4）问责与再教育。新西兰中小学制定了针对不同程度欺凌的问责机制，但制定的初衷并非惩罚欺凌实施者，而是向全校师生明确"欺凌行为在学校是不可接受的"。学校对欺凌实施者进行问责，并不是针对学生本身，而是针对欺凌行为的性质。

（5）媒体采访与发言。严重的欺凌事件发生后，媒体会蜂拥而至，进行采访与报道。新西兰政府规定，在被要求采访前，学校有权利知晓采访的主题、受采访者都有谁、记者是谁、是现场录制还是预先录制、采访时间等信息，并将这些信息提交至学校管理委员会备案。学校会指定一名媒体发言人，通常是学校管理委员会主席或校长。采访的过程中，学校最多发布 5 条关键信息，以总结欺凌事件的发生以及学校正在和将要采取的行动措施。

澳大利亚学校建立反欺凌的三级干预体系，以培养学生积极行为为预防校园欺凌事件发生的重要措施。第一个层次：普遍性或全校范围内的支持。在第一个层次中，积极行为的培养以全校所有学生为对象，包括那些在情感和行为上有困难的学生。第二个层次：针对第一层干预展开后无响应的 15% 左右的学生进行定向支持。这 15%的学生往往在学业和行为上都存在问题，比起同龄人他们更加孤僻和焦虑，需要倾注更多的关心，也更加需要额外的社会技能、自我管理技能、教师监督以及家校间的沟通。第三个层次：针对 5% 左右对第一、二层次干预无响应的学生进行定向支持。

第四节　学生欺凌防治的国际趋势

2018 年，联合国向各成员国提议，面对校园欺凌这一全球社会公共危机，各国应该认识到，校园欺凌是可防可治的，因此应加强对欺凌防治的投入和研究，同时应积极学习来自他国的"最佳防治经验"。①

一、法律层面：由从属性向专项化转化

校园欺凌是一个世界性的存在，为促进儿童的健康发展，世界各国都普遍重视校园欺凌问题，分别从国家和地方层面进行了法律和制度设计。目前，除亚洲的韩国和日本等少数国家有专门的治理校园欺凌的法律外，大多数国家关于校园欺凌的法律还存在于上位法或相关法律的条款中。随着对校园欺凌危害认识的深入、反欺凌实践的深耕和经验积累及防治过程中法律问题的凸显，反校园欺凌的专项法律安排就显得迫切和必要。

二、治理体制：由政府主导向学校主导转化

为有效防治校园欺凌，世界各国都建立了政府统一领导，相关部门齐抓共管，学校、家庭、社会三位一体的治理模式。各国都认识到了只有包括学生、家长在内的各相关部门与主体的共同参与、通力协作、标本兼治，才能有效地防治学生欺凌和暴力这一世界各国共同面对的难题。于是，纷纷在纵向上建立了国家主导、地方（州）政府和各中小学校参加的三级治理体系，在横向上构建了学校主导，教师、学生、家长和社会力量参加的多元共治机制。加强校园欺凌治理，不仅是学校健康运行的必然诉求，也将为学校进行高效管理、提高教育质量提供根本保障，这也是很多国家的共同愿望。注重发挥政府在欺凌治理决策中的"领头羊"作用和主导地位，同时，强调各主体之间在平等、理解和协商的基础上，建立防治校园欺凌治理工作的协调机制，确立欺凌治理命运共同体的互动依存关系，形成了内部稳定、主体责权清晰、结构良好、有效沟通的欺凌治理格局。建立长效合作机制，重视学生、家长、社区在校园欺凌防治中的积极参与和作用，明确各利益相关者在校园欺凌预防和治理中的职责，并吸纳社会其他力量形成多元主体多方共治的格局。随着校园欺凌防治的法制化、制度化、常态化，各级政府将逐渐从前台退居后台，从主导转为政策保障和监督评价，学校将成为防治校园欺凌的核心和主导。

三、治理模式：由政策主导向项目推动转化

各国在防治校园欺凌初期都采用了政府主导的阶段性集中治理模式。各国都加快反校园欺凌政策制定的步伐，健全依法治理机制，将校园欺凌问题的治理上升至国

---

① 联合国大会第七十三届会议第三委员会议程项目：保护儿童免遭欺凌［EB/OL］.［2018－07－12］. https://www.un.org/zh/documents/view_doc.asp? symbol＝A/RES/73/154,2018.

家层面,提出具体、针对性和可操作性强的欺凌治理指导意见,确保欺凌治理的规范性和合法性。目前各主体在校园欺凌治理中的责任,尊重和强化中小学校欺凌防治的自主权,要求各学校明确防治校园欺凌的管理和工作制度,建立校园欺凌问题应急处置预案。注重法律和制度建设,从制度和组织上为校园欺凌防治提供保障。学生欺凌的防治是一个复杂的过程,需要理论的指导和介入,这种政策指导下的治理,固然可以提供强力的法律和政策支持,校园欺凌的治理可以取得明显的短期效果,难以真正解决复杂的校园欺凌问题,尤其是难以从根源上防止问题的复发。基于此各国纷纷开始推行反欺凌项目。目前,世界上推广较好的项目主要有:挪威的奥维斯(Olweus)欺凌防治项目(Olewus Bullying Prevention Program,简称 OBPP)、芬兰的 KiVa 项目。

四、治理过程:从运动式向常态化转化,从干预向预防转化

各国在防治校园欺凌初期都采用了政府主导的阶段性集中治理模式。久负盛名的挪威的奥维斯(Olweus)欺凌防治项目也经历了 1983 年和 1996 年两轮运动式的防治过程。挪威政府开始认识到,校园欺凌的防治作为对儿童健康权和受教育权的保护,它不仅事关学校,也不仅事关某地或某届政府,而是事关整个社会。因此,不能仅仅依靠单一项目、单一团队、单一部门,甚至不能仅仅依赖政府的行政资源,而需要有更多的社会力量的参与,需要唤醒全民的责任意识和参与意识,需要全社会的持续性的努力。换言之,第一轮和第二轮反欺凌运动所采取的以全校全员式综合性校本欺凌干预项目为主的防治思路被更高站位的全民反欺凌的防治思路所取代。总的来说,挪威 20 世纪的欺凌防治实践,是"浪潮",也是"战役"。[①] 因为这个阶段的欺凌防治完全是以两次全国大规模反欺凌运动为主的,这些"运动式"的治理政策和行动往往体现为一种非常态的集中整顿和治理,具有显著的阶段性和震荡性的特点。这种阶段性集中治理,固然可以取得明显的短期效果,但难以真正解决复杂的校园欺凌问题,尤其是难以从根源上防止问题的复发。[②]

澳大利亚校园欺凌治理取得了一定的成效,被欺凌的学生数量呈下降趋势,但是仍然存在一些问题和不足。一是家长和学生没有完全了解学校制定的反欺凌政策。虽然各中小学都制订了针对本校的反欺凌政策实施方案,但有 50% 的学生和 35% 的家长没有意识到这些举措的存在,即各中小学对于反欺凌政策的宣传和普及力度还有

---

① Roland,E. The Broken Curve:Effects of the Norwegian Manifesto Against Bullying[J]. International Journal of Behavioral Development,2011,(5).

② 张倩,孟繁华,刘电.校园欺凌的综合治理何以实现——来自现代校园欺凌研究发源地挪威的探索[J].教育研究,2020(11):70-82.

待提高。二是教师对于反欺凌知识的了解较为缺乏,导致在欺凌事件解决的过程中效率较低。而且在与学校领导的访谈中,部分学校领导也提到当前需要不断加强教师反欺凌知识培训,以提高教师解决欺凌问题的综合能力。[①]

从奥维斯(Olweus)欺凌防治项目和澳大利亚的实践经验我们可以看出,学生欺凌将长期存在于校园,伴随学生的生活,防治校园欺凌将成为学校的常态性工作。校园欺凌的防治工作将会从运动式向常态化,从事后治理向事前预防转向。

---

① Ken Rigby, Kaye Johnson. The Prevalence and Effectiveness of Anti-bullying Strategies Employed in Australian Schools[R]. University of South Australia, 2016: 61,79.

第八章　我国学生欺凌的综合防治

第一节　我国学生欺凌防治的现状分析

我国的学生欺凌防治尽管起步较晚,但从 2016 年 4 月,国务院教育督导委员会办公室印发《关于开展校园欺凌专项治理的通知》在全国开展专项治理算起,在短短的几年时间就形成了完备的防治学生欺凌的法律制度体系,进行了卓有成效的研究和实践,形成了具有中国特色的防治中小学生欺凌的法律、制度体系和治理模式,取得了显著的治理成效。

一、治理学生欺凌是全世界面临的挑战

学生欺凌是世界各国普遍存在且日趋严重的问题,如何预防和治理学生欺凌,为青少年健康成长营造安全和谐的校园环境,是世界各国都面临的重大课题和共同挑战。据联合国教科文组织 2017 年的报告,全世界每年有将近 2.46 亿儿童和青少年因体貌特征、性别与性取向、种族与文化差异这三个原因遭受欺凌。[①] 联合国儿童基金会(United Nations International Children's Emergency Fund) 2018 年发布的调查报告显示,我国每年有 31.21% 的平均年龄为 14 岁的学童遭受着校园欺凌。[②]

学生欺凌不是中国独有的挑战,推动对学生欺凌有效乃至长效的综合治理,实现对欺凌零容忍的庄严承诺,不仅需要正视问题的自觉和勇气,更需要科学的防治方法和专业化、制度化、系统化的欺凌治理工作机制。联合国教科文组织(United Nations Educational,Scientific and Cultural Organization)的研究报告指出,学生欺凌是目前全球儿童和青少年心智健康发展的"最大威胁"。[③] 因此,如何有效治理学生欺凌是摆在世

---

① 梅丽萍.青少年校园欺凌的预防和应对:欧美国家的最佳实践及其启示[C]//新时代青年学——2018 青年学与青年工作论坛文集.北京:北京理工大学出版社,2019 : 167.

② UNICEF. Developing a Global Indicator on Bullying of School-aged Children[EB/OL]. [2018-06-15]. https//www. unicef-irc. org/publications/979-developing-a-global-indicator-on-bullying-of-school-aged-children. html. 2018.

③ UNESCO. School Violence and Bullying:Global Status Report[EB/OL]. [2018-06-15]. http://www. ungei. org/index_6434. html. 2017.

界各国政府面前的现实问题。

二、我国学生欺凌的治理成效

党中央和国务院高度重视学生欺凌和暴力对青少年成长的不利影响,多次强调,"校园安全事关广大学生健康成长,事关亿万家庭幸福,要提高站位,常抓不懈",[①]并于 2016 年和 2017 年,教育部先后联合中央九部门和十一部门印发了《关于防治中小学生欺凌和暴力的指导意见》和《加强中小学生欺凌综合治理方案》。积极行动,明确工作机构,制定实施方案,采取综合举措,扎实开展学生欺凌防治工作,全国横向区域防治工作进展良好。

(一)建立了防治学生欺凌的制度体系

加强中小学生欺凌综合治理是中小学校安全工作的重点和难点,事关亿万中小学生的身心健康和全面发展,事关千家万户的幸福和社会和谐稳定,事关中华民族的未来和伟大复兴。[②]党中央、国务院对此高度重视并作出批示:"校园应是最阳光、最安全的地方。教育部要会同相关方面多措并举,特别是要完善法律法规、加强对学生的法治教育,坚决遏制漠视人的尊严与生命的行为。"2016 年 4 月,国务院教育督导委员会办公室印发《关于开展校园欺凌专项治理的通知》,在全国开展了为期九个月的专项治理,"要通过专项治理,加强法治教育,严肃校规校纪,规范学生行为,促进学生身心健康,建设平安校园、和谐校园,为学生的健康成长提供良好的环境和氛围"。2016 年 11 月,教育部联合中央综治办、最高人民法院、最高人民检察院、公安部、民政部、司法部、共青团中央、全国妇联九部门印发《关于防治中小学生欺凌和暴力的指导意见》,对积极预防处置学生欺凌和暴力事件提出了宏观性、原则性的指导意见。2016 年 12 月,国务院教育督导委员会办公室印发《中小学(幼儿园)安全工作专项督导暂行办法》,将学生欺凌和暴力行为预防与应对纳入安全专项督导工作。2017 年 11 月教育部出台了《加强中小学生欺凌综合治理方案》,明确了学生欺凌的定义,提出防治学生欺凌的措施及内容,明确参与欺凌防治主体的职责分工,确保中小学生欺凌防治工作落到实处。2021 年 1 月 20 日教育部办公厅关于印发《防范中小学生欺凌专项治理行动工作方案》的通知要求,各地教育部门和学校要建立健全学生欺凌报告制度。

为了给学生欺凌防治提供法律保障,我国的《刑法》和《未成年人保护法》都做了

---

① 国务院办公厅.关于加强中小学幼儿园安全风险防控体系建设的意见[EB/OL].[2018-06-15]http://www.gov.cn/zhengce/content/s2017-04/28/content_5189574.htm,2017.

② 教育部等十一部门关于印发《加强中小学生欺凌综合治理方案》的通知[EB/OL].[2018-06-15].http://www.moe.gov.cn/srcsite/A11/moe_1789/201712/t20171226_322701.html.

相应的修改。2020年12月26日全国人大常委会第二十四次会议通过的《刑法修正案(十一)》对刑事责任年龄作出了调整,规定已满12周岁不满14周岁的人,犯故意杀人、故意伤害罪,致人死亡或者以特别残忍手段致人重伤造成严重残疾,情节恶劣,经最高人民检察院核准追诉的,应当负刑事责任。[①] 2020年10月17日经十三届全国人大常委会第二十二次会议表决通过,自2021年6月1日起施行的新修订的《未成年人保护法》增加了应对学生欺凌的专项条款。在应对网络欺凌方面,新修订的未成年人保护法作出规定,遭受网络欺凌的未成年人及其父母或者其他监护人有权通知网络服务提供者采取删除、屏蔽、断开链接等措施。

为及时有效处置学生违纪及欺凌事件提供政策依据,教育部于2020年12月23日颁布了于2021年3月1日起执行的《中小学教育惩戒规则(试行)》(以下简称《规则》)。《规则》第一次以部门规章的形式对教育惩戒做出规定,系统规定了教育惩戒的属性、适用范围以及实施的规则、程序、措施、要求等,旨在把教育惩戒纳入法制轨道,更好地推动学校全面贯彻落实党的教育方针和立德树人根本任务。《规则》规定教育惩戒是"学校、教师基于教育目的,对违规违纪学生进行管理、训导或者以规定方式予以矫治,促使学生引以为戒、认识和改正错误的教育行为",明确教育惩戒不是惩罚,而是教育的一种方式,强调了教育惩戒的育人属性,是学校、教师行使教育权、管理权、评价权的具体方式。《规则》指出,在确有必要的情况下,学校、教师可以在学生存在不服从、扰乱秩序、行为失范、具有危险性、侵犯权益等情形时实施教育惩戒。

可见,我国在学生欺凌的防治上已经形成了分工明确、职责清晰、程序完整、处置合规的一整套法律制度体系。

(二)科研指导下的实践取得初步成效

我国的研究者和实践者合作积极从学校层面探索治理和预防欺凌的实践策略,已经取得了初步成效。例如,山东师范大学张文新教授领导的课题组在2008年针对一所学校班级开展了为期5周的干预实验,结果表明校园欺凌行为能够通过干预得到减少,学生在学校的安全感进一步增强。[②] 也有学者认为欺凌的发生、发展与道德推脱的心理机制联系紧密,因此在治理欺凌问题时,不仅需要从外部环境入手,建立控制与关怀相均衡的学校环境,关键还要从学校内部道德教育入手,加强以移情性道德感为

---

① 刑法修正案:十一[EB/OL].[2018-06-18].https://www.jxxjrb.cn/jining/zonghe/2020/1228/00543861.html2OL.

② 张文新,鞠玉翠.小学生欺负问题的干预研究[J].教育研究,2008(2):95-99.

旨趣的道德情感熏陶,才能做到正本清源。① 华东师范大学黄向阳教授进行的校园欺凌认知干预团体辅导和哈尔滨师范大学施长君教授团队进行的被欺凌者的内观干预和大数据预测甄别以及精准干预实验也取得了初步成效。

北京市朝阳区开展的预防学生欺凌实验已经大面积成功并形成了推广性经验,朝阳区 14 所实验校开展的预防学生欺凌三轮实验以全面教育、早期发现、逐级干预、规范处置为实验设计的基本构思,初步探索并形成了由"专题课程""专题教育活动""五道防线""治理机制"构成的预防学生欺凌基本模式和整体特征的朝阳模式,这一模式为区域、学校及教师开展预防学生欺凌工作提供了可操作、可借鉴的原则、思路和措施。

(三)学校主导下的综合治理全面展开

我国 2016 年 4 国务院教育督导委员会办公室印发的《关于开展校园欺凌专项治理的通知》,首次面向全国开展为期九个月的校园欺凌专项治理活动。2018 年和 2019 年,又先后部署了"中小学生欺凌防治落实年行动"和"防治中小学生欺凌和暴力专项整治工作",2021 年 1 月 20 日教育部办公厅印发《防范中小学生欺凌专项治理行动工作方案》部署专项治理工作。密集的专项治理行动在一定程度上遏制了学生欺凌事件的频发,提高了各地各校的欺凌防范意识,取得了显著效果。各中小学将专项治理过程中形成的好的做法和经验固化为制度,建立专业、系统、制度化的欺凌治理工作机制,并且不断发现和总结欺凌防治经验,对各项制度和政策加以完善,从"运动式"的反欺凌转变为制度化的欺凌防治,着力建构现代化学生欺凌综合治理体系。同时,积极转变施策思路,变专项治理为专业化、制度化和系统化的欺凌治理工作机制,建构集法律规范、项目干预、赋能支持、绩效保障等多维一体的长效综合治理体系。

三、我国学生欺凌治理面临的困境

近年来,我国学生欺凌案件呈多发态势,成为社会各界热议的焦点话题。比较而言,我国关于学生欺凌的研究相对滞后,学生欺凌引起社会普遍关注也是近几年的事情。尽管我国治理学生欺凌尚无特别成熟的经验,但是各地的学校、教育局、团委、关工委、公安司法等机构,都在积极探索并发挥着积极的作用,特别是在"预防"学生欺凌上做了大量工作。

我国从 2016 年 4 月首次面向全国开展为期九个月的学生欺凌专项治理活动。2018 年和 2019 年,又先后部署了"中小学生欺凌防治落实年行动","防治中小学生欺

---

① 全晓洁,靳玉乐.校园欺凌的"道德推脱"溯源及其改进策略[J].中国教育学刊,2017(11):91-96.

凌和暴力专项整治工作"，2021年1月"防范中小学生欺凌专项治理行动工作方案"部署专项治理工作。各省(区、市)和新疆生产建设兵团确定了学生欺凌防治工作机构及办公电话，制定了学生欺凌综合治理实施方案。虽然在现行法律法规和国家政策框架下学生欺凌现象在很大程度上得到了遏制，但是在新时代全面依法治国的背景下，有关部门对一些引发社会舆论强烈关注的恶性学生欺凌事件的处置与公众对法治的期待仍有差距。总体上呈现"诉后脱管、惩戒乏力"的态势。[①]

(一)法律建设滞后

毋庸讳言，学生欺凌是一个不容忽视的问题。从近几年被曝光的学生欺凌事件中可以看出，"当前许多学生欺凌已经演化为严重的违法甚至犯罪行为，但是据统计，超过7成的欺凌犯罪学生没有负刑事责任"。[②] 针对这种情况，亟须通过司法机关完成欺凌行为与相关法律、法规的对接工作，充分发挥现有的民事、行政以及刑事法律、法规在震慑、治理学生欺凌的功能，从司法的角度为以学校为主导的欺凌治理体系提供法律保障。

我国目前尚无反欺凌的专项立法，对学生欺凌行为的规制散见于《未成年人保护法》《预防未成年人犯罪法》《刑法》《治安管理处罚法》等法律法规中，存在着交叉散乱现象，难以形成对学生欺凌的有效治理，而且，目前过分强调预防而轻视对违法犯罪行为的制裁，也难免会出现头重脚轻的"防""治"体系失调现象。[③]

1. 缺少专门的反欺凌法

目前，我国没有针对学生欺凌的专门性法律，对造成严重危害的学生欺凌事件只能援引其他相关的法律法规来处置。涉及的其他法律法规从不同角度保护未成年人的合法权益，但缺少具体的法律依据来应对和防止严重的学生欺凌行为。只靠说服教育很难走出学生欺凌事件泛滥的困境，针对学生欺凌的专门立法和惩戒性约束亟待出台。

2. 相关主体治理责任不明确

学生欺凌的防治除了有法可依，还要有法必依，需要有专门的机构来"管"。目前我国学生欺凌社会化防治体系仍存在各主体职责设置笼统、界限不清，作为核心主体的政府与学校之间权责分配失衡，政府职责缺位的现象。[④] 因此，我国应成立专门的学生欺凌防治机构及相应的问责机制，明确各治理主体的职责，以保证学生欺凌防治的落实和效率。

---

① 文慧,陈亮.中小学校园欺凌惩戒的现实诉求与实现路径[J].教育科学研究,2020(7):29-35.
② 教育部青少年法治教育协同创新中心.校园欺凌治理的跨学科对话[J].华东师范大学学报:教育科学版,2007(2).
③ 斯涵涵.立法遏制校园欺凌很有必要[N].大众日报,2018-04-09(4).
④ 代娟.构建政府购买教育服务的校园欺凌社会化防治体系[J].当代青年研究,2020(1):91-96.

3.相关主体法律责任不明晰

(1)欺凌者的法律责任缺陷

欺凌者造成的民事责任主要以侵权责任为主。根据《中华人民共和国民法通则》第一百三十三条和《侵权责任法》第三十二条的规定,由未成年欺凌者的监护人承担替代责任,责任方式包括赔礼道歉、返还财产、赔偿损失等。行政责任的归责方式包括由学校来实施的警告、记过、退学、留校察看、开除学籍等行政处分,并且在义务教育阶段只能处以记过以下处分、罚款、没收违法所得、行政拘留等行政处罚。我国的少年司法制度有其缺点和弊端,法律责任简单、惩罚方式种类有限,实施效果不佳,当学生欺凌发生时,各种治理措施的不完善导致没能及时对未成年人的行为进行矫正和引导,不完善的归责体系导致学生欺凌案件的最后处理结果大多以赔钱了事,没有在根本上杜绝欺凌事件的发生。

(2)监护人的法律责任缺陷

我国的法律传统不习惯过多涉及家庭事务,在追究当事人责任的同时忽略了父母及监护人的责任,责任缺位会使得严重损害青少年身心健康的行为得不到制止。父母是孩子的第一任老师,如果在防治学生欺凌问题中仅仅对欺凌行为本身进行规范,不及时对家庭责任进行干预引导,就不能从根本上彻底解决学生欺凌问题。

(3)教育主体的法律责任缺陷

我国中小学教育的教育主体包括学校、教职工、教育主管部门等,各类教育主体与学生发展与成长联系密切,遗憾的是,目前在法律上,尚没有形成教育主体在青少年成长中应负责任的完整归责体系。《未成年人保护法》第二十五条规定,对于具有严重不良行为的未成年学生,先由父母、监护人、教师、学校负责加以管教,对没有改正的未成年学生可送专门学校进行教育矫正。[①] 这些要求没有明确规定教育中各主体的权责,造成许多学校和教师在进行教育管理过程中因害怕引起麻烦和不必要的纠纷而不愿也不敢严厉管教违纪学生,对学生欺凌事件的处置倾向于大事化小、小事化了。

(4)信息传播主体的法律责任缺陷

在信息化高度发展的当今社会,信息传播的门槛越来越低,价值取向不一样的各式信息都可以在网络上传播。这就需要现行法律对各大信息平台传播的信息进行评级筛查,制定统一的标准和规范并进行追责。目前我国尚未建立统一的信息筛选分级机制,未成年人随便可以从各个渠道轻易获得黄赌毒暴力等不良信息。各类自媒体平台门槛低、管理制度混乱且缺乏有效监控,不良信息传播随意。社交平台

① 李颖.校园暴力的法律规制[J].国外研究,2018(3):38-43.

追责空白,欺凌者可随意通过各类社交平台传播欺凌信息,很多欺凌行为直接在网络进行(网络欺凌)。为此,我国亟需完善信息传播主体的法律责任,为青少年提供绿色的网络环境。

4.惩戒制度不完善

一直以来我国的法律都习惯以危害发生的实害性结果作为衡量行为是否违反法律的主要依据,混淆了不同类型的侵害客体,一些严重侮辱人格,严重损害被欺凌者心理健康的欺凌行为往往由于其造成的物理性危害结果较低而成了法律的漏网之鱼,处于模糊的空白地带。只以批评教育为主的青少年立法思路已经不能对抗当今社会频发的青少年欺凌和暴力事件,必要的惩戒和打击严重欺凌违法需要提到日程上来。

(二)专项治理运动化的局限

近代以来,包括中国在内的世界各国、各地区的现代化进程基本上都属于"法制现代化"的历程,即社会治理手段的不断明确化、规则化、公开化并最终法治化。百年来积贫积弱的历史以及近几十年来全球化飞速发展的事实都在无形中促使我们习惯于以"只争朝夕"的方式完成既定目标或克服社会问题。具体到学生欺凌的领域,我们更倾向于通过运动,尤以各类"专项治理"活动为代表的方式开展集中整治。

学生欺凌作为一种长期存在的社会现象,显然不能通过专项治理取得良好的效果,唯有依法治理才能对学生欺凌进行持久性、稳定性地解决。学生欺凌往往具有隐蔽性,受欺凌者迫于欺凌者的压力,更多选择容忍沉默而非报警,这就使欺凌事件普遍存在发现晚、处理晚,学校、执法部门不能主动适时介入、应对迟缓、救济途径不畅等问题,从而导致被欺凌者无法得到及时帮助,欺凌者得不到矫正教育与应有惩罚,学生欺凌日趋暴力化的严重态势。在运动式的专项治理中,学校、执法部门往往会积极主动介入,短时间内越轨学生会急剧减少,专项治理会取得遵纪守法的表面效果,而专项治理之后,就会反弹,不如建立健全学生欺凌介入程序,姚建龙教授提议"通过立法增建校园警察体制"以专门处理学生欺凌及青少年的犯罪预防工作。[①]

(三)教育惩戒的缺失

在学生欺凌事件中,教育惩戒权的缺失和不明晰使得教育处罚无从落脚。

我国教育模式也出现了管理与服务的脱节,强调的是对学生的关爱和"服务",虽然教师有可以采取适当的方式对学生进行批评教育的权利,但就目前而言,只要学校

---

① 姚建龙.中国少年司法的历史、现状与未来[J].法律适用,2017(9):2-11.

和老师进行管理和"惩戒",就会出现大量负面舆情,有越轨行为或者疏于管教的学生的所有问题都会转移到学校和教师身上。在经常会受到网络暴力甚或教育行政部门处分的环境下,学校和教师对越轨学生的惩戒是慎之又慎,导致对欺凌者无法作出惩罚,对于众多的欺凌事件未作出正确处理。《方案》中规定,对实施欺凌屡教不改者,或者实施情节恶劣、严重欺凌者,可以送工读学校教育。这条规定重申了《预防未成年人犯罪法》中,"未成年人实施严重不良行为的,可以送工读学校进行矫治和接受教育"的规定。但值得注意的是,未成年学生应否转入工读学校学习,要有完善的决定机制。

（四）矫正教育的滞后

《预防未成年人犯罪法》规定了对于不满责任年龄而免予追究法律责任的未成年人替代性教育措施,即责令父母管教、收容教养和工读学校。

首先,"责令父母管教"无外力监督,缺乏拘束力,往往是有权机关——以公安机关为主,依据法律不能采取行政处罚乃至启动刑事程序时,公安机关会对欺凌者进行严肃训诫,责令监护人严加管教,会同教育主管部门和学校对被欺凌者予以心理疏导和抚慰。但是,相当一部分欺凌者其行为模式离不开家庭因素的影响,在他们大多处于家庭教育本身就缺位的情况下,通过"责令"父母严加管教,收效甚微。

其次,收容教养制度本身受到很多质疑。立法机关应该对收容教养制度做出更加详细规定,将实施严重犯罪行为、并且具有较大人身危险性但没有达到刑事责任年龄的未成年人进行收容教养。收容教养带有限制人身自由较长时间的性质,目前,收容教养权的归属亦存在争议,由公安机关做出的收容教养的决定受到抨击,应当扩大司法管辖范围,将收容教养权赋予法院。

最后,工读学校制度既提供了对罪错少年的教育矫正,又有效保障了受教育的权利,看似提供了两全其美的治理途径,但实际上,我国的"工读学校"普遍面临着生源危机、"空转"危机。[①]

对于不满责任年龄而免予追究法律责任的欺凌者的替代性教育措施面临着诸多困境。面对既不能追究法律责任,又不具备有效教育措施的现状,只有完善和加强矫正教育制度,才能够弥补我国因为责任年龄规定和罪量要求而形成的学生欺凌惩戒、矫治方面的空白。[②]

（五）监督评价制度的缺失

学生欺凌的防治工作的开展,事关亿万中小学生的身心健康和全面发展,事关千

① 李莉,姚宇波.校园欺凌干预制度的法律研究——美国经验与中国路径[J].青少年犯罪问题,2019(1):30-39.
② 胡剑,王娜.论校园欺凌之中国治理对策[J].北京青年研究,2021(01):86-92.

家万户的幸福和社会和谐稳定,也事关中华民族的未来和伟大复兴。因此,党中央、国务院以及各级教育部门积极出台学生欺凌防治指导文件,构建学生欺凌防治体系,加强学生欺凌的预防和治理,我国学生欺凌的治理工作已经逐渐走上正轨。然而,当前我国缺乏学生欺凌事件的数据统计报告,也尚未逐级构建具体化的考评指标体系,各级教育部门在落实上级文件时频频受限,未能有序引导学校开展学生欺凌防治工作,学生欺凌治理工作的落实遇到了巨大的阻碍。

1. 缺乏全国性的学生欺凌监控数据平台

纵观我国各级政府、教育部门出台的学生欺凌防治的规范性文件、司法文件,均未能看到有关学生欺凌事件的数据统计报告制度,各级教育部门缺乏搜集、统计学生欺凌数据的意识。我国关于学生欺凌事件的数据来源,仅仅只有法院的单一渠道,欺凌数据的性质也皆是较为恶劣的民事、刑事案件,数据呈现出明显的局部性和不全面性,在此基础上由教育部等十一部门出台的指导方案缺乏综合的大数据分析基础,在各基层地区的适用性、针对性有所偏差。尽管 2021 年 1 月 20 日教育部办公厅关于印发的《防范中小学生欺凌专项治理行动工作方案》要求,各地教育部门和学校要建立健全学生欺凌报告制度。这种报告也是事后的处置报告,没有建立全国性的学生欺凌监控数据平台。

2. 尚未逐级构建具体化的考评指标体系

建立考评指标体系是落实学生欺凌防治工作的重点,也是提高各市、区级教育部门有序开展防治工作的基础。教育部等十一部门出台《加强中小学生欺凌综合治理方案》就明确指出建立考评机制的重要性,但作为指导文件,该方案中并未细化考评的各项条款,仍需各级教育部门根据地区特色细化考评要求,以便市、区级的学校能够有序地根据考评要求开展防治工作。

目前,我国的中小学以及相关部门对学生欺凌的处理方法仍然呈现出零散、被动、乏力的特点,尤其是在众多的处理方法中并没有任何一种占据主导地位的治理措施,这就使得现实中的种种治理手段或治理部门各管一摊、缺乏协作,甚至在某些问题上皆不监管,导致了问题的恶化。

我国治理学生欺凌问题的当务之急是通过法治化的手段即立法的途径建构主次分明的治理模式,通过设立完备的学生欺凌处理流程,明确学生欺凌治理工作的统摄力量与着力点,从而增强问题处理的可操作性;通过相关配套之多维措施实现对学生欺凌的综合治理,形成主次分明体制下的协同治理机制。

第二节　建立政府主导的综合防治体系

根据世界各国的学生欺凌防治经验,要实现长治久安,就必须将专项治理过程中形成的好的做法和经验固化为制度,建立专业、系统、制度化的欺凌治理工作机制。最重要的学生欺凌治理经验就是从"运动式"的反欺凌转变为制度化的欺凌防治,转变施策思路,变专项治理为专业化、制度化和系统化的欺凌治理工作机制,坚持法治与德治相统一,学校与社会相配合,治理科学化、规范化、标准化,建构集法律规范、项目干预、赋能支持、绩效保障多维一体的综合治理体系。[①]

一、构建防治学生欺凌的法治环境

目前,我国中小学校园安全立法滞后,还没有专门的校园安全和反欺凌暴力的专项法律法规,更谈不上健全的校园法治体系,我国学生欺凌暴力治理长期以来无法可依,对欺凌行为的治理长期停留在"道德"层面,对欺凌和暴力行为者过度迁就、忍让和妥协,以致欺凌暴力治理效果不佳,欺凌暴力事件屡禁不绝。不给学生欺凌暴力行为留下任何法制漏洞,严格依法管理,依法惩治,使中小学生从小就知法、懂法,不违法,敢于用法律武器保护自身权益是法治环境建设的着眼点。

目前,我国有关学生欺凌的法律规制散见于《宪法》以及《教育法》《未成年人保护法》《预防未成年人犯罪法》《治安管理处罚法》和一些地方性法规之中。这些法律对学生欺凌属于间接规制,针对性不强,而且对于学生欺凌的界定、欺凌防治的责任和要求,以及学生欺凌的报告和处理机制等关键问题也未提出明确的法律约定,[②]使得各相关责任单位苦于无法可依而无从下手。因此,通过专项立法尽快建立权责清晰、权威高效的欺凌防治法治系统,从法律层面明确各部门、各单位,尤其是学校在欺凌治理中的角色和责任,建立切实可行的工作规章和防治制度,让各级各类责任主体能够在各欺凌治理环节中有法可依、有章可循,已经成为我国基层工作者和学者们的共同呼声。[③]

完善法律制度,制定专门的反欺凌法,为回应社会对依法治理学生欺凌的诉求,我国出台了一些针对学生欺凌治理的规范性文件,如2016年教育部出台《关于防治中小

---

①　冯帮.地方政府推进校园欺凌治理的政策与反思——基于17个地区校园欺凌政策文本的分析[J].教育理论与实践,2019(28).

②　孟凡壮,俞伟.我国校园欺凌法律规制体系的建构[J].教育发展研究,2017(20).

③　赵亭亭.我国校园欺凌问题的现状、成因及防治——基于两次校园欺凌论坛的会议综述[J].当代青年研究,2018(6).

学生欺凌和暴力的指导意见》，2017年教育部等十一部门联合出台《加强中小学生欺凌综合治理方案》，2018年各省市也相继出台了《加强中小学生欺凌综合治理方案的实施办法》，2021年教育部公布的《未成年人学校保护规定(征求意见稿)》等。虽然在现行法律法规和国家政策框架下学生欺凌现象在很大程度上得到了遏制，但是在新时代全面依法治国的背景下，有关部门对一些引发社会舆论强烈关注的恶性学生欺凌事件的处置与公众对法治的期待仍有差距，总体上呈现"诉后脱管、惩戒乏力"的态势。[①] 制定反欺凌的法律和政策，明确欺凌受害者的法律救济和欺凌者的法律责任，明确学校在反欺凌行为中的安全教育、管理和防范责任，将处置学生欺凌行为上升到法律层面，依法治理学生欺凌行为中的欺凌者，并对被欺凌者进行保护，[②]是防治学生欺凌的先决和保障条件。

二、建立监测评估问责机制

学生欺凌的防治除了有法可依，还要有法必依，需要有专门的机构来监管。我国应成立专门的学生欺凌防治机构及相应的问责机制，明确各治理主体的职责，以保证学生欺凌防治的落实和效率。专门机构要做好学生欺凌事件的记录和调查工作，实时监测，持续跟进，保证学生欺凌防治工作的连续性，促进学生欺凌防治工作的标准化和规范化，杜绝对学生欺凌事件的处理出现"大事化小、小事化了"的现象。建立中小学校法治建设负责人制度，推动学校完善规章制度、落实各项预防和处置措施。同时，要认真落实《中小学教育惩戒规则(试行)》，明确教师对学生不良行为进行惩戒的边界，合法保障教师的惩戒权利。

我国在《加强中小学生欺凌综合治理方案》中提出建立学生欺凌防治的工作考评机制和问责机制，"将本区域学生欺凌综合治理工作情况作为考评内容，纳入相关部门负责人年度考评，纳入学校校长、行政管理人员、教师、班主任及相关岗位教职工学年考评。"同时，对职责落实不到位、学生欺凌问题突出的地区和单位追究责任。从思路上来说，这些措施旨在通过对各地各单位的欺凌防治工作展开绩效考核和问责，进而保障和提高工作绩效。然而，从实际效果来看，这些措施在执行上会大打折扣。因为这种考核的依据主要还是基于上级对下级的工作检查或个别欺凌事件的曝光。可以想象，这种考核所带来的问责压力，难免导致下级单位隐藏和掩盖当地欺凌问题，尤其是在绩效较差、欺凌发生率较高的地方和学校。

完善监测评估机制，建设学生欺凌事件的数据采集平台，为教育行政部门开展绩

---

① 文慧,陈亮.中小学校园欺凌惩戒的现实诉求与实现路径[J].教育科学研究,2020(7):29-35.
② 张海燕,刘丽.学校欺负行为干预研究综述[J].教育理论与实践,2005,25(5).

效督导与问责提供依据,促进循证施策。国家教育行政部门通过第三方监测全国的学生欺凌现象,收集各地方各学校的欺凌干预的绩效数据,并据此对基层欺凌防治工作进行业务督导和资源支持。将校园环境纳入我国基础教育质量监测的指标体系,建设学生欺凌现象的数据采集平台,直接面向学生开展问卷调查,收集关于各地区、各学校欺凌现象和欺凌防治工作的一手数据,在此基础上建立欺凌防治工作的绩效管理和问责制度。同时,根据绩效数据向薄弱区域和学校提供有针对性的项目支持和专家指导,以帮助其切实降低欺凌发生率,从而让学生都能够享有安全良好的校园环境,这才是解决问题的关键。[1]

第三节　建设综合的社会防治支持系统

一、创建综合治理的社会服务体系

我国的学生欺凌防治应在政策指导法律保障下进行,积极构建社会团体、组织、社区与相关政府机关及学校协同合作的综合防治体系。

(一)净化文化和网络环境

消除学生欺凌事件的最有效的方法还是"正本清源",给学生一个风清气正、纯洁向上的社会文化环境。预防学生欺凌,就要弘扬风清气正的社会文化,要坚决抵制低俗文化、庸俗文化对学校的浸染和对学生的荼毒,弘扬经典、主流与正义,坚守真、善、美的永恒,使中小学生返璞归真,回归于社会主义核心价值观。

在社会层面创造一个有助于有效治理学生欺凌的社会环境,增强社会对学生欺凌危害性的认知,提高人们对学生欺凌问题的重视程度。[2] 每年或者某个月份定期举办全国性的反欺凌活动,集中开展各种反欺凌校园宣传活动,制作公益宣传广告,设立国家"反欺凌日",让学校、家长、学生和各界社会人员积极参与进来,引起公众对学生欺凌的重视,社会支持对学生欺凌的干预是具有重要推动作用的,可以加深人们对"学生欺凌的'零容忍'"观念的理解,将学生欺凌杜绝在根源之上。[3]

---

① 张倩,孟繁华,刘电.校园欺凌的综合治理何以实现——来自现代校园欺凌研究发源地挪威的探索[J].教育研究,2020(11):70-82.

② Strøm,I. F.,Thoresen,S.,Wentzel-Larsen,T.,et al. A prospective study of the potential moderating role of social support in preventing marginalization among individuals exposed to bullying and abuse in junior high school[J].Journal of Youth and Adolescence,2014,(43):1642-1657.

③ Patton,D. U.,Hong,J. S.,Williams,A. B.,et al. A review of research on school bullying among African American youth:An ecological systems analysis[J].Educational Psychology Review,201,(25):245-260.

（二）构建多元协作的社会支持体系

学生欺凌的防治不能仅靠学校,政府、社区、家庭应该与学校紧密联系,互相支持,共建治理体系。政府和学校应联合起来增强对学生欺凌的关注,制定应对学生欺凌的指导手册,列出学校、家长和学生预防以及应对学生欺凌而采取的一些必要措施,并设立反欺凌儿童帮助热线,被欺凌学生可以及时报告自己的受欺凌事件,寻求法律的指导和帮助,引起学校和家长以及社会的共同关注,减少学生欺凌事件的发生。[①]

1.完善社会服务体系

司法体系主要为了惩戒,而社会服务体系则主要用于当事人（受害者及欺凌者）的社会心理康复。就青少年服务而言,每个学校都应配备至少一名专门的心理健康辅导教师,对于一般的青少年每个社区都应设有综合青少年服务中心,对于边缘青少年应配备区域性的青少年服务队。

2.组建社会公益组织或机构

借鉴国外经验组建为学生、家长和教师提供教育和心理信息咨询及援助的社会机构或公益组织。这些组织或机构致力于防治欺凌消除暴力,这些组织或机构设有针对不同年龄段学生的援助内容。具体包括欺凌预防与干预、暴力预防、教职人员培训、辅导员研讨会、班级讲座等。学校可以在有欺凌事件发生的时候得到协会或组织专业性的支持。

3.提供心理咨询和援助服务

整合社会资源,组建为学生、家长和教师提供心理咨询的服务咨询中心。咨询中心至少有一位心理学专家负责欺凌预防和危机干预,不同地区的专家组成了跨区域的欺凌预防和危机干预团队,并就其进行的相关项目提供建议。在校园暴力、欺凌预防和危机干预领域,心理学专家的工作重点是为学校提供系统的心理咨询服务,帮助学校制定预防暴力、欺凌和进行危机干预的项目,支持学校建立反对暴力、欺凌的内部网络,协助学校组建"危机干预小组",负责紧急情况下的协调行动,为学校提供预防措施与反欺凌宣传,与学校进行外部网络合作,通过监督,进一步指导学校教育,提高学校工作人员的能力。[②]

4.建立反欺凌网络平台

尽管欺凌事件主要发生在学校,但学校以外的家庭、社区和网络都可能发生欺凌事件。由于学生欺凌的原因很复杂,我们不可能期望老师和学生以直觉去改善,仅仅

---

① 张海燕,刘丽.学校欺负行为干预研究综述[J].教育理论与实践,2005,25(5).
② Senatsverwaltung fuer Bildung,Jugend und Familie. Schulpsychologie[EB/OL].[2018-09-20].https://www.berlin. de/sen/bildung/unterstuetzung/Schulpsychologie/.

依靠学校和教育行政部门无法达成目的,必须与共青团、公检法、网络服务提供者、网站经营者、网络监管等部门合作,通过网络监督和网络举报尽早发现可能给学生造成身心伤害的欺凌信息,采取适当措施防止网络传播导致事态蔓延,造成恶劣社会影响。我国应启动防治学生欺凌的专属网站,强化专属网站的咨询、管理与互动方式减少学生欺凌事件的发生。建立聊天室和网络论坛,为青少年提供共同的网络社区,使遭受欺凌的学生有地方倾诉,同时能得到其他人的帮助。

推广免费的防治欺凌网络课程。教育行政部门应提供有关学生欺凌的丰富资料,公布国家与各省区市关于欺凌的治理条例,以及全国各省市学生欺凌现状的指标性研究,为中小学生提供互动网站与影音视频。

5.完善电话和网络救助机制

我国大多数地方都设置了欺凌救助电话,受理欺凌举报。现实情况是,我国欺凌救助电话的功能主要是接受学生和家长的举报,作用非常单一,没有达到预期效果。目前我国的网络救助平台尚未建立,欺凌救助电话大多设在学校,个别地方也设在市或县。在市县设置统一的欺凌救助电话,有助于增加学生的信任感以及寻求帮助时的安心感,也有利于从整体上积累本地区引发学生身心不安的事件信息,避免信息的碎片化,便于信息的利用和交流。扩大欺凌救助平台和电话的业务范围。欺凌救助平台和电话除了接受欺凌举报外,还应当为学生提供事态咨询、心理抚慰、解决面临的困惑、消除不良情绪、帮助与学校或其他部门沟通联络等服务。

二、设立研究机构推动项目实践

学生欺凌是一个涉及社会学、心理学和教育学的特殊问题,需要进行专题研究,用科学方法指导学生欺凌的防治。我国尚未成立专门研究学生欺凌的机构和组织,对学生欺凌的学术研究也是近年来才有所加强。已有研究多停留于小规模的调查,缺乏长期的跟踪研究、大规模的调查研究和规范的实验干预研究,使得学校难以获得有效的欺凌干预工具、系统的工作指南和专家支持,这已经成为当前我国欺凌防治工作中最明显的短板。应尽快成立专门的研究中心,开展学生欺凌的理论和实践研究,重点关注和推广基于实证研究、应用效果明显的校本干预项目、措施和方法,增强学校的应对和预防能力。积极学习和引进国外基于实证研究、应用效果明显的学生欺凌防治项目(如挪威的 OBPP、芬兰的 KiVa 等反欺凌项目),进行本土化改造和完善,为学校提供切实可行的干预措施、技术和方法,增强学校对欺凌的应对和预防能力。研究中心除进行学生欺凌理论研究和指导反欺凌实践外,还要为中小学校提供反欺凌课程、为学生提供反欺凌手册、为家长提供反欺凌指南,为反欺凌平台提供相应的资料和信息,还应进行教师、学生、家长、相关人员的反欺凌培训等。

第四节 建构学校核心的立体防治机制

防治学生欺凌是事关青少年健康成长的大事,面对学生欺凌我们要坚持"教育为先、预防为主、保护为要、法治为基"的防治理念和原则,建设联合防治、制度防治、环境防治、科学防治的环境和机制。

一、联合防治

(一)建立机构

学生欺凌是多种因素交互作用的结果,既有微观系统的家庭环境、学习环境、社交环境、班级环境、同伴环境,也有中间系统的学校与家庭、学校与社会、家庭与社会、教师与学生、同伴与同伴等关系,也有外部系统的社区环境、网络舆论环境、社会文化环境、媒介环境等,还有宏观系统的社会主流文化、信仰、政治系统、社会组织机构、政策制度等,而中小学生正是处于这个生态系统中最直接也最客观的发展中的个体。每一个儿童的生活不仅由其父母来塑造,而且也由邻居、同学、学校,以致整个社会文化来塑造。我国迫切需要建立政府主导、学校核心的政府、学校、家庭、社会四方组成的多个主体分工与合作四位一体的学生欺凌防治体系和机制,建立"学校—家庭—学生"反欺凌共同体,成立以学校为核心的反欺凌组织或委员会。

借鉴国外的经验和《加强中小学生欺凌综合治理方案》的要求,学校应成立专门的反欺凌委员会或应对小组,成员由学校、社区、相关单位人员和家长、教师组成,也可吸纳学校的法律顾问、法治副校长、心理健康教育教师等作为成员。委员会或应对小组完成受理举报、分类处理、移送通报、善后辅导等工作。学校反欺凌机构的性质不是制裁机构,也不是惩罚机构,而是预防、教育与治疗机构,通过必要的管理与"法治"手段使学生的不良行为保持在可控的范围之内。学校反欺凌机构的最重要的任务就是"绝于未萌"和"亡羊补牢"。

有条件地区的学校可建立学校驻警制度,改变现在的兼职为专职。警察在处理学校违法犯罪事件和严重学生欺凌事件上更加专业、更有经验,对于程度较轻的欺凌事件由学校施以适当惩戒,认定欺凌行为涉嫌违法或犯罪时,则移交到相关司法部门介入调查。值得注意的是,对于不满责任年龄而免予追究法律责任的未成年人,实施替代性教育,建议立法机关确立可以由驻校警察进行评估后上报学校,经学校审核并申请到教育行政部门,由教育行政部门决定是否对欺凌者实施强制转送到工读学校的制度。

(二)明确职责

学生欺凌的防治工作是在政府、学校、家庭、社会四方的分工与合作中共同推进的,只有落实多方主体在学生欺凌预防工作中的责任,才能真正实现学生欺凌的预防和治理。

教育部等十一部门关于印发《加强中小学生欺凌综合治理方案》的通知中,明确了在防治中小学生欺凌工作中,各相关部门的职责:

教育行政部门负责对学生欺凌治理进行组织、指导、协调和监督,牵头做好专门(工读)学校的建设工作,是学生欺凌综合治理的牵头单位。

综治部门负责推动将学生欺凌专项治理纳入社会治安综合治理工作,强化学校周边综合治理,落实社会治安综合治理领导责任制。

人民法院负责依法妥善审理学生欺凌相关案件,通过庭审厘清学生欺凌案件的民事责任,促进矛盾化解工作;以开展模拟法庭等形式配合学校做好法治宣传工作。

人民检察院负责依法对学生欺凌案件进行审查逮捕、审查起诉,开展法律监督,并以案释法,积极参与学校法治宣传教育。

公安机关负责依法办理学生欺凌违反治安管理和涉嫌犯罪案件,依法处理实施学生欺凌侵害学生权益和身心健康的相关违法犯罪嫌疑人,强化警校联动,指导监督学校全面排查整治校园安全隐患,协助学校开展法治教育,做好法治宣传工作。

民政部门负责引导社会力量加强对被欺凌学生及其家庭的帮扶救助,协助教育部门组织社会工作者等专业人员为中小学校提供专业辅导,配合有关部门鼓励社会组织参与学生欺凌防治和帮扶工作。

司法行政部门负责落实未成年人司法保护制度,建立未成年人法律支持体系,指导协调开展以未成年人相关法律法规为重点的法治宣传教育,做好未成年人法律援助和法律服务工作,有效保护未成年人的合法权益。

人力资源社会保障部门负责指导技工学校做好学生欺凌事件的预防和处置工作。

共青团组织负责切实履行综治委预防青少年违法犯罪专项组组长单位职责,配合教育行政部门并协调推动相关部门,建立预防遏制学生欺凌工作协调机制,积极参与学生欺凌防治工作。

妇联组织负责配合有关部门开展预防学生欺凌相关知识的宣传教育,引导家长正确履行监护职责。

残联组织负责积极维护残疾儿童、少年合法权益,配合有关部门做好残疾学生权益保护相关法律法规的宣传教育,切实加强残疾学生遭受欺凌的风险防控,协助提供有关法律服务。

学校负责具体实施和落实学生欺凌防治工作,扎实开展相关教育,制定完善预防和处置学生欺凌的各项措施、预案、制度规范和处置流程,及时妥善处理学生欺凌事件。指导、教育家长依法落实法定监护职责,增强法治意识,科学实施家庭教育,切实加强对孩子的看护和管教工作。

(三)通力合作

1. 学校与政府相关部门的沟通与联络

孩子是祖国的希望和未来,在关乎学生的教育问题上,学校要与相关部门形成工作合力,共同防治学生欺凌。

(1)建立学校与民政部门的联系制度

在现实中,一些经济困难学生会成为欺凌的实施者,也可能成为被欺凌者。对于这部分学生,学校要予以重点教育和帮扶,按照有关规定给予教育资助和特别关怀。当发现学生需要社会救助时,学校要及时联系民政部门对学生进行救助。

(2)建立学校与文化管理部门的合作机制

根据《未成年人保护法》的规定,国家鼓励新闻、出版、信息产业、广播、电影、电视、文艺等单位和作家、艺术家、科学家以及其他公民,创作或者提供有利于未成年人健康成长的作品。禁止任何组织、个人制作或者向未成年人出售、出租或者以其他方式传播淫秽、暴力、凶杀、恐怖、赌博等毒害未成年人的图书、报刊、音像制品、电子出版物以及网络信息等。学校应联合文化管理部门密切关注与未成年人相关的文化产品,发现向未成年人传播淫秽、暴力、凶杀、恐怖、赌博等产品的应当及时予以取缔并进行处罚。

(3)建立学校与妇联、共青团的联系机制

各级妇联与共青团都属于群众组织,他们都已经在各自系统内推动建立了12338维权热线、12355青少年服务台等,并联系了一大批专业社会工作者、公益律师、志愿者开展有针对性的自护教育、心理辅导和法律咨询,为有效保护妇女和儿童权益做了很多积极努力。学校应该整合利用这些社会资源,在发现家长监护行为不当或者学生出现不良行为需要外界进行干预和矫正时,可以与当地妇联和共青团建立联系,对这些家庭和孩子进行教育指导。

2. 建立学校与公检法部门的联系协作机制

对于一些严重的欺凌和治安事件,学校往往很难靠自身力量予以解决。当学校的教育和处分不足以矫正学生的不良行为或者有些学生确实涉嫌犯罪时,学校必须客观负责地向公安机关报告。在出现严重学生欺凌事件时,学校要跟公安部门保持密切沟通,在一切依法进行的前提下,可以对学生予以适当保护。

探索建立与执法机关的稳定联系。按照相关政策要求,现阶段我国 96.5%以上的中小学已经配备了法治辅导员。[①] 通过配备法治副校长或法治辅导员的方式,能够促进执法机构配合学校反欺凌体系的常态化、机制化运行,并能指导学校预防和处理学生欺凌等具体问题。

3. 建立学校与社会机构和团体的合作机制

积极寻求社区及其他社会机构的支持与帮助。加强与社区机构的合作,净化学校周边环境,争取更多社会教育资源参与到学校反欺凌防治体系的建设中来,形成支持性社会生态环境。

学校要加强与社会公益组织、高校和科研机构合作,共同组建反欺凌联盟,开展反欺凌社会援助、开发反欺凌课程和项目。研究机构在反欺凌行动中的广泛参与,为学校提供反欺凌技术支持,帮助反欺凌措施更加科学、专业。如,开发反欺凌课程和项目,做专题报告,开展人员培训,进行专题研究和实践指导。

4. 建立学校与家庭合作机制

我国一直以来没有建立较为有效的家校合作沟通机制,当学生欺凌事件发生时,家校之间有时会形成一种对立关系,各种"校闹"新闻屡见报端,这非但不利于事件的解决,反而造成更大的负面影响,对当事学生也造成了二次伤害。针对我国家长群体普遍缺乏学生欺凌防治的相关知识和经验的现实,学校应有计划地联合社区及其他公益机构对家长进行专项培训,提高家长对学生欺凌的防治意识,使其认识到"在中小学生还处于价值观未成型的阶段,将核心道德价值,诸如尊重、公正、负责等传递给学生,帮助学生将道德规范内化为道德品质是预防学生欺凌的关键"。[②] 建立长期、稳定的学生欺凌家校协同防治机制,提高家长参与能力和参与度,是防治学生欺凌共助学生健康成长的根本途径。

(1)搭建平台,建立家校对话协商机制

学校不缺少对违规违纪的处罚机制,但是缺乏连续、整体的反欺凌应对机制。家校合作并不缺乏沟通的平台和途径,但缺少的是有效的沟通机制,特别是针对学生欺凌问题的有效和及时沟通。由于部分家长和教师从思想上并不重视学生欺凌,将其视为儿童间的打打闹闹,出现问题后家长到校的交流也成为一种"告状",家长从心理上无法接受孩子受到欺凌或是被指责家庭教育不当造成的欺凌,在欺凌之后的沟通也就

---

① 田夏彪. 从"物本"转向"能本":中小学社会主义核心价值观教育路向[J]. 大理学院学报,2016(11):73-78.

② 曹艳. 国外校园欺凌防治政策的共同特征及其启示 [J]. 外国教育研究,2018(8):56-67.

成了双方的互相指责。有效的家校对话应该是动态的、良性的循环,需要建立一个"家校—师生—父母—子女"间的对话协商机制,通过"通知—反馈"的动态交流,家长能够及时掌握孩子在学校的表现也有助于教师了解学生在家的状态。教师鼓励家长通过校讯通、微信群、家长座谈会等方式积极反映学生的心理动向,这样教师就能够把握学生的心理动向,对可能发生的欺凌事件及时干预。教师也要及时向学生家长反馈学生的在校情况,教师可以针对学生的学习情况、行为习惯、群体交往情况等进行反馈,便于家长根据具体情况来帮助孩子。家校双方共同合作,能够抵制学生欺凌的发生,降低学生欺凌的发生率。

创新家校沟通机制,及时分享交流信息。传统的家校合作方式,如家长会、家访、家校联系手册等应该与新型的方式相结合,互联网的发展为家校合作提供了更多的平台和方式,比如,可以通过建立学生家庭信息数据库、大数据平台等,为教师与家长的沟通提供有力的支持。可以通过各种多媒体网络平台,如手机报、公众号等让家长动态了解学校的办学理念、培养方案、学科设置等宏观信息,从而达到家长支持学校的目的。可以通过开设网上家长论坛等形式,为家长与学校之间、家长与家长之间的交流互动提供信息沟通平台。学校也可以定期举办家长咨询会、设立学生工作坊,让家长与学生了解什么是学生欺凌、学生欺凌的诱因、学生欺凌的形式、预防措施、危害及受害者的救济与救助等相关知识,为防治学生欺凌提供认知支撑。

(2)拓展形式,建立家校深度合作机制

家校合作过程中,家长是支持者和学习者,是学校活动自愿参与者,学校教育决策参与者。现行的家校合作仅停留在了解、交换信息的层面,停留在知情权上,即作为支持者和学习者参与。造成这种现象的原因是教师与家长之间的单向交流,家长缺乏话语权。

完善家长委员会制度,提高家长在学校反欺凌防控体系中的参与度和监督力,发挥家长委会在处理家校纠纷或欺凌事件中的第三方协调作用,强化家长委员会参与学校治理和发展的作用。在面对学生欺凌问题时,家长委员会可以发挥自身的优势,帮助协调和解决相关的复杂和棘手的问题。家长委员会可以定期开展一系列的活动、相互交流,作为第三方组织可以为学校的治理献计献策。学生欺凌的责任主体较多,而家庭往往成为校园安全的责任盲区。家庭层面需要学校的指导,以构建良好的家庭教养环境。

学校可以开设家长学校,通过定期举行宣讲会、交流会、反欺凌培训讲座等,改善学生家长的教育方式和亲子关系,形成温馨和谐的家庭氛围,为儿童提供良好的家庭环境。对于那些需要特别关注的学习成绩不好、性格内向沉默、家庭经济困难或者父母不在身边的学生,学校要与家长保持密切沟通,督促父母为学生创造良好的家庭环境,保障学生的健康成长。学校要通过家访、家长会、家长学校、家长课堂等方式,不断提升家长识别学生欺凌的能力。

学校、社区及其他公益机构还可以定期编印反欺凌知识卡片、案例分析手册等材料分发给家长,或者在学校、社区等场所的宣传栏进行张贴,营造一个人人关注学生欺凌的大环境,为家长提供多方式、多渠道的学习支持。当家长关注学生欺凌的意识和参与学生欺凌防治的能力提高后,学生将会在对其成长影响最为重要的家庭教育中得到正确的引导,家长也能及时觉察到问题行为产生的迹象,及早进行干预,将欺凌化解在校园之外和萌芽之初,这将会极大地降低欺凌的发生率。

学校还应和家长共同协商形成学生欺凌家校协同防治方案,明确学校、家庭在学生欺凌治理中各自享有的权利及应承担的义务,以及当学生欺凌事件发生时的处理程序和方式,强调家校双方都需要在国家法律及教育部相关政策的规范下处理欺凌事件,避免家校关系的对立。学生欺凌具有普遍性、隐蔽性和反复性的特点,所以在干预欺凌问题上需要各方形成合力,建立共识、统一目标,学校联合并指导家庭,为学生的健康成长建立良好的教育环境,让学校成为最具有阳光和快乐的地方。

二、制度防治

国外大多数国家治理学生欺凌的共同特点是制定反欺凌的专门法,明确学生欺凌的概念、范围、行为特征、认定标准、处理规则,以法治化手段明确各方责任。作为学生欺凌发生的主要场所和对学生欺凌负有管理责任的学校,可以依据法律来制定相应的反欺凌的校规、校纪及适合学校实际的防治策略。

(一)完善防治制度体系

目前,大多数学校没有制订专门的学生欺凌防治制度,也有许多学校尽管已经拟定了相关制度,也只是应付上级检查的摆设,操作性不强,没有落实到学校的常规管理之中。

中小学校应根据教育部等部门2016年颁发的《关于防治中小学生欺凌和暴力的指导意见》《关于开展学生欺凌专项治理的通知》,2017年颁发的《加强中小学生欺凌综合治理方案》,2020年颁发的《中小学教育惩戒规则(试行)》,2021年的颁发的《防范中小学生欺凌专项治理行动工作方案》和《未成年人学校保护规定》等文件及各地方教育厅(委员会)颁发的落实文件要求,制定完善的防治学生欺凌工作制度和方案。

1.制订防治方案

学校要制订完善的防治学生欺凌的制度和方案。全校性的欺凌防治方案的制订和执行范围包含全体教职员工、学生及家长。方案包括组织机构、职责、工作流程;科学合理的应急预案,包括早期预警、事中处理及事后干预、心理疏导等机制;学生欺凌事件的认定和处置流程;学生欺凌报告制度等。

2. 培训提高制度

《加强中小学生欺凌综合治理方案》明确要求,将防治学生欺凌专题培训纳入教育行政干部和校长、教师在职培训内容。市级、县级教育行政部门分管负责同志和具体工作人员每年应当接受必要的学生欺凌预防与处置专题面授培训。中小学校长、学校行政管理人员、班主任和教师等培训中应当增加学生欺凌预防与处置专题面授的内容。培训纳入相关人员继续教育学分。

学校应定期对家长和学生开展专题培训,包括欺凌的有关知识、欺凌发生后的补救措施和预防欺凌的指导。还可以基于学校的实际情况开发反欺凌项目、设置反欺凌课程、发动教师参与,构建和完善预防、应对学生欺凌的机制和流程。为学校教育人员提供培训课程,使之能及早识别预警信号,当学生之间出现欺凌苗头时,能及时介入,防止情况恶化,同时也为受欺凌学生提供支持与协助。采取班级课程方案或是小团体辅导方案,普遍提升全校学生的自我肯定、社会性技能、亲社会行为、冲突解决和情绪管理等能力,对适应困难的欺凌者和被欺凌者提供长期支持性的辅导与训练。同时,促使未涉入欺凌事件的围观者成为有效的欺凌阻止者,发挥其正向影响力,可以有效排解、降低并预防欺凌行为。

学校通过网站、海报、广播、讲座等方式进行反欺凌宣传,加深学生及家长对学生欺凌的认知。拓宽欺凌事件反映渠道,学校可以设立欺凌投诉电话、电子邮箱、微信、APP 等平台,供被欺凌的学生以及其他发现学生欺凌的相关人员进行及时报告、检举、查处。

3. 分工负责制度

治理学生欺凌是一项综合性工作,需要包括校长在内的全体教师以及学生共同提高防范意识,缺少任何一方努力都无法有效应对学生欺凌。校长是第一责任人,各部门负责人承担相应的责任,教师是主要执行者。面对学生欺凌,教师要让每一位学生都能感受到来自老师的关怀和支持。学校要明确教职员工的职责与惩戒方式,实践中,部分教师甚至管理者出于担心欺凌事件影响自身或学校声誉而故意隐瞒欺凌事实,甚至包庇欺凌者,这种行为所带来的"破窗效应"必须得到法律的有效规制。

4. 监督评价制度

学校要建立全校性的防治欺凌评估制度,对教师及相关人员的反欺凌情况进行评估,同时可以了解校内欺凌现状,确认需要接受辅导的欺凌者与被害者,还可以让学生对照要求反省,从动机与效果两方面评估自己的行为。对欺凌事件进行追踪和记录,对涉事人进行有针对性的心理教育和疏导。利用智慧校园系统建设大数据预警、监控、评价系统,对潜在的欺凌和被欺凌对象进行预警、跟踪、应对和评价。

5. 规范应对制度

教育部等十一部门印发的《加强中小学生欺凌综合治理方案》要求,学校要建立健全中小学校法治副校长或法制辅导员制度,明确法治副校长或法治辅导员防治学生欺凌的具体职责和工作流程,把防治学生欺凌作为依法治校工作的重要内容,积极主动开展以防治学生欺凌为主题的法治教育,推进学校在规章制度中补充完善防治学生欺凌内容,落实各项预防和处置学生欺凌措施,配合有关部门妥善处理学生欺凌事件及对实施欺凌学生进行教育。

学校要建立三级预警干预机制,一级预防重在教育宣传,二级预防重在发现处置,三级预防重在预防学生欺凌产生的严重后果。

6. 依法处置制度

针对学生欺凌事件与学生偏差行为,我国法律与政策可以授权校长制定校内章程,以建立学生行为规范,依据《中小学教育惩戒规则(试行)》和《未成年人学校保护规定》,对学生的不当行为进行惩戒。按照学生违规违纪、言行失范的情节轻重采取一般惩戒、较重惩戒、严重惩戒和强制措施。对于情节严重反复者,根据《关于防治中小学生欺凌和暴力的指导意见》转入专门学校或相关机构。

7. 考评问责机制

教育部等十一部门印发的《加强中小学生欺凌综合治理方案》要求,将本区域学生欺凌综合治理工作情况作为考评内容,纳入文明校园创建标准,纳入相关部门负责同志年度考评,纳入校长学期和学年考评,纳入学校行政管理人员、教师、班主任及相关岗位教职工学期和学年考评。把防治学生欺凌工作专项督导结果作为评价政府教育工作成效的重要内容。对职责落实不到位、学生欺凌问题突出的地区和单位通过通报、约谈、挂牌督办、实施一票否决权制等方式进行综治领导责任追究。学生欺凌事件中存在失职渎职行为,因违纪违法应当承担责任的,给予党纪政纪处分;构成犯罪的,依法追究刑事责任。

三、环境防治

(一)优化校园反欺凌环境

2016 年 11 月 1 日教育部等九部门印发的《关于防治中小学生欺凌和暴力的指导意见》中明确提出,要培养学生健全人格和积极心理品质,引导全体中小学生从小知礼仪、明是非、守规矩,做到珍爱生命、尊重他人、团结友善、不恃强凌弱,弘扬公序良俗、传承中华美德。

1. 加强品德教育

全面落实德育工作。弘扬社会美德,坚守社会主义核心价值观;使中小学生养成诚实、守信、正义、节制、感激、宽容、慷慨、温和等良好品德;秉持真、善、美,摒弃假、丑、恶,为防治学生欺凌和暴力行为打下坚实的伦理基础。学校除常规教育与管理之外,创设和谐的学校氛围同样至关重要。在一个健康和谐的校园文化中,没有斗争,学生和谐相处、安心学习、尊敬师长,每个人都被尊重并感到安全。学校除进行思政课程教学外,还要全面落实课程思政,全员、全方位、全过程思政,通过践行学生守则、互帮互助等提升品德素养。通过开设法律和道德教育课程,让学生学会用道德与法律规范自己的行为。通过开设活动课程,开展有意义的校内外活动,培养学生的集体意识和参与意识,在活动中发现自我和发展自我,增强学生的自信心、责任心、自尊心,加强自我控制能力,抵制外界不良影响。

2. 建道德共同体

学校最应该关注的是促进学生发展、健康与幸福,必须提升学生相互关爱的能力,"我认为学校应该围绕关爱的主题开展教育,而非传统纪律,应该提供给学生可以引导他们关爱自己,关爱他人,继而关爱地球上的其他事物,如植物、动物和环境等"。[1]减少学生欺凌,需要学校从一种欺凌性文化向支持性文化转型,从一种压迫性文化向发展性文化转型,从一种行政性文化向道德性文化转型。正面的学校气候与环境可以抵消学生由于缺乏家庭关爱与同伴关心所引致的潜在欺凌风险的负面因素,因而,正面的、沟通的学校文化气候是可以降低或减缓学生欺凌行为风险的因素。[2] 防范学生欺凌,要将学校建设成为道德共同体,使学生有安全的学习环境,具有归属感与公平竞争的平等感,使学生重视价值、关爱、合作与信任。培养学生重视生命的尊严、尊重人权、重视友谊、否定暴力。

3. 加强法治教育

长期以来,我们对未成年犯罪人一直奉行"教育、感化、挽救"的方针,坚持"教育为主,惩罚为辅"的原则,把惩罚和教育对立起来。现实中很多欺凌者因属于未成年人,欺凌行为尚未造成直接的身体伤害而免于法律惩戒,学校层面给予批评教育,其结果反而造就了很多欺凌"惯犯",针对学生欺凌的治理必须做到有理有据且有威慑力。

① 田夏彪. 从"物本"转向"能本":中小学社会主义核心价值观教育路向[J] . 大理学院学报,2016(11):73-78.
② Senatsverwaltung fuer Bildung,Jugend und Familie. Schulpsychologie[EB/OL]. [2018-09-20]. https://www.berlin. de/sen/bildung/unterstuetzung/Schulpsychologie/.

学校要表明严厉禁止学生欺凌的态度,通过主题讨论、专题讲座、集中宣传、影视播放、案例研讨等方式,让学生明确欺凌可能引发的后果以及需要承担的责任,让欺凌者悬崖勒马、停止欺凌,让潜在的欺凌者望而却步,给被欺凌者和潜在的被欺凌者传达积极信号,教育他们如何更好地保护自己。如果学校老师或者普通法治教师认为自己不能胜任,那么可以邀请处理过学生欺凌案件的法官、检察官、警察或律师到校进行专业讲解,使学生对学生欺凌有一个更为全面、深刻的认识。

学校不仅要在课堂上对学生进行法治教育,也要在现实生活中实行法治教育,培养学生的反欺凌意识。教师可以为学生播放有关学生欺凌的视频案例,让学生了解学生欺凌,遇到学生欺凌时如何自我保护,告诉学生坚决抵制欺凌行为,当发现别人正在被欺凌时,在保护好自身安全的前提下,为被欺凌者提供有效的帮助。要教育学生自觉守法,不主动欺凌他人,也要让学生学会利用法律维护自身的合法权益,引导学生冷静处理欺凌行为。

要让学生明白面对欺凌的安全自护。(1)友好沟通永远是解决矛盾纠纷的最好方法。在与同学的日常交往中,要宽容其他同学的不足甚至冒犯,出现问题时要与同学友好沟通,避免发生冲突。(2)保持镇定,懂得求助。在遇到欺凌时,可以通过有策略的谈话和借助环境来使自己摆脱困境,及时向周围的人求助。(3)人身安全永远是第一位。面对欺凌的时候,要把自身安全放在第一位,必要时放弃财物以保障自身安全。在面对比自己强大的对方或者一群人时,不妨先口头答应欺凌者的要求,事后立即寻求帮助。(4)及时向学校报告。将受欺凌的情况及时向主管校长、反欺凌联络员或者班主任报告,请他们介入对问题进行处理。(5)向家长寻求帮助。如实向家长讲述受欺凌的经过,认真听取家长的意见。①

当然,除了上述基本安全自护知识以外,学校认为必要时,也可以邀请公安部门等具有专门知识的人员为学生传授自护知识和技能。

4.加强校风建设

学校要突破以功利主义为核心的应试教育,改变"重智轻德"的教育倾向,关注学生的心理健康,注重对学生良好品行的培养。开展专门的反欺凌活动,学校可以通过反欺凌讲座、防治欺凌主题班会和定期宣传等方式,使学生对欺凌有一个正确的认识,提高应对学生欺凌的能力,防患于未然。

一个学校,校风是灵魂,是具有潜移默化作用的不可替代的精神力量,学生在学校的每一天,都会被校园氛围感染。充分利用学校的阵地,如板报、橱窗、广播等,做好宣

---

① 王大伟.校园欺凌问题与对策[M].北京:中国国际广播出版社,2017:82.

传工作,努力营造和谐校园气氛,让学生时刻感受到自己成长在一个安全、积极向上的环境中。校长应带领全体员工投身于学校的道德建设和文化建设当中,建立和谐文明校风,实现以文化教人,以德行化人的育人信念。有研究表明,校园氛围对师生关系、同学关系等产生重要影响。校园氛围越消极,就越会增加学生同伴欺凌的经历。[①] 要加强教师的反欺凌知识培训,提高教师防治学生欺凌的意识,使教师了解不同形式的学生欺凌及其危害,掌握处置学生欺凌的方法和流程。

5. 加强班风建设

班主任应制定严格明确的反欺凌班级制度,班级制度对学生具有约束作用,它规定了学生不可逾越的界线。制定班级制度要保证学生的参与性。班级制度作用的对象为学生,保证学生的参与性有助于学生对制度的理解和认可,在执行时更容易操作,这也保障了学生民主参与和民主管理的权利。班级制度的制定要以学生的身心发展特点为依据,制度要具体明确。明确指出学生欺凌的类型,哪些行为属于欺凌,是学生不可触犯的;明确严格的奖惩条例,一旦有违规行为,坚决执行处罚;规范旁观者的责任,对积极抵制欺凌行为的旁观者给予奖励;关心、爱护被欺凌者,形成和谐互助的同学关系。班级制度的建立,能够引起学生对欺凌的关注,使欺凌者有所畏惧,围观者深化责任感,减少学生欺凌事件的发生。

教师应积极营造良好的班级氛围,形成浓厚的班级感情,塑造优良的班级文化。要建立良好的师生感情,教师对待工作要充满激情,关注和了解学生,善于分析学生的性格特征、兴趣爱好以及群体关系,通过对学生的了解可以帮助师生更好地交流,增进师生感情。教师应平等对待学生,不因学习成绩好坏而区别对待,当学生做错事时,不要挖苦、体罚学生,要通过教育引导学生意识到错误所在。促进学生建立和谐友好的同伴关系,良好的同伴关系有助于形成良好的班级氛围,从而减少欺凌事件的发生。教师应该提供给学生同伴交往的经验,特别是对缺乏社交技能的学生,要有意识地引导他们到群体中去,增强自信心。创建温馨和谐的班级环境,组织学生参加有利于身心健康的团体活动,在活动中增强学生的集体意识,培养学生互帮互助的同伴关系,提升自尊心和自信心。

发挥榜样作用,无论是书本上的还是现实中的榜样都有积极的示范作用。课本中无私奉献、乐于助人、刻苦勤奋的人物形象都可以对中小学生进行品上的熏陶。现实中身边团结同学、友爱互助的学生也可作为同学们学习的榜样。教师要对起到榜样作用的个人多鼓励,对具有示范作用的行为多肯定。在榜样力量的引导下,形成团结友

---

① 田夏彪.从"物本"转向"能本":中小学社会主义核心价值观教育路向[J].大理学院学报,2016,(11):73-78.

爱、和谐温馨的班集体。

6. 创建平安校园

学校是发生欺凌的主要场所,创建一个安全的校园环境是解决学生欺凌问题的重要途径。学校要加强校园安全管理,削弱欺凌者的强势地位。学校还要加强普法宣传工作,开展法律进校园等活动,通过这些活动让同学生懂法、守法、用法。

教育部等十一部门印发的《加强中小学生欺凌综合治理方案》中强调要严格学校日常管理。学校根据实际成立由校长负责,教师、教职工、社区工作者和家长代表、校外专家等组成的学生欺凌治理委员会(高中阶段学校还应吸纳学生代表)。加快推进校园视频监控系统、紧急报警装置等接入公安机关、教育部门监控和报警平台,逐步建立校园安全网上巡查机制。学校要制定防治学生欺凌工作的各项规章制度及工作要求,主要包括:相关岗位教职工防治学生欺凌的职责、学生欺凌事件应急处置预案、学生欺凌的早期预警和事中处理及事后干预的具体流程、校规校纪中对实施欺凌学生的处罚规定等。

定期开展排查。教育行政部门可以通过委托第三方专业机构或组织,定期开展针对全体学生的防治学生欺凌专项调查,及时查找可能发生欺凌事件的苗头迹象或已经发生、正在发生的欺凌事件。开展校园安全教育活动,使学生们充分了解欺凌的危害,增强抵制欺凌的自觉性,更要充分发挥法律作为最后一道防线的作用。

加强休息时间管理。学生欺凌最常发生在午餐时间、课间休息和上下学途中,增加成人督导的时间、次数可以显著降低欺凌行为发生率。成人在场有助于启动学生的自我控制系统,万一发现欺凌行为,也可迅速果断地介入处理。

7. 开设反欺凌课程

中小学校应鼓励在校教师根据自身专长与兴趣从心理学、社会学、教育学等角度开设系统讲解学生欺凌防治的相关课程,邀请校外专家学者或者警察、律师等专业人士到学校开设关于学生欺凌防治的知识类、案例分析类、法律普及类等专题讲座。不同层级的学校开设的学生欺凌防治课程的侧重点也应有所不同。小学的相关课程应以识别、预防欺凌为主,引导学生了解学生欺凌的基本特征,掌握自我保护措施;初中的相关课程以人际交往和性教育为主,引导学生采取正确的人际交往方式,学会主动寻求解决学生欺凌的办法;高中的相关课程以建立正确的反欺凌立场为主,引导学生自觉抵制和杜绝学生欺凌,同时注重培养学生积极向上的生活态度。发放反欺凌手册,增强反欺凌意识,形成反欺凌氛围,教会学生应对欺凌的方法。

8. 积极心理干预

由于缺乏对校园心理健康教育的重视,许多学校学生心理健康课程开设严重不足甚至被取消,学校心理咨询室也形同虚设,起不到其应有的作用。当个别学生由于学习或者琐事出现初期的心理问题,由于缺乏相关心理知识和疏通渠道,没有办法在第一时间去寻求疏导与咨询,只能通过同学间的私下交流来缓解内心的焦虑与冲突。这种情况下,一旦遇到同伴群体间的错误引导,就会引发欺凌事件。学校是学生欺凌的主要发生场所,建立相应的预警机制,加强对受欺凌者的心理疏导是非常必要的。①学校应设立心理咨询室,配备专兼职心理教师或咨询师,通过讲课或者组织活动的方式对学生进行心理健康教育。特别是在欺凌发生后,学生可以寻求帮助。同时,心理咨询师要及时对被欺凌者进行心理疏导,避免因干预不及时而发生更加严重的后果。应积极关注问题学生、学习困难学生和人际交往有困难的学生,对这些学生采取个别心理监控和心理矫正,通过团体心理辅导和个别心理辅导,使这些学生能够快速地适应生活,学会与人交往。② 学校还可以利用智慧校园建立欺凌的大数据预警系统,及时发现,及时预防。学校要建立心理健康干预机制,对卷入学生欺凌的学生进行心理干预与辅导。学校应开设专门的反欺凌心理健康教育课程,做到事前预防、及时处理与事后辅导并举。如果学生欺凌事件已经发生,对于欺凌者,学校要主动发现、迅速处置,要力求从根本着手,彻底解决问题,否则欺凌者又会衍生出新的问题。对于被欺凌者,要进行心理疏导,将伤害最小化,及时化解其内心的恐惧、委屈、自卑感和挫败感以及认知偏差,防止日后出现严重的心理适应不良和问题行为等。对欺凌中的围观者也应给予重视和辅导,应鼓励他们第一时间主动报告所目睹的学生欺凌,采取合理的方式保护和帮助被欺凌者,并防止自己遭受伤害。

提供家庭咨询辅导服务。学生在学校的欺凌可视为家庭问题的预警,一般欺凌者与被害者均存在家庭功能不全、教育方式不当等家庭问题,学校通过提供家庭咨询辅导服务,让父母了解欺凌后果的严重性,实施科学的管教方式,强化家庭的凝聚力,建立良好的亲子关系,有利于减少欺凌事件的发生。

对被欺凌者家庭的咨询辅导策略包括:(1)赋予家庭成员更多的个人发展机会。鼓励家庭成员参与或投入家庭外的社交活动,尤其是同辈群体或团体性的活动。另外,支持每位家庭成员去发展自我的认同、兴趣和友谊。(2)强调家庭成员间的自主与差异。在家庭互动中若一人常代替另一人讲话,便可直接阻止或矫正这种形态。(3)进行肯定性训练。在人际沟通训练中,像"我"陈述的使用可以帮助所有家庭成员

① Malecki,C. K.,Demaray,M,K.,Coyle,S.,et al. Frequency,power differential,and intentionality and the relation-shipto anxiety,depression,and self-esteem for victims of bullying[J].Child Youth Care Forum,2015(44):115-131.
② Elgar,F. J.,Pickett,K. E.,Pickett,W.,et al. School bullying,homicide and income inequality:A cross-national pooled time series analysis[J]. International Journal of Public Health,2013(58):237-245.

(尤其是孩子)学会自我肯定与表达自我。此外,教导父母采取民主的或相互包容的教养策略,提升孩子自我肯定和培养果断感。

(二)增强反欺凌意识

提高教师、家长和学生辨识欺凌、防范欺凌、阻止欺凌的意识和方法是有效防治学生欺凌的重要手段和措施。

1. 增强教师反欺凌意识

学校要通过学习和培训提高教师对学生欺凌的认识,了解学生欺凌的类型,掌握学生欺凌的概念,培养辨识与处理欺凌事件的能力。教师应能预判和辨识学生欺凌及了解学生欺凌行为背后的认知、情感、行为的原因,增加丰富的班级管理知识与经验以预防学生欺凌的发生,同时教师应积极引导学生对欺凌行为以及其所造成的后果进行讨论,加深学生对欺凌的认识。

教师要了解和研究学生的个性特征,根据学生的个性特点与个性差异因材施教,充分发挥每位同学的优势,使每位同学的潜能得以发挥,自身价值得以展现,兴趣得以激发。教师要公平公正,不能厚此薄彼,特别是对于成绩差的学生要多鼓励多引导,对于性格内向的学生要鼓励他们积极参加各种活动。教师的关爱会减少学生欺凌事件的发生。

当欺凌事件发生时,教师要在第一时间为遭受欺凌的学生提供帮助与支持。教师要向学生解释什么是欺凌,如何应对欺凌。教师要表示出反欺凌的决心和信心,取得学生的理解和信任,与学生家长和学校教师一起反对欺凌。教师在班级里要明确禁止欺凌,还可以在班级里建立反欺凌互助小组,让同学之间互相帮助,增进同学之间的情谊,通过多种方式预防欺凌的发生。

2. 增强家长反欺凌意识

学校应通过各种途径,组织开展家长培训。通过学校或社区定期开展反欺凌专题培训课等方式,加强家长培训,引导广大家长增强法治意识,落实监护责任,帮助家长了解防治学生欺凌知识。让家长了解学生欺凌的表现形式和如何应对欺凌事件。为家长免费提供反欺凌指南,帮助家长从早期教育阶段就开始关注欺凌问题,同时指导家长辨别欺凌行为,或当他们的孩子是欺凌者、被欺凌者或围观者的时候应该如何科学地应对。

3. 增强学生反欺凌意识

教育部等十一部门印发的《加强中小学生欺凌综合治理方案》中明确指出:“中小学校要通过每学期开学时集中开展教育、学期中在道德与法治等课程中专门设置教学模块等方式,定期对中小学生进行学生欺凌防治专题教育。学校共青团、少先队组织要配合学校开展好法治宣传教育、安全自护教育。"学校要为学生提供社会能力训练与反欺凌课程和训练。中小学校应开设反欺凌课程,具体内容是帮助学生促进人际交往和社会交往,学会应对欺凌和骚扰的预防和自我保护措施。此外,邀请校外专家做反欺凌专题讲座,普及反欺凌知识。[①] 教师通过课程对学生进行反欺凌训练。通过班级活动进行"谁是欺凌者,何谓欺凌行为"的讨论对话。通过角色扮演,了解会产生伤害的字句和肢体动作,并演示有益的互动方式,讨论欺凌如何发展及其形式。通过影片或图片辨识欺凌者与被害者,讨论欺凌的形式和性别间的差异,以及对于欺凌行为的错误看法。认识被害者,鼓励学生认识不同类型的被害者,包括被动型和挑衅型的被害者以及围观者,强调围观者的介入,鼓励学生打破沉默规则,挺身而出捍卫被害者的权益。用特定的策略来创造一个无欺凌的教室。在同理心技巧训练、社会技巧训练和情绪控制训练之外,制订明确的行为规范、快速的干预行动等特定策略。提供被害者特定的自救策略,协助被害者察觉自己的力量,以积极的态度看待自己,以及建立参与团体的技巧和信心。预防角色的讨论,提供所需的预防理论和防范经验的基本介绍,鼓励教师确认他们的态度和行为对学生行为的影响,以及和欺凌有关的学校因素等。训练面对欺凌事件时的心态和处理技巧。

四、科学防治

(一)预防为主

我国的学生欺凌的预防工作是为了应对不断恶化的学生欺凌问题而"被迫"采取的被动性措施。反欺凌行动应当是一项具有积极意义且要长久坚持的政策,预防工作须化被动为主动,转变以事后应对与补救工作为重心的思维,使预防工作在立于现实的基础上超前于现实的发展,真正做到防患于未然,实现学生欺凌预防工作从被动的"无奈"之举到主动的积极之举的有益转换。

1.提高学生的品德和心理素质

无论学生欺凌事件中的欺凌者还是被欺凌者都存在着自卑,自我效能感、归属感和认同感缺乏,同理心和共情能力弱,社会支持不足的问题。积极的预防政策应从改善学生的心理品质入手。

(1)提升自我效能。教师应着重培养学生在面临困难和挑战时的勇气,以及战胜困难力争成功的信心。老师要善于发现学生的潜能,鼓励其自我表达。当学生处于迷茫和不知所措时,应该与其积极沟通,充分相信其有独立应对和解决问题的能力,通过

---

① Malecki,C. K. ,Demaray,M,K. ,Coyle,S. ,et al. Frequency,power differential,and intentionality and the relation-shipto anxiety,depression,and self-esteem for victims of bullying[J]. Child Youth Care Forum,2015(44):115 -131.

教师的引导和鼓励,帮助他们意识到自己是独特的,并相信自己有能力去应对和解决问题,以此建立自信心,提升自我效能水平。

(2)提升心理韧性。没有任何一个人是从来没有经历过挫折和困难的,教师应该适当地对学生进行挫折教育,让学生意识到困难和挫折发生的必然性,通过教师的帮助与指导,让学生学会迅速从困难和挑战中进行调整、学会从挫折中培养坚忍不拔的毅力,适应不断变化的环境、有勇气去面对当下的困难和挑战。教师要多向学生传递正能量和美好的事情,让孩子通过参与义务劳动、爱心义卖、志愿者活动等形式感受到生活的美好与不易,引导学生树立目标,学会以积极向上的心态去实现预定目标。

(3)正确归因。同样的一件事采用不同的归因方式的结果完全不同,遇到挫折和困难,有人将其归于可控因素,比如努力程度不够。也有人将其归于不可控因素,比如运气不好。教师应该培养学生正确的归因方式,从辩证的角度看待问题,尽管受到了挫折,但仍然可以进行积极归因,因为凡事都有两面性。当困难和挑战出现时,教会学生以旁观者的态度从多个角度看待问题,有助于学生采取积极乐观的方式应对困难和挑战,以积极的心态面对现在和未来,帮助学生形成乐观的品质。

(4)增强共情能力。欺凌与情绪性共情有关,这里的共情是指个体由真实或想象中的他人的情绪情感状态引起的并与之相同或相似的情绪情感体验,也即"感同身受"。

欺凌者的一个重要特征是缺乏同理心及关怀他人,对欺凌行为不负责任。因此,简单的道德说教、责备处罚等常常不足以减少欺凌行为,必须深入探讨欺凌者的心理需求,激发其关怀他人和对他人负责的正向情感。在校园里可以采用"非责备取向法"等来增强欺凌者的同理心及学习自我理解,并对自己的欺凌行为负责。"非责备取向法"的步骤包括:①先与被害者会谈。会谈的目的不在于了解整个被欺凌的详细实情,而在于了解被害者的感受,并征得被害者同意,答应将其感受告知欺凌者,可能的话,也可请被害者以写作或绘图的方式描述其被欺凌的感受;②与欺凌者及围观者会谈(不包括被害者)。谈话的目的不在于质问和责备,只是将被害者所描述的欺凌感受作信息传递,以提供或制造同理心反应;③将责任归给欺凌者。指出协助改善被害者的负向感受或困境是欺凌者的责任,并激发欺凌者提供改善的具体建议和做法;④赋予欺凌者实际行动的责任,并约定再次会谈以了解协助改善的进展情况;⑤追踪评估。最后让欺凌者与被害者共同会面,共同评估改善成效。

(5)获得需要满足。部分欺凌者通过欺凌行为体验到对周围环境、关系的掌控,同学的关注,从而补偿了内心需要的匮乏。这些学生往往成绩不良,经常被父母、老师批评,在"以分数论英雄"的教育环境下,他们无法体验到自身价值感。如果学生展现出了自身优势,获得了他人的赞扬和关注,他们就不会因内在需求匮乏而诉诸欺凌行为了。这就需要教师着力培育社团、发展兴趣小组、丰富校园活动,让每个学生都有表现自己、施展自己的机会,同时采取恰当的奖励机制鼓励学生积极参与校园内外活动。学生在参与自己所擅长、有兴趣的活动中,体验到归属感,在活动比赛中体验到成就感、被尊重感,从而获得需要的满足。

(6)提高社会支持水平。社会支持包含家庭支持、朋友支持和其他支持三个维度。

①家庭支持。父母是孩子的第一任老师,家庭是孩子的第一所学校,同时也是孩子寻求庇护的港湾。作为家长需要密切关注孩子的在校表现,增强与孩子和教师的沟通,及时了解孩子在校是否遭受欺凌与欺凌他人,并且给予孩子引导。当孩子被欺凌时,一味地保护和隐忍都不能有效地解决问题,而且往往会给孩子造成心理阴影,产生厌学等不良行为;当孩子欺凌他人时,一味地批评与指责只会增强孩子的逆反心理,造成更为严重的后果。在孩子在处理人际关系的过程中,教会他们应对欺凌的方式,提供良性交往的方法与技能,并给予支持、鼓励和指导,促进他们建立良好的人际关系。同时给予孩子足够的信任,相信孩子有能力独立应对人际关系中的冲突,孩子自己的问题自己解决,家长以提供解决问题的方式方法和支持。

②朋友支持。中小学阶段是最讲哥们儿义气的时期,也是儿童最为叛逆的时期,尽管家人和老师特别想跟孩子沟通交流、共同应对问题与困难,但出于角色定位和方法使用的不恰当,使得孩子更愿意与同龄人相处。出于对现实状况的考虑,教师可以充分利用朋友支持的力量来帮助欺凌者与被欺凌者应对欺凌问题。首先,"近朱者赤近墨者黑",孩子在选择朋友时应该以品行端正作为第一标准,这样可以避免被朋友不良行为所影响;其次,朋友间要努力成为彼此最好的倾听者,相互分享经历与感受,及时排解内心的消极情绪,避免欺凌他人等过激行为的发生;最后,当被欺凌时,朋友间相互扶持、相互鼓励,积极寻求父母、教师等外界力量的帮助,勇于向不良势力说不。

③其他支持。这里的其他支持主要由教师支持和社会支持两部分组成。作为教师,首先,除了学习之外更要高度关注学生的心理、生活动态,如,是否有学生存在拉帮结派、孤立某些同学的行为,如果存在需要及时制止、适当引导,并且利用班会等时间教会学生应对欺凌的方式方法;其次,与学生建立良好联系与信任,信任是确保发生欺凌时学生会告诉教师的基础;再次,建立良性竞争、互帮互助的班级氛围,引导学生树立正确的是非观念,鼓励、支持、引导被欺凌学生勇于表达和正确应对;最后,当欺凌事件发生后,正确鉴别欺凌者与被欺凌者,应详尽了解事情发生的起因、经过、结果,解决问题的同时不伤害学生的自尊,及时给予被欺凌者心理帮扶与援助、给予欺凌者充分

自我表达的机会。

综上,发挥社会支持的积极力量需要家庭、朋友、教师、社会等多方面的共同努力,教师应时刻铭记自己的身份和角色,努力为学生创设良好的社会支持环境,提高学生的社会支持水平。

(7)加强自我控制。加强自我控制主要是为了提高欺凌者的自控能力、缓解行为冲动。其主旨是要求学生遵循"三思而后行"的基本原则,将不符合道德、法规与校纪校规的行为减少到最低限度。在具体操作过程中,教师要求学生通过一些简单、固定的自我命令,逐步掌握自我行为控制。例如,在与同学讨论问题的情景中,要求被训练者不急于表述自己的看法与观点,不在讨论过程中将自己的想法强加于他人。引导学生采用五步法来对自身的行为作调控。停——停止其他无关活动,保持安静;看——看清周围的人和情景;听——倾听他人的意见;辨——分析此时此地自己应该做什么与怎样做;行——做出相应的行为反应。由于训练时要求动作命令来自学生自身内部,所以一旦动作反复定型,他的自制力有望大大提高,欺凌行为就会相应减少。

(8)教会学生积极表达。调查显示,有90%的欺凌行为最初都是源于观点意见或说话方式的不当所引发话语双方的不悦进而升级为欺凌的。中国人内敛含蓄的性格也体现在学生的身上,因为信息沟通不畅而引发的学生欺凌事件很多。在学校教育过程中很多学生有自己的思想,在群体的互动中又无法恰当表达,或者表达的方式方法有违群体愿景。有时一件小事情,仅仅是一点契合度问题就积累不适的情绪,如果对方完全不曾察觉,在双方感到愤怒、不解、委屈时就很容易突然爆发为欺凌的"火苗",这时如果没有沟通,真切地表达自己,很可能就会使欺凌之火形成"燎原"之势。学校除了要教授学生必要的知识外,还应该鼓励学生真切地表达内心的感受,学会与别人分享,学会面对生活,面对问题学会化解问题。学校要关注每一个学生的成长,对于一些性格孤僻自卑的学生要主动顾及他们心里的感受,鼓励他们积极参与到学校组织的活动中,主动大胆地展示自己,使自己远离欺凌。

(9)教会学生积极谦让。当下学生普遍自我中心感强,遇到问题不能主动站在他人的角度审视问题,个性表现强势而锋芒。在生活中缺少与人交往的技巧,有时无意中会说出伤害他人的话。例如,很多学生在不小心打扰别人的时候羞于道歉,在对方也不懂得宽容的情况下矛盾必然进一步升级,很容易播下欺凌的种子。鉴于此,学校教育除了要教会学生应有的知识外,还要教会学生为人做事的道理以及面对矛盾时积极谦让。在与别人产生矛盾或利益发生冲突的时候,主动的道歉并不是无能和软弱的表现,这反而能体现当事者的气度,催发彼此心中的善念,化解双方的矛盾,从主体者的角度避免欺凌的产生。

2. 创建反欺凌氛围

（1）完善学生欺凌预防机制

①建立学生欺凌事件应急处置预案，明确相关岗位教职工预防和处理学生欺凌的职责。

②加强学生欺凌治理的人防、物防和技防建设，充分利用心理咨询室开展学生心理健康咨询和疏导，公布学生救助或学生欺凌治理的电话号码，并明确负责人。

③及时发现、调查处置学生欺凌事件，涉嫌违法犯罪的，要及时向公安部门报案并配合立案查处。

（2）开展反学生欺凌宣传

①通过全校性活动，向学生宣讲什么是学生欺凌、学生欺凌的危害，并告知学生如何预防学生欺凌的方法及发生学生欺凌的紧急应对。

②通过主题班会深入开展讨论、分析"面对学生欺凌，我们该怎么办？"。

③通过校园网、微信公众号、宣传栏等平台加强反欺凌宣传和教育。

④通过"家校沟通平台"加强宣传教育和家校联系。

⑤邀请心理专家、法律工作者来校开展专题讲座，进行宣传教育，让学生了解学生欺凌的危害及后果。

⑥召开教职工会议，组织教职工集中学习预防和处理学生欺凌事件的相关政策、措施和方法。

3. 关注介入高危学生

学校中的社会边缘学生是欺凌的高危群体，因为人际技能不足，焦虑、缺乏安全感，不敢反抗他人的不合理要求，以及本身的弱势条件（家庭经济贫困、弱小的体型、不良的学业表现等），使得他们成为欺凌对象的机会大增。高风险家庭（单亲家庭、留守儿童家庭、家庭冲突、粗暴的教养方式等）同样孕育着学生欺凌的危险因子，不论是欺凌者还是欺凌被害者都和高风险家庭息息相关。在研究中发现，潜在和现实的欺凌者都有其明显的人格特征，在日常学生管理中如果早发现有欺凌特质的学生，如关注那些情绪控制差、脾气暴躁的学生成为欺凌者，关注那些寡言少语、不敢反抗、身体有缺陷或者家庭不完整的学生成为被欺凌对象。对这部分学生及时进行引导和干预，及时化解同学间矛盾，也许会减少和避免欺凌的发生。此外，教师还要注意观察学生遭受欺凌的征兆线索，如学生身上不合情理的外伤、拒绝上学、怯懦及退缩、学业成绩明显退步、要求额外的金钱、孤独怕黑、学习和生活习惯的突然改变等，就要考虑其是否遭受欺凌。

学生欺凌的治理应由事后的危机处理走向早期介入与预防。教师认知欺凌行为的危险因素及如何辨识班级的危机学生,通过观察和技术手段预先筛选出可能涉及欺凌事件的高危群学生并及时给予爱护关怀和辅导介入,将会大大减少欺凌行为的发生。

(二)及时发现

1.日常观察

学校要加强日常安全教育和管理,要组织教职员工在课间及午休等学生自由活动的时间开展必要的巡查,在进行日常安全管理或者巡查时,不仅要注意大众普遍都知晓的殴打等身体欺凌,更要注意学生群体的孤立行为、调侃行为等,因为这些可能构成社交欺凌、言语欺凌。

学校教职员工要注意观察学生的异常现象,当有下列情况发生时,表示学生可能被欺凌,或是有被欺凌的危险:

(1)衣服、书本等个人物品被损坏,例如有撕痕、遗失等。

(2)身上有难以解释的伤口,如割伤、瘀青等。

(3)害怕到学校,或是害怕走路到学校,害怕参加集体活动,刻意躲着某人。

(4)上下学的路径变得不合理,或是花更久的时间在上下学路上。

(5)对课程忽然变得没有兴趣,或是日常表现变差。

(6)经常情绪低落或者沉默。

(7)经常以生病等理由缺课,有厌学现象。

(8)缺乏自信及自我认同感,有忧郁征兆。

一般来说,遭受到身体欺凌的学生可能更容易被老师发现,因为这可能表现为学生身体上的伤害、鼻青脸肿等,而对于遭受语言欺凌或者网络欺凌的学生,可能就不容易被察觉了。对于这些隐蔽性的欺凌,老师要细心观察、及时发现,比如,可以观察学生之间互动是不是存在不平等或者力量失衡的情况,观察学生当前阶段的行为方式与之前是否存在反常和不一致,观察学生中是否存在群体划分且群体之间是否存在冲突等。如果发现学生有上述一些反常的、蹊跷的表现,老师要及时和学生交流,多询问在学校是否遇到了难以处理的问题、是否需要老师帮助。

2.他人报告

学生欺凌往往具有隐蔽性的特点,教师和学校管理人员很难在第一时间发现,需要从学生、家长、网络等渠道获得欺凌信息。

(1)学生报告

学生欺凌事件往往存在大量的围观者,教师如果在日常的班级管理中重视预防学生欺凌的教育与班级文化建设,当学生欺凌事件发生时,围观的学生就有可能将欺凌事件及时向教师报告,教师就可以同时启动学生欺凌事件的核查工作。

(2)家长报告

家长与孩子在生活中长期相处,通过对孩子的观察及与孩子的交流可以发现其是否遭受了欺凌。家长需要充分了解整个事件发生的经过并及时向班主任报告,便于班主任开展学生欺凌事件的核查工作。

(3)其他教师报告

有些学生欺凌事件会碰巧被同校的教师或工作人员发现,这些教师或工作人员应立刻制止欺凌行为,询问学生姓名、班级和事情发生经过,及时将事件的完整经过报告给当事人所在班级的班主任,便于班主任对学生欺凌事件作出判定。

(4)网络报告

随着信息和通信技术的发展,网络欺凌与学生欺凌事件的网络传播成为一种新型的欺凌和欺凌传播方式。有些欺凌者会通过建立 QQ 群和微信群或通过抖音、快手等社交平台散布辱骂和羞辱其他学生的言论和视频,具有反欺凌意识的学生会将这些资料汇报给班主任。

3. 大数据预警

有条件的学校利用智慧校园建立学生自然状态、心理与行为电子档案,利用欺凌者与被欺凌者的心理模型建立大数据预警系统,对目标对象进行跟踪预警。(详见第六章)

(三)现场处置

面对正在实施的可确认的严重欺凌事件,学校要结合欺凌的方式和程度作出及时的恰当处置。

1. 立即制止欺凌行为

在发现严重欺凌事件后,就近的教职员工要迅速赶赴现场制止欺凌行为,同时向学校报告情况。本着保护学生安全的原则现场老师力求不对学生造成伤害,但是当欺凌者强行施暴或者威胁到老师安全时,老师和被欺凌者可以实行正当防卫。对于欺凌行为极其恶劣,当事人可能构成违法犯罪的,要在第一时间拨打 110 报警,由公安机关出警调查处理。

有的欺凌行为发生在虚拟网络中,欺凌者可能会在微博、微信、QQ、抖音等论坛或社交媒体上发表侮辱、恐吓或伤害学生的视频、照片或者言论,并已经形成了广泛传播。学校任何教职员工在发现该类信息后都要及时联系反欺凌相关人员,必要时向主管副校长或校长报告。网络欺凌一旦发生,往往具备扩散速度快、影响范围广、难以控制等特点,需要学校及时采取以下三项措施:尽快确认发帖者,要求其立即删除相关内容;联系网络服务提供者,告知其在传播违法内容,要求其采取删除、屏蔽、断开链接等必要措施;必要时报警。通过采取上述施,避免伤害后果进一步扩大。

2. 保护被欺凌者

接到严重欺凌事件发生的消息后,学校医护人员应立即携带药品到事发现场了解伤员情况,对轻伤员进行简单救治,有较重伤员时要立即拨打急救电话送往医院,在救护车未赶到之前,医护人员可以采取适当的包扎、急救等措施。对于精神或者心理受到伤害的被欺凌者,要安排学校的心理老师或者心理医生到现场安抚情绪,不要对学生形成刺激或者进一步伤害,并在被欺凌者的监护人或其他近亲属到来之前,安排专人对被欺凌者进行陪伴。在现场处置时,要注意保护被欺凌者的隐私,尤其是涉及性欺凌时,九部门意见明确要求相关人员保护学生的隐私和名誉,不得对事件进行渲染和扩散。

3. 进行疏散引导

切忌在发生学生欺凌后出现大批人员围观的情形,学校要组织专人对现场人员进行疏散,防止欺凌者对在现场处理事故的教职员工造成伤害。要注意保存证据不能私自破坏现场,也不能让闲杂人等擅自闯入现场,要为司法部门勘查现场提供最大限度的支持。

4. 及时报告

学校或公安机关控制住现场以后,学校要通知双方学生的家长。学校要向家长客观描述事情经过,不要在电话中恐吓、惊吓家长,要提醒家长保持理性。学校要和家长有效沟通需要注意的问题。同时,学校应当及时向教育主管部门报告,要将学校已经初步掌握的事故发生的时间、地点、原因以及当事人的姓名、年龄、所在班级、受伤情况、受救助情况以及其他事项上报。学校不得隐瞒发生的伤害事故或歪曲事故发生的原因,否则责任人需要为此承担相关责任。

5. 妥善应对舆情

在严重的学生欺凌发生后,可能会引发社会的广泛关注,再加上新媒体的传播,事件影响力有可能会迅速扩大。出现类似情况时,为妥善应对舆情,学校应注意以下问题:组织专人负责搜集、整理相关媒体报道和网络信息,理性分析舆情;客观回应社会关注,不要用虚假信息误导公众;不要使用生硬、官僚或刺激性等语言表达,为保障当事未成年学生的隐私要明确告知媒体只能就事件进行报道,不能披露当事人的信息或者任何可能推测出当事人身份的信息;要安排专人回答媒体的相关采访。

(四)善后与追踪

善后与追踪的重点在于恢复学校的正常秩序。主要是针对欺凌事件的当事学生以及全校师生进行的持续追踪教育与心理辅导。学校防治学生欺凌工作领导小组(委员会)需要制定详细的学生欺凌事件善后恢复计划和方案,并委派专人落实。方案包括对被欺凌者的安抚、保护和心理干预,对欺凌者的教育、惩戒与心理辅导,对全校师生的集体教育,对社会反响的合理回应。如果需要,还应邀请专业心理咨询机构的心理咨询师对相关师生进行心理干预和辅导,公安、司法机关的协助或介入。最后,学校要形成完整的学生欺凌事件善后恢复报告,呈交给上级教育主管部门。

总结

学生欺凌是一个古老又现实的问题,又是一个全球性的存在。欺凌会给成长中的青少年造成长期、严重的身心伤害和学业、生活损伤,这种伤害和损伤如果不能得到及时干预,会伴随终身,甚至代际传递。为此,学生欺凌引起了联合国教科文组织及世界各国的高度重视,纷纷出台法律、制度对其进行规制,通过建立政府—社会—学校—家庭联动的综合防治体系,通过实施反欺凌项目进行预防和治理,取得了许多成功的可借鉴的学生欺凌防治经验。

学生欺凌具有隐蔽性、多样性、伤害性等特点,常隐藏或伴生在学生的日常人际交往和嬉闹之中,难以辨别和发现。只要家长和老师高度重视,细心观察和发现孩子(学生)身体、心理、行为和财物上的变化,通过"主观恶意、力量失衡、造成伤害"的辨识性特征,就会及时发现和甄别,就能及时预防和阻断欺凌的发生。

基于研究的视角和需要,本书重点讨论了学生欺凌的理论、机制、表现、成因和防治等理论和策略问题,力图完整勾勒学生欺凌的理论架构和防治路径,忽略了学生欺凌防治的技术部分,如,辨识、处置、善后操作等技术性问题。为满足中小学校和教师辨识、预防和处置中小学生欺凌的现实需要,也为从理论和实践上完整阐述中小学生欺凌问题,作者将在后续撰写的《中小学生欺凌防治手册》中,详细讨论学生欺凌防治的技术性问题,以期为广大中小学教师、中小学生及家长提供真实可行的学生欺凌防治技术。

主要参考文献

1.教育部基础教育司.防治中小学生欺凌和暴力指导手册[M].北京:教育科学出版社,2018.

2.王大伟.校园欺凌问题与对策[M].北京:中国国际广播出版社,2017.

3.江华波,刘桂芳,韦丹凤,等.校园霸凌的预防与应对[M].广州:暨南大学出版社,2018.

4.佟丽华.反校园欺凌手册[M].北京:北京少年儿童出版社,2017.

5.方刚.让欺凌归"零"——终止校园欺凌工具包[M].北京:中国社会科学出版社,2018.

6.李纯青,解孟林.校园欺凌的应对与预防[M].北京:世界知识出版社,2016.

7.宗春山.少年江湖校园欺凌防治预防和应对[M].上海:华东师范大学出版社,2017.

8.[美]芭芭拉·科卢梭(Barbara Coloroso).如何应对校园欺凌[M].肖飒,译.上海:华东师范大学出版社,2017.

9.[爱尔兰]基思·沙利文(Keith Sullivan).反欺凌手册[M].徐维,译.北京:中国致公出版社,2014.

10.[澳]Michael Panckridge,Catherine Thornton.对校园欺凌说"不"——如何重新掌控人生[M].宋一辰,译.北京:中国轻工业出版社,2018.

11.[新加坡]凯瑟琳,陈爱花.阻止欺凌,你可以做到![M].谢影,译.长沙:湖南少儿出版社,2018.

12.[美]麦克·卡西迪.远离校园欺凌——你该怎么做？[M].雷秀云,译.上海:上海交通大学出版社,2018.

13.[美]贾斯汀·W·帕钦.[M].校园欺凌案例分析[M].王怡然,译.哈尔滨:黑龙江教育出版社,2017.

14.[美]贾斯汀·W·帕钦.语言暴力大揭秘跟网络欺凌说"不"[M].刘清山,译.哈尔滨:黑龙江教育出版社,2017.

15.[美]菲利斯·卡夫曼·古特斯恒,伊丽莎白·沃迪克.对校园欺凌说不[M].樊伟,周睎雯,译.西安:陕西科技出版社,2016.